# LO BUENO, LO MALO Y LO FEO

# DEL CAPITAL PRIVADO

# LO BUENO, LO MALO Y LO FEO DEL CAPITAL PRIVADO

Éxitos y fracasos en el mundo LBO

SÉBASTIEN CANDERLÉ

© Sébastien Canderlé 2018

Traducción española 2024

Quedan rigurosamente prohibidas, sin la autorización escrita de los titulares del "Copyright", bajo las sanciones establecidas en las Leyes, la reproducción total o parcial de esta obra por cualquier medio o procedimiento, comprendidos el tratamiento informático y la distribución de ejemplares de ella mediante alquiler o préstamo públicos.

# Índice

Gráficos y tablas ............................................................................. vi
Prólogo. Una consideración de rendimiento .......................................... 1

PRIMERA PARTE - Lo Bueno: ¿Afortunado o talentoso? ................. 11
Capítulo 1. Hilton Hotels: "la mejor LBO de todos los tiempos" ........ 13
Capítulo 2. Mergermarket: El candidato ideal a una LBO ................. 47
Capítulo 3. Un esquema pragmático del private equity ..................... 71

SEGUNDA PARTE - Lo Malo: ¿Maldito o despreocupado? ............. 95
Capítulo 4. Univision: La telenovela de una empresa zombi ............. 97
Capítulo 5. 3i: Espejo del ciclo económico y de psicología humana .. 133
Capítulo 6. Toys "R" Us: El apalancamiento no es juego de niños ... 177

TERCERA PARTE - Lo Feo: ¿Codicioso o travieso? ........................ 213
Capítulo 7. Bhs: Manual de iniciación a la bancarrota ...................... 215
Capítulo 8. TIM/WIND Hellas: El apalancamiento como caballo de Troya ................................................................................................ 261
Capítulo 9. Vulgaridad del private equity: colusión, corrupción y conflictos de interés ......................................................................... 295

Epílogo. Un problema de bajo rendimiento ..................................... 323
Agradecimientos .............................................................................. 357
Acerca del autor ............................................................................... 358
Índice ............................................................................................... 359
Notas ................................................................................................ 367

# GRÁFICOS Y TABLAS

Gráfico 1.1 – Evolución de la acción Hilton frente al S&P 500 y a los índices sectoriales de 2001 a 2006

Gráfico 1.2 – Reparto de los ingresos de las cuatro divisiones principales de Hilton

Gráfico 1.3 – Evolución de la acción Hilton Worldwide frente al S&P 500 durante los tres años siguientes a la OPI

Gráfico 1.4 – Ratio de endeudamiento y endeudamiento neto de Hilton (2006, y de 2008 a 2016)

Tabla 1.1 – Inversiones y ganancias de Blackstone en Hilton

Gráfico 2.1 – Ingresos y margen de EBITDA de Mergermarket Group de 2003 a 2006

Gráfico 2.2 – Ingresos y margen de EBITDA de Mergermarket Group de 2006 a 2013

Gráfico 2.3 – Ingresos y margen de EBITDA de Mergermarket Group de 2013 a 2016

Tabla 4.1 – Evolución de las tasas de audiencia de los principales canales de televisión estadounidenses en 2014, 2015 y 2016

Gráfico 4.1 – EBITDA y ratio de endeudamiento de Univision de 2006 a 2016

Gráfico 5.1 – Evolución de la acción 3i Group plc entre julio de 1994 y diciembre de 1999

Gráfico 5.2 – Evolución de la acción 3i Group plc entre enero de 1999 y diciembre de 2003

Gráfico 5.3 – Evolución de la acción 3i Group plc entre enero de 2003 y diciembre de 2009

Tabla 5.1 – Indicadores clave de rendimiento de 3i Group plc en 2000 y 2017

Gráfico 5.4 – Valor liquidativo y plantilla de 3i Group plc de marzo de 1994 a marzo de 2017

Gráfico 5.5 – Evolución del índice FTSE 100 y de la acción 3i Group plc entre enero de 1999 y diciembre de 2017

Gráfico 6.1 – Ventas y margen de EBITDA de Toys "R" Us de 2000 a 2006

Gráfico 6.2 – Ventas y margen de EBITDA de Toys "R" Us de 2005 a 2017

Gráfico 6.3 – Ratio de endeudamiento y cobertura de intereses (EBITDA/intereses) de Toys "R" Us de 2003 a 2017

Tabla 7.1 – Indicadores financieros de Marks & Spencer en 2004 y 2014

Tabla 7.2 – Indicadores financieros de Bhs en 2004 y 2014

Gráfico 7.1 – Deuda neta, resultado operativo y ratio de endeudamiento de Taveta de 2005 a 2016

Gráfico 8.1 – Ingresos y margen de EBITDA de STET/TIM Hellas de 2000 a 2005

Gráfico 8.2 – Ingresos y margen de EBITDA de TIM/WIND Hellas de 2007 a 2010

Gráfico 8.3 – Ingresos y margen de EBITDA de WIND Hellas de 2013 a 2016

# PRÓLOGO

# Una consideración de rendimiento

El crecimiento de la economía mundial en las últimas cuatro décadas ha sido impulsado por una enorme inyección de crédito. Ya sea que se trate de préstamos hipotecarios, tarjetas de crédito, préstamos comerciales o deuda pública, nuestra prosperidad depende en gran medida del apalancamiento. En Estados Unidos, la deuda total como porcentaje del PIB nacional aumentó del 50% a mediados de los años 70 al 400% cuarenta años después, mientras que China vio aumentar su deuda total del 100% del PIB a principios de los años 90 al 300% en 2017.[1] Durante este período, el crédito actuó como una inyección intravenosa en el torrente sanguíneo de la economía mundial.

Como usuario codicioso de la deuda, la industria del capital privado, comúnmente conocida como *private equity*, es uno de los principales beneficiarios de la financiarización de los mercados. Un número cada vez menor de empresas, ya sean públicas o privadas, puede considerarse ahora fuera del alcance de las gestoras de fondos alternativos. Las transacciones con un valor de miles de millones de dólares se han convertido en eventos ordinarios. Muchas marcas de consumo como Dell, Heinz, Hertz y Toys "R" Us han sido objeto de compras apalancadas. Naturalmente, a medida que las firmas de capital privado crecían, su desempeño y conducta se sometían a un mayor escrutinio.

## La importancia del rendimiento

La complacencia de los inversores y el optimismo poco realista se encuentran entre las inclinaciones más comunes identificadas por los economistas conductuales para explicar la prevalencia de un rendimiento deficiente de la inversión. Cuando se les pregunta, menos del 11% de las personas se consideran inversores por debajo de la media.[2] Los denominados "inversores sofisticados", como las gestoras de fondos profesionales, también tienden a exagerar sus habilidades. Los especialistas en capital privado sufren de ilusiones similares. Casi todos creen (e informan) que su desempeño está en el cuartil superior.

Quizás lo más revelador es la falta de consistencia en el rendimiento a lo largo del tiempo. La mayoría de las veces, un gestor que se destaque de sus competidores durante una añada o cosecha (vintage) determinada no lo hará para los siguientes vintages. Esta falta de "persistencia" en los resultados, como llaman los investigadores académicos a la idea de que el rendimiento futuro de un inversor se predice, o no, por los rendimientos pasados, ha quedado demostrada. De hecho, ha empeorado en la corta historia del capital privado. En los años 90, poco más del 30% de las gestoras de fondos de capital privado en el cuartil superior se mantuvieron así en los siguientes vintages. Durante el periodo 2000-2004, esta proporción se redujo al 28% antes de caer al 13% en el periodo 2005-2009 y al 12% en 2010-2013.[3] La baja fiabilidad de los resultados pasados es un punto que resurgirá a lo largo de este libro.

Para los inversores que buscan seleccionar a las mejores gestoras de fondos entre una amplia población de firmas e individuos, esto no es una buena noticia. Pero la tarea se hace aún más difícil por las técnicas utilizadas por los gerentes para ocultar su verdadero desempeño subyacente. Para respaldar la afirmación de que son superiores a sus pares, las firmas de capital privado manipularán sus datos de rendimiento si es necesario. Por ejemplo, para mejorar la rentabilidad de las inversiones como parte de un ejercicio de evaluación comparativa, un fondo generalista de tamaño medio centrado en Estados Unidos seleccionará a los gestores con peor rendimiento de su categoría y excluirá a los mejores utilizando su propia metodología : podría omitir algunas de las empresas estrella porque abarcan diferentes sectores o geografías, o porque también gestionan empresas de reestructuración en lugar de adquisiciones exclusivamente apalancadas (leveraged buyout, o LBO). Las posibilidades de manipular los informes de rendimiento son casi infinitas.

Lógicamente, no todas las gestoras de fondos o todas las LBO pueden estar en el cuartil superior o incluso por encima de la media. Lo que este libro trata de resaltar son las características que distinguen a los inversores y negocios de primera línea de los malos o verdaderamente desastrosos. También ofrece recomendaciones, basadas en estudios de casos.

## El modelo de capital privado

A lo largo de los últimos cuarenta años, el capital privado (en su definición más pura limitada a las compras apalancadas, o LBO, que es el dominio que abarca este libro) ha pasado de ser una actividad local o nacional que pasa prácticamente desapercibida a convertirse en una industria internacional y, en última instancia, global, con una influencia considerable en las agendas políticas y la eficiencia económica.

El clima actual para una reevaluación fundamental de la contribución del mundo de las finanzas a la economía en general requiere investigación y análisis que detallen claramente como la ingeniería financiera crea o destruye valor. La gestión de fondos se ha desarrollado hasta el punto que puede considerarse, con razón, que ha suplantado al sector bancario. Anteriormente, los bancos eran los principales proveedores de servicios de inversión y préstamos corporativos. Tradicionalmente, han concedido rendimientos, en forma de intereses, a los proveedores de capital (incluidos los particulares) a cambio de un uso más o menos libre de sus activos.

En una economía de mercado, normalmente te pagan si dejas que otra persona use tu capital. Cuando depositas tu dinero en una cuenta de ahorros, recibes intereses. Si alquilas tu apartamento, el inquilino te compensa en forma de alquiler. Cuando inviertes en una empresa, a menudo obtienes un dividendo a cambio del riesgo que implica.

Lo sorprendente es que a los administradores de fondos se les paga por el privilegio de usar el dinero de otras personas. Las firmas de capital privado no solo no pagan a sus clientes – que les proporcionan los fondos y se conocen como Limited Partners o inversores LP – sino que les cobran una comisión de gestión anual de hasta el 2,5%. Es en parte por esta razón que el número de firmas de capital privado se ha expandido rápidamente.

Además de este enorme potencial de ingresos, el crecimiento del sector ha sido impulsado por varios factores únicos: las obligaciones contractuales de los inversores de comprometer capital por adelantado y a lo largo de un determinado número de años, lo que permite a las gestoras de fondos cobrar comisiones sobre estos compromisos en lugar de únicamente sobre la parte del capital invertida; la falta de transparencia y la limitada rendición de cuentas; y, por último, pero no menos importante, la oportunidad de aprovechar al máximo las ganancias de capital sin una exposición proporcional a la baja (pérdidas).

No es de extrañar que estas ventajas extraordinarias se concedan a cambio de requisitos para un rendimiento del capital invertido significativamente mejor que el que se obtendría en otras clases de activos.

## El panorama general

A riesgo de perder lectores desde el principio, este libro está dirigido a personas que son incapaces de creer que los mercados, sin una regulación adecuada, son la única opción viable para dirigir una economía capitalista.

# Prólogo

Está dirigido a personas que han hecho un balance de la volatilidad del rendimiento y del potencial de destrucción de valor por las caídas del mercado de valores como la observada en los años 2005-2010, si no por el anterior e igualmente devastador encaprichamiento de la burbuja de las "puntocom" y el fraude contable del periodo 1998-2003.

Las teorías de la economía de mercado se inventaron para servir a dos propósitos clave. Para los economistas deseosos de saciar su sed de racionalidad, forzando en fórmulas matemáticas lo que es esencialmente el comportamiento humano emocional. Y para los ricos y políticamente motivados, justificando actos que de otro modo serían fácilmente desacreditados por la ineficiencia estructural, los efectos secundarios accidentales o intencionales y los actos criminales.

El hecho de que este libro plantee preocupaciones sobre como se practica el capitalismo a principios del siglo XXI no implica que debamos volver a las etapas revolucionarias del siglo anterior. El socialismo y el comunismo han demostrado que no son capaces de alcanzar los objetivos fijados. Pero dadas las muchas crisis financieras de los últimos cien años, tampoco lo es el fundamentalismo de mercado libre.

Este libro es parte de una trilogía que describe el impacto de las operaciones apalancadas en las economías capitalistas modernas. Una de las principales críticas a los dos primeros volúmenes era que solo mostraban los errores cometidos por las gestoras de fondos, pero no proporcionaban suficiente orientación sobre como se suponía que ellas debían evitar sus deficiencias. *Private Equity's Public Distress* y *The Debt Trap* dejaron claro que los profesionales del sector a veces eran víctimas de su propio ingenio. *Lo Bueno, lo Malo y lo Feo del Capital Privado* ofrece más contraste entre las mejores técnicas de inversión ("lo Bueno"), los resultados desafortunados de un enfoque de ensayo y error o debido a la negligencia de algunos ("lo Malo"), y los excesos ocasionales que son parte integral de cualquier industria que carezca de una gobernanza y regulación adecuadas ("lo Feo"). El estudio de estas transacciones y de las prácticas de los administradores de fondos harán mayor hincapié en los desafíos del sector. *Lo Bueno, lo Malo y lo Feo del Capital Privado* ofrece sugerencias para evaluar mejor el desempeño de las LBO y gestoras de fondos.

El objetivo de este ejercicio es el mismo que el de los dos primeros volúmenes: ayudar a los profesionales del sector a mejorar sus técnicas de inversión, con un enfoque en la valoración de operaciones, la gestión de carteras y la gobernanza corporativa. En lo que difiere este libro, es en que ha sido vaciado de su contenido esotérico en respuesta a los comentarios recibidos sobre los otros dos libros. Esto debería hacer que el tema sea accesible a un público más amplio sin debilitar la esencia del mensaje: el hecho de que el capital privado se beneficiaría de una mayor transparencia y una gestión eficaz del riesgo.

Algunas de las personas y empresas descritas en los siguientes capítulos no parecen particularmente talentosas o diligentes. Sin embargo, en lugar de arremeter contra estos individuos, la industria debe reconocer que no son ejemplos aislados. Muchos de los errores mencionados en este libro persisten. Todos podemos aprender de esto.

## La búsqueda de métodos óptimos

El libro está organizado en tres partes. Ya sea por accidente o siguiendo las mejores prácticas, las gestoras de fondos a veces ofrecen rendimientos superiores. Este es el cuadro presentado en la Primera Parte. Destaca los resultados positivos de rendimiento de las LBO para los gestores, inversores y gerentes de empresas de cartera.

Como se analiza en los capítulos 1 a 3, las gestoras de fondos de capital privado pueden ofrecer rentabilidades excepcionales. Es importante entender que esta primera sección del libro no trata sobre los efectos potencialmente negativos que las LBO pueden tener sobre terceros (lo que los economistas llaman externalidades), durante o después del período de inversión. El hecho de que una empresa de inversión haya logrado excelentes rendimientos no significa que la transacción haya sido un éxito absoluto para los empleados, clientes u otros participantes.

Cualquier autoproclamado inversor competente debe esforzarse continuamente por mejorar sus habilidades. Si bien las gestoras pasaron las primeras tres décadas de la historia de LBO invirtiendo en estilo libre y desapegado, muchas trataron de corregir sus errores en los años posteriores a la crisis financiera de 2008. En la primera sección de este libro se analizarán los criterios específicos para una buena transacción. Revisaremos las características importantes de la optimización del rendimiento (Capítulo 1 sobre Hilton), el ejemplo de un candidato ideal a una LBO (Capítulo 2 sobre Mergermarket) y los elementos determinantes del éxito para inversiones y la gestión de fondos (Capítulo 3).

El objetivo de la Primera Parte no es reunir lo mejor del pensamiento y la práctica desde un punto de vista oficial. Hay poca información disponible públicamente sobre el rendimiento subyacente del capital privado, y la información divulgada voluntariamente por las empresas del sector suele estar muy sesgada y falsificada. Después de 15 años de trabajar para y con gestoras de fondos, he desarrollado mis propias creencias sobre lo que representa las mejores técnicas – por lo que la Primera Parte refleja opiniones personales.

## La maldición de la falta de profesionalismo

Hace treinta años, la gestión de carteras y la experiencia operativa no importaban. Esto suena herético, pero se debió en parte a la falta de experiencia de los promotores de LBO. Además, había tantos candidatos para las revitalizaciones y reestructuraciones corporativas que los pioneros de la industria no tuvieron que practicar la búsqueda activa de empresas objetivo. Pasaron la mayor parte de su tiempo abasteciéndose de préstamos para financiar adquisiciones. Hoy en día, los banqueros y las gestoras de fondos de crédito privado se esfuerzan por sufragar las

LBO que se han convertido en los mendigos de préstamos más implacables. Del mismo modo, las empresas objetivo actuales están mejor gestionadas que sus homólogas de los años 70 y 80. Como resultado, las gestoras deben utilizar la innovación financiera y una rigurosa disciplina operativa para lograr rendimientos superiores.

Este libro trata sobre la creación de valor del capital privado. Aunque están llenos de potencial, los componentes clave del motor de creación a veces se atascan. A lo largo de mi carrera como inversor, a menudo me ha sorprendido el uso generalizado de terminología que describe los peligros asociados con el apalancamiento. Términos como "revolver" – una línea de crédito para cubrir las necesidades de capital circulante – y reembolso "bullet" (o bala) – el pago de un préstamo en su totalidad en la fecha de vencimiento en lugar de a través de un programa de amortización progresiva o decreciente – son un recordatorio apropiado de que el uso de la deuda es una operación precaria. Aunque las LBO son una práctica financiera de cuarenta años de antigüedad, nadie ha encontrado aún la fórmula mágica. El enfoque adoptado por todas las gestoras de fondos sigue siendo esencialmente de experimentación. Muchos de nuestros estudios de caso señalarán que la falibilidad humana puede tener consecuencias desastrosas.

Lo que ilustran la Segunda (lo Malo) y la Tercera partes (lo Feo) es que, en su búsqueda de rendimientos extraordinarios, las gestoras de fondos a menudo asumen riesgos imprudentes. Estas historias nos ayudarán a comprender mejor como se desarrollan las debilidades de comportamiento dentro de una sociedad de gestión. Si los resultados catastróficos se deben a circunstancias imprevistas, negligencia o malas intenciones, está abierto a la interpretación. Lo que no lo es, es el efecto en las empresas de cartera y en la reputación de los gestores. La Tercera Parte, en particular, expone los peores aspectos de las prácticas de la industria.

Al dividir el libro en tres partes, no estoy insinuando que la contribución de la industria del capital privado esté luminosamente distribuida en tres partes iguales: un tercio produciendo rendimientos buenos o excelentes, otro tercio con un rendimiento deficiente y el resto destruyendo valor. Yo no he hecho – ni nadie más, que yo sepa – el tipo de investigación exhaustiva que determinaría la proporción de transacciones apalancadas exitosas, aquellas que realmente crean valor económico más allá del impacto superficial y mecánico del uso de la deuda. De hecho, hay superposición entre las tres secciones. Es raro que una apuesta sea una calamidad absoluta o un triunfo inequívoco, o que un mánager sea un completo fracaso o una estrella indiscutible. Lo que es importante tener en cuenta es que las transacciones y los inversores presentados en este libro simplemente proporcionan un contexto para respaldar los argumentos principales de mi tesis.

El objetivo es ofrecer un contraste entre, por un lado, las operaciones que han ido bien y las gestoras de fondos que, a veces sin quererlo, han cuidado el dinero de sus inversores y, por otro, las participaciones o inversores que han sido víctimas de fallos humanos e institucionales. El epílogo ofrece soluciones al espinoso problema de rendimiento inferior y negligencia, mostrando como podemos aprender tanto de los que fracasan como de los que tienen éxito.

Este libro es una investigación sobre el estado del capital privado. No pretende ser un tratado o un manual. Está escrito para fomentar la reflexión sobre como funciona realmente el sector y los cambios que se están produciendo. Porque cambios son necesarios. Comencé esta sección explicando que, en términos de rendimiento, los profesionales a menudo se engañan. Los comportamientos y la gobernanza deben mejorar significativamente si los participantes de la industria quieren tomarse en serio sus deberes fiduciarios.

## TERMINOLOGÍA

*A lo largo de este libro, el término limited partner, o LP, se refiere al proveedor de fondos que comprometen capital a vehículos de inversión administrados por general partners, o GP. Estos últimos son gestores, comúnmente conocidos como firmas de private equity o capital privado, que invierten el capital de los limited partners en forma de fondos propios en un montaje financiero llamado compra apalancada, leveraged buyout, o LBO.*

*Algunos ejemplos de LP son los fondos de pensiones (como CalSTRS y CalPERS, con sedes en California, mencionados en el Capítulo 4), compañías de seguros, bancos, fondos soberanos (como el GIC del Gobierno de Singapur, que se analiza en el Capítulo 2), universidades y family offices. Este libro también cubre las transacciones realizadas por algunos de los GP más influyentes del mundo: 3i, Apax, Bain Capital, Blackstone, KKR, Providence Equity y TPG.*

# PRIMERA PARTE

# Lo Bueno: ¿Afortunado o talentoso?

*Los relatos que siguen no deben tomarse como un apoyo inequívoco a todos los métodos adoptados por sus protagonistas.*

*Académicos, representantes sindicales, reguladores y políticos han expresado serias reservas sobre la contribución que el capital privado hace a nuestras economías. Muchas prácticas, incluso si proporcionan ganancias significativas para los administradores de fondos y sus clientes, pueden tener un impacto negativo en otros actores económicos.*

*Sin embargo, esta sección presenta los parámetros clave detrás de la creación de valor de las operaciones apalancadas. Por esta razón, varios aspectos de estas transacciones deberían ayudar a los lectores a interpretar el éxito del capital privado.*

# CAPÍTULO 1

# Hilton Hotels: "la mejor LBO de todos los tiempos"

> *Los grupos hoteleros son empresas objetivo curiosas para una LBO. Por un lado, su modelo, con una alta concentración de activos inmobiliarios, ofrece grandes oportunidades para obtener préstamos respaldados por activos. Por otro lado, su propiedad cíclica significa que el rendimiento de una inversión depende en gran medida de un momento oportuno.*
>
> *Lógicamente, comprar activos hoteleros cuando la economía está en recesión le da al inversor la oportunidad de aprovechar la recuperación y vender a una valoración mucho más alta. Por el contrario, comprar en la parte superior del ciclo, justo cuando la economía está a punto de revertirse, puede ser fatal, a menos que se tenga paciencia o suerte. Cuando Blackstone compró Hilton, tenía ambas cosas.*

Con el debido respeto a los lectores jóvenes, no fue el meteórico ascenso de Paris Hilton a la fama de la telerrealidad en los años 2000 lo que ayudó a cimentar la reputación del nombre Hilton. El grupo hotelero tiene sus raíces en Cisco, Texas. Fue aquí donde Conrad Hilton – el bisabuelo de Paris – compró su primera propiedad, el Hotel Mobley, durante el auge petrolero de 1919, al enterarse de que la ocupación de las habitaciones se rotaba tres veces al día.[1]

No fue hasta después de la Segunda Guerra Mundial, el 31 de mayo de 1946, que se estableció Hilton Hotels Corporation, consolidando las diversas propiedades que Conrad había adquirido y desarrollado a lo largo de los años. La inmediata posguerra vio un crecimiento fenomenal para la empresa, con una facturación que se duplicó entre 1943 y 1946, mientras que los beneficios se triplicaron. El modelo de negocio ya estaba bien establecido y diversificado: en 1948, las tarifas de las habitaciones representaban solo dos quintas partes de la facturación; las comidas representaban casi un tercio y las bebidas más del 12%.[2] Ese mismo año, el grupo inició sus operaciones internacionales.

A mediados de los años 60, Hilton se expandió por todo Estados Unidos, generando casi 200 millones de dólares en ingresos solo en ese país. En 1966, con Conrad, entonces con 79 años, como presidente y su hijo Barron, de 39, como director general, el grupo se desprendió del negocio internacional para centrarse exclusivamente en el enorme potencial de la industria hotelera estadounidense en la era del turismo de masas y el consumo de ocio. Trans World Corp, el holding de la aerolínea TWA, adquirió Hilton International al año siguiente para aprovechar al máximo la creciente globalización de la "American way of life".

Tras la muerte de Conrad en enero de 1979, el grupo hotelero decidió desarrollar la marca de gama alta Conrad en honor a su fundador. Generando más de 450 millones de dólares en ingresos y 67 millones de dólares en ingresos netos, el grupo perdió a 'un pionero en el sentido más noble de la palabra',[3] como escribió su hijo en el informe anual. Pero Hilton estaba en manos de un hombre muy capaz que era igualmente ambicioso y tenía por vocación servir a la gente. Barron pasaría las siguientes tres décadas construyendo el grupo en un alcance verdaderamente global.

En los años 70, Hilton adquirió activos en varios segmentos del mercado hotelero. Después de comprar algunos casinos de Las Vegas en 1970, el grupo compró el prestigioso Waldorf Astoria en Nueva York. El frenesí de adquisiciones realmente se aceleró en los años 80 y 90. En particular, después del nombramiento de Stephen Bollenbach – un ex ejecutivo de la Trump Organization – como Chief Executive Officer (CEO) en 1996, Hilton se convirtió en la mayor compañía de juegos y casinos del mundo a través de la adquisición de Bally Entertainment. El conglomerado hotelero y de ocio cerró la década con la adquisición de Promus, ampliando su familia de marcas hoteleras para incluir Doubletree, Hampton Inn, Embassy Suites y Homewood Suites, entre otras.[4]

Después de vender las operaciones de juego en 1998, el equipo directivo de Hilton siguió manteniendo el control al nombrar a Bollenbach presidente de la recién independiente división de casinos, mientras que Barron Hilton siguió siendo miembro del Consejo de Administración. En 2005, tras otra serie de adquisiciones, el negocio de juegos pasó a llamarse Caesars Entertainment. En marzo de ese año, Caesars se fusionó con su rival Harrah's para formar el operador de casinos más poderoso del mundo.[*]

Como grupo centrado en la hotelería, Hilton estaba listo para su propia transformación. Un año después del acuerdo entre Caesars y Harrah's, Hilton Hotels Corporation completó por 5.700 millones de dólares la adquisición de Hilton International, la organización con sede en el Reino Unido propietaria de la marca Hilton fuera de Estados Unidos. Casi cuatro décadas después de la división inicial, las dos entidades unificaron la marca bajo un mismo techo.[5] En realidad, desde 1997, los dos grupos compartían los mismos logotipos, promocionaban mutuamente sus actividades y mantenían sistemas de reservas conjuntos. Pero la fusión convirtió instantáneamente a Hilton en un especialista global en hotelería.

Como prueba de las capacidades estratégicas de su gestión, durante los cinco años anteriores a la compra de las actividades internacionales, Hilton Hotels Corporation había experimentado un crecimiento mucho más pronunciado que sus pares, tanto operativamente como en el mercado de valores (véase el gráfico 1.1). El año 2006 fue especialmente

---

[*] Para obtener más información sobre el próximo capítulo de la turbulenta existencia de Caesars Entertainment, consulte *The Debt Trap* (2016)

excelente gracias a la reagrupación sinérgica de las actividades internacionales del grupo y a la escisión de la división de casinos.

## "That's hot!"

Estos excelentes resultados no pasaron desapercibidos. Durante la primera semana de julio de 2007, el grupo hotelero anunció que había recibido una propuesta del grupo Blackstone, la firma de capital privado más poderosa del mundo. Este último propuso adquirir la empresa por 26.000 millones de dólares,[6] lo que representó la octava LBO más notable jamás realizada. Sesenta y un años después de su cotización en la Bolsa de Nueva York y de adoptar el papel de depredador, Hilton se convirtió a su vez en una presa.

Barron Hilton se unió al grupo en 1954 y lo abandonó una vez firmado el acuerdo de venta. Sin duda fue una decisión emotiva, aunque embolsarse 1.200 millones de dólares seguramente hizo que la sensación fuese más llevadera. Era poco probable que su nieta recibiera una parte ya que Barron había declarado su intención de donar el 97% de su fortuna a la caridad.[7] Paris probablemente no necesitaba el dinero de todos modos. Como ella dijo una vez: "Recibo medio millón solo por aparecer en las fiestas. Mi vida es muy, muy divertida."

A pesar de la restricción de crédito que comenzó en la primavera, Blackstone seguía ansioso por cerrar mega transacciones: ofreció una prima del 40% por encima del precio de apertura de las acciones el día anterior.[8] Hilton debía pagar gastos de rescisión de 560 millones de dólares en caso de cancelación, lo que casi garantizaba que la transacción se llevaría a cabo.[9] Con un equipo directivo dirigido por Christopher Nassetta, un experto en bienes inmuebles, y un paquete que incluía 5.500 millones de dólares en capital proporcionado por Blackstone y 20.500 millones de dólares en préstamos, la firma de capital privado completó en octubre de 2007 la segunda transacción más importante en sus 22 años de historia.

**Gráfico 1.1 – Evolución de la acción Hilton frente al S&P 500 y a los índices sectoriales de 2001 a 2006**

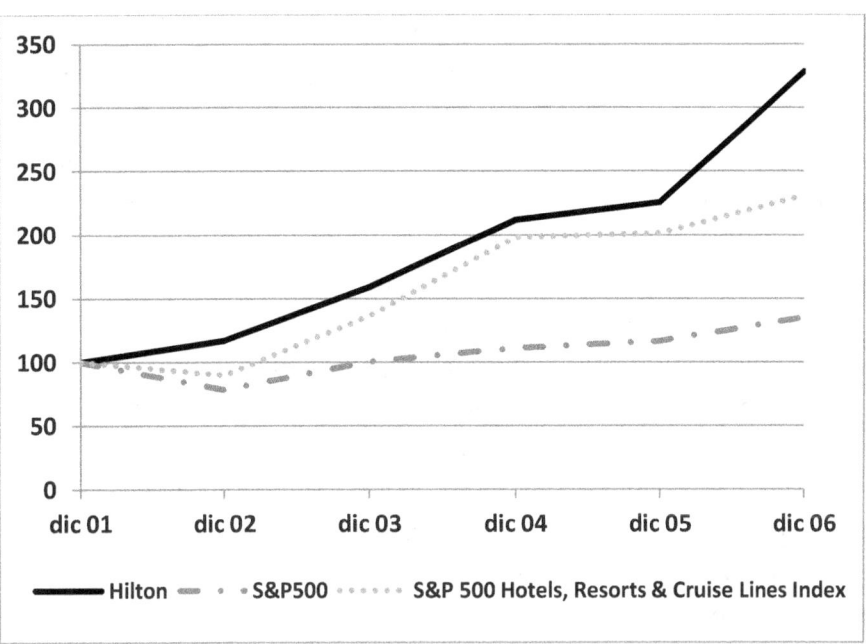

*Nota: expresado en base 100 al 31 de diciembre de 2001 – Fuente: documentos de la empresa*

Con sede en el bastión del capitalismo, Nueva York, Blackstone se había ganado la reputación de ser un inversor competente durante las últimas dos décadas. Hilton no fue su primera transacción en el sector hotelero. Ya poseía más de 100.000 habitaciones de hotel en Estados Unidos y Europa, incluida La Quinta, una cadena de 575 hoteles medianos de servicios limitados, y LXR Luxury Resorts.[10] Mientras se preparaba para retirar las acciones de Hilton de la cotización, el grupo de capital privado orquestó su propia oferta pública inicial (OPI) unas semanas antes. El auge del mercado de los últimos años representó una oportunidad para que los fundadores y socios directores accedieran a la bolsa. Las acciones de Blackstone comenzaron a cotizar el 22 de junio de 2007. Valorando al grupo de inversión en 34.000 millones de dólares, la OPI fue la más importante en Estados Unidos en casi cinco años. En su primer cierre, la acción valoró la participación del 23% del fundador Stephen Schwarzman en 8.700 millones de dólares.[11]

Esta OPI, muy visible y enormemente exitosa, suscitó cuestiones relativas al generoso tratamiento fiscal otorgado a los socios gerentes de las empresas de capital privado. De manera similar, algunos inversores cuestionaron el hecho de que Blackstone estuviera vendiendo participaciones de sociedad en comandita ('partnership units') en lugar de acciones tradicionales – los derechos de voto estaban limitados.[12] Claramente, habría sido ingenuo por parte de los inversores potenciales pensar que podrían ejercer alguna influencia sobre la gestión de Blackstone. Schwarzman y sus socios sabían muy bien que quedarse la mayoría de los votos es primordial para preservar el control de una empresa. Como accionista mayoritario de empresas de cartera, Blackstone reemplazaba con frecuencia a los equipos directivos incompetentes o que no eran lo suficientemente maleables. Al emitir participaciones sociales sin derechos de voto adecuados, Blackstone solo quería conceder intereses económicos a sus accionistas públicos. Lo que se propuso fueron repartos de dividendos, no derechos de veto.

Por último, y lo más importante, para empresas como Hilton que buscan propietarios ricos en capital, Blackstone estaba a punto de anunciar a principios de agosto la finalización de la mayor recaudación de fondos en la historia del private equity: un vehículo de inversión de 21.700 millones de dólares.[13] De hecho, el 70% de esa cantidad ya estaba comprometido y Blackstone había indicado planes para lanzar una nueva recaudación de fondos pronto.[14] El hecho de que en aquel momento los bancos tuvieran dificultades para sindicalizar cientos de miles de millones de dólares de deuda LBO no desanimó a los dirigentes del grupo.

## Contexto de la transacción

A pesar del inicio del 'credit crunch' (contracción de crédito), Blackstone se mostró valiente al cerrar una transacción hotelera muy compleja y dependiente del ciclo económico.

Hilton había pasado la década anterior transformándose de una sola marca a una colección de nueve identidades distintas que atendían a una amplia gama de segmentos de clientes. Desde su presencia inicial centrada en Estados Unidos, la dirección había construido una cartera de activos internacionales. En los diez años transcurridos hasta 2006, el número de propiedades se había multiplicado por diez hasta más de 2.900 y el número de habitaciones se acercaba al medio millón.[15] La creación de valor para los accionistas había sido sólida y el precio de las acciones aumentó un 240% durante este período. El potencial único de los negocios norteamericanos e internacionales combinados fue probablemente una de las principales razones de la LBO. Pero un cambio reciente en el modelo de negocio de Hilton llamó especialmente la atención de Blackstone.

Como se desprende del informe anual de 2006, el grupo hotelero había ido avanzando gradualmente hacia un modelo más estable añadiendo nuevas unidades pagadas a comisión, aumentando los ingresos por habitación disponible en los hoteles y vendiendo activos manteniendo los contratos de gestión o franquicia. Las comisiones aumentaron un 51% en 2006 debido a una combinación de mejores ingresos por habitación disponible y la absorción de Hilton International. Esta ampliación complementó los derechos de gestión y franquicia que se cobran a los hoteles destinados a la venta.

El gigante Blackstone, que ya era el administrador de fondos alternativos más poderoso y diversificado del mundo, sabía un par de cosas sobre las actividades generadoras de comisiones. El grupo había desarrollado una variedad de productos financieros basados en honorarios de gestión que tenían la ventaja de ofrecer flujos de productos y bonificaciones más estables y predecibles que el modelo de ingresos más tradicional sujeto al rendimiento.

Ver a Hilton aplicar el mismo enfoque a la gestión inmobiliaria se habría percibido instintivamente como el modelo ideal para una LBO, siempre dependiente de una producción sana y metódica de flujo de caja ('cash flow'). El énfasis estratégico en el uso generalizado de comisiones fue lo que garantizó la viabilidad de las gestoras de fondos y gerentes de hoteles, reemplazando riesgos muchas veces difíciles de controlar en anualidades. Es mejor dejar el coste y el riesgo asociados con el capital a terceros y conservar los derechos de gestión pagados. Este fue en parte el razonamiento que siguieron los ejecutivos de Hilton al vender las operaciones de casinos, aunque el opresivo marco regulatorio específico del sector del juego fue otra razón.

Blackstone no fue el único que reconoció el potencial de Hilton. En 2006, gracias al apoyo entusiasta de Wall Street, las acciones del grupo hotelero registraron una rentabilidad total del 46%, superando ampliamente a los índices S&P Hotels, Resorts and Cruise Lines (+15%) y S&P 500 (+16%). [16] La adquisición de activos internacionales proporcionó un excelente contexto para el crecimiento. Hilton cosechó los beneficios de esta transacción. El plan de Blackstone era mantener el rumbo.

## Renacimiento y supervivencia

A medida que 2007 llegaba a su fin, el mejor negocio del año de Blackstone no fue ni la participación en Hilton ni la gigantesca adquisición de Equity Office Properties unos meses antes. Blackstone había programado su salida a bolsa con perfección. Después de una exitosa OPI en junio gracias a buenos resultados, la compañía registró una pérdida en el tercer trimestre de 113 millones de dólares en su primer informe desde la salida a bolsa. Afortunadamente, algunos empleados de Blackstone ya habían cobrado parte de sus ganancias. Tras concluir el primer día a 35 dólares, las acciones del grupo cotizaban a 22 dólares en noviembre.[17] Su trayectoria descendente apenas estaba comenzando, y los complicados procesos de sindicalización y estructuración de la compra apalancada de Hilton no ayudarían en nada.

A finales de enero de 2008 aún no se había realizado la titulización de 8.000 millones de dólares de los préstamos LBO de Hilton. Si bien algunos tramos de deuda subordinada finalmente encontraron compradores en colocaciones privadas, los inversores no reaccionaron mucho debido al creciente impacto de la escasez de crédito.[18] Los mercados de deuda pronto colapsarían, impidiendo a Blackstone estructurar de manera óptima la transacción. Pero esa pronto sería la menor de las preocupaciones del grupo de capital privado. Se esperaba que la recesión económica tuviera un enorme impacto en las estancias hoteleras, perjudicando el rendimiento subyacente de Hilton.

Adquirida con más de 20.000 millones de dólares en deuda a una tasa de interés compuesta que rondaba el 5,7%, la cadena hotelera ganó 1.700 millones de dólares por año en EBITDA.* Con más de 1.100 millones de dólares en cargos por intereses y gastos de capital ('capex') de 500 millones de dólares, había poco margen de error. Marriott International, un rival igualmente cotizado, había visto caer sus acciones en una quinta parte en los ocho meses hasta febrero de 2008, mientras que el precio de las acciones de InterContinental se había reducido a la mitad. Todo esto implicaba que la inversión de 5.600 millones de dólares de Blackstone en Hilton no valía casi nada.[19] Una recesión prolongada probablemente impediría que Hilton cumpliera con sus obligaciones de deuda e impondría decisiones difíciles al equipo ejecutivo y a los accionistas.

En marzo, cuando el precio de las acciones de Blackstone se situaba en 14 dólares, casi un 55% por debajo del precio de la oferta pública inicial, la división de capital privado de la firma anunció una pérdida para el

---

* EBITDA (earnings before interest, taxes, depreciation and amortization) es una medida de desempeño representando los ingresos operativos antes de ingresos y gastos financieros, impuestos, depreciación de activos y cargos por amortización

cuarto trimestre de 2007.[20] Las acciones volvieron a caer a la mitad después del anuncio de una pérdida antes de impuestos de más de 500 millones de dólares durante el trimestre hasta finales de septiembre de 2008.[21] La quiebra de Lehman Brothers, los rescates de varias instituciones financieras 'too big to fail' y los despidos masivos en los últimos meses del año afectaron a los viajes de negocios, los presupuestos de vacaciones y la ocupación hotelera. Para Hilton, los ingresos por habitación disponible estaban ahora en caída libre.[22] El equipo de dirección comenzó a implementar medidas de reducción de costes para ganar tiempo; tal vez la recesión ampliamente esperada sería de corta duración.

Un factor jugaba en favor de Blackstone. Ejecutado en el pico de la burbuja, el montaje financiero no tenía cláusulas ('covenants') restrictivas onerosas y los plazos de vencimiento de sus préstamos eran lejanos.[23] Sin embargo, a medida que la crisis financiera se extendió y la economía se tambaleó, Hilton experimentó una fuerte caída en el flujo de caja. Al operar en una industria notoriamente cíclica que depende de los gastos de consumidores y empresas, el grupo estaba en desventaja en una recesión económica. En el verano de 2009, se estaban explorando opciones de refinanciación, incluido el intercambio de una parte de la deuda por acciones.[24]

Blackstone no estaba en su mejor forma. Sus acciones habían caído por debajo de los 4 dólares en febrero de 2009. Pasaría la segunda mitad del año fluctuando entre 8 y 13 dólares, un nivel humillante en comparación con su precio de oferta pública inicial de 31 dólares apenas veinte meses antes. Los grupos de capital privado Apollo y KKR, que habían considerado sus propias salidas a bolsa en el verano de 2007 antes de que el 'credit crunch' les obligara a reconsiderarlo, sin duda se sintieron aliviados de que su actuación operativa no recibiera el tipo de publicidad que sufrió su rival. En el primer trimestre de 2009, la pérdida neta de Blackstone superó los 230 millones de dólares, una modesta mejora con respecto al trimestre anterior.

Hilton se ahogaba en deudas durante la crisis económica más grave desde los años 30. Después de reducir a la mitad el valor contable de su inversión,[25] Blackstone preparó una reestructuración masiva de Hilton inyectando nuevo capital a cambio de parte de la deuda, luego afectada por un gran descuento. Las conversaciones con los acreedores tenían como objetivo eliminar hasta el 25% de la deuda de 20.000 millones de dólares, alargar el vencimiento de los tramos restantes y convertir los préstamos subordinados en acciones. Las medidas de Blackstone fueron parte de un esfuerzo nacional para reducir la deuda. Un billón de dólares en préstamos senior y subordinados vencieron antes de 2015 para todas las empresas americanas.[26] En una lucha por la supervivencia, muchas firmas de capital privado adoptaron la misma metodología que Blackstone intentó imponer a los acreedores de Hilton.

En febrero de 2010, Hilton llegó a un acuerdo con sus acreedores para reducir la deuda en aproximadamente 4.000 millones de dólares. Blackstone inyectó 800 millones de dólares para comprar 1.800 millones de dólares en préstamos, un descuento del 56%. Algunos acreedores recibieron tan solo 35 centavos por dólar, mientras que otros convirtieron su deuda en acciones preferentes, lo que les dio derecho a acciones adicionales en una potencial OPI. Esta limpieza de balance, que combina una nueva inyección de capital y un canje de deuda por acciones, permitió también una reprogramación de algunos reembolsos.

Incapaz de gestionar una estructura de deuda ajustada, Hilton se vio obligada a refinanciar. Y sus acreedores se vieron especialmente afectados. ¡Incluyendo a la Reserva Federal de Nueva York! De hecho, el banco federal había heredado 4.000 millones de dólares en préstamos LBO de Hilton, que formaban parte de los 29.000 millones de dólares en activos devaluados de Bear Stearns recuperados durante la adquisición de este banco en dificultades por parte de JP Morgan en marzo de 2008.[27] Steven Kaplan, profesor de la Universidad de Chicago, describirá así la decisión de Blackstone : "Fue como refinanciar su préstamo hipotecario cuando las tasas de interés son bajas. Básicamente pagaron su deuda cuando era muy barato hacerlo, porque todos estaban asustados y el precio de su deuda era muy bajo".[28]

## Reconstruir sobre nuevas bases

Una de las aspiraciones centrales de Hilton siempre había sido desarrollar una cadena de hoteles de lujo que pudiera rivalizar con empresas como Four Seasons y Mandarin Oriental. La marca Waldorf Astoria del grupo nunca había conseguido una cuota significativa del mercado exclusivo de hoteles de lujo. Para remediar esta injusticia, en 2008 Hilton contrató a varios ejecutivos del grupo hotelero rival Starwood. El canal W de este último serviría de modelo para lo que el grupo de dirección presentó como la marca Denizen, focalizada sobre los 'ciudadanos del mundo'.

Pero los antiguos ejecutivos de Starwood que trabajaban en el desarrollo de los hoteles Denizen fueron rápidamente acusados de espionaje industrial por su antiguo empleador. A principios de 2009, Starwood los demandó a ellos y a Hilton, alegando que el proyecto Denizen se basaba en miles de documentos, presentaciones y estudios de mercado robados a Starwood. Más tarde se supo que al menos 44 ejecutivos de Hilton tenían conocimiento del robo de secretos comerciales. Después de una larga investigación y una visita ante el tribunal, en diciembre de 2010 Hilton acordó pagar 75 millones de dólares a Starwood y no crear una cadena de hoteles de gama alta.[29] El grupo debería contentarse con servir a las masas de turistas y viajeros de negocios en lugar de a los súper ricos. Sin embargo, no se esperaba que este revés tuviera un impacto duradero en la rápida mejora de la salud del grupo.

Ya en marzo de 2011, los equipos internos estaban revisando las cuentas para ajustarlas a las normas internacionales en preparación para una OPI.[30] Desde principios de año, los hoteleros se habían vuelto cautelosamente optimistas: la ocupación de las habitaciones iba en aumento; Volvieron los turistas y los viajeros de negocios. Gracias a la recapitalización del año anterior, Hilton estaba en forma, lista para aprovechar al máximo la recuperación económica. En septiembre, confirmando que el grupo estaba de nuevo en modo de crecimiento, Blackstone adquirió Mint, un grupo hotelero británico que se fusionó poco después con Hilton DoubleTree y Garden Inn.

Demostrando que la suerte había cambiado desde la refinanciación, en febrero de 2012 Jonathan Gray, el director responsable de la compra apalancada de Hilton, integró el Consejo de Administración de Blackstone, convirtiéndose en un posible sucesor de Schwarzman.[31] Si Hilton no hubiera gozado de buena salud, es poco probable que Gray hubiera recibido tal honor.

A principios del año siguiente, Hilton atrajo la atención de los círculos bancarios como posible candidata para volver a la bolsa en la segunda mitad de 2013.[32] Anticipándose a la OPI, la empresa necesitaba reforzar su balance. En agosto, emitió un préstamo de 250 millones de dólares para la división de multipropiedad Hilton Grand Vacations.[33] En el mismo mes, alineó a varios bancos de Wall Street para preparar la oferta pública inicial. Para facilitar este proceso, en septiembre volvió a intentar estructurar 7.000 millones de dólares en hipotecas comerciales, una transacción que se había detenido cinco años antes a medida que la crisis crediticia cobraba impulso. Pero los mercados no se habían recuperado completamente de la crisis, y en noviembre el tamaño de la emisión de bonos se había reducido a la mitad. Aun así, fue la mayor oferta de hipotecas comerciales desde la crisis financiera. Al mismo tiempo, Hilton emitió un bono de 7.600 millones de dólares a siete años junto con 1.500 millones de dólares en bonos no garantizados.[34] Los directivos tuvieron que reprogramar la deuda de la compañía mientras se preparaba para regresar al mercado de valores.

Después de seis años turbulentos, Blackstone aspiraba a salir del grupo hotelero. Hilton había experimentado un crecimiento fenomenal durante la recuperación económica. Después de haber tocado fondo en 2009 con menos de 7.600 millones de dólares en ingresos – un 15% menos que el año anterior, en 2013 Hilton generaría 9.700 millones de dólares. No obstante, los márgenes estaban bajo presión. El EBITDA no había crecido desde la LBO, lo que implicaba una erosión de los márgenes del 20% a menos del 18%. Sin embargo, bajo la tutela de Blackstone, el grupo había pagado o cancelado el 30% de su deuda, había recortado costes, se había expandido internacionalmente y había centrado sus esfuerzos en el modelo de franquicia más rentable. Como era de esperar, en preparación para la OPI, el EBITDA se presentó sobre una base ajustada, excluyendo varios gastos y pérdidas que se consideraron excepcionales. Bajo este enfoque, el margen fue superior al 22%.

## Hora de salida

La empresa se reconcilió con los mercados bursátiles el 11 de diciembre de 2013. Las ganancias generadas superaron los 2.300 millones de dólares,[35] y se utilizarían para pagar aún más la deuda, así como a los prestamistas que habían convertido sus valores en acciones preferentes en la reestructuración de 2010. La recuperación económica y las habilidades de Blackstone como negociador habían salvado a la empresa. Como señaló Robert La Forgia, director financiero de Hilton en el momento de la LBO: "Estuvieron a punto de perder el negocio, y eso habría sido así sin la reestructuración de la deuda".[36] Los expertos del mercado acogieron con beneplácito la nueva salida a bolsa. Un artículo de *Bloomberg* aplaudió y maravilló al "mejor LBO de todos los tiempos".

Lo que los inversores estaban comprando, a un múltiplo superior a 19 veces el EBITDA, era la esperanza de que la tendencia general de mejora macroeconómica y del sector turístico continuara impulsando el crecimiento a largo plazo en el sector de la hostelería. Se suponía que el crecimiento de la clase media a escala mundial estimularía la demanda. En el documento de registro se explicaba que había un desequilibrio entre la oferta y la demanda en los Estados Unidos. Esto contribuyó a una tasa de crecimiento anual de los ingresos por habitación disponible del 6,8% en tres años, incluido 2013. Además, hubo una subpenetración hotelera en la mayoría de los mercados emergentes, con países como

Brasil, China e India que ofrecían un importante potencial de crecimiento. En comparación con Estados Unidos, la industria hotelera de China proporcionó una décima parte del número de habitaciones per cápita, mientras que en la India ofreció 75 veces menos habitaciones per cápita.[37]

Las personas también invirtieron en una empresa con menor volatilidad de las ganancias. El cambio a los negocios de multipropiedad, así como a los activos gestionados y franquiciados que generan regalías, facilitaron la planificación y redujeron la imprevisibilidad de los beneficios. A medida que esta tendencia crecía, se esperaba que las comisiones contribuyeran con el 90% del EBITDA en 2016.

Finalmente, para darse un margen de decisión más amplio después de la OPI, el 25 de octubre de 2013, el grupo refinanció 13.400 millones de dólares en préstamos subordinados y préstamos garantizados sobre activos inmobiliarios.[38] La carga de la deuda, reducida de 14.600 millones de dólares a menos de 12.000 millones de dólares, es decir, 7 veces el EBITDA (véase el gráfico 1.4), seguiría poniendo a prueba los nervios de los inversores.[39] Pero Schwarzman se mostró optimista y señaló: "Cuando se puede tener ese tipo de crecimiento del EBITDA con ese tipo de paquete financiero apalancado, la aceleración de la rentabilidad es enorme. De alguna manera, quieres seguir respaldando tus mejores participaciones porque estás acumulando mucho valor para nuestros accionistas cada trimestre".[40]

La oferta pública inicial le dio al grupo hotelero un valor empresarial de alrededor de 33.000 millones de dólares, aproximadamente un 27% más que durante la LBO seis años y medio antes. Representando tres cuartas partes del capital, la participación de Blackstone en Hilton tenía un valor de 16.000 millones de dólares. El grupo de capital privado había invertido más de 5.600 millones de dólares en la exclusión de bolsa en 2007 y 800 millones de dólares en la refinanciación de 2010. Así que estuvo a punto de ganar 2,5 veces su apuesta.

En un artículo en el *New York Times*, Steven Kaplan, el académico de Chicago, señaló en un estilo realista aunque ligeramente desalentador: "Es un buen resultado si se compara con el mercado bursátil. Pero no es estupendo." Dado que la mayoría de los fondos LBO apuntan a una tasa interna de rentabilidad de alrededor del 20% repartida en seis años, la inversión en Hilton había generado alrededor del 16% anual para Blackstone, comentó el mismo artículo. Aun así, con Blackstone registrando una de las transacciones más exitosas de su historia, Kaplan admitió: "En términos absolutos, una ganancia de 10.000 millones de dólares es mucho dinero, incluso para ellos".[41]

Esto era típico del capital privado, pero la asombrosa ganancia solo existía sobre el papel; Blackstone no vendió ninguna acción en la OPI. En el capital privado, como en todas las categorías de inversión, las ganancias de capital solo importan si las cobras. Hasta que tu posición haya sido liquidada, tus ganancias no son reales. Así que echemos un vistazo a como Hilton llevó a cabo su transformación bajo LBO y como Blackstone logró liberarse del grupo hotelero.

## Resultados sobresalientes

Lo que en 2009 parecía una empresa sobreapalancada y condenada, amortizada en un 70% en las cuentas de Blackstone,[42] no solo había sobrevivido: prometía ofrecer excelentes resultados a su patrocinador. El enfoque fue doble.

*Rediseño del modelo de negocio y operativo*

Bajo el liderazgo de Blackstone, el Grupo Hilton no inició muchas mejoras operativas. Como consecuencia de la crisis económica, los márgenes de explotación cayeron del 15,6% en 2006 al 7,2% en el punto más bajo del ciclo en 2010. Debido al deterioro de activos, en 2008 el grupo hotelero registró una pérdida operativa de 4.500 millones de dólares.[43]

Donde la compañía se remodeló significativamente fue en su cambio gradual pero marcado de la estrategia de propiedad de bienes inmuebles tradicionalmente rica en activos a la administración hotelera y las franquicias. Entre mediados de 2007 y finales de 2013, como resultado de la transformación liderada por el CEO Nassetta y su equipo, y a pesar de la fuerte recesión que sufrió la industria durante la Gran Recesión, el grupo:

- aumentó el número de habitaciones en un 36% hasta las 176.248 unidades, y el número de hoteles de más de 1.000 a 4.080 unidades,

- aumentó en un 60% el número de habitaciones en desarrollo, casi todas ellas en segmentos de mayor margen, y con bajos requisitos de capital, de la gestión hotelera y de franquicias,

- amplió el número total de habitaciones en construcción en un 133%,

- mejoró la diversidad geográfica, con habitaciones que se desarrollaron fuera de los Estados Unidos que aumentaron de menos del 20% a más del 60%, y habitaciones en construcción en el extranjero que aumentaron de menos del 15% a casi el 80%,

- amplificó la prima de ingresos promedio por habitación disponible para todas las marcas y, a nivel global, en aproximadamente dos puntos porcentuales hasta el 15%,

- extendió la membresía en el programa de lealtad Hilton HHonors en un 88% entre 2007 y 2012, a 39 millones de miembros en el momento de la salida a bolsa.[44]

A diferencia del desarrollo hotelero tradicional impulsado por inversiones en activos, el aspecto clave de este crecimiento fue la menor necesidad de gastos de capital. El segmento de gestión y franquicias generó altos márgenes y flujos de caja recurrentes a largo plazo. En el momento de la salida a bolsa, esta división había aumentado el número de habitaciones en un 40%, lo que representa el 98% del crecimiento total de las habitaciones, prácticamente sin necesidad de inversión de capital.[45] Los colaboradores comerciales tenían que comprometer capital, mientras que Hilton cobraba regalías por el privilegio de administrar sus propiedades. El modelo operativo – de baja densidad en capital – de Hilton había visto crecer el número de habitaciones y propiedades a un ritmo constante, mientras que los gastos de capital habían disminuido en relación con las ganancias y el flujo de caja.

La transformación más importante fue el giro hacia los inmuebles gestionados y franquiciados, de los que el grupo obtuvo el 47% de su facturación en 2013, frente al 31% de seis años antes. Como se muestra en el gráfico 1.2, la tendencia continuó después de la OPI. Este cambio fue la principal razón del importante crecimiento de la rentabilidad del grupo: entre 2010 y 2013, el EBITDA aumentó más de un 40%. En el momento de la salida a bolsa, el grupo hotelero alcanzaba márgenes de EBITDA del 23% en su división de Propiedades, pero superior al 30% en la división de Gestión y Franquicias, mientras que el negocio de tiempo compartido generaba márgenes del 27%.

Esta conversión significó que el riesgo de ejecución se subcontrató a terceros: los franquiciados eran responsables de la experiencia del cliente en el sitio. Las estrategias de franquicia se llevaron a cabo de manera muy brillante en la restauración, como lo demuestra la marca global de muchas cadenas de comida rápida desde los años 60 en adelante. Pero este enfoque nunca se había intentado a tal escala en la industria hotelera. Con su cartera de marcas en todos los subsegmentos de la hotelería de lujo, Hilton se había arriesgado. El enfoque había dado sus frutos.

La franquicia tiene que ver con la confianza. Una cosa es confiar en que los franquiciados de comida rápida ofrezcan un servicio al cliente durante un período de tiempo que rara vez supera los 30 minutos; Otra cosa es garantizar la calidad y fiabilidad del servicio durante toda la duración de una estancia en un hotel.

Gráfico 1.2 – Reparto de los ingresos de las cuatro divisiones principales de Hilton

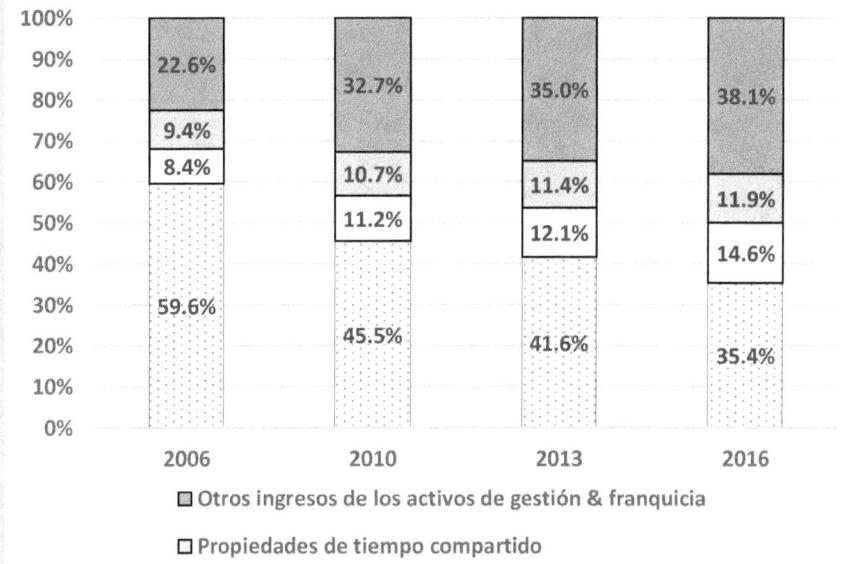

*Fuente: documentos de la empresa*

El grupo no solo dependía de los subcontratistas para brindar un servicio excelente, sino que también les pedía que subvencionaran su expansión. En el momento de la salida a bolsa, Hilton tenía en proyecto la construcción de otros 1.069 hoteles (que representaban 186.000 habitaciones), pero solo uno de ellos sería operado por el grupo. De los 40.000 millones de dólares necesarios para sufragar la construcción de estos hoteles, la contribución de la empresa fue de solo 70 millones de dólares.[46] Al trasladar el coste de su crecimiento a socios externos, la dirección había perfeccionado el arte de la externalización de riesgos. El acuerdo fue una hazaña hábilmente ejecutada entre la diversificación de la cartera de bienes inmuebles y el control cuidadoso del flujo de caja y los costes.

*Ingeniosa reestructuración de deuda*

Hay tres razones principales por las que Hilton, respaldada por Blackstone, pudo refinanciar su deuda en 2010. En primer lugar, era una versión actualizada y de gran tamaño de la cita de J. Paul Getty: "Si le debes 100 dólares al banco, ese es tu problema. Si le debes al banco 100 millones de dólares, ese es el problema del banco." Cuando debes 20.000 millones de dólares a los prestamistas y se ven obligados a reestructurar sus balances – como fue el caso durante el 'credit crunch', la crisis financiera y la recesión que siguieron – tu deuda se convierte en el problema de toda la comunidad bancaria.

La imprudente decisión de Blackstone de comprar Hilton en el verano de 2007, pocas semanas después de que comenzara la contracción de crédito, podría haber sido fatal. Lo que salvó al grupo hotelero no fue solo la notable estrategia de expansión y el cambio en la gama de productos operados por Nassetta, sino también la bancarrota total de todo el sistema bancario, lo que obligó a los acreedores de Hilton a ser mucho más complacientes de lo que habrían sido de otro modo. El incumplimiento de pago de cualquier parte de los préstamos otorgaba automáticamente al sindicato de bancos prestamistas el derecho a tomar posesión de algunas de las propiedades de Hilton utilizadas como garantía o a cobrar intereses y multas más altos.

Con una lista de acreedores que incluye nombres como Bear Stearns y Lehman Brothers, dos bancos que colapsaron en el período previo a la crisis financiera, era poco probable que un deudor tan grande como Hilton fuera sancionado por tomar riesgos imprudentes. En cambio, los bancos prestamistas habían capitulado, ofreciendo un fantástico margen de maniobra y poder de negociación a las empresas bajo LBO. Esto permitió la repetición de los procedimientos de enmienda y extensión ('amend and extend') que ninguna pequeña empresa puede adoptar (como veremos en el caso de TIM/WIND Hellas en Capítulo 8, estos procedimientos a menudo diezman a los tenedores de bonos subordinados y no garantizados). Este no es el tipo de comportamiento compasivo que uno esperaría de los prestamistas. Estos últimos a menudo están más que felices de tomar posesión de las casas hipotecadas de las personas que ya no pueden pagar sus préstamos. Es probable que una recesión económica más prolongada, sin el apoyo de la expansión cuantitativa ('quantitative easing') y las tasas de interés históricamente bajas, podría haber hecho que Blackstone perdiera el control del grupo hotelero.

La segunda razón del éxito de la recapitalización fue la posibilidad de comprar parte de la deuda descontada del grupo a prestamistas en dificultades. En el punto álgido de la recesión, Blackstone puso a disposición más de 800 millones de dólares para comprar partes de la deuda que no proporcionaban ninguna garantía sobre los activos de Hilton. El grupo hotelero también pudo convertir parte de los préstamos subordinados en deuda senior.[47] Blackstone era rico en efectivo en un momento en que los gerentes más pequeños estaban escasos de efectivo y tenían que devolver capital a sus inversores. Hilton también tuvo un golpe de suerte. Debido a que los prestamistas originales de la LBO nunca habían podido sindicalizar o titularizar sus préstamos, los equipos de Blackstone y Hilton solo tuvieron que renegociar y reprogramar el paquete de deuda con un puñado de bancos y prestamistas no garantizados, en lugar de cientos de instituciones más típicamente involucradas en mega-LBO, con préstamos por un total de miles de millones de dólares en sus balances.[48]

Por último, Blackstone realiza muchas transacciones cada año, y año tras año. Ningún banquero o gestor de fondos de crédito quiere antagonizar a una institución de este tamaño a riesgo de ser excluido de transacciones lucrativas en el futuro. Este tipo de poder de negociación es exclusivo de los grupos internacionales de capital privado. Blackstone lo aprovechó al máximo.

## Crónica de la mejor LBO de todos los tiempos

Con un valor empresarial de 19,3 veces el EBITDA,* la OPI de Hilton fue superior a las de Marriott (14,1 veces) y Starwood (12,8 veces). Mecánicamente, la vertiginosa valoración permitió al grupo reducir un poco su ratio de endeudamiento. A pesar de su tamaño y precio, la OPI se llevó a cabo sin incidentes, ya que los inversores institucionales se habían familiarizado con la empresa durante refinanciaciones de bonos anteriores.

En los meses posteriores a la salida a bolsa, las acciones de la empresa no siguieron un aumento muy constante. Todo eso cambió tras la publicación de los sólidos resultados trimestrales a finales de abril de 2014. Con las acciones encontrando un rango de negociación más firme por encima del precio de la OPI, Blackstone se estaba preparando para su retirada. A mediados de junio de 2014, seis meses después de la salida a bolsa, la firma de inversión redujo su participación en Hilton del 76% al 67% y recaudó 2.000 millones de dólares. La venta fue de 22,50 dólares por acción, una prima del 12,5% sobre el precio de la OPI.[49] A finales de septiembre, Blackstone salió del período de bloqueo que siguió a la venta de acciones en junio. En noviembre, en la segunda monetización de su participación, la firma vendió 90 millones de acciones adicionales a 25 dólares cada una. Los 2.250 millones de dólares recaudados por la venta llenaron los bolsillos de la firma de inversión.[50]

En mayo de 2015, se reanudó la búsqueda de ganancias. Blackstone ofreció otros 90 millones de acciones mientras las acciones del operador hotelero seguían subiendo. En lo que pronto se denominaría la 'Masacre del Día de la Madre' debido a su momento y a su desastrosa negociación en el mercado secundario, la venta en bloque de 2.700 millones de dólares – el mayor bloque de una firma de capital privado jamás registrado – dejó a los tres bancos del sindicato de suscripción con 90

---

* Después de una aplicación juiciosa de varios ajustes, los analistas financieros propusieron un múltiplo de valoración más razonable pero menos fiable de 14,9 veces el EBITDA ajustado

millones de dólares en pérdidas debido a la falta de apetito del mercado. El bajo descuento había permitido a Blackstone obtener un precio alto, pero la impresión general era que la valoración había sido demasiado alta, provocando el mal desempeño en los mercados secundarios. Esta tercera venta en bloque desde la salida a bolsa redujo la participación de Blackstone al 46%.[51] Uno de los principales argumentos a favor de la transacción fue la perspectiva de que Hilton pudiera unirse a los principales índices bursátiles, incluido el S&P 500, ya que el capital flotante ('free float') superaba ahora el 50%.

Aunque en ese momento Starwood, propietaria de las marcas Sheraton y Westin, buscaba comprador, Hilton no mostró mucho interés. Su equipo de dirección prefirió ceñirse a un plan de crecimiento orgánico, pero dado el escándalo de espionaje con Denizen, cualquier expresión de interés probablemente habría sido rechazada. También podría haber provocado una caída en el precio de las acciones de Hilton, lo que no habría sido una distracción bienvenida en el momento en el que el principal accionista quería abandonar el hotel. En lugar de adquirir a uno de sus competidores, en febrero Hilton vendió una de sus propiedades icónicas, el Waldorf Astoria en la ciudad de Nueva York, mientras negociaba un acuerdo de gestión de 100 años. Los ingresos de 2.000 millones de dólares se redistribuyeron para adquirir cinco hoteles con un perfil de crecimiento más rápido. La medida resultó en un aumento del 20% en el precio de las acciones de Hilton en solo tres meses, lo que permitió a su mayor accionista ejecutar su venta en bloque a un precio más alto en mayo. Aunque extremadamente útil para diseñar la salida parcial de Blackstone, el salto en el precio de las acciones fue solo temporal. A finales de septiembre, la acción había perdido más de una quinta parte de su valor. A finales de año, las acciones de Hilton – que seguía siendo la mayor participación de Blackstone – habían caído otro 20%.

Lógicamente, el precio de las acciones de Blackstone había caído significativamente durante el mismo período. Cuando el grupo de capital privado cotizando en la Bolsa de Nueva York anunció que sus resultados trimestrales para el año que terminó el 31 de diciembre de 2015 no habían cumplido con las expectativas, su participación en Hilton por sí sola perdió 2.600 millones de dólares.[52] La incapacidad de replicar los avances logrados en 2014 había perjudicado los resultados. Después de generar 4.600 millones de dólares con la venta de dos bloques de acciones de Hilton en 2014, Blackstone recibió menos de 2.700 millones de dólares el año siguiente. Su beneficio antes de impuestos se había reducido a más de la mitad respecto al año anterior.[53] A pesar de su decisión de mantenerse al margen de la subasta de Starwood para no interrumpir su estrategia enfocada y el precio de sus acciones, Hilton había sufrido un ajuste de valor significativo, con sus acciones cayendo en diciembre de 2015 por debajo del precio de salida a bolsa de 20 dólares (véase el gráfico 1.3).

## Escisión

Incapaz de deshacerse de su participación y ansioso por convencer a los mercados de que la cadena hotelera, a pesar de sus miles de millones de dólares en deuda LBO, valía más de lo que cotizaba, Blackstone trabajó duro para orquestar su salida. La firma de capital privado estaba siguiendo un camino doble: (i) encontrar un comprador para una parte de su participación, de la que podría desprenderse mediante una colocación privada, y (ii) escindir las diversas divisiones de lo que efectivamente era un conglomerado hotelero. El objetivo era mejorar la transparencia y, en última instancia, aumentar la valoración de cada entidad para ayudar a Blackstone a despedirse definitivamente.

Gráfico 1.3 – Evolución de la acción Hilton Worldwide frente al S&P 500 durante los tres años siguientes a la OPI

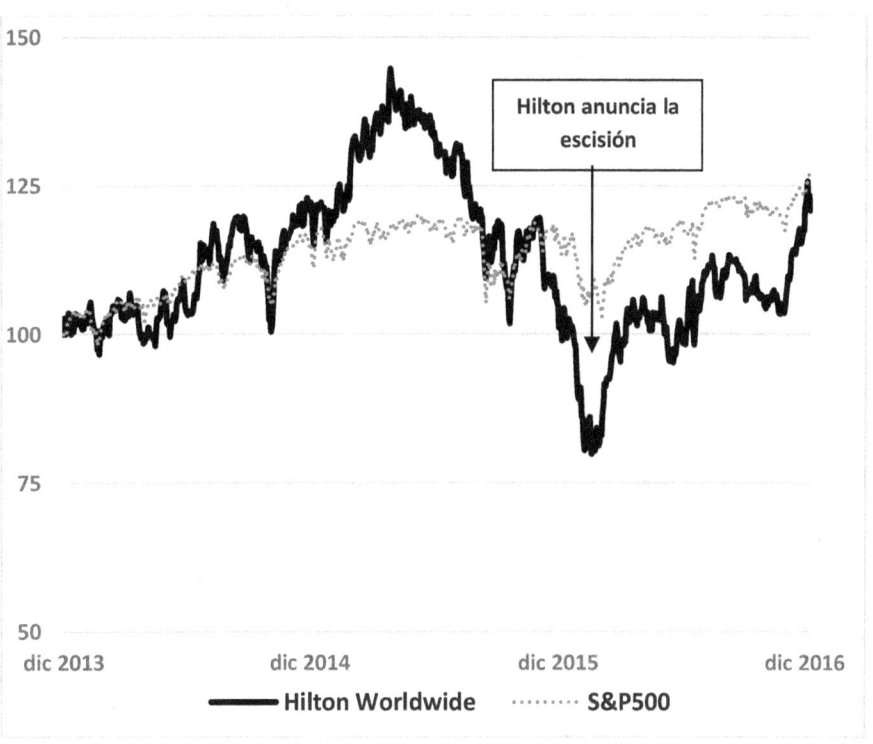

Nota: expresado en base 100 el día de la OPI

En febrero de 2016, cuando se anunciaron los resultados de 2015, la dirección cedió a la presión de los mercados cotizados. Hilton se dividiría en tres grupos en un esfuerzo por reducir su factura fiscal y crear valor para los accionistas. La principal empresa operadora incorporaría actividades de gestión hotelera generando comisiones. Un fideicomiso de inversión en bienes inmuebles (real estate investment trust, o REIT) incluiría a la compañía inmobiliaria (PropCo) y asumiría la deuda hipotecaria, mientras que la división de tiempo compartido (multipropiedad) formaría una tercera entidad bajo la marca Hilton Grand Vacations (HGV), administrando complejos turísticos ('resorts') y vendiendo intereses en propiedades vacacionales. Antes del anuncio, las acciones del grupo hotelero cotizaban un 20% por debajo de su nivel de salida a bolsa. En un esfuerzo por reactivar el precio de las acciones lo más rápido posible, la escisión debía realizarse antes de fin de año.

En agosto, Hilton pidió a los acreedores que dieran un impulso a la empresa, extendiendo tres cuartas partes de 4.200 millones de dólares en préstamos garantizados de 2020 a 2023. El equipo directivo también preparó la emisión de mil millones de dólares en préstamos no garantizados para refinanciar los tramos subordinados existentes.[54] Con el grupo hotelero dando un poco más de respiro, en octubre Blackstone finalmente encontró un comprador estratégico al vender una cuarta parte de las acciones de Hilton a HNA, un conglomerado chino deseando capitalizar el potencial del grupo en Asia y otros mercados internacionales. Los ingresos de casi 6.500 millones de dólares valoraron las acciones de Hilton en 26,25 dólares, una generosa prima del 15% sobre el precio de cierre.[55] La medida redujo la participación de Blackstone a aproximadamente el 21%. Como parte del acuerdo, la firma de inversiones conservó dos asientos en el Consejo de Administración de Hilton, incluido uno para Jonathan Gray, quien permaneció como presidente. Este último había aumentado su influencia dentro de Blackstone: a finales de 2015, los activos de la división inmobiliaria, supervisada por Gray, habían superado por primera vez la marca de los 100.000 millones de dólares.[56]

Al mes siguiente, Blackstone vendió 55 millones de acciones de Hilton por 1.300 millones de dólares, reduciendo su participación a menos del 16%.[57] Hilton terminó el año con otra emisión de bonos, esta vez por parte de HGV. La división de alquileres vacacionales estaba recaudando 300 millones de dólares en deuda senior para financiar su inminente independencia.[58] Administrando casi 50 clubes turísticos en América y Europa, HGV debía mantener el uso de la marca Hilton en virtud de un acuerdo de licencia a largo plazo.

Al completar la reorganización, Park Hotels & Resorts se estructuró como un fondo de inversión fiscalmente eficiente y heredó 67 de las propiedades hoteleras de Hilton Worldwide, que buscaba aligerar sus activos. La recién independizada PropCo estaba valorada en unos 10.000 millones de dólares.[59]

El desempeño comercial fue decepcionante a principios de año, con los clientes corporativos bastante nerviosos debido al clima político incierto en el período previo a las elecciones presidenciales en Estados Unidos. Pero el estímulo económico en el cuarto trimestre debido a la elección de Donald Trump a la Casa Blanca allanó el camino para la escisión del grupo y la retirada significativa de Blackstone de una participación del 46% a menos del 16% en Hilton, generando más de 7.700 millones de dólares en ingresos.

Lo que motivó la decisión de dividir el grupo en tres negocios separados fueron sus perfiles de crecimiento y rentabilidad muy dispares. Si bien la dirección declaró en el informe anual de 2016 que Hilton era la empresa hotelera de más rápido crecimiento del mundo sobre una base orgánica, eso fue poco consuelo para los accionistas que no habían visto ningún aumento en el precio de las acciones durante los primeros dos años posteriores a la OPI. Las propiedades administradas y franquiciadas y el negocio de tiempo compartido crecieron más del 6% ese año, pero se vieron lastrados por las actividades en propiedad y de arrendamiento, cuya facturación disminuyó un 2,5%. A nivel de EBITDA, los negocios de gestión y franquicias (división principal de Hilton Worldwide) y tiempo compartido (Hilton Grand Vacations) crecieron un 5,6% y un 8,2% respectivamente, mientras que los flujos de caja operativos de PropCo (Park Hotels & Resorts) disminuyeron un 3,3%. Sin embargo, esto no impediría que muchos inversores dieran el paso y se interesaran por Park Hotels. La principal ventaja de un fondo de inversión REIT es la intención de distribuir al menos el 90% de los ingresos y ganancias anuales a los accionistas. Se esperaba que la rentabilidad por dividendo de la PropCo superara el 6%.

## Gráfico 1.4 – Ratio de endeudamiento y endeudamiento neto de Hilton (2006, y de 2008 a 2016)

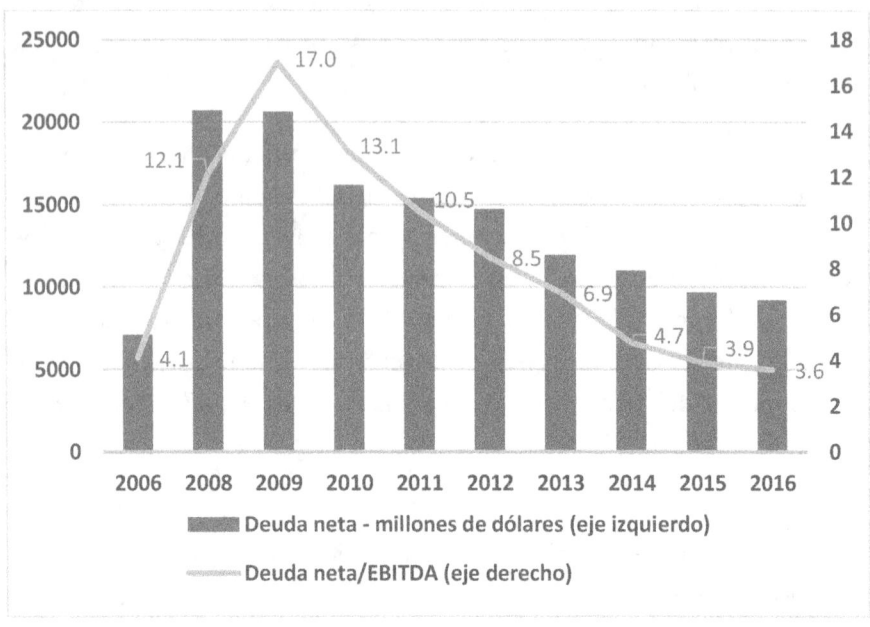

Nota: *El EBITDA de 2008 y 2009 excluye 5.600 millones de dólares y 475 millones de dólares de pérdidas por reestructuración – Fuentes: documentos de la empresa y análisis del autor*

A finales de 2016, Hilton había logrado pagar más de 5.000 millones de dólares de su deuda desde su salida a bolsa. Sin embargo, todavía contaba con más de 9.000 millones de dólares en préstamos LBO (véase el gráfico 1.4). El grupo hotelero había tardado mucho tiempo en deshacerse de la carga de su legado de apalancamiento financiero, pero la escisión y las OPI separadas de las diferentes divisiones lo habían revitalizado. Sus acciones habían subido casi un 30% en 2016, superando tanto al S&P 500 (+9,5%) como al índice del sector S&P hotel (+5,2%).[60]

A lo largo de 2017, las entidades del grupo continuaron reestructurando y reprogramando sus préstamos para respaldar las acciones de cada una y ayudar a Blackstone a completar su salida. En marzo, Hilton

Worldwide revaluó 3.200 millones de dólares de sus préstamos senior y extendió una parte de ellos por un total de 750 millones de dólares.[61] Tres meses después, Blackstone orquestó una serie de transacciones para reducir aún más su exposición a una participación de una década en el conglomerado hotelero.

El 1 de junio, despachó 15 millones de acciones de Park Hotels & Resorts por una contraprestación total de poco menos de 400 millones de dólares.[62] Una semana después, vendió 15 millones de acciones de Hilton Worldwide por casi 990 millones de dólares, reduciendo su participación al 10%.[63] Poco después, regresó con un bloque de casi 10 millones de acciones de Hilton Grand Vacations, embolsándose 342,6 millones de dólares. Como resultado de la venta, Blackstone se quedó con solo una participación del 5,4% en HGV.[64] Esta participación se liquidó en septiembre por 183 millones de dólares.[65]

Un mes más tarde, la firma de capital privado se deshizo de 14,6 millones de acciones de Hilton Worldwide en un solo bloque valorado en 940 millones de dólares: la dirección había decidido recomprar casi un millón de sus acciones a Blackstone; no todos los accionistas pueden esperar recibir este tipo de apoyo para la venta de acciones de las empresas en las que invierten. Probablemente fue la mejor manera de evitar una versión de Halloween de la 'Masacre del Día de la Madre' deplorada dos años antes.[66] Apresurándose a salir, a principios de noviembre, el grupo de capital privado vendió cerca de 17 millones de acciones de Park Hotels & Resorts,[67] lo que le permitió generar una ganancia de 500 millones de dólares.

Después de estas ventas, Blackstone se quedó con menos del 6% en Hilton Worldwide; Se retiró en 2018 embolsándose 1.300 millones de dólares por esta participación. En total, como se muestra en la Tabla 1.1, el grupo de capital privado se había cobrado 19.800 millones de dólares. Bastante satisfactorio en comparación con su inversión de 6.500 millones de dólares.

Tabla 1.1 – Inversiones y ganancias de Blackstone en Hilton

| Año | Transacción | Miles de millones de dólares |
|---|---|---|
| 2007 | Inversión de capital | > 5.6 |
| 2010 | Inyección de capital ('equity cure') | > 0.8 |
| | **Inversión total** | **6.5** |
| 2013 | OPI | 0.0 |
| 2014 | Ventas en bloque | 4.6 |
| 2015 | Venta en bloque | 2.7 |
| 2016 | Venta de 25% a HNA | 6.5 |
| 2016 | Venta en bloque | 1.3 |
| 2017 | Ventas en bloque | 3.4 |
| 2018 | Venta en bloque | 1.3 |
| | **Ingresos totales** | **19.8** |
| | **Ganancias netas** | **13.3** |

*Fuentes: documentos de la empresa y análisis del autor*

## Lo que salió mal para los pequeños inversores

En el año fiscal 2016, el 90% del EBITDA de Hilton provino de las divisiones de gestión y franquicias, y el 10% restante provino de propiedades propias y arrendadas.[68] Dicho esto, esta producción constante de flujo de caja se había vuelto un poco lenta – el EBITDA aumentó un 3% en 2016. Como hemos visto, esto se había traducido en rendimientos decepcionantes para los accionistas. Esto fue notable si se compara con el principal rival del grupo: entre el 12 de diciembre de 2013 y el 13 de diciembre de 2016, el rendimiento de los accionistas de Marriott International superó el 91%, la evolución del índice S&P 500 fue del 36%, mientras que el rendimiento de las acciones de Hilton fue solo del 26%, una tasa anual de poco menos del 8% en esos primeros tres años después de la OPI.

*Sobrevaloración*

Puede parecer paradójico que una empresa que había aumentado su volumen de negocios en una quinta parte y su EBITDA en un tercio en los tres años posteriores a su salida a bolsa haya generado una rentabilidad inferior a la de sus competidores y al índice S&P 500. Sin embargo, hay una explicación sencilla.

Hilton Hotels cotizó en diciembre de 2013 con un múltiplo de 48 veces el beneficio neto. Tres años más tarde, este ratio estaba por debajo de 15, mientras que el balance del grupo seguía lleno de deudas LBO. Incluso cuando se mide sobre la base del EBITDA (que excluye el impacto de los gastos por intereses), el múltiplo de valoración de Hilton fue aproximadamente de 12 veces al 31 de diciembre de 2016 en comparación con 19 veces el EBITDA en la Oferta Pública Inicial.

Es difícil entender por qué los inversores pensaron que la salida a bolsa de Hilton era una ganga con tal valoración. Incluso en el punto álgido de la burbuja inmobiliaria en 2007, Blackstone pagó 15 veces el EBITDA por la adquisición del grupo hotelero. A pesar de los cambios en su modelo de negocio, Hilton no justificó un arbitraje positivo tan generoso.

*Plazo necesario para que los ingresos por habitación disponible se pusieran al día*

Mientras que el EBITDA creció a tasas de dos dígitos entre 2013 y 2016, los ingresos por habitación disponible crecieron a un solo dígito. Hay tres razones para esto.

En primer lugar, dado que el grupo crecía a un ritmo mucho más rápido que la competencia, llevó tiempo aumentar la tasa de ocupación de la nueva cartera de hoteles. Es probable que estos desarrollos recientes dieran sus frutos a largo plazo, pero el mercado bursátil estaba adoptando una postura más cautelosa, esperando a ver si la estrategia de expansión cumplía sus promesas.

La segunda razón del crecimiento relativamente lento de los ingresos por habitación disponible es una consecuencia directa de la transformación de Hilton en un grupo con mucho menos activos hoteleros. Mientras que los hoteles pertenecientes a Hilton generaron más de 145 dólares por habitación disponible, la flota gestionada y franquiciada generó unos 100 dólares por habitación.

Además, la expansión en los mercados de rápido crecimiento de América del Sur, Oriente Medio, África y Asia tuvo un impacto negativo en los ingresos por habitación disponible. Este indicador clave de desempeño fue mucho más bajo en los países emergentes. Una vez más, a largo plazo era probable que los nuevos mercados generaran beneficios significativos; Por ahora, sus ingresos por habitación disponible fueron entre un 15% y un 20% inferiores a los de los activos más maduros de Estados Unidos y Europa.

*Tendencia inesperada en el uso compartido de pisos de corta estancia*

Los millennials ya han interiorizado la dura realidad de que serán más pobres que la generación de sus padres. Para ellos, derrochar en hoteles de lujo sería considerado irresponsable. El documento de registro de Hilton presentaba una larga lista de riesgos a los que los posibles inversores deberían prestar atención. Sin embargo, faltaba una amenaza principal, lo que demuestra lo difícil que puede ser, incluso para los expertos de la industria (quizás más específicamente para ellos), anticipar los cambios disruptivos. No se hizo mención de una plataforma de alojamiento de cinco años llamada Airbnb. Si bien Hilton se centró principalmente en el segmento de estadías hoteleras, sus marcas más asequibles como DoubleTree y Garden Inn podrían verse afectadas por la tendencia subyacente hacia la colocación a corto plazo.

La llegada de Airbnb y otras plataformas digitales que ofrecen servicios no regulados de colocación y corta estancia era una gran incógnita para cualquier inversor potencial. A principios de 2017, Airbnb ofrecía acceso a 2,3 millones de habitaciones en todo el mundo, más que el inventario combinado de las tres mayores cadenas hoteleras: Hilton, Marriott e

InterContinental.⁶⁹ Básicamente, Airbnb tiene más costes variables que fijos en comparación con los grupos hoteleros tradicionales. Por lo tanto, la plataforma debería ser más capaz de resistir las recesiones económicas. Esto supone que las normas de salud y seguridad y la legislación de licencias no arruinan la fiesta. En cualquier caso, el nuevo entorno competitivo invitó a los mercados bursátiles a mantener la cautela en la valoración de las acciones de los grupos hoteleros. A pesar del halagador artículo de *Bloomberg* que informaba del fantástico rendimiento de la LBO de Hilton desde la perspectiva de Blackstone, los rendimientos para los inversores que participaron en la OPI estuvieron lejos de ser espectaculares. Pero era responsabilidad de los operadores bursátiles preocuparse por ello.

El mensaje principal del artículo de *Bloomberg* fue prematuro pero, en última instancia, exacto. Blackstone había trabajado muy duro para asegurar su salida. Había estado atrapado en la apatía que siguió a la salida a bolsa, pero al incubar una triple escisión a fines de 2016, la dirección de Hilton finalmente había producido un poco más de valor para los accionistas, especialmente para el patrocinador financiero que permitió al equipo directivo hacer una fortuna. Nassetta ganó 2 millones de dólares en compensación anual en Hilton, además de 7,6 millones de acciones, por un valor de más de 150 millones de dólares el día de la OPI. Después de un turbulento viaje de diez años que incluyó una extensa reestructuración del balance y una revisión completa del modelo de negocios, Hilton merecía su título como la mejor LBO de todos los tiempos.

## INTERPRETANDO EL ÉXITO EN EL PRIVATE EQUITY

*Como recordatorio, es peligroso sacar conclusiones definitivas de una LBO altamente rentable. El éxito puede deberse a la habilidad, al trabajo duro, a la suerte o a una combinación de estos factores.*

*Blackstone es una gestora de fondos diversificada con la promesa de rendimientos superiores. Sin embargo, en la década transcurrida desde su salida a bolsa en junio de 2007, sus acciones ofrecieron poco a los accionistas. Después de cotizar a 31 dólares, las acciones de Blackstone valían 32 dólares en diciembre de 2017. A pesar del éxito de Hilton, Blackstone en sí misma no fue una buena inversión, en parte debido a la alta volatilidad de sus ganancias, como ilustra este relato, pero también porque la mayor parte de sus ingresos fue redistribuido a los empleados.\**

*Los empleados de Blackstone habían ganado casi 30.000 millones de dólares en compensaciones anuales y ganancias de capital en la primera década después de la salida a bolsa del grupo. Esto equivale al 85% de los honorarios de gestión, asesoramiento y rendimiento del grupo durante el periodo. La remuneración del personal se basaba en los rendimientos a corto plazo obtenidos en las operaciones apalancadas, mientras que los accionistas de Blackstone exigían un rendimiento constante a largo plazo. Los activos bajo administración del grupo habían aumentado de menos de 90.000 millones de dólares en el verano de 2007 a 390.000 millones de dólares a finales de 2017. Sin embargo, los accionistas no se habían beneficiado. Afortunadamente, en su documento de registro, Blackstone advirtió que sus "unidades comunes no son una inversión adecuada para inversores a corto plazo". El muy largo plazo bastará.*

---

\* Algunos argumentan que el bajo rendimiento de Blackstone se debe a su estructura de socio. Si estuviera organizada como una corporación, la empresa vería sus acciones automáticamente integradas en índices bursátiles, lo que aumentaría la liquidez. Ésta es una mala excusa para una empresa de inversión que ofrece un modelo de negocio supuestamente atractivo

# CAPÍTULO 2

# Mergermarket : El candidato ideal a una LBO

> *Pocas empresas transicionan con éxito de la fase de start up a su etapa de growth – en la que crecen orgánicamente mediante el lanzamiento de nuevos productos y servicios – para luego establecer liderazgo en su mercado y transformarse en plataformas de consolidación capaces de asimilar una serie de adquisiciones en sectores existentes y adyacentes. Mergermarket logró todo esto, convirtiéndose en el candidato ideal para una transacción apalancada.*

El apetito de información de la industria financiera es prácticamente ilimitado. La información no solo transfiere poder a quien la posee; en finanzas a menudo se traduce en la generación de riqueza. Es por esto que el fraude sigue siendo prevalente, aún décadas después de que se introdujeran las leyes prohibiendo el uso de información privilegiada. Un estudio académico, basado en la compraventa de opciones sobre acciones antes de los anuncios de fusiones y adquisiciones, señala que aproximadamente una cuarta parte de las operaciones tienen volúmenes anormales y una volatilidad excesiva que podría implicar uso de información privilegiada. Otras encuestas menos exhaustivas sugieren que las empresas cotizadas que emiten comunicaciones sobre sus resultados ven caer sus acciones el día antes del anuncio oficial en dos tercios de los casos; del mismo modo, los anuncios de ofertas públicas de adquisición van precedidos de un aumento del precio de las acciones en el 70% de los casos.[1] La regla estadística de distribución normal establece que, en un mercado eficiente, los precios de las acciones deben subir y bajar en proporciones iguales antes de que se divulgue públicamente cualquier nueva información.

Por lo tanto, para las personas e instituciones que buscan obtener mayores rendimientos, acceder a la información antes que otros y de manera legal es muy valioso. Muchos participantes en el mercado están dispuestos a pagar por esto, tanto si operan en los mercados cotizados como si invierten en empresas privadas.

La primera vez que me encontré con el producto epónimo y estrella de Mergermarket fue en 2005, cuando utilizaba esta base de datos financiera para buscar y filtrar empresas como potenciales objetivos de adquisición de una de las empresas de mi cartera. En ese momento, trabajaba para la firma de capital privado Candover. Cuando evalué la adquisición de Mergermarket Group, en el primer semestre de 2006, en cambio trabajaba para otro empleador, el fondo especializado en telecomunicaciones GMT Communications Partners.

Mergermarket, un proveedor de datos sobre fusiones y adquisiciones, había sido puesto a la venta por sus inversores de capital riesgo, si bien sus tres cofundadores – el presidente ejecutivo Caspar Hobbs, el editor en jefe y director de producto Charlie Welsh y el director financiero Gawn Rowan Hamilton – permanecieron al mando.

Decir que tenía muchas ganas de cerrar esta operación se quedaba corto. Estaba completamente seguro, basándome en mi conocimiento sobre el producto y las características fundamentales de su modelo de negocio, de que Mergermarket era un candidato exelente para una LBO. Era un negocio de alto crecimiento y alto margen, con ventas y flujos de caja ('cash flows') predecibles y recurrentes.

En Candover, había trabajado en dos transacciones similares: el proveedor paneuropeo de información financiera, Bureau van Dijk (BvD), y el especialista global en petróleo y gas, Wood Mackenzie. Ambas eran empresas editoriales y de análisis de datos con altas barreras de entrada, una especialización industrial que imponía respeto y excelentes perfiles de flujo de caja respaldados por fuertes tasas de renovación y contratos multianuales.

Propuse estructurar la transacción pagando 100 millones de libras esterlinas por adelantado, financiado en un 40% con deuda bancaria. Los vendedores querían que incluyera 40 millones de libras adicionales en pagos diferidos, totalmente supeditados a la consecución de un plan de crecimiento muy agresivo. Después de semanas de negociaciones con los asesores y fundadores de Mergermarket, no tenía ninguna duda de que a GMT Communications se le concedería la exclusividad si estábamos dispuestos a presentar una oferta de 100 millones de libras más mecanismos ratchet – que dan derecho a acciones adicionales – en función del desempeño de los altos ejecutivos de la compañíav.

Aunque Mergermarket era una empresa más pequeña que BvD y Wood Mac, ofrecía perspectivas de crecimiento mucho mejores. Todo lo que tuve que hacer fue convencer a mi equipo en GMT Communications de que esta transacción tenía el potencial de transformar nuestro fondo de inversión, colocándonos en el cuartil superior de retornos. A pesar de que los socios directores de esta firma de inversión estaban especializados en medios de comunicación, mi misión resultaría imposible.

Le había asignado a la empresa un múltiplo de 16 veces sobre su EBITDA durante los últimos 12 meses y un múltiplo de 13 veces sobre los beneficios esperados para el año, excluyendo los pagos diferidos – Candover había comprado Wood Mac y BvD respectivamente en múltiplos de 12 y 12,8 veces los beneficios esperados. Mergermarket se valoró más generosamente, pero el crecimiento anual de los ingresos de la empresa había promediado el 80% durante los tres años anteriores. Las previsiones de ventas para 2006 apuntaban a una tasa de crecimiento cercana al 50%. El margen EBITDA aumentó del 17% al 27% entre 2003 y 2005 (véase el gráfico 2.1). Por mi experiencia con BvD y Wood Mac, sabía que era probable que la rentabilidad mejorase a medida que aumentaba la base de clientes. Estas dos empresas lograron márgenes EBITDA del 35% al 40%.

El argumento más claro a favor de las bases de datos digitales es que la información tiene el mismo coste tanto si esta se vende a un único usuario o a una multitud de usuarios. Las economías de escala son prácticamentev incomparables. Ningún editor en papel podría igualar este tipo de apalancamiento operativo y ventaja competitiva.

Gráfico 2.1 – Ingresos y margen de EBITDA de Mergermarket Group de 2003 a 2006

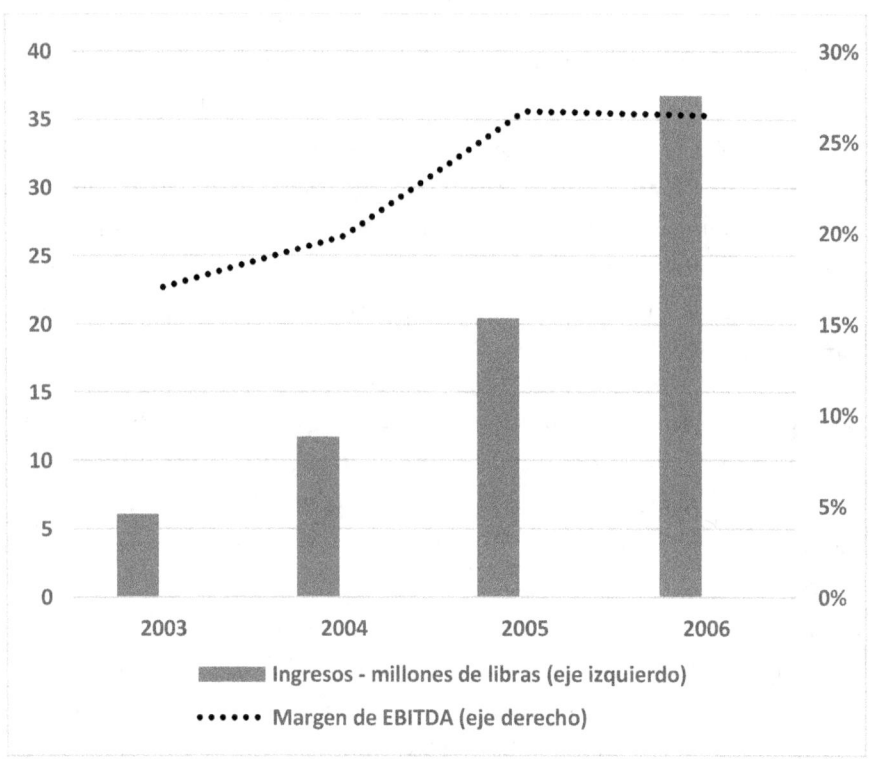

*Fuentes: documentos de la empresa y análisis del autor*

Y ese era más o menos el problema. Los socios directores de GMT Communications tenían años de experiencia en la industria de los medios de comunicación, pero se habían dedicado a invertir en medios tradicionales. Tal conocimiento era inútil en un momento en que la industria estaba siendo transformada por Internet. Para quienes no estaban familiarizados con la industria de los nuevos medios, los beneficios de los efectos de red (*network effects*) a veces eran difíciles de comprender. Cuando, a mediados de 2006, el comité de inversiones de GMT rechazó el estatus de exclusividad que había obtenido tras tanto esfuerzo, fue una decisión desoladora para mí. Como descubrirá a continuación, la decisión del comité fue una gran oportunidad perdida.

## 'Small' data

Ingeniosamente diseñada como una agencia de noticias y base de datos, Mergermarket había construido en seis años un monopolio en el sector de inteligencia en el ámbito empresarial. Sus periodistas no se molestaban en compartir noticias provenientes por agencias de relaciones públicas. Buscaban en primicia información sobre operaciones corporativas de fusiones y adquisiciones, adelantándose lo más posible al proceso de transacción. La precisión, la relevancia y la velocidad de difusión eran primordiales. Lo ideal era encontrar fuentes de información dispuestas a romper acuerdos de confidencialidad para proporcionar información privilegiada que luego Mergermarket compartiría con sus clientes. La información tenía que ser útil, casi predictiva, permitiendo a los clientes generar ideas y nuevas oportunidades transaccionales.

Fundada a finales de 1999, la empresa había ampliado su oferta de productos de suscripción a los mercados de crédito, con el lanzamiento de Debtwire, y a la inteligencia financiera para agentes de bolsa y gestores de hedge funds con su solución dealReporter. Durante el proceso de *due diligence*, el equipo directivo reveló que a su vez estaba desarrollando o a punto de ampliar otros servicios. Es importante destacar que, aunque la empresa había establecido una sólida posición comercial en Europa, su región de origen, todavía tenía un enorme potencial de crecimiento internacional en América y Asia. La dirección tenía la intención de ampliar su presencia en estas geografías aprovechando su clientela europea: muchos de los clientes de Mergermarket en Europa eran bancos, firmas de capital privado, gestores de hedge funds, abogados y consultoras estadounidenses.

El segmento de inteligencia financiera estaba desatendido, lo que le dio al grupo londinense una ventaja estratégica. El mercado potencial ascendía a varios cientos de millones de dólares al año, repartidos entre miles de clientes. La diversidad de la base de clientes garantizaba que ningún cliente representara una parte demasiado grande de la facturación del grupo.

Mergermarket tenía algunas cualidades de una compañía de primera clase. El grupo había desarrollado una cartera de productos exclusivos en el sector de información financiera. Estaba en una posición impecable para construir una posición de liderazgo del mercado sin temor a la competencia de los mayores grupos de medios financieros. A diferencia de Bloomberg o Dow Jones, Mergermarket cubría transacciones de mercados privados, que representaban una fracción de las oportunidades derivadas de los mercados de capital cotizados. Era poco probable que Bloomberg y otros editores descubrieran suficiente potencial de ventas en materia de fusiones y adquisiciones en los mercados privados. Era el tipo de ventaja competitiva que un operador puede obtener simplemente permaneciendo discreto o en un segmento de nicho. Las oportunidades en los mercados privados eran suficientes para una empresa en crecimiento como Mergermarket, pero no para los grupos de medios con miles de millones de dólares en ingresos.

Mucho antes de que la última moda tecnológica tuviera sus propias palabras de moda, desde "big data" hasta inteligencia artificial (IA), el mundo de los negocios había reconocido la importancia de adquirir información de forma exclusiva. La City de Londres está llena de historias en las que los asesores financieros, que se han enterado con antelación de un evento importante, generan grandes ganancias con dicha información. El ejemplo que se sigue mencionando es el de Nathan Rothschild especulando fuertemente con los bonos del gobierno cuando se enteró, gracias a una red incomparable de mensajeros empleados por el banco de su familia, de la derrota de Napoleón en Waterloo en 1815 varias horas antes de que se informara a la Oficina de Guerra del gobierno británico.

A medida que la velocidad de circulación de la información aumentó, otros proveedores de servicios hicieron también fortuna, como Reuters, fundada en el Royal Exchange de Londres en 1851 por el empresario británico de origen alemán Paul Julius Reuter. Este estableció una reputación retransmitiendo noticias desde el extranjero gracias a la aplicación comercial de un invento novel: el telégrafo eléctrico. A principios de los años 80, el servicio de información creado en Nueva York por su fundador Michael Bloomberg – un antiguo socio de Salomon Brothers cuyo apellido dio nombre a la compañía – se basó en una práctica ancestral de difundir, en el momento adecuado, información capaz de impactar los mercados.

Al proveer información holística, desde noticias políticas hasta indicadores económicos y novedades financieras, las agencias de noticias y los proveedores de datos se convierten en excelentes herramientas para ganar dinero. Por supuesto, sus declaraciones son menos grandilocuentes que las de los frikis obsesionados con la IA, pero sus periodistas conocen el verdadero valor de una primicia y su distribución adecuada a las personas que poseen los recursos necesarios para comprarla. Las personas que se benefician de este tipo de información deben operar con cautela para no ser declaradas culpables tanto de uso de información privilegiada como de manipulación de mercados, aunque leer bestsellers como *Flash Boys* y *Black Edge* nos convencerá de que a los inversores profesionales nunca les falta imaginación cuando se trata de ganar dinero posicionándose antes que los demás.

Más allá de la difusión de datos financieros, lo que convirtió a Mergermarket en un candidato tan convincente para una LBO fue la expansión gradual de su red propietaria de usuarios. Esto contribuyó a la generación de flujos de caja, que podrían ser útiles tanto para el pago de la deuda como para el crecimiento orgánico y externo.

Sin embargo, a pesar de dicha capacidad de generación de efectivo, las oportunidades de crecimiento del mercado, una base de clientes diversificada, las posibles sinergias de ventas, el sólido estado de los sectores de servicios financieros y del comercio electrónico, la acuciante necesidad de datos capaces de ofrecer una ventaja competitiva, y una larga lista de argumentos convincentes a favor de una LBO en 2006, ni una sola firma de capital privado presentó una oferta por Mergermarket Group. En un primer momento, mis compañeros de GMT Communications se mostraron muy receptivos. De hecho, gracias a mi perseverancia, GMT había sido el último fondo de inversión involucrado en el proceso de venta y, al retirarse, había dejado el campo abierto a inversores estratégicos.

## Sin excesos

Si bien los fundadores de Mergermarket hubieran preferido llevar a cabo una LBO y sustituir a sus accionistas del mundo de capital riesgo por una firma de capital privado, la falta de apetito de los fondos de inversión no les dejó otra alternativa que buscar otro tipo de comprador. A cambio de su inversión en Mergermarket en el año 2000, los fondos accionistas ciertamente tenían derecho de empujar a los tres fundadores hacia una venta de la compañía, pero sin su colaboración venderla habría sido una difícil tarea. De facto, los fondos de venture capital necesitaban el apoyo de los altos ejecutivos para poder conseguir su desinversión.

Varias empresas del sector habían participado en el proceso de licitación desde el principio, pero pocas de ellas pudieron demostrar una complementariedad estratégica. A una de las partes interesadas se le concedió rápidamente el estatus de exclusividad debido a los evidentes efectos sinérgicos y a su interés genuino en el sector. Después de semanas de negociaciones, el 8 de agosto de 2006, Financial Times Group, división del conglomerado de medios Pearson, adquirió Mergermarket por 101 millones de libras esterlinas. La estructura de la transacción también incluyó hasta 40 millones de libras esterlinas de pagos adicionales sujetos a la consecución de hitos. Era extrañamente similar a los términos que yo había negociado, prueba de que mi oferta tenía sentido. La transacción resultó en un múltiplo de retorno de 14 veces sobre la inversión de sus inversores de capital riesgo.[2]

La adquisición de Mergermarket fue solo la punta del iceberg para Pearson. Como tal, fue un buen negocio. Complementó el servicio de noticias tradicional del FT con datos sobre las actividades transaccionales del mundo corporativo. Había un claro potencial de sinergias por venta cruzada de productos de Mergermarket a los suscriptores del Financial Times, aunque la start up ya atendía a una amplia gama de clientes de primer nivel. Entre sus clientes se encuentran 29 de los 30 bancos de inversión más prestigiosos del mundo, 18 de los 20 principales bufetes de abogados y 25 de las 30 principales firmas de capital privado.[3]

En 2005, Mergermarket generó menos de un tercio de sus ingresos fuera de Europa. Con el apoyo de Pearson, el grupo estableció durante los siguientes años una presencia global. Durante el proceso de venta, la expansión en Asia se mencionó como una gran oportunidad. Oriente Medio y América Latina también eran territorios por explotar. Todo lo anterior era factible.

Además de dichas sinergias comerciales y el potencial internacional, el grupo continuaría desarrollando sus productos existentes. Por ejemplo, en 2006, Debtwire solo atendía a los mercados de préstamos corporativos y LBO; en dos años, lanzó un producto de títulos respaldados por activos (asset-backed securities, o ABS, por sus siglas en inglés), seguido de una oferta de bonos municipales cuatro años más tarde. Ampliar la cartera de productos también significó crear nuevas soluciones en diferentes verticales. En los primeros cuatro años después de su adquisición por parte de Pearson, la compañía desarrolló servicios de inteligencia empresarial en los sectores farmacéutico, de comercio internacional y de procesamiento digital de transacciones.

Como plataforma de adquisiciones, Mergermarket presentaba una oportunidad incomparable. Pearson lo utilizó como vehículo para consolidar el segmento altamente fragmentado de información financiera. En septiembre de 2007, Mergermarket adquirió Infinata, un proveedor de información y análisis en las industrias de biociencias y alta tecnología.[4] A continuación, el grupo realizó una serie de pequeñas adquisiciones. A principios de 2010, incorporó Xtract Research, especialista en datos de préstamos y bonos, para reforzar su oferta de renta fija. Dos años más tarde, el especialista en infraestructuras Inframation Group se unió al grupo. La extensa actividad de M&A de Mergermarket confirma que, a nivel transaccional, la empresa era una maravilla. Su trayectoria en fusiones y adquisiciones demostró que era bastante sencillo generar sinergias comerciales, especialmente cuando los clientes eran insensibles a subidas de precios.

Como resultado de la transformación del grupo, en los seis años siguientes a la adquisición por parte de Pearson, el crecimiento anual de sus ingresos y EBITDA promedió el 19%. En 2012, la facturación superó los 100 millones de libras esterlinas y, aunque la compañía se centró en el crecimiento más que en la maximización de beneficios, los márgenes EBITDA del 27% estuvieron a la par con los alcanzados en el año de la adquisición (véase el gráfico 2.2). Sin embargo, el genio empresarial de Mergermarket no había encajado bien con la cultura más convencional de Pearson, de forma que, a mediados de 2013, Pearson tomó la decisión de vender el grupo.

La integración de los activos de Mergermarket en el grupo Financial Times debería haber impulsado las sinergias de ventas y la colaboración – los editores de ambas divisiones podrían ofrecer un producto más completo y atractivo a sus clientes. Pero, según el testimonio de algunos empleados de Mergermarket, el grado de integración de ambos grupos era muy bajo. Las dos entidades habían permanecido tan independientes

## Mergermarket

que la escisión propuesta por Pearson probablemente tendría poco impacto. De hecho, la noticia tuvo buena acogida por los equipos directivos de Mergermarket y del FT. Para aquellos que habían pasado toda su carrera en el *Financial Times*, la start up había adoptado un enfoque algo aburrido a la hora de proporcionar información financiera a su sofisticada base de clientes. Las actividades de publicación de bases de datos de la start up no se asemejaban a la prosa periodística más estimulante intelectualmente. Para los corresponsales del FT, Mergermarket empleaba a hackers que se hacían pasar por detectives, mientras que para los laboriosos especialistas en inteligencia de Mergermarket, el enfoque periodístico del FT, impulsado por objetivos de relaciones públicas, pertenecía a otra época.

Pearson había sido dueño de la empresa durante siete años y, a pesar de la crisis de los mercados de capitales, la inversión fue un éxito. El gráfico 2.2 muestra que hubo una ligera bajada en las ventas en 2009 que fue directamente atribuible a la recesión, si bien hay otra razón para esta disminución.

Cuando la empresa fue vendida a Pearson en 2006, la dirección negoció un plan de incentivos de dos años, basado en parte en el crecimiento de los ingresos y de la rentabilidad. Para maximizar su compensación diferida, los ejecutivos de Mergermarket firmaron contratos de dos años con sus clientes para maximizar los ingresos en 2007 y 2008. Cuando estos acuerdos plurianuales expiraron en el segundo semestre de 2008, muchos clientes no renovaron sus contratos o aprovecharon el tiempo para negociar mejores condiciones mientras la crisis financiera estaba en pleno apogeo. Esto contribuyó a una caída del 8% en la facturación en 2009.

Sin embargo, teniendo en cuenta que la base de clientes de Mergermarket estaba compuesta principalmente por bancos, firmas de capital privado, hedge funds, abogados corporativos y otras instituciones que dependen en gran medida de la salud del mercado de fusiones y adquisiciones, el hecho de que la disminución de los ingresos fuera de solo un dígito es una prueba más de la resiliencia del modelo de negocio de Mergermarket Group.

### Gráfico 2.2 – Ingresos y margen de EBITDA de Mergermarket Group de 2006 a 2013

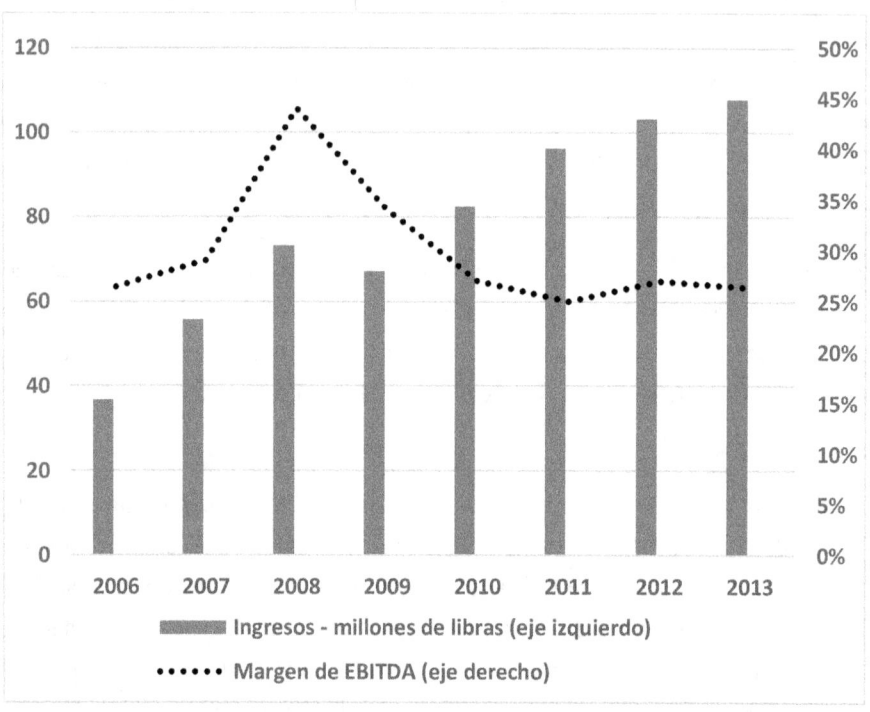

*Fuentes: documentos de la empresa y análisis del autor*

## Una LBO muy esperada

Después de un proceso muy intenso en el que muchos compradores potenciales compitieron por la compañía, el 29 de noviembre de 2013 Pearson acordó vender Mergermarket a BC Partners, un fondo de capital privado con sede en Londres. Este último valoró Mergermarket en 382 millones de libras esterlinas, incluidos 245 millones de libras esterlinas de deuda LBO estructurada en un préstamo garantizado de 150 millones de libras esterlinas a siete años, un préstamo de 70 millones de libras esterlinas a ocho años y una línea de circulante de 40 millones de dólares. La transacción se cerró en febrero de 2014 con un múltiplo de valoración de aproximadamente 13,5 veces el EBITDA del ejercicio anterior, mientras que el ratio de endeudamiento se situó entre 7 y 7,5 veces los beneficios.[5]

En este punto de la historia del grupo, conviene revisar las objeciones planteadas en 2006 por los fondos *mid-market* de capital privado. De lo contrario, sería difícil entender por qué BC Partners estaba dispuesto a pagar un precio tan bueno por un activo que gestoras de fondos LBO habían rechazado siete años antes.

En 2006, Mergermarket era lo que llamamos una empresa en fase *growth* (de crecimiento). Estaba en una etapa de desarrollo entre su etapa más temprana y la madurez. Estas transacciones se centran más en el potencial de crecimiento de un objetivo que en sus beneficios. Debido a esto, la rentabilidad futura y los flujos de caja eran difíciles de predecir. Existe una compensación natural entre el crecimiento de los ingresos y el margen de beneficio, ya que invertir en el crecimiento generalmente repercute sobre la base de costes, lo que afecta los beneficios, al menos a corto plazo, cuando se aumentan los gastos generales, comerciales y de marketing. Esto explica por qué, en 2006, no logré negociar un apalancamiento de más del 40% mientras que BC Partners pudo financiar su LBO con más deuda.

El elevado perfil de riesgo de Mergermarket en 2006 había asustado a las gestoras de fondos LBO, a pesar de que se suponía que se especializaban en adquisiciones de empresas medianas y en fase de desarrollo. Un problema que a menudo surge con las transacciones en el *mid-market* es el hecho de que las empresas objetivo pueden ser vulnerables a los nuevos competidores. Yo había tratado de convencer a mi equipo de que Bloomberg, Reuters y otros no estaban interesados en los mercados privados, que en general eran de tamaño modesto, cuando las oportunidades en los mercados de deuda pública y de valores podían generar miles de millones de dólares en ingresos. Mis compañeros veían en Google una potencial amenaza. No les importaba que esta empresa tecnológica solo operaba en el segmento de los servicios al consumidor (B2C). Mi impresión era que, si Google iba a entrar en los mercados B2B (negocio a negocio), y más concretamente en el sector financiero, dirigirse al pequeño segmento de datos del mercado privado de fusiones y adquisiciones no les iba a ayudar a aumentar su facturación. Era más probable que persiguiera a Bloomberg antes que a Mergermarket. No les importaba que Google tuviera un motor de búsqueda, y no una agencia de noticias. No les importaba que Google ganase dinero a través de la publicidad masiva, no de la venta selectiva de noticias de nicho basadas en suscripción. No les importaba que Google fuera un agregador de datos, y no un productor de datos.

Además de las preocupaciones sobre las amenazas comerciales, existía la opinión errónea compartida por muchos compradores potenciales de que los cofundadores de Mergermarket iban a hacer una fortuna durante el proceso de venta (poseían más de un tercio de la empresa), por lo que ya no estarían motivados. Probablemente se prepararían para la jubilación. Dado que los tres fundadores no tenían más de 40 años, habían acordado reinvertir más del 70% de sus ganancias en el vehículo de inversión y, por lo tanto, poseerían casi el 40% de la empresa bajo LBO, mi opinión era que mantendrían suficiente interés en la transacción. Incluso estaba seguro de que estarían dispuestos a reinvertir más si fuera necesario.

Si bien no tengo la libertad de revelar la naturaleza y el contenido de las discusiones del comité de inversiones de GMT Communications, finalmente entendí que mis argumentos no influirían en el debate. Esta incapacidad para identificar la fuerte competitividad de Mergermarket, junto con una falta general de comprensión del potencial de la publicación electrónica de datos en lo que fue solo la segunda década de la Internet comercial, explica por qué, en 2006, GMT y otras firmas de capital privado no identificaron Mergermarket como una oportunidad sensacional. Por otro lado, siete años después, BC Partners se enfrentó a una dura competencia para cerrar la transacción.

## Consolidando el mercado

Bajo el liderazgo de Pearson, el crecimiento fue impulsado principalmente por nuevos clientes y aumentos de precios. Mergermarket todavía se encontraba en una etapa de desarrollo en la que el crecimiento orgánico importa. Las adquisiciones externas influyeron en la segunda mitad del período de inversión, ya que la vertiginosa expansión de la empresa se había desacelerado, pero el negocio seguía siendo pequeño – un punto planteado por Moody's en enero de 2014 cuando otorgó a los préstamos LBO de la empresa una calificación de 'altamente especulativos'.[6]

Sin embargo, cada vez más maduro, con el pleno apoyo de BC Partners, Mergermarket se preparaba para seguir un escenario clásico de consolidación del mercado. En junio de 2014, la compañía adquirió Perfect Information, un proveedor de soluciones de flujo de trabajo con 17.000 usuarios en 42 países. En septiembre de 2015, adquirió los proveedores de información de capital riesgo *AVCJ* y *Unquote* de Incisive Media. Dos meses después, el servicio de inteligencia de datos y riesgos C6 Intelligence se agregó a la lista. En enero de 2016, añadió Creditflux, un proveedor de información sobre fondos de crédito, y excelente complemento a la oferta de Debtwire. Finalmente, en mayo de 2017, por unos 30 millones de libras esterlinas, Mergermarket absorbió a Tim Group, especialista en la entrega electrónica de ideas y recomendaciones para la inversión y el comercio.[7]

Como era de esperar, este frenesí transaccional ayudó a impulsar los ingresos de la compañía, como se muestra en el gráfico 2.3. Al mismo tiempo, redujo el múltiplo de entrada de BC Partners, ya que muchas de estas adquisiciones se realizaron a valoraciones mucho más bajas que la de Mergermarket Group. Esto tendría un efecto positivo en los rendimientos que la firma de capital privado podría esperar en su desinversión.

### Gráfico 2.3 – Ingresos y margen de EBITDA de Mergermarket Group de 2013 a 2016

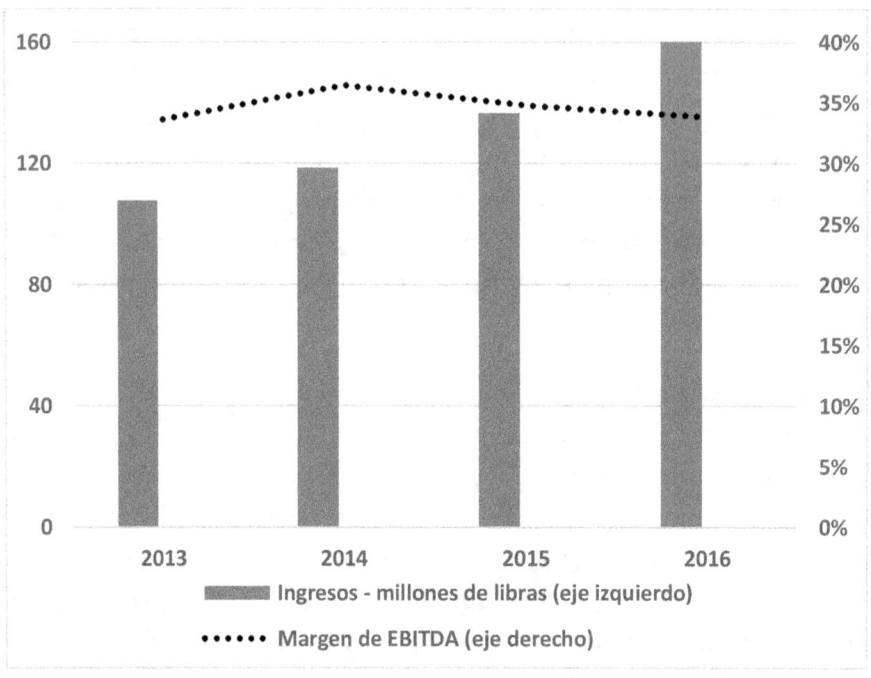

Nota: *EBITDA ajustado para ingresos diferidos* – Fuentes: *documentos de la empresa y análisis del autor*

Hablando de desinversiones, después de más de tres años, BC Partners decidió tantear el terreno para probar el apetito del mercado por su participación. A lo largo de 2016, el grupo LBO había recibido varias ofertas no solicitadas. Mergermarket había registrado un fuerte crecimiento de los ingresos y una mejora de los beneficios. La expansión internacional y el despliegue de nuevos productos, junto con la consolidación horizontal a través de adquisiciones en segmentos como mercados de capitales, renta fija, fusiones y adquisiciones y la gobernanza, habían creado una cartera de productos muy atractiva. Pero no estaba claro cuánto valía todo esto sin obtener confirmación externa. En la primavera de 2017, BC buscó posibles compradores.

## Claves de retorno de una buena LBO

Dicen que los datos son el nuevo petróleo. Una vez que encuentre un depósito abundante y fértil, el producto se venderá más rápido de lo que podrá reinvertir las ganancias. Mergermarket demostró ser el candidato ideal para una transacción apalancada. La creación y la preservación de valor provinieron de múltiples fuentes:

- La LBO ideal es **engorrosa, predecible y un aburrimiento**. Mergermarket no era muy aburrido, pero había hecho todo lo posible para ofrecer un rendimiento fiable. La alta visibilidad de los ingresos se basó en la suscripción. La calidad y la precisión de los datos mantuvieron la tasa anual de cancelación de contratos por debajo del 5%, aunque sí aumentó ligeramente durante la crisis financiera.

- El **rápido crecimiento de las ventas y los beneficios** continuó a un ritmo constante. En 2006, la penetración de los productos de Mergermarket todavía era limitada. Como explicaba anteriormente, incluso cuando la tasa de crecimiento orgánico disminuyó en Europa, el grupo editorial planeó expandir su oferta a nuevas áreas geográficas y complementar su cartera mediante adquisiciones complementarias, una estrategia tenazmente implementada bajo el control de Pearson.

- La **generación de flujos de caja estables y predecibles** se vio amplificada por los **requisitos limitados de gasto de capital** y la falta de estacionalidad, lo que fortaleció la conversión de efectivo.

- No solo no había estacionalidad, sino que los **requisitos de capital circulante eran negativos** porque los clientes pagaban un año por adelantado. Como expliqué, algunos clientes incluso estaban dispuestos a firmar contratos de varios años (un hábito que ya había notado durante mi LBO del proveedor de información sobre petróleo y gas Wood Mackenzie). Gracias a estos pagos, Mergermarket y otros editores de bases de datos generan enormes sumas de ingresos diferidos, lo que permite evaluar, con meses de antelación, cuánto margen de maniobra se respetarán las cláusulas restrictivas de la deuda LBO, facilitando así las recapitalizaciones y renegociaciones con los acreedores.

- La **alta conversión de efectivo** se debió principalmente a un factor común a todos los editores de bases de datos: las **economías de escala**. Cuando se produce un informe o una noticia, cuesta lo mismo si se entrega a un cliente o a un millón de ellos. A medida que Mergermarket aumentó su número de clientes, cada dólar de ingresos marginales fluyó directamente al resultado final, y este apalancamiento operativo se convirtió sin problemas en efectivo. El **efecto de red** (el mismo producto entregado a una base de clientes en constante crecimiento) explica por qué la rentabilidad estaba mejorando. El margen de explotación del producto principal mergermarket había aumentado del 26% en 2005 al 53,6% en 2008. En 2015 seguía siendo del 50% a pesar de la intensa competencia.[8] En 2016, el margen EBITDA consolidado estuvo muy por encima del 30% (como se muestra en el gráfico 2.3), que fue inferior al 50% logrado por el producto principal, pero los estados financieros del grupo incluyeron actividades con márgenes más bajos, como gestión de eventos y publicaciones impresas.

- **Altas tasas de renovación:** La gran mayoría de los usuarios de bases de datos especializados tienden a renovar sus suscripciones. La tasa de renovación de contratos suele superar el 90%, lo que refuerza la previsibilidad y la recurrencia de los ingresos como ya se ha comentado. En Mergermarket, las renovaciones se llevaron a cabo a menudo con aumentos de precios, lo que demuestra que los productos de la empresa ofrecían oportunidades para optimizar los precios.

- La razón principal detrás de esta alta tasa de renovación no es que los productos de Mergermarket sean indispensables – algo repetido hasta la saciedad por la dirección y sus asesores. Si bien esto puede ser cierto para algunos clientes, sospecho que la mayoría de las gestoras de hedge funds y de capital privado, así como los bancos e instituciones de crédito, podrían hacer su trabajo sin acceso a los productos de la compañía, aunque estos fueran sin duda de utilidad. No, la razón de la alta tasa de renovación es que los **clientes**, especialmente los de gran tamaño, **carecen de una gran sensibilidad sobre el precio**. Esta baja elasticidad de la demanda en materia de precios se debe al coste relativamente bajo (decenas de miles de dólares) que supone la suscripción a estos productos para las instituciones financieras que gestionan cientos de millones o incluso miles de millones de dólares en activos.

- La **base de clientes** de Mergermarket estaba **totalmente diversificada**. El grupo de información no dependía de uno o dos clientes clave, lo que suele ser una señal de peligro para los inversores. En casos de alta concentración de ingresos, la pérdida de un cliente importante puede eliminar inmediatamente una gran parte de los ingresos de una empresa, poniendo en riesgo sus beneficios y su flujo de caja. Ninguno de los clientes de Mergermarket representó más del 5% de los ingresos totales, por lo que el bajo impacto de una pérdida de clientes proporcionó visibilidad de los ingresos y el flujo de caja, lo que permitió un pago predecible de la deuda.

- Dada su posición consolidada en el sector de investigación y datos financieros, lo único que le quedaba por hacer al grupo era añadir nuevos productos y servicios a su cartera y ofrecérselos a su base de

> clientes. La empresa implementó esta estrategia de forma orgánica bajo la supervisión de gestores de capital riesgo (hasta 2006), y la siguió asiduamente dentro de Pearson (2006-2013) y luego bajo LBO (después de 2013) mediante la realización de un **programa de adquisiciones y consolidación ('buy-and-build')** muy agresivo. Pearson y BC Partners estaban encantados de permitir que la dirección ampliara la cartera de productos, siempre que el proceso fuera una extensión natural de la plataforma de información de Mergermarket.

## Hacia la salida

Recuerde que en 2006 había conseguido acordar la suscripción de deuda para financiar la LBO. Los bancos con los que había hablado solo estaban dispuestos a proporcionar el 40% del valor de la empresa en forma de préstamos, y el resto lo financiarían fondos de GMT Communications. Puede parecer sorprendente que un negocio tan generador de efectivo no haya resultado en un mejor ratio deuda-capital. Esto merece alguna explicación.

A diferencia de Hilton, Mergermarket no tenía muchos activos en el balance. En 2006, sus activos materiales eran inexistentes y su único activo tangible era su base de datos. La marca estaba bastante infravalorada en ese momento, a pesar de que había establecido una reputación en la industria de servicios financieros. Diez años más tarde, cuando BC Partners estaba considerando una venta, los activos intangibles representaban más de una cuarta parte de los activos totales del grupo, mientras que el fondo de comercio (la prima acumulada sobre el valor contable pagada en relación con diversas adquisiciones desde su creación) representaba el 56% del valor contable total de los activos. Los activos tangibles seguían siendo insignificantes, pero los flujos de caja predecibles respaldaban la capacidad de endeudamiento de la empresa. Es probable que las instituciones de crédito quieran mantener a Mergermarket como cliente.

En julio de 2017, la compañía lanzó una recapitalización con pagos de dividendos (*dividend recap*) en dos monedas por valor de 500 millones de libras esterlinas.[9] También a principios de verano, BC Partners organizó una LBO secundaria parcial vendiendo una participación del 30% en Mergermarket al fondo soberano de Singapur GIC. Este último pagó un múltiplo de 14 a 16 veces, dependiendo de diversas definiciones de EBITDA.[10] La refinanciación de la deuda incluyó 380 millones de libras esterlinas de préstamos existentes, así como una línea de crédito renovable de 50 millones de libras. El acuerdo también incluyó 295 millones de libras esterlinas pagadas a BC Partners a través de una recompra total de acciones preferentes y dividendos en efectivo. Al mismo tiempo, GIC compró 175 millones de libras esterlinas en acciones preferentes. El apalancamiento fue de 8,6 veces según Standard & Poor's, o de 7,2 veces sobre una base ajustada según Moody's.[11] A pesar de su creciente tamaño, la concentración del flujo de ingresos en el sector de servicios financieros acentuó el perfil de riesgo de la empresa desde el punto de vista de la calificación crediticia. Ambas agencias mantuvieron sus calificaciones de "altamente especulativas", pero los inversores y prestamistas reconocieron ahora que la empresa se había convertido en una de las principales candidatas a LBO.

BC Partners estaba siguiendo una hoja de ruta familiar adoptada por algunos de sus competidores en los últimos años. En lugar de salir completamente de una participación o pasar por una recapitalización compleja con pagos de dividendos que requería negociaciones estresantes con los acreedores, era más sencillo acordar una salida parcial con uno de sus principales limited partners, o inversores LP (en este caso GIC), conservando al mismo tiempo una participación mayoritaria en la empresa. Con esta venta parcial secundaria, BC Partners devolvió a sus inversores más del doble de su contribución inicial y conservó una participación del 60% en el grupo de medios de comunicación, entonces rebautizado como Acuris.

La ventaja obvia de vender a fondos soberanos y otros inversores LP* es que tienen expectativas de rentabilidad más bajas que los fondos de capital privado. Mientras que una firma como BC Partners busca rendimientos anualizados del 15% al 20%, los inversores institucionales como GIC se conforman con un 10% o un 12%. Ambas partes pueden acordar un múltiplo de valoración más alto sin que ninguna de las partes tenga que hacer concesiones. En septiembre de 2014, GIC también ayudó a Carlyle Group a retirarse parcialmente de su inversión en el grupo británico de servicios de averías RAC con sede en el Reino Unido. El acuerdo entre BC Partners y GIC siguió el mismo modelo. Un año después, Carlyle había vendido la participación mayoritaria restante en RAC al grupo de private equity CVC. La venta en dos etapas le había dado a Carlyle la oportunidad de hacer una salida parcial similar a una oferta pública inicial (todavía satisfactoria desde el punto de vista del valor temporal del dinero, o 'time value of money') mientras permanecía involucrado durante un año más para beneficiarse de un movimiento ascendente. Con Mergermarket, BC Partners adoptó un enfoque similar.

Varios fondos LBO de tamaño mediano (*mid-market*) habían contemplado la transacción en 2006. Más de 30 gestoras de fondos habían recibido la nota informativa de los vendedores. Sin embargo, ninguno de ellos había sido capaz de discernir el valor intrínseco de la empresa objetivo. En ese momento, varias firmas de private equity, algunas con una sólida experiencia en medios de comunicación e información, no pudieron identificar a Mergermarket como una de las empresas más prometedoras en el ámbito de la publicación electrónica. Cabe destacar que cualquiera de estas gestoras habría realizado un retorno de 4 veces la inversión en 2006. Siguiendo la senda de Pearson y vendiendo siete años después, suponiendo de manera conservadora que no hubiera habido reembolso de la deuda ni ningún otra recapitalización

---

* Un recordatorio de que el término 'inversores LP' se refiere a los financiadores que asignan capital a firmas de capital privado y otros gestores de activos

con pago de dividendos durante el período de participación, la LBO habría logrado una tasa interna de retorno del 25%.

Tal resultado habría garantizado a GMT Communications un rápido proceso de levantamiento de capital para su cosecha (*vintage*) GMT IV. En su lugar, después de tres años de levantamiento de capital fallido, en 2017 el equipo de GMT tuvo que abandonar el *fundraising* e iniciar un proceso de liquidación de su Fondo III, lo que permitió a los inversores liquidar sus participaciones o participar en un vehículo secundario que alberga tres empresas que quedaban por vender.[12] A veces, las operaciones que no haces son los que más duelen. Desanimado, había dejado el fondo hacía mucho tiempo, en el verano de 2008.

---

**CRECIMIENTO Y RENDIMIENTO DEL PRIVATE EQUITY**

*Las empresas en fase de desarrollo son excelentes candidatas para transacciones apalancadas. Por lo general, ofrecen un potencial de crecimiento significativo, tanto orgánico como inorgánico, lo que garantiza que las LBO de tamaño mediano logren rendimientos superiores sin tener que recurrir a los tipos de técnicas de ingeniería financiera que veremos en las Segunda y Tercera Partes.*

# CAPÍTULO 3

# Un esquema pragmático del private equity

> *No existe tal cosa como un 'mejor gestor de fondos'. Hay muchas maneras de obtener superiores rendimientos. Cada equipo de inversión tiene sus propias habilidades, su propia idiosincrasia y sus propias debilidades.*
>
> *Dicho esto, si bien el entorno regulatorio frívolo del que disfruta la industria del capital privado explica la falta de información confiable sobre el rendimiento, existen algunas herramientas y técnicas que pueden considerarse mejores prácticas.*

Este capítulo no ofrece nuevas teorías de la gestión financiera. Describe prácticas de inversión que deberían generar rendimientos consistentes y mejores. Se intenta esbozar las principales características de un modelo de capital privado, donde la palabra 'modelo' debe entenderse tanto como una representación del proceso de inversión en una escala menor que la vida real y como un estándar a imitar.

Los gestores de fondos de capital privado no son conocidos por su rigor. La negociación es una actividad dinámica, creativa y estimulante que da derecho a fanfarronear a quienes cierran acuerdos inventivos y que baten récords. Pero yo diría que una firma líder de capital privado no debería ser pionera. Por el contrario, debe demostrar una disciplina casi mística en la gestión y el crecimiento de los activos. Lo más probable es que la mayoría de los lectores no encuentren revolucionario ninguno de los puntos de este capítulo. El rendimiento en la gestión de fondos no debe depender de la innovación, sino de la coherencia y la perseverancia.

## Todo es cuestión de gestión y dirección

Los grupos de capital privado se han ganado una mala reputación por la forma en que desmiembran las empresas de cartera y ejecutan despiadadamente sus planes de reorganización, que a veces incluyen oleadas de despidos. A menudo, la reducción de personal afecta al equipo directivo.

Aunque hay pocos datos públicos sobre este punto, se estima que entre dos tercios y tres cuartas partes de los equipos de dirección que operan empresas de cartera en nombre de los fondos LBO serán redimensionados o reorganizados (es decir, se despedirá a uno o más ejecutivos) durante el período de participación.

El reto para un gestor es identificar el mejor equipo directivo para implementar un plan operativo y comercial capaz de hacer frente a un paquete financiero que a menudo deja poco margen de error. El riesgo de ejecutar una LBO es mayor cuando la empresa bajo LBO está mal gobernada. Una empresa de rápido crecimiento necesitará un equipo directivo que pueda acelerar su desarrollo. Otra empresa descuidada por sus propietarios anteriores podría necesitar un plan de reestructuración, en cuyo caso un equipo con experiencia en eficiencia operativa puede ser la mejor opción.

No es coincidencia que las LBO se denominaran originalmente 'compras por parte de la dirección, o 'management buyouts'. A pesar de que las transacciones ahora se pueden completar integrando directores exclusivamente externos (en un acuerdo que se conoce confusamente como 'management buy-in') o pidiendo a los equipos existentes que trabajen junto a nuevos ejecutivos reclutados por su experiencia, no hay duda de que los altos directivos de una sociedad de cartera son esenciales para el éxito de una transacción apalancada. Por este motivo, las firmas de capital privado pueden no tener reparos en la selección de los directores ejecutivos de sus participaciones. Sin embargo, no existe una fórmula secreta. Con el tiempo, después de muchos éxitos y fracasos, los gestores de fondos aprenden a identificar a los líderes ejecutivos con la combinación adecuada de tenacidad y flexibilidad para adaptar la empresa a los obstáculos y las condiciones económicas que enfrentará durante el período de inversión.

## El riesgo de perder toda objetividad

Si el liderazgo ejecutivo es tan crítico para el éxito de una LBO, el corolario es que un equipo directivo débil es a menudo la razón principal del fracaso. Varios estudios de caso en este libro destacarán las consecuencias de las fallas conductuales. Administrar el dinero de otras personas es un trabajo difícil que requiere un alto grado de racionalidad durante todo el proceso de toma de decisiones. Despedir a la gente es una decisión cargada de emociones.

La mayor prueba a la que se enfrenta un gestor de fondos a la hora de apoyar a los ejecutivos existentes o seleccionar nuevos candidatos para dirigir una empresa de cartera es decidir cuánto tiempo asignar a esos ejecutivos para ejecutar el plan de negocios. ¿En qué momento deben los gestores determinar que un equipo directivo ya no es el adecuado y debe irse? No debes actuar demasiado pronto. Apretar el gatillo dar al CEO y a sus colegas el tiempo suficiente sería contraproducente, señalando a los demás en la empresa que los accionistas gerentes no son realistas en sus expectativas. Pero no tomar una decisión es igual de perjudicial.

No actuar en absoluto es perder toda objetividad. Debido a que los seres humanos tienden a seleccionar a las personas que son más parecidas a ellos (discutiremos este concepto de homofilia más adelante), a menudo son incapaces de tomar la difícil pero necesaria decisión de despedir a las personas que no han cumplido sus promesas. La procrastinación no solo afectará el rendimiento de una inversión. También informará a los empleados de la empresa de cartera que se tolera un desempeño deficiente, a riesgo de institucionalizar el fracaso.

## Hacer su propia due diligence

Antes de cerrar una operación, un inversor concienzudo debe realizar un análisis preliminar exhaustivo. A lo largo de los años, el éxito de un gestor de fondos puede legítimamente deberse a la suerte. Pero como escribió Benjamin Franklin, "la diligencia es la madre de la suerte".[1]

Los grupos de private equity no hacen investigaciones para satisfacer su curiosidad. Lo hacen porque, sin un proceso de investigación profesional, no podrían obtener deuda para financiar sus adquisiciones. Una LBO solo tiene sentido económico si se financia principalmente mediante préstamos. Estas sumas se toman prestadas de banqueros y, cada vez más, de gestoras de fondos de deuda privada que esperan que las firmas de capital privado proporcionen informes de evaluación exhaustiva y detallada ('due diligence') que cubran todos los riesgos específicos de la transacción: situación macroeconómica, entorno de mercado, posicionamiento competitivo, desempeño financiero, litigios y otros parámetros que puedan poner en peligro la generación de flujo de caja y, por tanto, la solvencia de la empresa objetivo.

Por lo tanto, las instituciones de crédito están en el origen de la solicitud de *due diligence*. Esto se evidencia por el hecho de que otras gestoras de fondos, como las firmas de capital riesgo, que no piden grandes préstamos para financiar sus transacciones y no son presionadas por los prestamistas para demostrar un conocimiento profundo de la empresa en la que planean invertir, no llevan a cabo investigaciones en profundidad.

Lo que sucede a menudo es que el trabajo implacable de la *due diligence* se vuelve más superficial a medida que la economía y el mercado de fusiones y adquisiciones se asientan en un mercado alcista. Estudios señalan que, entre los años 2014 y 2017, las etapas de *due diligence* pasaron de un promedio de 7,4 a 6,1 meses.[2] Si bien hay varias razones detrás de esta tendencia, incluida la adopción de productos de seguros de riesgo de fusiones y adquisiciones y la mejora de los análisis en la fase previa a la venta, el factor principal es el aumento de la competencia durante el proceso de subasta.

Durante el embriagador período de 2006 a 2008, muchos acuerdos, incluida la adquisición del grupo bancario holandés ABN AMRO por su rival Royal Bank of Scotland, se firmaron después de solo unas pocas semanas de negociaciones, sin dar al comprador tiempo suficiente para llevar a cabo una evaluación exhaustiva. Lo que también se había vuelto común en ese momento era la producción de informes de *due diligence* instruidos por el vendedor (¡lo que significa que el vendedor estaba analizando su propio negocio!). En algunos casos, estos informes estaban muy manipulados. Prácticas apresuradas similares surgieron en 2017 y 2018, lo que demuestra que muchos inversores de capital privado estaban una vez más dispuestos a hacer caso omiso de la precaución, a medida que los mercados se salían de control. Si bien la *due diligence* adecuada no puede garantizar rendimientos sólidos, un análisis superficial a menudo deja muchos puntos ciegos y puede conducir al fracaso.

## No llega más lejos quien más corre

Las gestoras de fondos deben proporcionar un rendimiento confiable. Veremos en capítulos siguientes que los inversores LP evitan las firmas de capital privado que ofrecen retornos impredecibles o mediocres y optan por reducir su asignación a cosechas ('vintage') futuras o alejarse de ellas por completo.

Durante los auges esporádicos, las gestoras de fondos tienden a mostrar un cierto pero frustrante gusto por el corto plazo. Cada vez que un rebote se convierte en una burbuja en toda regla, la compostura suele dar paso a la arrogancia. Estas son las características clave de las empresas o mercados que deberían ofrecer mayores posibilidades de éxito a las firmas de capital privado dispuestas a mantener un enfoque disciplinado en la inversión.

- *Recurrencia de ingresos, previsibilidad del flujo de caja*

Debido a que las sociedades bajo LBO están expuestas a años de interés compuesto y, en última instancia, al reembolso de las cantidades que piden prestadas, deben generar flujo de caja de forma regular. La mejor manera de asegurar dicho flujo es adoptar un modelo de negocio en el que la recurrencia de los ingresos y los flujos de caja no puedan verse comprometidos.

Los servicios basados en programas de software (software como servicio o SaaS) son preferibles a la entrega de software o hardware sin ingresos accesorios, porque el proveedor de SaaS ofrece soluciones a lo largo del tiempo, no una sola venta de producto. Los fabricantes de smartphones no son solo desarrolladores de hardware o software. Representan plataformas que atraen a los desarrolladores de aplicaciones y hacen que su oferta sea más esencial para el usuario final. Una vez que los usuarios descargan varias aplicaciones a su teléfono, sus aplicaciones viven en la nube digital y son transferibles entre teléfonos, pero solo para dispositivos de una marca o de un sistema operativo similar. El hecho de que los desarrolladores de aplicaciones sean contratistas independientes, generalmente autónomos, también reduce el perfil de riesgo de este modelo de ingresos (desde la perspectiva de la plataforma). El éxito de las apps depende de parámetros similares a los de los éxitos de taquilla del mundo del cine, por lo que muy pocas saldrán ganadoras. Si Apple desarrollara todas las aplicaciones internamente, el hecho de que muchas de ellas no tengan valor crearía un flujo incierto de ingresos, mientras que los costes de personal serían fijos.

Así, el valor ya no está en la venta de un solo producto sino en el acceso recurrente a la plataforma. Este diseño empresarial en torno a soluciones en lugar de productos es lo que General Electric había introducido en los años 80 bajo el liderazgo de Jack Welch. De vender refrigeradores o motores de aviones, GE se ha convertido en un proveedor de opciones, accesorios, mantenimiento e incluso soluciones de financiamiento. Ofrecer una solución completa e integrada hace que el flujo de caja sea más predecible a medida que aumenta el coste de transferencia y conversión para los clientes. Lógicamente, Apple y General Electric son excelentes candidatos a LBO, particularmente este último para una estrategia de venta de divisiones distintas. Solo su tamaño los protege del apetito depredador de las firmas de capital privado... Por ahora.

Los modelos de ingresos por suscripciones y comisiones, como los adoptados por Mergermarket y Hilton, respectivamente, son mejores que las superproducciones (como los videojuegos o las películas) porque proporcionan buena visibilidad. Del mismo modo, las empresas con una base instalada ofrecen cierta previsibilidad – el ejemplo discutido como caso de estudio en la mayoría de las escuelas de negocios – es Gillette y su famoso paquete de maquinillas de afeitar y cuchillas que garantiza la aceptación del cliente. Veamos versiones más modernas: las redes sociales como Facebook y el motor de búsqueda Google también se benefician del efecto de red, una nueva versión del principio de base instalada. En resumen, las empresas con ingresos recurrentes y costes variables (o subcontratados) son excelentes objetivos de LBO.

- *Fragmentación de las bases de clientes y proveedores*

Una buena manera de proteger el flujo de caja es tratar con un número suficientemente extenso de proveedores y clientes. Hemos visto que Mergermarket se benefició de un conjunto diverso de segmentos de clientes. Durante la crisis financiera, cuando los bancos de inversión y los fondos de capital privado recortaron sus presupuestos, los abogados y operadores bursátiles probablemente se vieron menos afectados por la recesión económica, lo que ayudó a Mergermarket a capear la tormenta.

Por el contrario, depender de uno o un puñado de proveedores de servicios o clientes es muy arriesgado. Las empresas con este tipo de perfil de compra o venta generalmente no son buenas candidatas para una LBO. Veremos en el capítulo 4 que Univision dependía en gran medida de un proveedor de contenido central, lo que afectó su desempeño.

- *Cíclico o insensible al ciclo económico*

Recordemos lo obvio: las empresas cíclicas no son fuentes recomendadas para operaciones apalancadas. Es mejor evitar sectores como el comercio minorista, en particular las tiendas de moda, así como las industrias basadas en transacciones, como la banca de fusiones y adquisiciones, las aerolíneas, el comercio de materias primas, las materias primas y los segmentos que dependen de la publicidad. Esto hace que los capítulos 4, 6 y 7 de este libro sean aún más fascinantes.

Hay una frase peligrosamente complaciente en el mundo de las inversiones. A veces la gente se refiere a unas empresas como 'a prueba de recesión' (recession-proof). Digamos simplemente que ninguna empresa es verdaderamente inmune a los efectos negativos de una desaceleración económica, especialmente si está sobreapalancada. Sin embargo, los modelos basados en suscripciones (por ejemplo, Mergermarket), la fabricación de bienes de consumo masivo como alimentos y bebidas (una fuente habitual de transacciones para muchas firmas de capital privado) y los contratos a largo plazo (como los operadores de aeropuertos y autopistas de peaje) son más resistentes que otros y, por lo tanto, deberían ser de interés para los fondos LBO.

- *Eficiencia de activos*

En el caso de las empresas ricas en activos, la principal pregunta que debe responder un gestor de fondos es como sacar el máximo partido a esos activos. Su intensidad, es decir, la relación entre activos e ingresos, puede influir en los beneficios.

## Un Esquema Pragmático

Las gestoras de fondos de capital privado, que tradicionalmente buscaban compañías con activos libres de hipotecas para utilizarlos como garantía, ahora están dispuestas a aliviar la carga de los activos de las empresas de su cartera. Un negocio intensivo en activos requiere costes de mejora y modernización o inversiones periódicas para reemplazar equipos obsoletos. Como lo demuestra el caso de Hilton, los contratos de gestión pueden brindar a los administradores de propiedades convencionales, como los grupos hoteleros, una forma de maximizar la rentabilidad del capital, sin la carga del gasto de capital sobre el flujo de caja, que luego puede usarse para pagar deudas o distribuir dividendos.

En parte para volverse menos dependiente del ciclo, Hilton transformó su modelo rico en activos en una empresa de gestión basada en comisiones, haciéndose menos vulnerable a la volatilidad de las valoraciones de activos y a las frecuentes oscilaciones de los mercados inmobiliarios.

Por supuesto, el peligro de una estrategia sin activos es que cuando la empresa se topa con un obstáculo, no puede vender algunos de sus activos o equipos para generar efectivo con urgencia. Por lo tanto, podría verse obligada a liquidarse. Cuando se reveló su fraude contable en 2001, Enron no había sido capaz de hacer frente. La dirección había pasado años transformando el grupo de un operador de gasoductos basado en activos tangibles a una plataforma de comercio electrónico. Con pasivos tres veces mayores que el valor contable de sus activos, Enron no tuvo más remedio que declararse en quiebra. Incluso si no se vuelven tan creativos a nivel contable, siguiendo un modelo con pocos activos, algunas LBO altamente apalancadas podrían tener dificultades para hacer frente a una desaceleración o disrupción del mercado.

- *Negocio de personas*

Tradicionalmente, una industria como la publicidad no era una buena fuente de LBO, ya que dependía de la creatividad de los empleados, que a menudo resultan impredecibles. Pero ahora que la publicidad está automatizada, plataformas como Facebook y Google representan oportunidades fantásticas; suponiendo que sus fundadores algún día decidieran interesarse por la ingeniería financiera. Actualmente, prefieren centrarse en el crecimiento real y la creación de valor a través de la innovación de productos y servicios. Pero eso podría cambiar.

Una compañía como EMI Music demostró en su fallido LBO del periodo 2007-2011 que su división de producción, dependiente de los artistas y el repertorio, era demasiado volátil para una transacción apalancada. El catálogo de la división editorial era más predecible y una mejor opción para la titulización, como demostró KKR en 2009 con su inversión en BMG Rights, una empresa conjunta con el grupo de medios alemán Bertelsmann. Para LBO menos estresantes, es mejor mantenerse alejado de las empresas que dependen del talento creativo.

- *Cultura popular o cultura tecnológica*

Durante años, aparte de las reestructuraciones corporativas causadas por coyunturas desfavorables, las gestoras de fondos LBO se han centrado casi exclusivamente en empresas objetivo bien establecidas y maduras, es decir con ciclos de producto largos, y mejoras de ventas y de flujos de caja no necesariamente enormes, pero sí constantes. Estas empresas rara vez experimentan cambios importantes en su desempeño. La revolución tecnológica que comenzó en los sectores B2B de la economía y se infiltró gradualmente en el mundo del consumo durante los últimos treinta años ha cambiado la estructura de muchas industrias. Las empresas que se suponía debían adaptarse a la cultura popular, con tendencias medidas en ciclos de vida de productos a lo largo de varios años, o incluso décadas, hoy se enfrentan a un mercado mucho más dinámico y a modas pasajeras.

La digitalización de sectores enteros de la economía, desde los medios de comunicación hasta el comercio minorista, desde las artes escénicas hasta el ocio, ha acortado el interés comercial de muchos productos a solo un año, a veces a unos pocos trimestres para los videojuegos más efímeros. Como veremos en varios de nuestros estudios de caso

(Univision y Toys "R" Us, en particular), el impacto de la disrupción tecnológica en las empresas que intentan proporcionar previsibilidad al servicio de la deuda puede ser traumático.

Para evitar que le pille desprevenido, un gestor de capital privado debe identificar los sectores que están o pueden estar expuestos a la cultura tecnológica y abstenerse de invertir en ellos.

## No todos los rendimientos son iguales

Cualquier tasa de rentabilidad debe evaluarse sobre una base ajustada al riesgo. Una gestora de fondos puede ser capaz de ofrecer rendimientos extremadamente altos asumiendo riesgos imprudentes.

La evaluación de riesgos no es una ciencia exacta. Requiere tanta honestidad intelectual como experiencia que solo se puede adquirir con el tiempo, un enfoque meticulosamente metódico que no tolera atajos. Sin embargo, por lo general, una empresa que se enfrenta a mucha incertidumbre no es una buena candidata para una compra apalancada. El riesgo financiero que los préstamos LBO añaden a una empresa objetivo rara vez se combina bien con las convulsiones del mercado, como las recesiones económicas, las disrupciones tecnológicas o la presión regulatoria.

Además, la naturaleza de esta incertidumbre puede variar. Los riesgos considerados equivalentes en una escala riesgo-rendimiento pueden provenir de varias fuentes. Aunque Apollo y KKR son conocidos por su destreza financiera, han perfeccionado estas habilidades durante muchas décadas con el desinterés de artistas apasionados. Una nueva gestora de fondos que aplique el mismo grado de apalancamiento a su cartera puede no tener el poder de negociación o el sentido común para desprenderse de una empresa con un paquete financiero sobrecargado, si se enfrenta a una recesión u otros retos del mercado, como puede ocurrir ocasionalmente.

Del mismo modo, los especialistas en inversiones en dificultades financieras o en recuperación asumen riesgos que requieren conocimientos específicos, el tipo de conocimientos que no se pueden improvisar. Estos ingenieros operativos aportan un conjunto de habilidades que implican la reestructuración de una organización. Pero la naturaleza del riesgo al que se enfrentan no es financiera, sino comercial o gerencial. Sobre una base ajustada al riesgo, sus rendimientos podrían compararse con los de los ingenieros financieros, pero no tienen absolutamente nada en común.

No identificar claramente (o subestimar) el tipo de riesgo al que se enfrenta una empresa objetivo puede resultar fatal para un profesional de capital privado, como veremos con el caso de Toys "R" Us en el capítulo 6.

## En ascenso todo es fácil; un revés puede destruir una inversión

Ya sea voluntariamente o bajo coacción, muchos gestores se enfrentarán, en un momento u otro, a la necesidad de mejorar la eficacia de una inversión. Este es sin duda su mayor reto. Normalmente, los altos ejecutivos de firmas de capital privado son financieros. Muchos provienen de la banca o tienen formación en contabilidad. Rara vez se centran en cuestiones operativas. Sin embargo, producir mejores rendimientos que los competidores requiere perfeccionar el conocimiento financiero con otras habilidades.

Hace mucho tiempo, los fondos de private equity comenzaron a contratar socios operativos para ayudar a las empresas de cartera con dificultades estructurales o cíclicas. Pero la eficiencia operativa solía ser una ocurrencia tardía y no era una consideración fundamental del proceso de *due diligence* previo al contrato de compra. Existe evidencia anecdótica de que las empresas LBO más exitosas son aquellas que han integrado herramientas operativas en sus procesos de creación de valor junto con técnicas más tradicionales como el apalancamiento. Si bien es poco probable que las mejoras en la eficiencia operativa por sí solas hagan que una transacción sea un éxito, pueden resultar salvadoras cuando las cosas van mal.

Lo cierto es que cuando los mercados están valorados muy caros, como lo fueron en los años 2006-2008 y de nuevo en 2017-2018, generalmente se requieren controles operativos para preservar y, en algunos casos, mejorar el valor de una empresa. Por supuesto, no todas las herramientas de gestión se aplicarán a todas las situaciones de LBO. La integración operativa es muy relevante en una estrategia de adquisición y consolidación; optimizar o externalizar la cadena de suministro ayudará a un fabricante; y las mejoras en la cadena de distribución o logística son importantes para un concesionario.

El peligro para una gestora es confundir la mejora de la calidad de los procesos con el control de costes. La reducción drástica de los gastos a escala suele tener un impacto negativo en la viabilidad a largo plazo de una empresa, especialmente cuando se combina con una reducción o eliminación de capex, ya que inversiones en capital son necesarias para impulsar el crecimiento. Las firmas de private equity han demostrado que no necesariamente se preocupan por el bienestar a largo plazo de una empresa. Están más preocupadas por mejorar el rendimiento durante su período de participación, con el objetivo de maximizar la rentabilidad de la inversión al revender un activo. Esto explica por qué, históricamente, la reducción de costes ha sido la práctica que más daño ha causado a la reputación de la industria.

## Preparándose para su salida

Si bien los fondos de capital privado se esfuerzan por presentarse como constructores, en realidad, son esencialmente comerciantes. La prueba está en una de las reglas por excelencia de la inversión en private equity: la condición esencial para cualquier inversión en una empresa objetivo es identificar desde el principio, incluso antes de firmar el acuerdo de adquisición, una vía de salida clara. Sin una estrategia de desinversión bien definida, un patrocinador financiero serio no debería invertir – tenga en cuenta que algunos gestores no prestan atención a esta regla y están dispuestos a dejarse en manos del destino.

Las transacciones en clubes, que agrupaban a varias firmas de capital privado ('club deals'), particularmente en LBO de gran tamaño, fueron una de las prácticas más controvertidas de la última burbuja, como veremos en los capítulos 4, 6 y 9. El principal desafío de estos acuerdos de miles de millones de dólares no era solo como crear valor con una empresa altamente apalancada con un crecimiento plano o negativo; también se trataba de determinar una ruta de salida viable. Con la excepción de RJR Nabisco a finales de los años 80, pocas empresas de mayor tamaño habían sido objeto de una LBO hasta los años 2004-2008. Si bien RJR había sido un excelente candidato para una estrategia de venta parcelada, pocos acuerdos cerrados conjuntamente por varias gestoras durante el auge de crédito podían dividirse, lo que dificultaba ponerlos a la venta por completo. En este sentido, sus sponsors han sido algo negligentes.

Sin embargo, si bien el desarrollo de un plan de salida al comienzo de una LBO se considera una buena práctica, se deduce que las gestoras de fondos de capital privado son comerciantes con una visión a corto plazo en lugar de constructores a largo plazo. Pero toda regla tiene sus excepciones. Las estrategias de adquisición y consolidación ('buy and build') tienen como objetivo contrarrestar las peores tendencias del cortoplacismo.

## 'Buy and build'

Los periodistas describen a los fondos de private equity como inversores que adquieren empresas en dificultades con el objetivo de mejorarlas. Esta imagen no es un fiel reflejo del mercado actual. Es cierto que, cuando todo empezó en los años 70, los candidatos a la adquisición eran muy a menudo empresas periféricas que habían estado privadas de efectivo y de atención de la dirección durante algún tiempo y que, por lo tanto, necesitaban urgentemente esfuerzos de reestructuración a veces intensos.

Pero las prácticas de gestión han mejorado drásticamente en las últimas cuatro décadas. Los candidatos en dificultades constituyen solo una pequeña porción del flujo de transacciones que las firmas de capital privado revisan cada año – a pesar del creciente número de zombis sobreapalancados.

La implicación de esto es que las reducciones de costes, la deslocalización y las mejoras operativas a veces ya han sido logradas por los propietarios anteriores, especialmente cuando estos últimos eran fondos de capital privado.

En cambio, la forma más común de crear valor en el entorno actual es utilizar una sociedad de cartera como plataforma para realizar adquisiciones complementarias, asumiendo un papel activo en la consolidación de la industria, como ha demostrado el caso de Mergermarket. Cuando se realizan a un múltiplo de valoración de entrada inferior al precio pagado por una empresa de cartera, las adquisiciones complementarias pueden ser acumulativas incluso antes de que se consideren las sinergias. Sin mencionar que son una forma más noble de crear valor que el apalancamiento excesivo.

## Los límites de la innovación financiera

Las innovaciones rara vez tienen que ver con mejorar el rendimiento. En sus primeras etapas, se preocupan principalmente por la experimentación. Y cada nueva experiencia trae su cuota de fracasos.

Los fondos de deuda y los grupos de capital privado se han beneficiado enormemente de una creciente regulación del sector bancario. En los últimos quince años, han aumentado su participación en el mercado de deuda privada, a menudo mediante ensayo y error. Si bien el mundo de las start ups está acostumbrado a dar pequeños pasos y fracasar rápidamente, pero con las menores consecuencias dolorosas posibles, esto no es una opción en el sector LBO. Cuando una gestora recauda un fondo a un plazo de diez años para invertir en estructuras altamente apalancadas, el fracaso puede convertirse rápidamente en una tarea ingrata y dolorosa en lugar de una aventura atractiva y estimulante.

Los ensayos de campo experimentales no son una opción en el private equity. La inversión se lleva a cabo o no se lleva a cabo. Al experimentar con nuevos productos de deuda y montajes de financiación agresivos, los profesionales del capital privado rara vez anticipan los efectos a largo plazo.

## Maneje el apalancamiento con cuidado

Dado el extraordinario impacto del apalancamiento financiero sobre los rendimientos, las gestoras de fondos han pasado los últimos cuarenta años refinando su uso del financiamiento de deuda. Este es el ámbito donde el sector ha visto más innovación.

Con su uso sistemático de deuda, el capital privado es imbatible en el juego de la rentabilidad de la inversión. Para evitar ser demasiado técnico, solo diré que el apalancamiento es el medio principal por el cual los gestores de fondos maximizan sus retornos. Pero es una situación excepcionalmente arriesgada. Esto ayuda a explicar los problemas que enfrentaron TIM Hellas, Toys "R" Us y Univision, tres compañías que revisaremos más adelante en el libro.

Hay poca diferencia entre optimización y maximización del apalancamiento. Pero el riesgo de falta de pago de la deuda para muchas LBO es generalmente alto. Las largas renegociaciones con los acreedores para modificar cláusulas restrictivas y extender los vencimientos son solo el comienzo. El incumplimiento de pago también puede llevar a la quiebra si el prestatario no puede cumplir con sus compromisos, como fue el caso de TIM Hellas y Toys "R" Us.

La regla general es mantener la deuda como proporción de la financiación total en un nivel manejable – hasta el 60% de la capitalización total parece funcionar para la mayoría de los sectores, a menos que estén sujetos a cambios regulatorios repentinos, disrupciones tecnológicas o crisis cíclicas, en cuyo caso los ratios de deuda deberían ser mucho más bajos.

Las firmas de capital privado son bastante agresivas en su búsqueda de mayores rendimientos, mientras que los prestamistas solo buscan protegerse contra cualquier pérdida de dinero. Esto crea mucha tensión durante las negociaciones entre los sponsors que quieren pedir prestado tanto como sea posible y los proveedores de crédito que quieren asegurarse de que recuperarán su capital inicial con intereses. Sin embargo, muchas firmas de capital privado se han vuelto tan influyentes que ejercen un poder excesivo sobre los prestamistas, particularmente durante los picos de ciclos económicos cuando puede haber un desequilibrio significativo entre la oferta y la demanda a favor de esta última (como fue el caso durante el periodo 2004-2008 y nuevamente en 2016-2018). Cuando hay un excedente de capital en los mercados financieros, a los prestatarios a menudo se les otorgan condiciones extremadamente generosas, incluida la capacidad de obtener préstamos capitalizados sobre la base de un reembolso de solo intereses (lo que significa que el importe pendiente solo es reembolsable en el momento de la reventa de la empresa o cuando vencen los préstamos) o sin la necesidad de adherirse a estrictos ratios financieros (los llamados 'covenants', o cláusulas restrictivas).

En el año 2017, según mis conversaciones con banqueros, más del 90% de las LBO con un valor empresarial superior a mil millones de dólares se financiaron mediante préstamos capitalizados con cláusulas restrictivas débiles ('covenant-lite'), lo que significa que la deuda contraída no tenía que ser amortizada, sino que solo era reembolsable al vencimiento o durante un cambio de control, lo que le daba al prestatario varios años para operar sin restricciones por parte de sus acreedores.

Una de las formas en que, tras la crisis financiera de 2008, las gestoras de fondos inclinaron la balanza a su favor fue mediante el desarrollo de actividades de crédito internas. De hecho, algunas de las firmas LBO más notables del mundo se encuentran entre los mayores grupos de deuda privada: Apollo, Bain Capital, Blackstone y KKR juegan en ambos lados de la estructura financiera. Esto les permite hacer dos cosas: en primer lugar, pueden utilizar la capacidad de sus divisiones de deuda privada para proporcionar préstamos LBO como herramienta de negociación cuando tratan con prestamistas externos; en segundo lugar, pueden adquirir empresas objetivo a bajo precio comprando la deuda de empresas en dificultades con un descuento, con la posibilidad de tomar el control total de la empresa endeudada si resulta incapaz de pagar su deuda.

Por ejemplo, en 2014, la rama de crédito de KKR renegoció las condiciones de los préstamos del operador europeo de cajeros automáticos Selecta. Este último había sido objeto de una LBO por parte de Allianz Capital Partners siete años antes. Un año después de la refinanciación, KKR tomó el control de Selecta a lo que se describió como un precio de ganga. Este tipo de LBO concertada por acreedores cobró impulso durante la recesión de los años 2008-2012 y posteriormente.

En resumen, el apalancamiento es la base del éxito de cualquier LBO, pero si se aplica de manera excesiva o demasiado creativa, también puede conducir a su ruina.

## Los peligros de la diversificación

La diversificación es otra área en la que las firmas de capital privado han experimentado mucho (más bien improvisado). La forma en que un gestor convence a los inversores LP para que asignen fondos a nuevos productos, en segmentos adyacentes en los que no tiene experiencia previa, es insistiendo en que sus técnicas de inversión y gestión son excelentes y pueden replicarse y adaptarse a otras áreas del mundo de los activos alternativos que no tienen nada que ver con las LBO. Sin embargo, debido a que operan en un sector privado (léase: impenetrable) y poco regulado, las firmas de private equity no revelan cuáles son estas técnicas.

Los inversores potenciales deben estar satisfechos de que un gestor de fondos que pretenda diversificar tenga realmente un estilo y unas metodologías de gobernanza superiores y transferibles. El historial de los grupos de capital privado en términos de rentabilidad indica que no es así. En primer lugar, la mayoría de los fondos LBO no han demostrado un desempeño coherente para garantizar la confianza de los inversores a la hora de recaudar capital para actividades distintas del capital privado. El estudio de caso 3i del capítulo 5 servirá como primera prueba.

Las decisiones de lanzar nuevos productos suelen venir de arriba; esta es otra mala señal de innovación en el capital privado. Las instituciones financieras tienden a seguir un estilo de gestión de arriba hacia abajo, a menudo autocrático, mientras que las start ups suelen aplicar una filosofía más plana, a veces de abajo hacia arriba, para ser más dinámicas y adaptables en un entorno que cambia rápidamente. Las finanzas no cambian rápidamente, pero siguen evolucionando. Cuando ocurre la innovación, es porque los participantes perciben que el cambio es menos riesgoso que el statu quo. A raíz de la crisis financiera, las firmas de private equity diseñaron nuevos productos principalmente para diversificarse y alejarse de la actividad cíclica de las LBO. A menudo han cazado furtivamente a los mejores talentos de la competencia (bancos, fondos especulativos) para multiplicar las fuentes de comisiones. No fueron presionados para innovar por sus inversores LP. Pocos de ellos han pedido a los gestores de fondos LBO que les vendan soluciones de inversión inmobiliaria o de hedge funds.

No hay evidencia de que este enfoque de solución generalista integral genere mayores rendimientos para los inversores que aceptan volverse más dependientes de las gestoras de fondos. En este caso, la innovación da más poder de negociación a las firmas de capital privado. Una base de inversores diluida da a las gestoras de fondos más influencia, mientras que un conjunto más amplio de activos bajo administración hace que el potencial de compensación sea más predecible. También reduce las fluctuaciones en las entradas y salidas de capital, lo que proporciona una mejor visibilidad del rendimiento.

Éste es el dilema de la innovación en los servicios financieros. Esto puede ser crucial para la supervivencia a largo plazo de un gestor, pero puede que no sea lo mejor para los clientes, ya que es probable que genere menores rendimientos. Para los inversores LP, es probable que el programa de diversificación sistemática implementado por los mayores grupos de capital privado sea perjudicial. Al igual que los consumidores no necesariamente encontrarán los mejores tipos de cambio o préstamos hipotecarios con el banco que ofrece las cuentas de ahorro más generosas; y así como una aseguradora de vida no proporcionará automáticamente los productos de seguro de automóvil o de hogar más atractivos; no hay absolutamente ninguna razón para creer que una gestora de fondos que ha construido un historial exitoso en el segmento LBO vaya a ofrecer un rendimiento sólido como fondo de arbitraje o en el sector inmobiliario.

La evidencia anecdótica muestra que se debe tener precaución cuando se trata de administradores de activos alternativos que desean cubrir múltiples segmentos de la industria. La incursión de Carlyle en el mundo de los hedge funds terminó repetidamente en fracaso, incluida una serie de demandas presentadas contra la firma en 2010. Uno de los litigios fue presentado por los liquidadores de Carlyle Capital Corporation (CCC) tras el colapso en marzo de 2008 del fondo de bonos inmobiliarios de 22.000 millones de dólares. El juicio identificó incumplimientos del deber fiduciario, mala conducta intencional, así como cargos de negligencia.[3] Que los diversos juicios estuvieran justificados o no, no cambiará el hecho de que CCC tuvo que ser liquidada.

En noviembre de 2006, el documento de registro de la CCC prometía "rendimientos superiores ajustados al riesgo de las inversiones en una cartera diversificada de inversiones de renta fija". El mismo documento ofrecía "una rentabilidad neta del 14,1% y una rentabilidad neta por dividendo esperada del 12,5%" para finales del año siguiente. En lugar de eso, el vehículo de inversión cesó toda actividad en un plazo de 16 meses sin realizar un solo pago de dividendos. Carlyle había optado por financiar sus inversiones con deuda, independientemente de que las inversiones en sí mismas eran productos de deuda: activos inmobiliarios con la llamada calificación triple A.[4] Veremos en el capítulo 5 por qué no es prudente que un gestor de fondos utilice el apalancamiento para realizar inversiones en instrumentos de deuda o en activos que a su vez se financian con deuda.

El mismo Carlyle tuvo otras decepciones en su estrategia de diversificación. Terminó vendiendo su participación en el experto en el sector energético, Riverstone, después de un importante escándalo de corrupción de pago por participación ('pay to play') que analizaremos en el capítulo 9. En febrero de 2016, Carlyle también cesó todas sus actividades de fondo de fondos. Y en el 2017, el grupo se deshizo de parte de su negocio de hedge funds, registrando una pérdida por deterioro de activos de 175 millones de dólares.[5]

Los errores de Carlyle solo se hicieron visibles porque el grupo administra vehículos de inversión separados y contrata equipos específicos para cada segmento de producto. Otras sociedades de inversión utilizan fondos globales y asignan capital de forma oportunista. Al mezclar sus fracasos con sus éxitos, pueden evitar que sus errores se vuelvan demasiado obvios públicamente.

Habiendo aprendido de sus profesores en escuela de negocios que la diversificación es algo bueno, algunos lectores podrían objetar mi opinión sobre una práctica omnipresente en la gestión de activos. Sin embargo, aunque la diversificación es excelente para reducir la volatilidad (y la cobertura contra la volatilidad es el servicio que ofrecen grupos diversificados como Blackstone y KKR), solo mejora los rendimientos si el inversor o gestor de activos se ciñe a segmentos en los que tiene una experiencia similar a la de sus negocios existentes.

Debido a que es muy difícil para cualquiera convertirse en un experto en todas las clases de activos, la diversificación generalmente resulta en dispersión y dilución de los resultados en lugar de un rendimiento superior. Para los inversores LP bien intencionados, un gestor de fondos de capital privado experimentado con un mandato estrechamente enfocado en términos de tamaño de transacción, geografía e industria, debería ser una mejor propuesta que las soluciones múltiples y complementarias de las mayores corporaciones hambrientas de comisiones que surgieron después de la crisis financiera.

## LA RELATIVIDAD DEL RENDIMIENTO

*Proporcionar estudios de casos de gestoras de fondos y transacciones que se relacionen con las mejores prácticas es una propuesta arriesgada. Cualquiera que haya leído libros de gurús de la gestión, con títulos optimistas como* In Search of Excellence *y* Built to Last, *sabrá que las empresas que se presentan como ejemplares rara vez mantienen su posición de liderazgo. Esto es aún más cierto desde que la reciente revolución tecnológica ha cobrado impulso.*

*Las principales conclusiones de la Primera Parte no se refieren específica y exclusivamente a los gestores o a las transacciones con las que están asociados. Pocas empresas objetivo cumplen con todos los criterios de selección para ser calificadas como candidatos perfectos para una* LBO. *Hilton opera en una industria cíclica, pero los gerentes reinventaron hábilmente su modelo de negocio y operativo. Incluso un fantástico generador de flujo de caja como Mergermarket carecía, en sus primeros años, del nivel de madurez que habría convencido a los fondos LBO de que la empresa estaba lista para un montaje financiero apalancado. Por estas razones, los profesionales deben adoptar una disciplina de inversión y gestión que pueda resistir el paso del tiempo.*

# SEGUNDA PARTE

# Lo Malo: ¿Maldito o despreocupado?

> *El apalancamiento es la piedra del alquimista financiero que puede convertir el flujo de caja en oro. Energiza el espíritu animal del capitalismo moderno. Pero la historia ha demostrado a menudo el potencial letal del sobreendeudamiento. Tanto como cualquier otro factor, el apalancamiento explica la lista desesperadamente larga de empresas en dificultades durante la recesión que siguió a la crisis financiera de 2008. Incluso sin llegar a la quiebra, el coste de esta angustia financiera puede ser significativo.*
>
> *Una segunda cuestión que se plantea en esta Segunda Parte es la prevalencia de la negligencia profesional a pesar de las mejores intenciones de todos. Repetir errores del pasado no solo conduce a resultados inquietantemente similares, sino que también es una práctica imperdonable cuando se administra el dinero de otras personas.*

# CAPÍTULO 4

# Univision: La telenovela de una empresa zombi

> *Los grupos de medios convencionales pueden ser cíclicos. Una gran parte de sus ingresos suele proceder de la publicidad. En tiempos de recesión, esta última suele ser el primer recorte presupuestario de las empresas.*
>
> *Este carácter cíclico hace que las empresas del sector sean difíciles candidatas a las LBO. Su rendimiento depende de una sincronización perfecta. Univision no solo sufrió por haber sido comprada justo antes de que estallara la burbuja de crédito; también fue víctima de la disrupción del mercado y de una reevaluación de la industria de los medios de comunicación.*

A principios de 2006, mientras ejecutaba una revisión estratégica, Univision Communications Inc. era la empresa de medios en español más importante de Estados Unidos. Controlaba aproximadamente el 80% del mercado de televisión en español de Estados Unidos y una larga lista de activos digitales, de radio y de grabación musical.[1]

El grupo se originó en Los Ángeles a principios de los años 60 bajo el nombre de Spanish International Network.[2] S.I.N. era una combinación de varias emisoras latinoamericanas independientes orquestada por el empresario estadounidense René Anselmo y el ejecutivo mexicano de radio y televisión Emilio Azcárraga Vidaurreta. Después de pasar por varios propietarios en los años 80 y 90, Univision comenzó a cotizar en la Bolsa de Valores de Nueva York en septiembre de 1996 bajo el liderazgo del ex manager de artistas y productor de cine y televisión Andrew Jerrold Perenchio.

Además de la marca insignia Univision, el grupo era propietario de la cadena TeleFutura y del canal de cable Galavision. Desde la adquisición de Hispanic Broadcasting por 3.000 millones en 2002, fue la principal emisora en español del país.

En febrero de 2006, el consejo de administración de Univision, encabezada por Perenchio durante 15 años, decidió explorar opciones estratégicas. El precio de las acciones estaba un 25% por debajo de su nivel a finales de 2003, por lo que la sensación general era que los mercados estaban infravalorando la empresa. De hecho, todo el sector de los medios de comunicación había sido ignorado durante algún tiempo. Mientras que el índice S&P 500 subió un 20% en los dos años anteriores, el índice del sector S&P Broadcasting & Cable TV bajó un 25%.[3] Aunque Univision era descrita como la compañía de medios de más rápido crecimiento en los Estados Unidos y ocupaba una posición de liderazgo entre una creciente audiencia hispana,[4] entre diciembre de 2001 y mediados de 2006, el precio de sus acciones se había alineado con el de sus competidores y había caído casi un 15%.[5]

Univision había atraído un gran interés por parte de los asaltantes financieros en los dos meses posteriores al anuncio de una revisión estratégica y la venta. El multimillonario mexicano de las telecomunicaciones Carlos Slim había comprado una participación del 2,8% en la empresa. Televisa, la principal productora mexicana de telenovelas latinas, ya tenía una participación del 11% en Univision. Pero Estados Unidos, hogar del libre mercado y del capitalismo sin restricciones, era curiosamente proteccionista en lo que respecta a su industria de radiodifusión. Reconociendo la omnipotencia de los medios de comunicación y la facilidad con la que podían manipular la opinión pública, el gobierno estadounidense no estaba dispuesto a permitir que los extranjeros se convirtieran en fuente de propaganda. Por este motivo, en 1985, Rupert Murdoch cambió su ciudadanía australiana por un pasaporte estadounidense. Esta decisión le permitió construir durante las siguientes décadas un imperio mediático en torno a 20th Century Fox Film Corporation. La ley estadounidense prohibía a Televisa, como entidad extranjera, poseer más del 25% de una empresa de medios estadounidense. En el mejor de los casos, podría actuar como accionista minoritario.

A pesar de cierto interés especulativo, la subasta no logró atraer ofertas de los principales grupos de medios. Fue en parte un problema regulatorio. A las compañías de televisión estadounidenses no se les permitió poseer canales de televisión que, una vez fusionados, representarían más del 35% de la audiencia del país. Eso excluyó a News Corp, CBS y la división NBC de General Electric del proceso de venta, por ejemplo, porque cada una ya cubría más del 30% de los hogares.

El tope de cuota de audiencia también afectó la valoración que Univision podía esperar. La dirección había solicitado ofertas a 40 dólares por acción, pero el precio parecía ambicioso dada la escasez de compradores estratégicos.[6] El consorcio liderado por Televisa era un serio competidor; además de Venevisión Investments, una unidad del grupo venezolano Cisneros, incluyó la flor y nata de las firmas de capital privado: Bain Capital; el fondo de Bill Gates, Cascade; Blackstone; Carlyle y KKR.[7] Televisa, Venevisión y Carlos Slim Domit, miembro del consejo de administración de Televisa e hijo de Carlos Slim, tenían en conjunto alrededor del 19.5%. Para muchos observadores, esto le dio a su oferta una ventaja crucial sobre la competencia.

Sin embargo, después de meses de negociaciones, otro comprador salió victorioso. Inesperadamente Blackstone, Carlyle y KKR se habían retirado del equipo de Televisa, impidiendo que el grupo mexicano presentara la mejor oferta.[8] El 27 de junio de 2006, Univision anunció su adquisición por parte de Broadcasting Media Partners, una compañía de Delaware establecida por un consorcio de capital privado formado por Madison Dearborn, Providence Equity, Texas Pacific Group (TPG), Thomas H. Lee y el especialista en medios Saban Capital. Representando más de 16 veces el EBITDA esperado, el valor de la empresa ascendió a 13.700 millones de dólares. Esto se consideró excesivo, aunque el equipo ganador solo superó a Televisa en 50 centavos por acción, o 1.4% de la capitalización bursátil total.[9]

## Valorada sin margen de error

A nadie le sorprendió que dos consorcios de capital privado fueran los únicos contendientes creíbles para una adquisición de miles de millones de dólares. El enorme exceso de capital que había llegado a los mercados LBO durante los primeros años turbulentos del nuevo milenio estaba pidiendo a gritos clientes. El verdadero reto era encontrar empresas objetivo adecuadas. Una compañía como Univision, con una franquicia densa, liderazgo en el mercado y perspectivas de crecimiento favorables, parecía una oportunidad obvia.

Con sede en Los Ángeles, Saban Capital era el vehículo de inversión de Haim Saban, un israelí-estadounidense con múltiples talentos que, en varias etapas de su vida, se había ganado el sustento como propietario de medios de comunicación, inversor y músico, sin mencionar su carrera como productor discográfico, cinematográfico y televisivo. Hizo su fortuna en 2001, el año en que se fundó Saban Capital, vendiendo su imperio televisivo y musical a Walt Disney por 5.200 millones de dólares.[10] En agosto de 2003 hizo otra buena apuesta al adquirir una participación mayoritaria en la mayor emisora privada de Alemania, ProSiebenSat.[11] Terminaría haciendo más de 3 veces la apuesta en esta transacción. Dado su experiencia operativa y en el sector, Saban asumió la presidencia de Univision, mientras que Perenchio renunció, a la edad de 76 años, embolsándose alrededor de 1.350 millones de dólares por su participación del 11,5% en la empresa.[12]

Saban no se había asociado con los pesos pluma. TPG encabezaría el ranking LBO en 2006 con transacciones por un valor total de 100.000 millones de dólares en todo el mundo.[13] Fue oficialmente la cuarta mayor gestora de LBO del mundo, recaudando 30.000 millones de dólares en capital en los diez años anteriores a 2007. Providence Equity había adquirido una fuerte autoridad en la industria de los medios de comunicación, con una experiencia perfeccionada desde 1989, cuando fue fundada por su director ejecutivo, Jonathan Nelson. Aunque era menos poderosa que TPG, recaudando 20.000 millones de dólares en la última década, Providence era la décima firma de capital privado más importante del mundo. Su influencia sin duda beneficiaría a Univision, sobre todo porque Nelson se uniría al consejo de administración. Thomas H. Lee – inversor en la adquisición por 19.000 millones de dólares del grupo de publicidad y radiodifusión Clear Channel a finales de 2006 – y Madison Dearborn ocuparon los puestos 12 y 19, respectivamente, según los mismos estándares de recaudación de fondos, y merecían cierta consideración.[14]

Se esperaba ampliamente que la colaboración de nombres tan importantes generara un valor enorme. La estructura accionarial era la siguiente: TPG, Thomas H. Lee y Madison Dearborn poseían cada uno el 23,31%; Providence Equity tenía el 20,45%; y Saban Capital se quedó con el 6,74%. Los cinco inversores y su batería de asesores sabían que, dados los 10.000 millones de dólares prestados por la empresa, el más mínimo fallo en el rendimiento financiero tendría un rotundo efecto dominó negativo.

Luego de recibir la aprobación regulatoria a principios de 2007, la compañía lanzó su proceso de sindicalización de deuda. Aunque inusualmente desmesurado, el financiamiento fue realmente estándar para la época: un préstamo a largo plazo de 7.000 millones de dólares, un segundo préstamo de retiro diferido a largo plazo de 450 millones de dólares, una línea puente de venta de activos de 500 millones de dólares y una línea de crédito renovable de 750 millones de dólares.[15] A esto se sumaron 1.500 millones de dólares de crédito senior de alto rendimiento a ocho años, sin intereses cobrables.[16] En resumen, la combinación habitual de instrumentos de deuda garantizados y no garantizados.

A 12,1 veces el EBITDA, los 10.000 millones de dólares en préstamos llevaron el apalancamiento al 75% de la estructura de capital.[17] Para atraer inversores, el altísimo ratio de endeudamiento obligó al grupo a ofrecer un generoso tipo de interés del 9,75% sobre sus bonos cotizados. La decisión de Standard & Poor's de rebajar la calificación de las empresas del grupo Univision cinco escalones por debajo del nivel de Grado de Inversión fue otra consecuencia importante del apalancamiento, mostrando una posibilidad real de incumplimiento de partes de la deuda LBO. La perspectiva se definió como 'negativa', lo que indicó que fue probable que se redujera más la calificación en los próximos dos años.[18] Como dijo proféticamente un analista:

> *"El apalancamiento será uno de los más altos que hemos visto. [Esto impondrá] una carga significativa a un negocio por lo demás saludable. Sin duda, la dirección tendrá una mayor presión para lograr buenos resultados con poco margen de error."*[19]

Pero otros se mostraron optimistas, aunque a veces sus razonamientos eran confusos. Uno de ellos insistió, en una lógica extrañamente circular e invertida: "El grupo está muy endeudado, pero el apalancamiento es, de hecho, manejable y respaldado por el valor empresarial del grupo." La verdad es que el valor de una empresa no respalda el apalancamiento; lo contrario es más común. Cuanto mayor sea el apalancamiento, mayor será la valoración, esencialmente porque una porción más amplia de la transacción se financia al menor coste de la deuda. Esto reduce el coste promedio ponderado del capital, lo que a su vez justifica pagar un precio más alto por un activo. Un menor coste de capital implica una menor rentabilidad exigida al capital.

## Contexto de la transacción

Independientemente de la lógica defectuosa de los analistas, hubo otros argumentos sólidos a favor de la transacción.

*Posición en el mercado*

Univision tenía una posición fuerte en el sector de los medios de comunicación. Sus activos incluían la red homónima, clasificada como la quinta red de televisión más importante de Estados Unidos en cualquier idioma, así como docenas de estaciones de televisión gratuitas y por cable, 73 estaciones de radio, sellos discográficos y operaciones de Internet.[20] La compañía era la emisora líder indiscutible en español, eclipsando a su rival más cercano, Telemundo. La audiencia de Univision era más de cuatro veces mayor que la de Telemundo en el momento de la LBO.[21]

*Potencial de crecimiento de la demanda*

La población hispana era la de más rápido crecimiento en Estados Unidos. Entre 1980 y 2000, el número de hispanos aumentó de 15 millones a 35 millones, y su participación en la población del país aumentó de menos del 7% al 12,5% durante el mismo período. En los años 90, la población hispana en Estados Unidos había crecido a una tasa aproximadamente siete veces mayor que la de la población no hispana.[22] En 2005, los hispanos constituían el 14,5% de la población estadounidense.[23] En el momento de la LBO de Univision, se esperaba que esta tendencia continuara. Y esas proyecciones resultaron ser correctas. Según la Oficina del Censo, la proporción hispana de la población era del 17,6% en julio de 2015.

*Altas expectativas de consumo de medios*

El público objetivo se dividió entre 14 millones de hispanos en Estados Unidos que eran consumidores predominantemente hispanos y 36 millones que alternaban entre canales en español e inglés.[24] Esta audiencia principal no solo necesitaba seguir creciendo en línea con el aumento del número de hispanos en el país, sino que el consumo de contenido televisivo también aumentara a medida que creciera esa audiencia.

Entre 1980 y 2000, el ingreso anual medio de los hogares hispanos en todo Estados Unidos aumentó de 36.700 dólares a poco más de 45.700 dólares. A medida que crecía el poder adquisitivo de la audiencia de Univision, los hispanos consumían más entretenimiento, como suele ocurrir con los consumidores más adinerados. Se esperaba que continuara la popularidad de la programación en español.

*La audiencia leal significa un crecimiento en los ingresos publicitarios*

En el mundo de los medios de comunicación, los anunciantes buscan un público cautivo. Se esperaba que el crecimiento proyectado de la audiencia de Univision impulsara la demanda de los anunciantes. La emisora fue la quinta red de horas de máxima audiencia entre todos los grupos demográficos clave, pero en el grupo de edad de 18 a 34 años superó a ABC, CBS, NBC o Fox el 40% del tiempo.[25]

Durante los últimos 15 años, la empresa había sido dirigida por Perenchio y su director de operaciones, Ray Rodríguez. Ambos tenían una tremenda experiencia en la industria del entretenimiento. Su talento había ayudado a renovar constantemente el contenido de Univision y fidelizar a la audiencia. Pero las LBO necesitan algo más: adaptabilidad operativa combinada con una dedicación neurótica para maximizar el flujo de caja. El plan de acción explícito del consorcio de accionistas financieros era monetizar los contenidos de Univision mediante el aumento de los ingresos publicitarios. Tras la jubilación de Perenchio en febrero de 2007, los sponsors financieros anunciaron la llegada de un CEO con una formidable carrera en publicidad: Joe Uva, director de OMD, una agencia de publicidad propiedad del gigante publicitario Omnicom.[26] Su objetivo era convertir los altos índices de audiencia de Univision en una mina de oro publicitaria.

*Rentabilidad y previsibilidad significan capacidad de endeudamiento*

En los cinco años anteriores a la LBO, la compañía había registrado márgenes de EBITDA entre el 30% y el 35%. A los banqueros les encanta prestar a este tipo de empresas. El prestatario ideal debe ser predecible y crear un flujo de caja constante para pagar su deuda, como ya se ha descrito en el capítulo 3.

*Desregulación*

Los fondos accionistas no solo estaban interesados en los flujos de caja de la empresa objetivo. Durante años, el cabildeo de los grupos de medios de comunicación había tratado de influir en el gobierno de Estados Unidos para que aumentara los límites de participación accionaria y de cobertura de audiencia. En 2003, el regulador de la industria, la Federal Communications Commission (FCC), consideró aumentar el límite de cobertura del 35% al 45% de los hogares del país, pero la propuesta fue rechazada por la Corte de Apelaciones.

El consorcio liderado por Saban esperaba que un cambio en las leyes de participación accionaria – que permite a los grupos extranjeros poseer más del 25% de las acciones de una emisora nacional – conduzca a un fuerte aumento en la valoración de Univision. Era puramente especulativo, pero no costaba nada. La desregulación podría simplemente dar lugar a un arbitraje positivo en términos de múltiplo de valoración de reventa.

# Si no te unes a ellos, demándalos

En el momento de la LBO, muchos observadores expresaron su sorpresa por la derrota de Televisa. Rechazando una invitación del consorcio ganador para unirse a ellos en esta prometedora empresa, Televisa anunció en julio de 2006 que quería vender su participación del 11,4%, antes de declarar que podría hacer una contraoferta.[27] Las sinergias entre la empresa mexicana y Univision debieron haber permitido a la primera superar la oferta propuesta por Saban. En primer lugar, Televisa proporcionó la mayor parte de la programación de Univision durante horas de máxima audiencia.

Al reconocer esto, los ganadores de la subasta habían considerado otorgarle a Televisa la opción de aumentar su participación en Univision al 19,9%. Al final, el grupo mexicano optó por no hacerlo. En cambio, se embolsó 1.100 millones de dólares al vender su participación minoritaria en abril de 2007,[28] a lo que probablemente consideró un precio muy bueno. Luego, después del turbulento período del proceso de venta, Televisa llevó a su socio comercial a los tribunales, argumentando que Univision había violado el acuerdo de licencia de programación que vinculaba a las dos emisoras por otros diez años. El acusado presuntamente no incluyó 700 millones de dólares en ingresos publicitarios en los informes contractuales presentados al grupo mexicano.[29]

Además de los problemas de Univision, la contracción del crédito había comenzado a causar estragos. En el verano de 2007, el préstamo a plazo de 7.000 millones de dólares, el préstamo más seguro de Univision, se cotizaba a 93 centavos por dólar. En enero de 2008, estaba 10 centavos por debajo de su valor nominal.[30] Había que producir liquidez urgentemente, si fuera necesario mediante la venta de activos no esenciales.

A pesar de la desaceleración de la economía, en el primer trimestre de 2008 la actividad incrementó ligeramente, con un aumento de los ingresos y del EBITDA del 6% en el año. Pero a medida que el mercado publicitario se debilitó, la posición de tesorería de la compañía se vio afectada. Las agencias calificadoras Moody's y Standard & Poor's decidieron rebajar la calificación de la deuda. En ese momento, el préstamo a plazo de Univision se cotizaba con un descuento del 15%.[31]

En abril, la dirección se vio obligada a retirar 700 millones de dólares de la línea de crédito renovable de 750 millones de dólares, una línea a corto plazo para satisfacer necesidades urgentes de efectivo. En un entorno crediticio ajustado, el equipo directivo prefirió recurrir a su financiación bancaria. Como explicó un banquero:

*"Si una empresa pierde el acceso a los mercados financieros, se ahogará lentamente. Pero si no tienen acceso a fuentes de liquidez, es como una bala en la cabeza. No pueden financiar sus operaciones y se verían obligados a declararse en quiebra".*[32]

Aun así, esto significó que la deuda de la empresa era ahora 12,8 veces su EBITDA. Los mercados anticipaban problemas en el futuro: los préstamos bancarios de Univision se cotizaban con un descuento del 25% en mayo. Ese mes, la compañía vendió su división de música, recaudando 150 millones de dólares, aproximadamente la mitad de lo que los analistas habían pronosticado.[33] La crisis crediticia no era el mejor momento para conseguir buenos precios por activos de segunda clase.

Los resultados se derrumbaron rápidamente. En el trimestre finalizado el 30 de junio de 2008, los beneficios cayeron un 11% respecto al año anterior, con lo que el ratio deuda/EBITDA superó las 13,2 veces.[34] No es sorprendente, dado el entorno económico imperante, que la actividad en el tercer trimestre de 2008 siguiera siendo decepcionante. Univision reportó un EBITDA de 218 millones de dólares en el trimestre de septiembre, un 7% menos que el año anterior. Las débiles condiciones del mercado publicitario explican por qué, en noviembre, la cotización de los bonos subordinados de la compañía reflejó grandes dificultades financieras: alrededor de 20 centavos por dólar.[35] Ni siquiera la deuda bancaria era inmune. En octubre, Standard & Poor's rebajó la calificación de recuperación de los préstamos garantizados, diciendo que los acreedores podrían perder entre el 30% y el 50% de su dinero.[36]

A lo largo del año, el litigio con Televisa actuó como una espada de Damocles, ejerciendo una presión significativa sobre el valor de los bonos de Univision. En septiembre, Televisa demostró su poder de mercado al conceder partidos de fútbol en la liga más importante de México a Telemundo, propiedad de General Electric y el principal competidor de Univision en Estados Unidos. Gracias a este duro enfoque táctico, en enero de 2009, Televisa obtuvo concesiones de

Univision por un valor de más de 600 millones de dólares para resolver una disputa sobre el reparto de ingresos publicitarios. Televisa había afirmado que Univision había excluido ciertos programas de un contrato de 25 años de antigüedad que estipulaba que Univision compartiría sus ingresos publicitarios con Televisa, incluso para programas que no habían sido producidos por la empresa mexicana. Las concesiones también incluyeron un nuevo acuerdo de licencia que otorgaba a Televisa tiempo de aire gratuito anual. Después del acuerdo, los préstamos bancarios de Univision cotizaron al alza, pero se mantuvieron cotizados a 50 centavos por dólar.[37]

La economía no estaba ayudando a Univision. En el primer trimestre de 2009 la facturación cayó un 12% en tasa interanual. La división de radiodifusión estaba experimentando una importante corrección, perdiendo más de una cuarta parte de sus ingresos. Pero a nivel de grupo, los beneficios recibieron un impulso con la incorporación de los ingresos publicitarios vinculados al nuevo contrato de Televisa. La dirección tampoco permaneció inactiva y la reducción de costes desempeñó su papel. El EBITDA aumentó un 3,5% en ese trimestre.[38] Reconociendo las dificultades de la compañía, Providence había reducido el valor de su participación en Univision en un 50% en sus cuentas, mientras que TPG lo había reducido a unos 70 centavos por dólar.[39] Pero en unos pocos meses, esas valoraciones parecieron optimistas cuando Univision redujo sus activos en más de 5.000 millones de dólares, lo que llevó a los profesionales de la industria a valorar a la compañía en 9.000 millones de dólares, un poco menos que su deuda.[40] Basta decir que la participación de los gestores de fondos no tenía ningún valor.

Una vez resueltos los contratiempos del litigio, la empresa decidió refinanciar parte de sus préstamos subordinados aplazando el reembolso de los intereses.[41] Cuando se emitió el bono anual del 9,75% dos años antes, un inversor expresó dudas de que Univision necesitara alguna vez usar la cláusula de prórroga, y agregó que era "un negocio estable e incluso en crecimiento".[42] Las empresas de medios que dependen de la publicidad no resistieron bien a la peor recesión en 70 años. Para preservar la mayor liquidez posible, la dirección no tuvo más remedio que activar la cláusula. Extremadamente endeudada – el múltiplo total de deuda a EBITDA fue de aproximadamente 14,8 veces durante los 12 meses finalizados el 31 de marzo de 2009 –[43] la empresa estaba en modo de supervivencia.

Como prueba, en junio de 2009, Univision llegó a un acuerdo con sus acreedores para modificar la línea de crédito senior (la parte de la deuda que disfrutó de mayor calificación por ser prioritaria). A cambio de comisiones, el convenio se flexibilizó y se emitió un nuevo tramo de 545 millones de dólares para refinanciar los préstamos existentes. Esto le dio a la empresa un respiro, pero a un precio elevado – el nuevo tramo tuvo que ofrecer una rentabilidad anual del 14% para atraer a los inversores cautelosos.[44]

Las nuevas condiciones económicas ya no permitían el crecimiento. Más bien, se trataba de limitar el daño mediante la reestructuración operativa y la ingeniería financiera. Eso no fue muy divertido para un hombre de negocios como Ray Rodríguez, presidente y director de operaciones del grupo de medios. En agosto, tiró la toalla y anunció su retirada. Originario de Cuba, antes de unirse a Univision 19 años antes, Rodríguez había sido el manager global del conocido artista Julio Iglesias. Algunas de las decisiones que no le gustaron tuvieron que ver con la reducción de personal: 300 empleados fueron despedidos en 2009.[45] El estilo de gestión tradicional y paternalista estaba dando paso a técnicas más directas de maximización del flujo de caja y de gestión de la deuda. Rodríguez hubiera preferido dejar Univision con una nota más positiva, pero sabía que, si la compañía alguna vez se recuperaba, tomaría años. También requirió lidiar con una de las estructuras de accionistas más complejas, reportando a cinco gestores de fondos autocráticos. Su salida sería la primera de una larga lista de ejecutivos. Mucho más dolor quedaba por venir.

La competencia en el mercado se intensificó significativamente. Telemundo lanzó una empresa conjunta de canales de cable para México y América Latina como parte de su alianza de 16 meses con Televisa, cosechando los beneficios de la tensa relación de Univision con Televisa. En Estados Unidos, Telemundo todavía estaba rezagada en términos de audiencia, pero su participación en el mercado de habla hispana había aumentado del 23% al 30% en el año anterior.[46] Por otro lado, por segundo año consecutivo, en 2009, los ingresos de Univision disminuyeron. Aunque las mejoras en la eficiencia operativa habían ayudado a aumentar el margen EBITDA, durante 2010 TPG admitió haber reducido en dos tercios sus 837 millones de dólares de capital desplegado en la empresa.[47]

## Si no los vences, únete a ellos

La desaceleración de la publicidad inducida por la recesión finalmente llevó a Univision y Televisa a enterrar el hacha y extender y ampliar su acuerdo de licencia. En octubre de 2010, Televisa propuso pagar 1.200 millones de dólares por una participación inicial del 5% en Univision, con una parte de la deuda a 15 años convertible en una participación adicional del 30% y una opción de compra adicional del 5%. Valorando el capital de la compañía en 2.300 millones de dólares,[48] el acuerdo cristalizó una pérdida de 1.400 millones de dólares, casi dos quintas partes de los 3.700 millones de dólares invertidos inicialmente por el quinteto de accionistas.

Televisa se embolsó 1,300 millones de dólares al vender su participación del 11,5% a los sponsors financieros en 2007, reinvirtiendo poco menos de tres años y medio después por casi el 40% de la compañía. El grupo mexicano había tenido suerte cuando Broadcasting Media ganó la subasta inicial. A veces, el sabor amargo del fracaso se convierte en el olor más dulce del éxito.

A cambio del pago de comisiones más altas a su socio comercial mexicano, Univision obtendría los derechos para usar las telenovelas y programas deportivos en español de Televisa en todos los canales de distribución, incluido Internet. El acuerdo reduciría los costes de producción y aumentaría los ingresos publicitarios. Después de años de hostilidad, los dos grupos de medios finalmente habían encontrado un terreno común.

Para los accionistas, que ya habían sido inversores durante cuatro años, asegurar el apoyo de Televisa y el acceso a más contenido podría acelerar el saneamiento de Univision. La inyección de capital por parte de Televisa para reducir el monto de los costosos préstamos, así como la extensión por dos años y medio del vencimiento de tres cuartas partes de la deuda, habían tranquilizado a Moody's, la agencia que elevó la perspectiva del grupo a 'estable'.[49] Dado que la deuda seguía estancada en 10 veces el EBITDA, aumentar los ingresos se convirtió no solo en esencial, sino en la única esperanza de generar ganancias con esta inversión. Con un socio estratégico actuando ahora como accionista, por primera vez desde la LBO, Univision presentó perspectivas prometedoras.

El proceso de refinanciamiento del grupo de medios continuó sin cesar en el último trimestre de 2010, con dos tramos de bonos que recaudaron un total de 1.250 millones de dólares para pagar varios de los préstamos a corto plazo. A ello se sumó, a principios de 2011, una línea de 315 millones de dólares.[50] La implacable reestructuración financiera estaba causando estragos en la alta dirección. En marzo de 2011, Univision anunció que el CEO Joe Uva había decidido no renovar su contrato. Si bien la carga de la deuda de la compañía se alivió con la reciente inyección de capital de Televisa, después de cuatro años al mando, Uva sintió que sería más útil en otro empleo, diciendo: "El equipo es fuerte y he decidido que es el momento adecuado para capitalizar otras oportunidades".[51] El director de operaciones, Randy Falco, que se había unido a la compañía tres meses antes, fue ascendido rápidamente, mientras que los expertos del mercado predijeron una oferta pública inicial dentro de un año.

Falco, un neoyorquino de ascendencia italoamericana y alemana, se sintió obligado a demostrar sus calificaciones para liderar el grupo de medios hispanos más influyente del país. Ante las críticas, bromeó: "Hablo el lenguaje de la televisión. Hablo el idioma de la cultura".[52] A pesar de su limitado dominio del español, asumió el cargo en un momento en que Univision se estaba recobrando gracias a la rápida recuperación de la economía. Su mandato incluyó acelerar las negociaciones con los distribuidores sobre los llamados acuerdos 'over-the-top', que pondrían los programas de Univision en línea para los suscriptores de televisión por cable y Netflix. La empresa, muy endeudada, necesitaba aumentar su flujo de caja para hacer frente a sus obligaciones.

Unas semanas después de la salida de Uva, la compañía limpió su balance con el lanzamiento de un nuevo bono de alto rendimiento de 600 millones de dólares para pagar otro tramo de préstamos a corto plazo con vencimiento en 2014.[53] La dirección estaba en una carrera contra el tiempo, tratando de empujar su muro de deuda lo más lejos posible. Estaba claro que los sponsors y prestamistas de la LBO se quedarían estancados a muy largo plazo.

Por este motivo, la dirección dedicó los siguientes tres años a reorganizar la estructura del capital de la empresa. Durante los primeros ocho meses de 2012, Univision amplió más de sus vencimientos a corto plazo mediante la emisión de dos tramos de préstamos garantizados por un valor total de 1.200 millones de dólares.[54] La deuda se mantuvo elevada y una preocupación importante, con una deuda neta de 9,7 veces el EBITDA. Luego, en el primer semestre de 2013, el grupo amplió una vez más sus vencimientos de deuda mediante la emisión de nuevos bonos a plazo por 1.500 millones de dólares y un bono a 10 años por valor de 500 millones de dólares para eliminar los tramos restantes que vencían en los próximos tres años.[55] Finalmente, en enero del año siguiente, la compañía lanzó un préstamo de 3.400 millones de dólares para sustituir el resto de su deuda a corto plazo.[56]

## Buscando una salida

Durante 2014, Univision se puso a la venta a un alto precio de 20.000 millones de dólares. CBS y Time Warner fueron los compradores obvios, aunque la valoración sugerida fue un poco extrema. Pero el momento parecía adecuado. Los anunciantes habían regresado después de tres años de recortes presupuestarios. El enfoque central de Univision en la comunidad hispana fue un punto fuerte para los anunciantes, que no se habían dado cuenta plenamente del potencial económico de este grupo demográfico. Los presupuestos publicitarios en los canales de televisión aumentaron considerablemente, lo que contribuyó a un aumento del 10% en los ingresos en el primer trimestre de 2014.[57] Para todo el año, los ingresos también registraron un crecimiento de doble dígito, mientras que el margen EBITDA alcanzó el 42%, su nivel más alto desde la LBO.[58] A finales de diciembre, Moody's elevó la calificación del laberinto de deuda de Univision, allanando el camino para una oferta pública inicial.[59] Los derechos audiovisuales de la Copa Mundial de la FIFA de ese año habían sido una bendición.

Sin embargo, una evolución persistente del mercado complicaría las cosas para el grupo de medios y afectaría a su valoración. Constantemente surgían nuevas oportunidades para la programación: a principios de 2013, el proveedor de servicios de streaming y vídeo bajo demanda Netflix entró en el segmento de producción de contenidos. El gigante de la web Amazon rápidamente siguió su ejemplo.

En 2015, Univision iba a 'celebrar' su noveno año bajo el liderazgo de fondos de capital privado. A pesar de numerosas prórrogas de vencimientos de los préstamos, modificaciones de las cláusulas restrictivas y ajustes de beneficios, por extraño que parezca, el grupo había mantenido al mismo director financiero. Todo eso cambió cuando Andrew Hobson, director financiero desde la LBO, renunció inesperadamente en febrero de ese año. Con el grupo durante veinte años, Hobson había gestionado la primera oferta pública inicial de Univision en 1996 y se le habría confiado la nueva OPI. Desesperado por ver a Univision salir de su acceso de fiebre inducida por el apalancamiento – la compañía había rogado a los mercados de deuda seis veces en los últimos tres años – o quedándose sin paciencia cuando la OPI se retrasó repetidamente debido a vientos en contra, el director financiero fue solo otra víctima de una LBO problemática que había pasado su fecha de caducidad.

Aun así, unas semanas después de su partida, Goldman Sachs, Morgan Stanley y Deutsche Bank estaban preparando el terreno para la OPI, con el objetivo de facilitar una recaudación de fondos de mil millones de dólares con una valoración de 20.000 millones de dólares. Con un EBITDA de 1.200 millones de dólares e ingresos de 2.900 millones de dólares en el año fiscal que finalizó en diciembre de 2014, el múltiplo de 16 veces los beneficios parecía ambicioso, aproximadamente el doble que sus pares de la industria. Pero también implicaba que los 3.400 millones de dólares pagados por el consorcio de capital privado ocho años antes se habían triplicado en valor. Una salida a este precio sería un resultado sorprendente, aunque TPG fue un poco más circunspecto en sus expectativas, valorando, en un informe trimestral, su paquete de acciones en 1.140 millones de dólares, una ganancia del 36%.[60] Dicha evaluación dio lugar a una anémica tasa de rentabilidad anual de solo el 4,2%,[61] antes de aplicar las comisiones de gestión.

A pesar de la renuncia prematura del director financiero, la compañía continuó con su interminable reestructuración del montaje financiero, emitiendo más de 800 millones de dólares de deuda de alto cupón en abril, solo dos meses después de completar otro refinanciamiento de bonos de 1.250 millones de dólares.[62] Al reprogramar estos préstamos, los accionistas y ejecutivos de Univision estaban ganando tiempo para honrar su plan de crecimiento y orquestar una salida gracias a las perspectivas económicas cada vez más optimistas.

## Magullado y maltratado

Inesperadamente, a pesar de las condiciones más soleadas, las cosas se pusieron muy políticas. En junio de 2015, Univision se vio envuelta en una batalla legal con Donald Trump, el candidato presidencial republicano. Después de abandonar la cobertura del certamen Miss USA, del que Trump fue parcialmente propietario, tras los comentarios incendiarios y acidulados que el concursante hizo sobre los inmigrantes mexicanos, Univision se enfrentó a una demanda de 500 millones de dólares por parte de la Trump Organization por incumplimiento de contrato.[63]

En cualquier caso, en julio, cinco meses después de cambiar de director financiero, la compañía obtuvo las aprobaciones necesarias para una OPI.[64] Los propietarios estaban listos para la siguiente entrega de la saga: dirigirse a la salida. Con el fin de dar una adecuada visibilidad a su desempeño en el mediano plazo, el grupo firmó una extensión de cinco años de su contrato de licencia con Televisa. A cambio, más de 1.100 millones de dólares en préstamos de bonos comprados por Televisa en 2010 se convirtieron en acciones, lo que le dio al grupo mexicano el 22% de los derechos de voto de Univision, además de la conversión de warrants después de la OPI.[65] En su documento de registro, la empresa mostraba un balance que todavía estaba inflado con deudas.[66] La conversión de préstamos de Televisa había reducido el ratio deuda/EBITDA de Univision de 9 a 7.8 veces,[67] pero la mejora de la calificación crediticia de Moody's dejó a la estructura financiera en territorio de 'junk bond'.

La mayor parte de los préstamos de la compañía vencían entre 2018 y 2020, aunque los bonos garantizados y no garantizados tenían vencimientos que se extendían hasta 2025, ¡casi 20 años después de la LBO! En lugar de embargar las llaves de los propietarios, los acreedores habían optado por ganar comisiones a cambio de modificar y extender los préstamos. La carga de la deuda le costó a la compañía 550 millones de dólares al año en gastos por intereses y 55 millones de dólares adicionales en swaps de tasas para cubrir el riesgo de intereses, por lo que los acreedores fueron ampliamente recompensados por su amable comprensión.[68]

Para que la oferta pública inicial se llevara a cabo, Univision necesitaba garantizar un desempeño operativo estable durante algunos trimestres. Desafortunadamente, el tercer trimestre se vio afectado negativamente por los resultados comparables desfavorables del año anterior; entre ellos, los ingresos publicitarios relacionados con la Copa Mundial de Fútbol.[69] Para el año, el grupo reportó una disminución del 2% en los ingresos, en parte debido a los resultados financieros anormalmente fuertes de 2014 y al hecho de que 2015 no fue un año electoral, lo que redujo la cantidad de ingresos por publicidad política. El continuo bajo rendimiento de la división de radio – un fenómeno que afectó a toda la industria a medida que las audiencias continuaron migrando a Internet para acceder a plataformas de descarga y transmisión de música sin publicidad – resultó en cargos por deterioro de 140 millones de dólares.[70] El 4 de diciembre de 2015, ante el mal desempeño de las Bolsas de valores en el sector de medios, Univision puso fin a su propuesta de reintroducción al mercado bursátil.[71]

El 2015 habría sido el año perfecto para orquestar la salida de los dueños de Univision. Los derechos audiovisuales de la Copa Mundial de Fútbol de 2014 habían aumentado su volumen de negocios en el año anterior. Dado que Univision no tenía la intención de cubrir las Copas del Mundo en 2018 y 2022, tal aumento en los ingresos no se repetiría.[72] Como resultado, en mayo de 2016 se ofrecían previsiones de valoración más realistas, aunque el valor empresarial sugerido de 16.000 millones de dólares representaba un múltiplo de EBITDA superior a 12 veces, o un 50% por encima de los comparables de la empresa. Los gestores de fondos todavía no han interiorizado la fuerte corrección de valoración del sector de los medios de comunicación registrada a lo largo de diez años.

Para hacer más plausibles los planes de venta, Univision estuvo activa en el frente de fusiones y adquisiciones a lo largo de 2016. En enero, el grupo adquirió una participación del 40% en el sitio de noticias satíricas The Onion; tres meses después, compró la participación del 50% de ABC en la cadena The Fusion, una empresa conjunta deficitaria que Univision había lanzado con ABC para servir específicamente a los televidentes millennials; y en agosto, el grupo obtuvo luz verde para comprar seis sitios de Gawker Media por 135 millones de dólares.[73]

Tabla 4.1 – Evolución de las tasas de audiencia de los principales canales de televisión estadounidenses en 2014, 2015 y 2016

|  | 2014 | 2015 | 2016 |
|---|---|---|---|
| ABC | -4% | -1% | -8% |
| CBS | -7% | -1% | -7% |
| NBC | +19% | -9% | +12% |
| Fox | -10% | -8% | -5% |
| Telemundo | -5% | +10% | +5% |
| **Univision** | **-17%** | **-15%** | **-24%** |
| Promedio | -2% | -5% | -3% |
| Promedio hispano | -14% | -7% | -13% |

*Fuentes: Bloomberg, Nielsen Live + 3 Day Prime Time Ratings, CreditSights*

Pero todo el alboroto ocultaba una verdad incómoda: Univision estaba perdiendo participación de mercado en el segmento de televisión de consumo, que representaba alrededor del 90% de los ingresos. Telemundo había ido reduciendo gradualmente la audiencia de Univision, ganando televidentes en horas de máxima audiencia entre sus principales grupos demográficos: personas de 18 a 49 años. Como se muestra en la tabla 4.1, Univision sufrió una erosión de audiencia de dos dígitos en un grado mucho mayor que cualquier otra emisora nacional. Es importante destacar que las tasas de audiencia de Telemundo aumentaron significativamente en 2015 y 2016.

En noviembre de 2016, a medida que persistió la caída en los índices de audiencia – en los cuatro años anteriores, Univision había perdido casi la mitad de su audiencia en horas de máxima audiencia – la dirección anunció una nueva ola de despidos, recortando 250 puestos de trabajo.[74]

Gráfico 4.1 – EBITDA y ratio de endeudamiento de Univision de 2006 a 2016

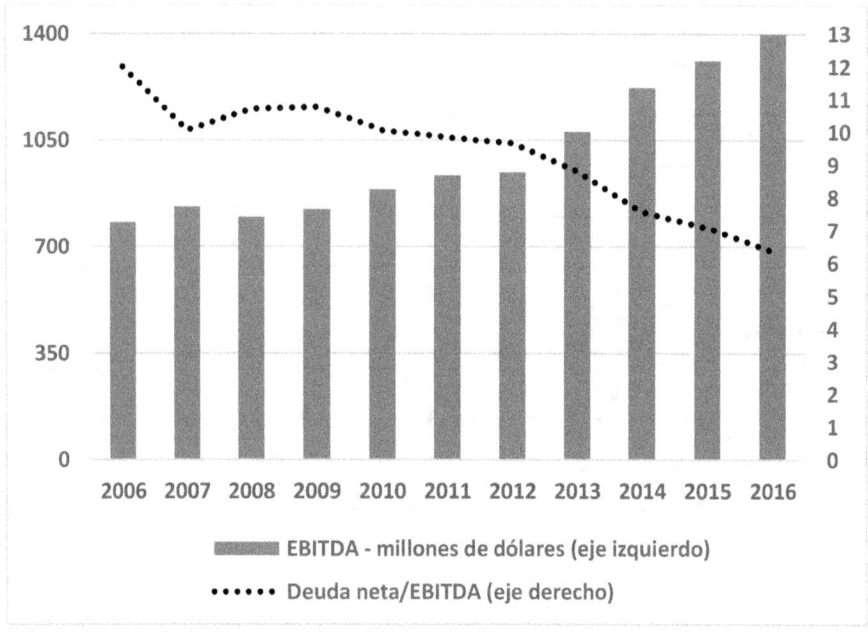

*Fuentes: documentos de la empresa y análisis del autor*

Aun así, en general, 2016 fue un año sólido. Los ingresos aumentaron más del 6% gracias a la publicidad política de la campaña electoral presidencial. El margen EBITDA se situó entonces en torno al 46%, el nivel más alto jamás alcanzado, ya que los menores gastos de venta, generales y administrativos compensaron los mayores costes de programación. Con este rendimiento operativo, la empresa había sido capaz de reducir su apalancamiento, y el ratio de deuda cayó por debajo de 6,5 veces por primera vez desde la LBO una década antes (véase el gráfico 4.1).

## ¡Ay, caramba!

Parecía que el grupo iba en la dirección correcta, pero los buenos resultados reportados por la dirección eran en realidad producto de maquillar las cuentas financieras. Sin ajustar, el panorama no era tan idílico. En 2006, el último año fiscal completo antes de hacerse cargo del consorcio, Univision registró un margen operativo de 30.8%. Diez años después, el margen operativo se acercaba al 20%. Cada año entre 2010 y 2015, Univision registró importantes deterioros de valor, cargos por reestructuración y varias deducciones extraordinarias. Estos superaron los 1.300 millones de dólares durante el período. Cuando se producen anualmente, los gastos de reestructuración ya no pueden considerarse excepcionales. Entonces, ¿qué salió mal?

*Aumento de la competencia por la audiencia hispana*

Entre 2006 y 2016, la audiencia en horas de máxima audiencia de Telemundo se duplicó a 1.7 millones de hogares; durante el mismo período, la audiencia de Univision se redujo a la mitad, a 1,75 millones.[75] Telemundo había atraído a más televidentes en el segmento ideal para los anunciantes - el grupo de edad de 18 a 49 años - en parte debido a su sólida oferta de eventos deportivos, en particular el fútbol, la atracción estrella para los televidentes hispanos. Univision había confiado en la oferta de telenovelas de Televisa durante demasiado tiempo, pero esas historias de amor blandas y exageradas habían sido relegadas – los índices de audiencia de Telemundo habían superado a los de Univision cuatro veces durante la temporada 2014-2015 en las noches en que Telemundo transmitía eventos deportivos.

Además, Telemundo ofreció descaradamente una amplia gama de telenovelas destinadas a competir con el producto principal de su rival.

Había lanzado el formato de telenovela 'Super Series', más orientado a la acción y siguiendo el modelo común de las series dramáticas en inglés: temporadas múltiples, episodios más cortos y la incorporación de tramas más cercanas al público estadounidense, una mejora bienvenida al contenido mexicano de Univision. No sorprende que, en respuesta a los avances de Telemundo y a los nuevos productos dirigidos a los hispanos por parte de las cadenas Fox y Discovery, Univision lanzó varias redes de cable nuevas junto con sus canales gratuitos. Comenzó a americanizar sus programas y Univision Deportes, dedicada a los deportes, fue el producto de mayor éxito.

La amenaza competitiva estaba en constante evolución. Por ejemplo, el 18 de enero de 2017, dos días antes de la toma de posesión del presidente electo Trump, el hombre más rico de México, Carlos Slim, anunció que lanzaría un nuevo canal estadounidense 'enfocado en México, hecho por mexicanos y transmitido desde México'.[76]

*Tendencias digitales*

Muchos culparon de los problemas de Univision a los caprichos de los millennials, en particular a su apetito infinito por las redes sociales, la autopromoción, el contenido generado por los usuarios y la fragmentación resultante de las audiencias. Sin duda, el avance tecnológico había sido implacable; la pérdida de espectadores jóvenes se había precipitado. Entre 2010 y 2015, el número de personas de 18 a 34 años que vieron Univision en horas de máxima audiencia se redujo en un 45%.[77] Sin una audiencia estable, los beneficios y el flujo de caja se vieron presionados, lo que puso en riesgo a la empresa fuertemente apalancada. Nada, ni siquiera la marca única de Univision, pudo escapar al caos corrosivo de la disrupción digital.

La audiencia de Univision había disminuido en parte debido al cambio fundamental en los gustos de los consumidores hacia las ofertas en línea. Importantes protagonistas de Internet habían cambiado el juego. Tras su éxito en el contenido de formato corto y estilo televisivo, Amazon lanzó su negocio de producción cinematográfica Amazon Studios a principios de 2015, dos años después de que Netflix desestabilizó el mundo de la televisión con su serie de suspenso político House of Cards.

Aunque Univision conservó sólidos activos televisivos, sus negocios digitales eran casi aburridos. El grupo había intentado distribuir más contenido en línea a través de asociaciones, incluida la plataforma de vídeo Hulu en 2011, pero el cambio gradual de las audiencias en línea se había convertido en un tsunami que amenazó el modelo tradicional de ingresos publicitarios basado en la televisión. Las adquisiciones de The Onion et de Gawker en 2016 tenían como objetivo crear una cartera en línea, particularmente para llegar a un público más joven. Aun así, plantearon algunas preguntas. ¿Podría una emisora de medios tradicionales encontrar su camino para navegar por la web a través de adquisiciones? ¿Y estos activos eran compatibles con la oferta existente de Univision? Preguntas que llevaría tiempo abordar, pero el tiempo era un lujo que los accionistas no podían permitirse ya que su período de inversión superaba la marca de los doce años.

A pesar de su cartera de Internet, Univision carecía de la inteligencia algorítmica y la red de Amazon o Netflix. Y eso era un verdadero problema para los anunciantes que querían asegurarse de que su dinero estaba dando en el blanco. Si sintieran que su inversión publicitaria estaba siendo desperdiciada, la desviarían a plataformas digitales más capaces de perfilar y segmentar a los espectadores y consumidores.

*Presión sobre los márgenes*

Una de las consecuencias de la competencia digital fue el aumento de los costes de programación. En principio, esto debería haber provocado la consolidación del sector. De esta manera, las empresas de medios buscarían generar sinergias y una mayor eficiencia resultante de las economías de escala. Pero los reguladores no se habían adaptado lo suficientemente rápido, ya que no reconocieron que su visión tradicional de la entrega de contenido y los límites que establecían sobre la cuota de audiencia ya no eran aplicables en un mundo en el que los proveedores de servicios de Internet producían y distribuían contenido de terceros además del suyo propio.

*Relación conflictiva con el principal proveedor Televisa*

Otro factor que siempre iba a representar un riesgo indeseable para Univision era su fuerte dependencia de Televisa. Esta última proporcionó más de un tercio de la programación televisiva de Univision y más de la mitad de su contenido en otras plataformas. Por lo general, los mejores candidatos para LBO son empresas que no dependen de uno o más influyentes proveedores o clientes. La dependencia excesiva pone en peligro los flujos de caja futuros porque debilita el poder de negociación de una empresa frente a sus socios comerciales. Como vimos con el estudio de caso de Mergermarket, la visibilidad de los flujos de caja futuros es uno de los factores de éxito más importantes. Proporciona una forma de garantía a los prestamistas. Univision estaba siendo rehén de su principal proveedor de contenido. La producción de valor agregado había migrado de Univision a Televisa.

Televisa había demostrado ser un socio poco confiable, vendiendo su participación del 11% en 2007 antes de optar por recomprar una participación del 5% más opciones tres años después. Primero intentó retirarse de su acuerdo de desarrollo de contenido exclusivo antes de dar un giro. Ciertamente, podría haber perjudicado las operaciones de Univision si Televisa hubiera decidido dejar de proporcionar contenido. Al final, utilizó el débil balance de Univision como palanca para negociar mejores términos contractuales. Y ofreció a Telemundo acceso a contenido exclusivo para programas competidores, demostrando su poder de negociación.

*Despidos*

A finales de 2006, Univision empleaba a 4.233 personas. Diez años más tarde, el grupo contaba con unos 4.000 empleados.[78] Durante el mismo período, la facturación neta aumentó en un 50%. La eficiencia operativa de Univision se había producido en detrimento de su fuerza laboral.

Inevitablemente, la presión múltiple ejercida por la migración digital de su audiencia joven, la presión sobre los precios por parte de Televisa y la fuerte deuda habían llevado a la dirección a introducir iniciativas de reducción de personal. A principios de 2009, Univision despidió a 300 empleados. En la primavera de 2014, la compañía despidió a decenas de trabajadores como parte de la reestructuración de su división de radio. En noviembre de 2016, se anunciaron hasta 250 despidos, ya que la empresa registró una pérdida neta de 30,5 millones de dólares en el tercer trimestre y una disminución del 8% en los ingresos. En 2017, sufrió otra ola de despidos, incluidos varios de sus directores de programación y periodistas presentadores.[79]

*Recesión económica*

Probablemente el determinante impacto negativo en el crecimiento de Univision provino de la recesión económica. La inversión publicitaria es muy cíclica. Los anunciantes recortan sus presupuestos cuando la economía se desacelera. De 2008 a 2010, Estados Unidos experimentó su peor recesión en ochenta años. Entre otros factores, el colapso de la industria automotriz, uno de los mayores anunciantes de la televisión, afectó los ingresos.

*Comprar al más alto nivel*

En el primer trimestre de 2006, el último trimestre que Univision informó al público antes de anunciar la LBO, la compañía vio aumentar sus beneficios en un 21%. Iba a tener un segundo cuarto fantástico gracias a la programación de la Copa del Mundo de fútbol.[80] Univision estaba ganando impulso mientras la economía se sobrecalentaba.

No era solo la economía la que estaba en su cenit. Los mercados de crédito también se mostraron boyantes. En un entorno en el que el exceso de confianza combativo es una insignia de honor y en el que el tamaño de las transacciones es una cuestión de orgullo, en el período de 2005 a 2007 se produjo una carrera desenfrenada por cerrar acuerdos de LBO cada vez más impresionantes. Extremadamente dependiente de la deuda, las mega-transacciones del tamaño de Univision solo podrían completarse en un entorno crediticio en ebullición. Pero se jactaban de valoraciones extravagantes.

La LBO de Univision fue valorada sin margen de error. Asumió un auge de la demanda, no el entorno económico más desafiante en tres generaciones. Conjeturó que la televisión seguiría siendo el principal medio de difusión y creación, ya que Internet seguiría siendo una plataforma publicitaria esencialmente pasiva. Los videos móviles aún no habían nacido; por lo tanto, nunca fueron percibidos como un competidor potencial.

La realidad distaba mucho de ser perfecta. Cuando la economía tambaleó, Univision se encontraba sobre cimientos inestables. Las licencias de transmisión televisiva ya no eran las barreras de entrada que alguna vez fueron. La decisión de KKR y Blackstone, postores tradicionalmente bastante agresivos, de retirarse del proceso de venta por razones de precio – aunque su decisión se debió en parte al grado de control exigido por Televisa – fue quizás el mejor indicio de que la valoración de la LBO era excesiva.[81]

*Consorcio de inversión complejo*

Para unirse al panteón del private equity, los mayores grupos de capital privado no eligieron asociarse a la ligera. Aunque preferían mantener el control de sus inversiones, de vez en cuando, especialmente para las mega-transacciones, grupos como TPG y Providence necesitaban encontrar aliados. Unir fuerzas tenía la doble ventaja de reducir la sobreexposición a una sola inversión y eliminar las tensiones competitivas. Esta idea de que era mejor para los adquirentes combinar fuerzas en lugar de competir entre sí conduciría en última instancia a una investigación completa por parte de la Securities and Exchange Commission (SEC), como veremos en el capítulo 9. En realidad, la principal desventaja de los consorcios es que hacen que la toma de decisiones sea menos fluida, un punto vital cuando una inversión sale mal.

*Obstáculo regulatorio*

La esperada desregulación no se materializó en la primera década de lo que debe haber sido una experiencia extremadamente frustrante para la dirección. La aprobación regulatoria seguía siendo un obstáculo para cualquier transacción. Esta fue parte de la razón del fracaso del proceso de venta en 2014, dejando una oferta pública inicial como la única puerta de salida creíble para los accionistas existentes – después de las dificultades que enfrentó la empresa, bajo LBO desde 2007, ninguna firma de capital privado se atrevería a intentar una LBO secundaria.

El 4 de enero de 2017, la FCC anunció que el límite a la participación de inversores extranjeros en un grupo de medios de comunicación estadounidense podría elevarse del 25% al 49%.[82] Si el cambio entrara en vigencia, Televisa podría aumentar su inversión en Univision, lo que haría menos necesaria una OPI. Con sus acciones y warrants, el grupo mediático mexicano poseía el 38% de Univision sobre una base totalmente diluida y convertida. Pero no se le permitió tener más del 25% de los derechos de voto, lo que limitó su interés en hacer una oferta por Univision.[83] De igual manera, la fuerte dependencia de esta última de los contenidos de Televisa hizo muy escasas las posibilidades de una adquisición por parte de CBS, Fox o cualquier otra cadena estadounidense. Desafortunadamente, para los accionistas, la falta de alternativas solo podría tener un impacto negativo en la valoración de su empresa en cartera.

*Endeudamiento excesivo*

Con un múltiplo de EBITDA de 12 desde el principio, el nivel de apalancamiento de la LBO se situó en el máximo aceptable para empresas con excelente crédito y perfectas condiciones de mercado. Ninguna otra empresa de medios importante en los Estados Unidos tenía un múltiplo de deuda superior a 8 veces.[84] Cuatro años después de la transacción, la deuda de Univision se acercaba obstinadamente a 10 veces los beneficios. La falta de avances en la generación de caja hizo insostenible el impacto acumulativo de los intereses, de ahí las

> numerosas refinanciaciones. A medida que la economía estadounidense se recuperaba lentamente, el EBITDA aumentó de 900 millones de dólares en 2010 a 1.300 millones de dólares en 2015, reduciendo la deuda de la empresa a un múltiplo aún impactante de 7 veces el EBITDA.

## ¿Una nueva trama?

En la época de la LBO, uno de los programas más populares de Univision, producido acertadamente por Televisa, era la telenovela 'Amarte es mi Pecado', en la que la heroína un tanto ingenua es vendida por su suegra al hombre más rico del pueblo, intenta suicidarse, es rescatada y se enamora de su salvador... Todo en el primer brazo de 95 episodios. La LBO de Univision había tenido tantos giros y vueltas como una telenovela, y la relación intermitente con Televisa no ayudó desde ese punto de vista.

El incomparable *cri de coeur* del private equity para el crédito había dado lugar a una serie de dificultades operativas y depresiones financieras, despidos y reorganizaciones del equipo directivo, incumplimientos de cláusulas restrictivas y extensiones de préstamos. Había naufragado como tantas otras historias de amor, agobiadas por la rutina y las obligaciones de la convivencia. Después de más de una década de meticuloso servicio de la deuda, Univision estaba atrapada en una estructura financiera tensa, incapaz de escapar de su cruel condición corporativa zombi. Pero una vez transformada en zombi, una LBO es como un residuo nuclear. Nadie lo quiere en su vecindario, y mucho menos en su propio patio trasero. De ahí la dificultad de distanciarse.

Al luchar por mantenerse al día con los pagos de la deuda, Univision recortó su programación. Lógicamente, esto supuso una pérdida de audiencia,[85] con el consiguiente impacto en ingresos y beneficios. Según un informe elaborado por el sindicato norteamericano UNITE HERE, la tasa de crecimiento anualizado del EBITDA de Univision entre 2006 y 2015 fue de 0,36%.[86] El mismo informe dijo que el consorcio de fondos de private equity cobró más de 570 millones de dólares en comisiones de gestión y administración en los primeros nueve años de la LBO. Antes de su oferta pública inicial prevista para julio de 2015, el consorcio recibió 180 millones de dólares para permitir que Univision rescindiera el acuerdo de gobernanza.[87] Dicho esto, desplumar la gallina de los huevos de oro es una práctica común en el capital privado.

En su resiliencia y capacidad para absorber una década de abuso de los accionistas, Univision es un testimonio de la influencia duradera y progresiva de los latinos en Estados Unidos. Cada año entre 2009 y 2015, la facturación del grupo superó la del año anterior. Gracias al creciente peso económico de su público objetivo, el grupo alcanzó la paridad de audiencia con las cinco principales cadenas de televisión en lengua inglesa y seguía siendo, como anunció su eslogan promocional, 'El centro neurálgico de los hispanos en Estados Unidos'.

En 2017, un nuevo presidente llegó a la Casa Blanca con una agenda que difícilmente podría describirse como pro-latina. Dadas las muchas declaraciones provocadoras de Trump hacia los mexicanos y el régimen cubano, más que nunca, la comunidad hispana en Estados Unidos necesitaba una Univision fuerte, una posición que miles de millones de dólares en deuda de LBO solo podían obstaculizar. Las dificultades de la economía durante la recesión, la incesante digitalización del contenido y la distribución de los medios de comunicación, por no mencionar la hostilidad del presidente hacia el público objetivo de la empresa, mostraron cuán frágil podía ser el éxito en la industria del capital privado.

## Visión doble

Si lo que has leído en estas páginas es todo lo que sabes sobre Univision, podrías pensar que era difícil predecir un resultado tan sombrío. Aquí es donde recordar el pasado puede ser útil. Lo creas o no, esta no fue la primera incursión de Univision en el apasionante mundo de las transacciones apalancadas.

La primera experiencia de la empresa con una estructura financiera algo empinada tuvo lugar durante la anterior burbuja de LBO, a finales de los años 80. En noviembre de 1987, Hallmark Cards, uno de los mayores fabricantes de tarjetas de felicitación de Estados Unidos, se asoció con la división de capital riesgo de First Chicago Corporation para comprar Univision, que ya era una de las principales compañías de televisión en español del país en ese momento. En una LBO de 300 millones de dólares, los accionistas fusionaron Univision con diez canales de televisión en español adquiridos el año anterior. Tres años más tarde, incapaz de hacer frente a los crecientes pagos de sus préstamos en medio de una recesión económica, la empresa estuvo al borde de la quiebra.[88] ¿Cómo se dice 'déjà vu' en español?

Después de largas y dolorosas negociaciones por parte de Hallmark Cards para recomprar varios de los préstamos LBO a los acreedores, Univision evitó lo que podría haber sido un período embarazoso de procedimientos administrativos.[89] La compañía fue finalmente vendida en abril de 1992 al productor de Hollywood Andrew Jerrold Perenchio y a Emilio Azcárraga Milmo, este último hijo del cofundador de Univision, Emilio Azcárraga Vidaurreta.[90]

Quince años después, la posición de liderazgo de Univision en el mercado dio a los fondos de capital privado la idea errónea de que la compañía podía manejar un alto apalancamiento. En cambio, las valoraciones de los activos en el sector de los medios tradicionales habían sufrido significativamente durante la crisis financiera, y los anunciantes reasignaron sus presupuestos a plataformas más flexibles, en gran parte porque los consumidores estaban migrando en línea, prefiriendo el contenido bajo demanda al contenido preprogramado de una emisora de televisión.

Donde la historia se convierte en una verdadera telenovela es en la identidad del dueño y director general de Televisa. Era Emilio Fernando Azcárraga Jean III, nieto de Emilio Azcárraga Vidaurreta, copropietario de Univision desde principios de los años 60 hasta 1987, cuando fue obligado por el gobierno de Estados Unidos a ceder su participación mayoritaria a Hallmark y First Chicago porque como extranjero no podía poseer más del 25% de una emisora estadounidense.[91] Treinta años después, su nieto estaba tratando de reclamar lo que él creía legítimamente que le pertenecía.

## Visión borrosa

Televisa vendió su participación en 2006 después de que su oferta fuera rechazada. Luego, el grupo pasó los siguientes años socavando el valor económico de Univision al presentar una demanda en su contra y renegociar los términos de su acuerdo de distribución de contenido, antes de finalmente reinvertir a una valoración mucho más baja cuando la compañía estadounidense estaba moribunda. Del mismo modo, Perenchio había demostrado una habilidad asombrosa en su sincronización al comprar Univision con descuento (durante la recesión de los años 1992-1993) antes de vender a alto precio en 2006. Dos inversores estratégicos menos 'sofisticados' habían enseñado a los gestores de fondos supuestamente competentes una lección muy costosa cuando se trata de cronometrar una inversión en el transcurso de un ciclo económico.

En retrospectiva, la decisión de los inversores de capital privado de pagar más de 16 veces el EBITDA de una empresa que había quebrado 15 años antes parece imprudente, especulativa y negligente al mismo tiempo. En su exuberante estilo clásico, los sponsors financieros habían pecado por ser demasiado optimistas. El modelo de private equity estipula que las sociedades de cartera deben venderse en un plazo de cuatro a cinco años. Debido al valor temporal del dinero ('time value of money'), cualquier activo atascado en la cartera más allá de este período resta rentabilidad, penalizando al fondo en su conjunto. Compañías como Univision que permanecen en la cartera por más de una década literalmente ponen en peligro la supervivencia del gerente, afectando cualquier recaudación de fondos posterior.

TPG había invertido en Univision a través de su fondo V. El mismo vehículo se había utilizado para participar en otras LBO desafortunadas, incluidas las del operador de casinos Caesars Entertainment y la compañía de energía TXU, las cuales quebraron. Varios de los inversores más prominentes en los fondos gestionados por TPG se habían visto enormemente afectados. La gestora de planes de pensiones CalSTRS había arriesgado 1.000 millones de dólares y su par CalPERS estaba a cargo de 600 millones de dólares. Con una tasa de rentabilidad anualizada del 4% al 5%, TPG Partners V obtuvo un rendimiento en el cuartil inferior.[92] No es sorprendente que CalSTRS y CalPERS decidieran no comprometer su capital en el fondo TPG Partners VII recaudado en 2015.

Thomas H. Lee logró recaudar su séptimo fondo en 2014, a pesar de que su cosecha anterior de 2006 – impactada por los largos períodos de participación de sus dos activos de medios, Univision y Clear Channel – había generado un rendimiento del tercer cuartil. Quemado por los decepcionantes resultados del vehículo de 2006, CalPERS decidió de abstenerse para el siguiente fondo.

Madison Dearborn y Providence Equity se dejaron engañar como novatos al invertir en Univisión, no a través de uno, sino de dos de sus fondos. Como resultado, su rentabilidad se vio doblemente afectada. Los Fondos IV y V de Madison, recaudados en 2000 y 2006, respectivamente, produjeron rendimientos del segundo y tercer cuartil, y el inversor CalPERS optó por no participar en el Fondo VII recaudado en 2014.

Providence Equity V (cosecha 2005) y VI (2007) tuvieron tasas internas de rentabilidad de menos del 4% y el 6% respectivamente,[93] demostrando ser incapaz de vencer a los índices bursátiles. Para ser justos con Univision, no fue la participación más desastrosa en la cartera de Providence : en 2010, la firma de capital privado perdió cientos de millones de dólares cuando el estudio cinematográfico Metro-Goldwyn-Mayer quebró, y cinco años después, otra empresa en la que Providence había invertido – el grupo de seguridad Altegrity – también quebró debido a acusaciones de fraude, eliminando 800 millones de dólares del capital de la gestora.[94] Las dos cosechas de Providence ofrecieron rendimientos del cuartil inferior.

Como era de esperar, Providence Equity tuvo posteriormente grandes dificultades para recaudar un fondo, pero la firma finalmente obtuvo 5.000 millones de dólares para su séptimo vehículo en 2013, mucho menos que los 12.000 millones de dólares comprometidos para financiar VI antes de la crisis financiera. CalSTRS y CalPERS, dos de los inversores más prestigiosos de Providence en las cosechas V y VI, optaron por no invertir en el fondo posterior. Como dice el refrán: el gato escaldado del agua fría huye.

Al igual que sus co-inversores, Saban Capital debe maldecir el día en que puso sus ojos en Univision. Sin embargo, la emisora de radiodifusión y televisión es la verdadera víctima colateral de esta transacción. Doce años después de su segunda LBO, Univision todavía estaba tratando de deshacerse de los efectos embrutecedores de una compra apalancada.

## LBO Y EMPRESAS ZOMBIS

*El apalancamiento tiene un impacto mecánico en la rentabilidad de los fondos propios. Durante los periodos de crecimiento, mejora la rentabilidad independientemente del talento de la gestora de fondos. Por eso resulta tan tentador para las firmas de capital privado consumir la deuda en exceso.*

*Univision es solo un ejemplo de una LBO transformada en una empresa zombi, que pone de relieve las consecuencias operativas y financieras del apalancamiento excesivo cuando las condiciones del mercado se deterioran. La crisis financiera y la recesión crearon una cohorte sorprendentemente amplia de empresas endeudadas, mantenidas artificialmente vivas gracias a las políticas de dinero fácil de los bancos centrales.*

# CAPÍTULO 5

# 3i: Espejo del ciclo económico y de psicología humana

> *Pocas industrias se adaptan a todas las estaciones económicas. Con su descarado apetito por la deuda y una gran dependencia de ella, el capital privado no es una excepción. La gestión de activos es un negocio inherentemente cíclico. El modelo depende de una economía fuerte y de mercados financieros aún más robustos para recaudar fondos, ganar comisiones y generar valor para los inversores.*
>
> *A lo largo de los años, las gestoras de fondos han intentado todo lo posible para superar este pronunciado carácter cíclico. Como pionero indiscutible en el ámbito, el grupo 3i, con sede en el Reino Unido, intentó en repetidas ocasiones y sin éxito establecer un curso de acción estable y sereno. Esto lo convierte en un caso de estudio adecuado para describir las principales carencias de la profesión.*

Inmediatamente después de la Segunda Guerra Mundial, Gran Bretaña se encontró en una posición precaria. El país estaba de rodillas y el gobierno laborista de Clement Atlee buscaba una manera de revitalizar la economía. El principal reto al que se enfrentó el equipo de Atlee fue crear nuevos empleos para los numerosos hombres y mujeres involucrados en el esfuerzo de guerra y sin puestos de trabajo a los que regresar. Una forma de lograrlo fue establecer un programa de financiamiento para emprendedores y pequeñas empresas.

## El 'Macmillan gap'

En los **años** 30, la economía británica había sufrido como resultado de la caída del mercado de valores. Entre noviembre de 1929 y julio de 1931, el gobierno había examinado el impacto económico y social del colapso del mercado mediante la formación del Comité de Finanzas e Industria. Presidido por Hugh Pattison Macmillan, miembro de la Cámara de los Lores, el Comité identificó una escasez crónica de capital de inversión a largo plazo para las pequeñas y medianas empresas (PYME).[1] Recomendó la creación de una sociedad para llenar esta escasez, más tarde conocida como la 'Macmillan Gap' (brecha de Macmillan). Esta empresa actuaría como intermediaria entre los prestamistas y los prestatarios corporativos desatendidos. A pesar de las conclusiones del Comité, en parte debido a las diferentes opiniones sobre la realidad o el alcance de la 'escasez', no se obtuvo nada de estas conclusiones, ya que el país se vio arrastrado a un nuevo conflicto mundial.

La destrucción causada por la Segunda Guerra Mundial obligó al gobierno a fomentar una mejor cooperación entre las finanzas y la industria. El 19 de mayo de 1945, mientras Gran Bretaña se preparaba para un importante proyecto de reconstrucción, se fundó la Finance Corporation for Industry (FCI) con 25 millones de libras esterlinas de capital y una capacidad de endeudamiento de cuatro veces esa cantidad. El capital social fue suscrito aproximadamente a partes iguales por compañías de seguros, firmas de inversión y el Banco de Inglaterra, con la misión deliberada de proporcionar financiación (principalmente en forma de deuda) para facilitar la racionalización y reestructuración de sectores clave de la industria británica.[2] El objetivo de FCI era limitar sus inversiones a un pequeño número de grandes empresas.

En julio del mismo año, el Banco de Inglaterra creó la Industrial and Commercial Financial Corporation (ICFC) para prestar servicios a las pymes mediante la aportación de capital permanente a largo plazo. Las inversiones típicas oscilaban entre 5.000 y 200.000 libras. La ICFC fue financiado exclusivamente por los principales bancos comerciales ingleses, los bancos escoceses y el banco central, con un capital de hasta 45 millones de libras esterlinas. En sus primeros años, la ICFC proporcionó el 60% de su capital en forma de préstamos a largo plazo, a menudo a tipos fijos y reembolsables en un plazo de 10 a 20 años. El

40% restante fueron inyecciones de capital, a menudo en forma de acciones preferentes redimibles.[3]

Ambas empresas proporcionarían un sólido apoyo al crecimiento económico en las décadas siguientes. En los años 50, la ICFC se expandió a las regiones británicas, primero en Birmingham, luego en Manchester, Edimburgo y, finalmente, en la mayor parte del país. En 1972, la ICFC tenía 29 oficinas regionales.[4] Dos años más tarde, FCI e ICFC se fusionaron para formar otro acrónimo – FFI, Finance for Industry. Como entidad pública, esta última se estructuró como una sociedad de cartera, controlada en un 85% por bancos de compensación y en un 15% por el Banco de Inglaterra. Hasta ese momento, estas iniciativas habían ayudado a más de 3.000 empresas a financiar su crecimiento.[5]

## Expansión

El éxito de su apoyo a las empresas nacionales hizo que los líderes de FFI confiaran en que podrían aplicar su ingenio en el extranjero y en todos los sectores económicos. Se volvieron activos en la suscripción de acciones, el capital riesgo en etapa inicial, el arrendamiento de fábricas, los bienes inmuebles y la financiación del transporte marítimo. El conglomerado financiero abrió oficinas en Boston en 1982 y en París y Fráncfort al año siguiente,[6] aunque la prioridad seguía siendo el desarrollo de la industria británica. FCI concedió préstamos a medio plazo de entre 1 y 25 millones de libras esterlinas a grandes empresas, como el productor de alcohol escocés Distillers, el fabricante de vidrio Pilkington, el especialista en ingeniería The Weir Group, y Associated Biscuit. La ICFC continuó ofreciendo cantidades de dinero mucho más pequeñas.

En los primeros 40 años de funcionamiento, FFI y sus predecesores acordaron 2.800 millones de libras esterlinas para el desarrollo de la industria y el comercio británicos.[7] Regularmente recaudaron fondos del público, generalmente en forma de títulos de deuda a plazo fijo que devengaron intereses. Continuaron haciéndolo después de otro cambio de nombre en 1983, de FFI a Investors in Industry, o 3i.[8] Como inversor en cualquier sector, la empresa participó ocasionalmente en el desarrollo tecnológico, incluidas las inversiones en Bond Helicopters y Oxford Instruments, el pionero en imágenes por resonancia magnética. La oficina de Boston incluso evolucionó hasta convertirse en 3i Ventures, dedicada a las start ups.

Con el creciente impulso de la globalización y una mayor integración entre las economías más desarrolladas, la dirección tuvo la oportunidad de construir una presencia en Europa continental y más allá. Deseosa de satisfacer su ambición de dominar el mercado en el extranjero, después de abrir oficinas en Boston, París y Frankfurt, Investors in Industry desplegó tropas en Italia y España y creó una filial australiana, así como una empresa conjunta india.

Al mismo tiempo, con su versátil experiencia como inversor en empresas privadas, la firma estaba en una posición ideal para participar en un nuevo tipo de financiación. A finales de los años 70, las operaciones apalancadas estaban surgiendo en los Estados Unidos y lentamente se abrían camino en Gran Bretaña. En 1985, Investors in Industry ya era un patrocinador experimentado de LBO, habiendo cerrado 98 en 1981, 95 al año siguiente, 78 en 1983, 79 un año después y 70 en 1985. Los anuncios de la empresa que aparecían en la prensa en ese momento mostraban viñetas simples de transacciones orquestadas por expertos financieros. Los anuncios promovían nuevos métodos de financiación de las LBO. Estaban destinados a atraer a los altos ejecutivos que querían dar el paso hacia el emprendimiento, pero carecían de conocimientos especializados en desinversiones empresariales y emisión de deuda. Aunque las tres décadas de experiencia de la firma de capital riesgo le otorgaron una credibilidad notable, en realidad, como todos sus pares, el equipo de inversión de 3i fue improvisando sobre la marcha. En 1987, la empresa ya había completado más de 600 transacciones apalancadas, lo que representaba más de la mitad de las LBO realizadas en el Reino

Unido durante los cinco años anteriores.[9] Con una cuota de mercado tan grande, Investors in Industry era el líder indiscutible de las LBO en el país, sumando esta corona a la que llevaba en la financiación de start ups.

También en 1987, surgieron discusiones entre la empresa y sus accionistas sobre una oferta pública inicial. El grupo inversor podría haber sido valorado en unos 600 millones de libras esterlinas. La idea de la salida a bolsa había sido formulada por Midland Bank, un accionista del 18%, que estaba corto de efectivo y, por lo tanto, buscaba la venta de activos.[10] La OPI podría ser una excelente manera para que Investors in Industry acceda al capital externo. En esta etapa, la compañía tenía activos por valor de 2.200 millones de libras esterlinas en 2.500 participaciones separadas, administradas por 725 empleados que operan en 25 oficinas regionales en el Reino Unido y cinco en el extranjero.[11] Su fuerza laboral y su presencia geográfica no solo lo convirtieron en el inversor más influyente en la financiación de empresas emergentes y LBO en el Reino Unido y Europa; era el más influyente del mundo. Su presencia en la Bolsa de Londres aumentaría su visibilidad.

Sin embargo, la violenta corrección bursátil de octubre del mismo año obligó a un aplazamiento indefinido de las discusiones sobre la OPI. La caída también estaba interrumpiendo el proceso de sindicalización de muchas LBO, y con una cuota de mercado en el Reino Unido de más del 40% en este segmento, 3i no fue inmune. La empresa no pudo encontrar co-inversores para los 30 millones de libras esterlinas de capital que tenía en Moores Furniture, por ejemplo.[12] Un mercado bursátil inestable no solo estaba afectando a la sindicalización. Hizo casi imposible la liquidación de activos a través de OPI.

Aun así, la caída bursátil no afectó a la economía, que siguió mostrando signos de crecimiento, alentando la innovación financiera. Los años 80 habían sido agradables con los sponsors de LBO, con 1.720 transacciones por un valor total de 6.000 millones de libras esterlinas en el mercado británico entre principios de 1980 y mediados de 1988.[13] Solo en 1989 se registrarían LBO por valor de 6.500 millones de libras esterlinas.[14]

## Corrección de mercado

Dada su corta historia, el sector LBO aún no había experimentado una recesión. A medida que la economía se desaceleró gradualmente tanto en Estados Unidos como en el Reino Unido, los mercados financieros frenaron su perverso apetito por el apalancamiento. Entre 1990 y 1992, el mercado de LBO continuó disminuyendo – solo en 1990, el valor de las operaciones cayó un 60%. En el tercer trimestre de 1992, los volúmenes alcanzaron su nivel más bajo en seis años.[15]

Gran Bretaña atravesó una dolorosa crisis económica en los años 1991-1993, su contracción más profunda desde la guerra. La recesión, provocada por tipos de interés de dos dígitos, un tipo de cambio sobrevaluado y la caída de los precios inmobiliarios, estuvo acompañada de una elevada inflación: los precios al por menor aumentaron un 20% entre principios de 1990 y finales de 1992. El país se sumió en nuevas turbulencias cuando, el 16 de septiembre de 1992, el gobierno se vio obligado a devaluar, eliminando así la libra esterlina del mecanismo europeo de tipos de cambio, una estructura a la que el país se había unido solo dos años antes en un intento de controlar la inflación. El auge del endeudamiento y del gasto de consumo de la era Thatcher llegó a un abrupto final.

La fuerte caída en las transacciones no fue la única consecuencia para los sectores de capital riesgo y LBO. Las gestoras de fondos necesitaban implementar mejoras operativas, tanto a nivel de cartera como dentro de sus propios equipos de inversión. Las difíciles condiciones económicas llevaron a varias LBO de alto perfil a incumplir sus compromisos financieros.

La LBO de 2.200 millones de libras esterlinas de Gateway, la tercera cadena de supermercados más importante del Reino Unido, es un excelente ejemplo de esto. Adquirido en el verano de 1989 por dos vehículos patrocinados por fondos de capital privado, incluido el holding Isosceles respaldado por el financiero estadounidense Bruce Wasserstein, fue, en su momento, la mayor LBO jamás orquestada en Europa. El apalancamiento del 75% resultó ser demasiado difícil de gestionar y terminó perjudicando al negocio, obligándolo a realizar desinversiones precipitadas para generar el efectivo que tanto necesitaba para cumplir con más de 1.400 millones de libras esterlinas en compromisos de préstamos bancarios. Después de varios CEO y refinanciaciones, en abril de 1993 los acreedores tomaron el control de Gateway, reemplazando a los accionistas en el proceso. Como la mayor gestora de fondos LBO de Gran Bretaña, 3i estuvo, con razón, entre los accionistas perdedores. La empresa también tuvo que reconocer los cargos por deterioro de su parte de la deuda mezanine de Gateway. Fue una lección costosa. La firma de inversión emprendió una dolorosa reestructuración para volver a centrarse en su negocio más exitoso: la financiación de pymes. Con el fin de facilitar un nuevo comienzo, en 1994 redujo su plantilla en un 45% hasta alcanzar los 570 empleados.[16]

Históricamente, bajo la marca ICFC, la empresa había adoptado un enfoque muy poco intervencionista en la gestión de carteras. Para garantizar que sus bancos accionistas no tuvieran que reconocer las sociedades de cartera en sus cuentas, todas las participaciones se sindicalizaban de manera sistemática. La recesión económica de principios de los años 90 demostró que este enfoque laxo de administración de carteras no era óptimo. A partir de entonces, la firma comenzó a tomar participaciones mayoritarias.

## Ver las cosas desde la perspectiva del mundo empresarial

Naturalmente, el colapso altamente visible de inversiones como Gateway hizo que los mercados bursátiles ajustaran sus expectativas de los administradores de activos. Durante la mayor parte de 1993, cotizaron con un descuento significativo respecto del valor liquidativo, el valor contable subyacente de la cartera de una sociedad de inversión. Distó mucho de ser ideal para los accionistas de 3i, los bancos comerciales que habían mantenido sus participaciones desde 1945 y querían deshacerse de ellas. Pero la marea rápidamente estaba cambiando a su favor.

A principios de 1994, cuando el Reino Unido salió de la recesión, las LBO volvieron a ser populares. En febrero, 3i anunció el lanzamiento de un fondo de 225 millones de libras esterlinas, recaudado de inversores externos, incluidos fondos de pensiones del Reino Unido e instituciones internacionales. La firma admitió que las oportunidades de mercado eran tan grandes que su balance por sí solo ya no era suficiente para aprovecharlas.[17] La gestión del dinero de terceros también reduciría la exposición de los bancos accionistas y proporcionaría un flujo constante de comisiones.

El grupo inversor había crecido enormemente desde sus inicios, en parte debido a la constante publicidad en la prensa financiera para atraer empresarios que buscaban financiación externa. Durante todo este tiempo, los bancos habían seguido siendo los únicos accionistas, pero eso estaba a punto de cambiar. En julio de 1994, después de un largo retraso debido a las deprimidas valoraciones durante la recesión, 3i comenzó a cotizar en la Bolsa de Valores de Londres, y los bancos comerciales vendieron el 40% de sus acciones al público y a las instituciones de la City. La empresa abandonó la etiqueta Investors in Industry y se convirtió oficialmente en 3i Group plc, con una capitalización de mercado inicial de 1.500 millones de libras esterlinas. Alrededor de 390.000 inversores privados se interesaron por el especialista en capital riesgo.[18] Pero solo 75.000 de ellos compraron acciones de una empresa que, en definitiva, era una propuesta de inversión muy arriesgada: los rendimientos de la empresa no habían igualado los del índice FTSE All-Share en los diez años anteriores a la OPI.

Aun así, 3i se benefició de su condición de fideicomiso de inversión, lo que significaba que no pagaría impuestos sobre las ganancias de capital realizadas. Además, el hecho de que todos los grandes bancos del país sigan poseyendo una parte significativa de las acciones del grupo facilitaría y abarataría la captación de fondos en los mercados monetarios. En octubre, 3i se unió al índice FTSE 100, y sus acciones aumentaron una quinta parte en los tres meses posteriores a la salida a bolsa.[19]

Después de más de cuatro décadas de liderazgo indiscutible en el financiamiento de empresas privadas, 3i tenía acceso único a los pasillos secretos del poder ministerial y la banca. Sin embargo, trabajar en nombre del Gobierno de Su Majestad tiene sus límites, particularmente en términos de estrategia y rendición de cuentas. ¿De qué servía dominar el mercado si 3i no era capaz de dictar sus propios términos comerciales y establecer las reglas de enfrentamiento? Reivindicar la independencia de los accionistas autoritarios y el acceso a los mercados cotizados de capital otorgo a la dirección de 3i poderes casi ilimitados, un arma fantástica en el entorno desregulado creado por los sucesivos gobiernos conservadores a partir de 1979. La pregunta para los accionistas era si la dirección sería capaz de sacar el máximo partido de su libertad recién adquirida sin cometer demasiados errores.

La empresa estaba ganando su independencia en una coyuntura crítica. Su supremacía en el mercado ya no era indiscutible. Ese año, 1994, los cerca de 100 miembros de la British Venture Capital Association habían recaudado más de 2.000 millones de libras esterlinas.[20] En los años 50, la ICFC bloqueó el mercado de financiación de las pymes. A mediados de los años 90, 3i todavía representó la mitad de las inversiones de capital riesgo del país y más de una cuarta parte de los montos invertidos. Pero si bien la posición de 3i era sólida para transacciones más pequeñas, las inversiones de mayor tamaño se volvieron mucho más competitivas. Y en la financiación de start ups y empresas en crecimiento, una revolución tecnológica estaba a punto de introducir enormes oportunidades y mucha incertidumbre, lo que haría que el futuro fuera aún más difícil de predecir.

## Todo se intentó, nada se ganó

El ritmo más rápido de crecimiento, tanto en el país como en el extranjero, expuso a los ejecutivos a una serie de problemas nuevos e impredecibles. Después de abrir una oficina en Singapur en 1997, 3i se enfrentó a la crisis asiática de 1998. La firma británica no tenía experiencia previa en crisis financieras, y mucho menos en mercados emergentes. La presencia internacional generó muchos quebraderos de cabeza. Aun así, el crecimiento tenía su ventaja. A medida que se acumularon los activos bajo gestión, los ingresos por comisiones de 3i aumentaron un 38,2% en 1998.[21]

Al margen del mercado de capital surgieron nuevas iniciativas de forma un tanto inesperada. Con el frenesí de las puntocom de 1997 a 2000, los ejecutivos de 3i no pudieron contenerse y siguieron a la manada invirtiendo fuertemente en nuevas empresas tecnológicas sin un modelo probado. La obsesión por la tecnología y la alta demanda de LBO crearon un clima único en el que la euforia y la utopía se entrelazaron de manera vergonzosa.

La compañía comenzó 1999 haciendo una audaz oferta de 1.200 millones de libras esterlinas por su rival cotizado Electra Investment Trust plc.[22] Aunque la oferta finalmente fracasó, demostró que 3i tenía ambición. Habiéndose convertido en el primer grupo de capital privado verdaderamente global, antes de que los gigantescos fondos estadounidenses se extendieran por todo el mundo a mediados de los años 2000, 3i era el principal inversor en el Reino Unido y Europa continental. Con 32 oficinas en Europa, Asia y América, era extremadamente influyente y adinerado en efectivo. En el ejercicio finalizado el 31 de marzo de 2000, el grupo había invertido 1.400 millones de libras esterlinas en casi 600 empresas, ¡en solo 12 meses! Solo en el Reino Unido, 3i había inyectado 900 millones de libras esterlinas en más de 350 empresas.²³

**Gráfico 5.1 – Evolución de la acción 3i Group plc entre julio de 1994 y diciembre de 1999**

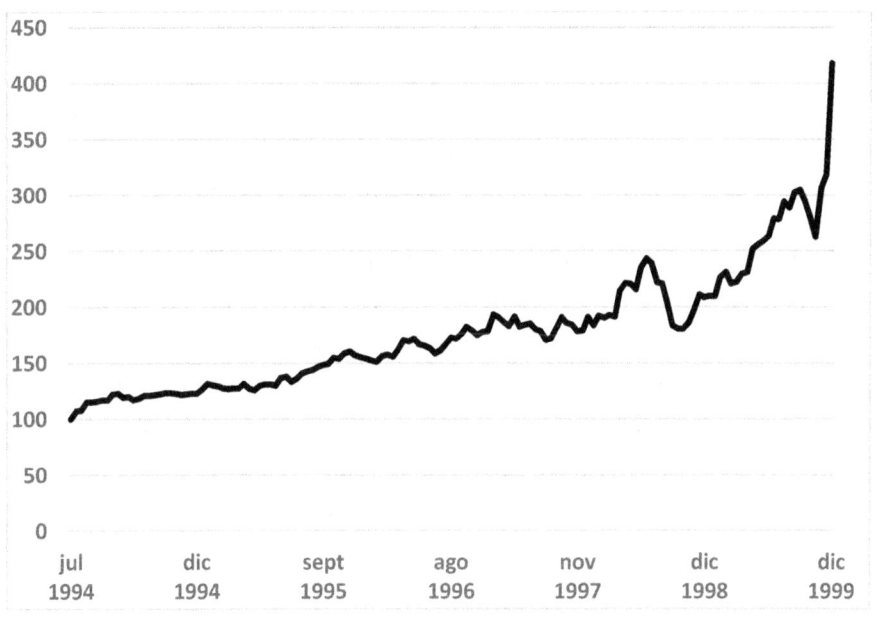

*Nota: expresado en base 100 el día de la OPI*

Dando cierta flexibilidad a la rígida cultura corporativa de 3i, las inversiones tecnológicas también agregaron una pátina de ferocidad y vigor a una historia bastante lisa. El gráfico 5.1 muestra que tuvieron que pasar casi cuatro años después de la salida a bolsa para que las acciones de 3i duplicaran su valor. Sin embargo, solo hicieron falta 12 meses para que se duplicara de nuevo entre finales de 1998 y diciembre de 1999. La burbuja de las puntocom estaba en pleno apogeo.

## Curso intensivo sobre el crac

A finales de marzo de 2000 – cuando el índice Nasdaq, compuesto por muchas empresas de alta tecnología, estaba en su punto más alto – 3i Group plc gozaba de excelente salud. Sus activos bajo gestión se situaron en casi 6.000 millones de libras esterlinas, el doble de su nivel cinco años antes. Dos quintas partes de estos activos se invirtieron en LBO y start ups, pero el grupo también tuvo una presencia importante en acciones cotizadas, renta fija y deuda privada.[24] El floreciente equipo directivo estaba tan entusiasmado con las numerosas oportunidades de inversión en el segmento tecnológico que adquirió Technologieholding, un especialista del sector y su rival más cercano en Alemania.

Sin embargo, el grupo había crecido demasiado rápido. Su estructura organizativa ya no era adecuada. Independientemente de la presencia global de 3i, todo el equipo directivo y los miembros del consejo de administración eran británicos. La gobernanza corporativa no fue el único problema. La firma no parecía dominar los principios más básicos de la gestión de riesgos. Los activos tecnológicos representaban ahora el 40% de la cartera. La dirección había olvidado una de las reglas fundamentales de la estrategia de inversión: la diversificación.

Asimismo, 3i había proseguido incansablemente su expansión internacional, firmando sus primeras inversiones en Benelux en 1999, en Austria, Dinamarca, Suecia y Suiza en 2000, y en Finlandia en 2001, poco después de la adquisición de una gestora local, SFK Oy.[25] Al menos los dirigentes habían diversificado geográficamente las actividades. Pero en este punto, habían hecho demasiado. Abrumado, el grupo se había vuelto difícil de liderar. Había participado agresivamente en la burbuja de Internet de finales de los años 90; estaría en primera fila durante el colapso de las puntocom de 2000-2003, un período en el que el índice Nasdaq perdería más de tres cuartas partes de su valor.

Como siempre en estas situaciones, ante una violenta corrección del mercado, la empresa necesitaba reagruparse. En primer lugar, se sometió a una reorganización del equipo directivo. En diciembre de 2001, Sir

George Russell, el presidente que había supervisado la OPI de 1994, dimitió. La empresa reportaría el peor desempeño de su historia. En el ejercicio financiero finalizado el 31 de marzo de 2002, 3i registró una pérdida total de 1.000 millones de libras esterlinas, que se sumó a la pérdida del año anterior de 142 millones de libras esterlinas.[26] A medida que el sector tecnológico colapsó, los resultados del grupo retrocedieron.

En el mismo año fiscal, los ingresos por comisiones cayeron un 22% – los menores niveles de inversión condujeron a una reducción de las comisiones de transacción y gestión. En octubre de 2001, la empresa recortó 185 empleados para adaptar sus recursos al nuevo nivel de actividad previsto. Incurrió en 18 millones de libras esterlinas en costes de reorganización y reservó 73 millones de libras esterlinas en diferencias de valoración.[27] En esta etapa, 3i gestionó tres fondos cotizados en bolsa: 3i Smaller Quoted Companies Trust plc, centrado en las pequeñas empresas del Reino Unido; 3i Bioscience Investment Trust plc, que invirtió internacionalmente en el cuidado de la salud; y 3i European Technology Trust plc, expuesto a empresas tecnológicas cotizadas en Europa. También gestionó 7.000 millones de euros en seis fondos de capital privado distintos y estuvo en proceso de captar un séptimo vehículo, Eurofund IV, con el objetivo de recaudar 3.000 millones de euros, la mitad de los cuales provendrían del balance de 3i. En resumen, aunque la dirección intentara simplificar el grupo, éste seguía presentando un alto nivel de complejidad. El organigrama matricial altamente centralizado era una señal reveladora, con líneas jerárquicas repartidas por regiones geográficas y divisiones de productos, compuestas por 174 entidades legales separadas. El grupo 3i continuó invirtiendo a un ritmo rápido, en demasiadas empresas y países. En 2002, invirtió 1.000 millones de libras anuales en 550 empresas a través de 36 oficinas.

Esta complejidad no entusiasmó a los accionistas. En consonancia con todos los principales índices bursátiles, el precio de las acciones de 3i cayó de 1.376 peniques el 31 de marzo de 2000 a 417 peniques tres años después, una caída del 70%.[28] Su capitalización bursátil cayó de casi

11.000 millones a menos de 3.500 millones de libras esterlinas. El valor de las acciones de la empresa se había triplicado entre principios de 1999 y septiembre de 2000. Pero la resaca con sabor a puntocom produjo una desintegración igualmente impresionante del valor. A finales de 2003, las acciones se valoraron al mismo nivel que en enero de 1999, como se muestra en el gráfico 5.2.

La rentabilidad negativa de los fondos propios del 23,7% para el año finalizado en marzo de 2003 equivalió a una pérdida de casi 1.000 millones de libras esterlinas, el 70% de las cuales estuvo relacionada con activos tecnológicos en fase de arranque. Tres años después de la crisis de las puntocom, 3i todavía se estaba reestructurando, cerrando sus oficinas en Tokio, Berlín, Hamburgo y Dublín e incurriendo en 10 millones de libras esterlinas en costes de reorganización en el ejercicio 2003.

**Gráfico 5.2 – Evolución de la acción 3i Group plc entre enero de 1999 y diciembre de 2003**

Nota: *expresado en base 100 al 4 de enero de 1999*

## Bienvenidos al territorio del yoyó

El ejercicio fiscal que finalizó en marzo de 2004 registró finalmente un rendimiento positivo, con una rentabilidad de los fondos propios del 18%, aunque no todas las divisiones tuvieron los mismos resultados: las rentabilidades de las LBO y del capital de crecimiento aumentaron significativamente, pero el capital riesgo generó una rentabilidad negativa del 6%. El grupo continuó cerrando oficinas, reduciendo el número a 30 en todo el mundo, frente a las 39 de cuatro años antes. La principal reorganización tuvo lugar en casa, con la presencia en el Reino Unido reducida a diez ubicaciones. Después de siete años al mando, incluidos cuatro años de dolorosa reorganización, el CEO Brian Larcombe, de 50 años, se retiró, dándose cuenta de que su legado se vería empañado para siempre por la desafortunada estrategia que había seguido en los sectores tecnológicos.[29] Fue reemplazado en el verano de 2004 por Philip Yea, ex director ejecutivo de Investcorp, uno de los rivales de 3i.

Mientras la comunidad inversora buscaba olvidarse de la revolución de Internet, llegó el momento de hacer balance. Desafortunadamente para la dirección, el rendimiento de 3i se comparó mal con el del índice FTSE All-Share. En los cinco años anteriores, los resultados de 3i fueron inferiores a los del índice, ya que la firma de inversión registró una rentabilidad anual negativa del 4,7% frente a la rentabilidad negativa del FTSE All-Share del 1,4%.[30]

Esta debilidad persistente desató rumores de que varios competidores estadounidenses, incluidos Blackstone y KKR, codiciaban a la firma, viéndola como una excelente candidata para una estrategia de racionalización. Las ofertas no se materializaron, pero bajo el liderazgo de Yea, 3i continuó su interminable reestructuración. En 2005, el grupo eliminó a 70 personas de su plantilla, cerró dos oficinas y puso fin a la gestión de bajo rendimiento de los fondos cotizados para centrarse exclusivamente en activos no cotizados: LBO, capital de crecimiento y capital riesgo. Desde el año 2000, el tamaño de la cartera se había reducido casi a la mitad, de 2.874 a 1.502 empresas.[31] La reorganización operativa se llevó a cabo en paralelo con la reestructuración del balance. De 35% en marzo de 2003, 3i logró reducir su ratio de deuda neta a fondos propios por debajo del 15% dos años después.

Después de una experiencia tan difícil, uno podría haber esperado que la dirección estuviera deprimida, pero 2005 marcó un nuevo comienzo. Al CEO se le asignaron dos tareas clave. Tenía que indicar al mercado que 3i seguía siendo un actor influyente en el que confiar. Pero su principal desafío fue interno. En los meses previos a su nombramiento, temiendo que los problemas en la división de capital riesgo destruyeran el resto de la firma, el equipo de LBO había amenazado con abandonar el grupo y establecer una entidad independiente. Yea quería que las LBO fueran una parte integral del futuro de 3i. De hecho, durante su reinado, estaban destinadas a convertirse en la actividad principal del grupo.

La locura de las puntocom finalmente se olvidó. Era hora de correr de cabeza tras la última moda. Como dice el refrán: la cabra tira al monte. Al igual que hicieron con la burbuja tecnológica en los años 90, a mediados de los años 2000 los ejecutivos de 3i lideraron al resto del grupo en la elaboración de un departamento de LBO masivo durante una nueva ola de exuberante actividad económica. En los cuatro años anteriores, la cantidad de capital invertido en LBO a nivel mundial había aumentado de 70.000 millones de dólares a 250.000 millones de dólares. Para los profesionales experimentados, esto ofrecía una abundancia de riquezas. Evidentemente, 3i sucumbió a la tentación.

Aunque la firma rápidamente buscó evolucionar su modelo de inversión hacia empresas objetivo más maduras, el período de exceso de Internet fue difícil de borrar. La reorganización continuó a un ritmo constante. La cartera se arrugó. A finales de marzo de 2006, las 1.087 empresas poseídas representaban solo un tercio del número de empresas poseídas en 2000. Aunque ciertamente ansioso por borrar los errores de su predecesor, el nuevo director general tenía que erradicar cualquier rastro restante de la epidemia de las puntocom que había infectado la cartera bajo el régimen anterior, al tiempo que guiaba a 3i por un camino más optimista. En un intento por cambiar las cosas, el grupo estaba expandiendo su presencia en Asia para establecerse rápidamente en los prometedores mercados emergentes de China continental e India. La nueva estrategia también implicó hacer menos inversiones, pero de mayor tamaño. Durante el año fiscal 2006, 3i completó solo 58 transacciones, una fracción de las 700 transacciones concluidas en el ejercicio que finalizó en marzo de 2001. Completar transacciones de mayor tamaño significaba apuntar a proyectos industriales. A medida que la histeria crediticia alcanzó un punto álgido, 3i lanzó una división de infraestructura. A través de su actividad LBO, el grupo invirtió en transacciones europeas de tamaño medio por valor de hasta 1.000 millones de euros, con el objetivo de cerrar alrededor de 15 inversiones al año. Ahora descontinuados, los activos cotizados representaban solo el 6% del valor de la cartera de 3i, mientras que los fondos no cotizados representaban el 61% y los préstamos corporativos el 31%.[32]

Ayudada por el auge de los mercados, la empresa registró una reducción considerable de su deuda gracias a unas plusvalías de 2.200 millones de libras esterlinas. Con un 1,4%, el ratio de deuda de 3i en 2006 era solo una fracción del 35% registrado tres años antes. La inflación en el valor de los activos, alimentada por el libre flujo de crédito, ofreció un respiro a un grupo de inversión que intentaba desesperadamente redimirse. Pero lo que parecía una gran noticia para cualquier gestor de activos prudente fue visto por el CEO como una oportunidad perdida. Tuvo una exitosa carrera en el mundo de los negocios, incluso como director financiero de Guinness y Diageo antes de pasar al capital privado en 1999. Por lo tanto, Yea carecía de un poco de experiencia en el mundo de las altas finanzas, pero pensaba que ése era su fuerza. Consideró que la City no supo valorar adecuadamente 3i.

En lugar de ser valorado con un descuento o una prima sobre el valor liquidativo, el venerable grupo de inversión debe medirse por su rendimiento sobre el capital. Esto reflejaría mejor la hábil gestión de la estructura de capital de la firma por parte de los altos ejecutivos. Dado que, a diferencia de la mayoría de los grupos de capital privado, una parte de los fondos de 3i provenía de su propio balance, su capital social tenía un coste intrínseco. Por ejemplo, mantener efectivo en las cuentas estaba lejos de ser óptimo, ya que generaba rendimientos muy bajos. Según Yea, 3i estaba grave e injustificadamente subapalancada. Para reducir su coste ponderado de capital, la firma tenía que demostrar que podía manipular sutilmente ambos lados de la ecuación del capital: tanto la deuda como los fondos propios. Por lo tanto, tomó las medidas necesarias para remediar la situación. Una decisión clave, a mediados de 2005, fue devolver 500 millones de libras esterlinas a los accionistas: la mitad como dividendo especial y el resto mediante recompra de acciones. A continuación, se dedicó a aumentar el apalancamiento de 3i.

Gracias a la actividad de fusiones y adquisiciones impulsada por la deuda, las LBO formaban parte de la rutina diaria. A nivel mundial, en 2006 se completaron casi 700.000 millones de dólares en transacciones, una cifra que se igualaría al año siguiente. En un entorno en el que los inversores eran un poco de gatillo fácil, 3i mostró un resurgimiento tranquilizador. El rendimiento acumulado para los accionistas en los ejercicios terminados en marzo de 2005, 2006 y 2007 fue del 15,2%, el 22,5% y el 26,8%, respectivamente. Los mercados bursátiles habían seguido una tendencia similar, aunque más moderada. Los reveses de la crisis tecnológica patentemente habían sido olvidados.

Esta subida de los valores bursátiles animó a 3i a continuar su incesante expansión internacional. El private equity se estaba convirtiendo en un verdadero negocio global. Casi el 60% de los activos de 3i se encontraban fuera del Reino Unido; y solo el 9% en Asia, una región con excelentes perspectivas de crecimiento.[33] Los días de la política de la ICFC de invertir exclusivamente en las regiones del Reino Unido eran una época pasada. Con el creciente enfoque en las transacciones de mayor tamaño, el número de activos en la cartera fue disminuyendo aún más, totalizando 762 empresas al 31 de marzo de 2007. Pero las cantidades invertidas estaban aumentando, un 37% en el año fiscal hasta marzo de 2006 y un 41% en el siguiente ejercicio. Obviamente, este crecimiento provino principalmente de LBO y mayores proyectos de infraestructura cargados de deuda.

Tal y como afirmó la dirección en su presentación a los analistas de los resultados anuales de 2007, el modelo de inversión LBO del grupo estaba 'probado y comprobado'. Con su Eurofund V, la firma gestionaba uno de los mayores fondos LBO de Europa. Cerrado a finales de 2006 con un capital de 5.000 millones de euros, proporcionó a 3i una importante potencia de fuego para implementar su plan de acción internacional. Además, la firma había captado 700 millones de euros para su nueva división, 3i Infrastructure. La cartera de la compañía estaba valorada en 469 millones de libras esterlinas a finales de marzo de 2007, en comparación con solo 92 millones de libras esterlinas cuando se lanzó el negocio el año anterior. La burbuja de LBO se estaba cocinando a fuego lento, lo que permitió a 3i obtener 2.400 millones de libras esterlinas en ingresos por la venta de activos.[34] Gracias a este sorprendente desempeño, la deuda del grupo se redujo a cero. El equipo de inversión era tan activo que el 70% de la cartera tenía menos de tres años de antigüedad – 3i había pasado página y olvidado la crisis de Internet.

Al presentar los resultados de 2007, 3i declaró que las oportunidades de mercado eran considerables. En particular, la dirección vio la posibilidad de adoptar sus enfoques de capital privado en los mercados cotizados, donde había "liquidez limitada, mayor regulación y menor cobertura de analistas". Convencidos de que el entorno económico solo podía ir en una dirección (hacia arriba), los gestores no se limitaron a lanzar actividades de infraestructura. Como un drogadicto en busca del próximo hormigueo narcótico, 3i lanzó la división de Quoted Private Equity, destinada a aplicar su modelo a las empresas que cotizan en bolsa en forma de producto de inversión alternativo híbrido (piense: hedge funds). Solo se habían invertido 14 millones de libras esterlinas en esta área, pero el objetivo era ampliar este negocio. Dos años después de cerrar su división de gestión de activos cotizados debido a un grave bajo rendimiento – admitiendo que su equipo no tenía ninguna ventaja competitiva en los mercados de renta variable – la compañía estaba de vuelta en esta clase de productos.

Por primera vez desde 2001, el grupo registró un aumento neto positivo de su plantilla. Los efectos nocivos del crac de las puntocom habían sido reemplazados por el impacto embriagador de la intensa actividad de LBO. Sin embargo, justo cuando la firma había aprovechado el auge del mercado para vender activos de cartera a múltiplos elevados, la valoración de las acciones de 3i se estaba volviendo irrazonable – cotizaban con una prima del 27% sobre el valor contable en el primer semestre de 2007. La crisis crediticia que surgió durante el verano pronto obligaría a las expectativas del mercado a volver a la tierra.

## Instintos primarios

3i tardó algún tiempo en adaptarse al 'credit crunch'. En su año fiscal que finalizó en marzo de 2008, Yea finalmente logró aumentar el ratio de deuda de 3i a 40%. El momento resultaría ser muy desafortunado. En principio, los problemas en los mercados de deuda seguían considerándose temporales. Ese mismo año, el grupo continuó con su plan de expansión e innovación. Lanzó un fondo de infraestructura en la India, que superó sus objetivos al recaudar 1.200 millones de dólares. La dirección sacó a bolsa la división de Quoted Private Equity Limited. Para darle una idea de lo que eso significaba, considere que 3i Group plc, una gestora de fondos cotizada, estaba cotizando un vehículo de inversión cuyo propósito era invertir en otras empresas también cotizadas – Intente seguir, ¿quiere? En resumen, 3i se estaba convirtiendo en un fondo activista de gestoras de hedge funds, sin historial ni experiencia en esta área.

Continuando con su interminable reorganización, con el objetivo de purgar de una vez por todas sus activos de capital riesgo de bajo rendimiento, 3i fusionó esta división con su equipo de capital de crecimiento.[35] Pero mientras se resolvía este tema inconveniente, surgieron otros problemas. Con el congelamiento de los mercados de deuda a principios de 2008, las oportunidades para mayores LBO se volvieron escasas. Los mercados estaban febriles, lo que provocó una caída del 29% en los ingresos por ventas de activos de 3i en los 12 meses finalizados en marzo de 2008. Pero el equipo de inversión se negó a adaptarse a la nueva realidad y aumentó los importes de transacciones en un 37% con respecto al año anterior.[36] A mediados de 2008, las mentes más sabias previeron que unas condiciones de crédito más laxas conducirían a una reducción bienvenida de las valoraciones, lo que permitiría a adquirentes como 3i impulsar sus inversiones. De hecho, los ejecutivos se enorgullecieron de mencionar durante su presentación a los analistas en mayo de 2008 que el grupo había concluido su primer LBO en Asia un mes antes. Poco sabían entonces que la crisis crediticia estaba a punto de convertirse en una crisis financiera en toda regla.

Todo cambió cuando Lehman Brothers se declaró en quiebra a mediados de septiembre. En un gigantesco juego de dominó, el sector bancario colapsó, obligando a un gobierno tras otro a rescatar a cualquier banco que representara un riesgo sistémico para las economías nacionales. A finales de 2008, las acciones de 3i habían caído por debajo de su precio de salida a bolsa de 1994. En el frenesí de actividad que había marcado el punto álgido del ciclo, la expansión de la empresa había seguido un enfoque disperso. Después de tanta extravagancia, llegó el momento de replantear y repensar la estrategia.

A raíz de la contracción de los mercados de deuda, 3i enfrentó su propia amenaza existencial. A medida que la economía se desaceleró notablemente y los mercados de deuda y acciones colapsaron, el año fiscal que finalizó el 31 de marzo de 2009 mostró un panorama aterrador: 3i registró una rentabilidad negativa del 53% sobre el capital, una pérdida de alrededor de 2.000 millones de libras esterlinas. La dirección tuvo que revalorizar la cartera LBO, el 60% de la cual tenía una deuda superior a 4 veces el EBITDA. Casi una cuarta parte estaba endeudada a más de 6 veces los beneficios.[37] Ante un 'credit crunch' persistente, refinanciar estos activos seguramente resultaría laborioso, a pesar de que dos tercios de esta deuda tenían un vencimiento de seis años o más, lo que daba al equipo de gestión de cartera tiempo suficiente para traspasar el muro de deuda.

La financiación de las LBO había sido difícil desde que los canales de distribución de crédito se atascaron en el verano de 2007. Entre 2007 y 2009, las inversiones de capital privado en Europa cayeron de 72.000 millones de euros a 24.000 millones de euros.[38] Lógicamente, 3i redujo el número de nuevas inversiones en un 20% en el ejercicio 2009, a pesar de que la dirección sabía que las condiciones inestables del mercado de crédito probablemente crearían oportunidades. Dado que los activos de infraestructura pueden ser generalmente más resistentes que otros, el grupo podría consolarse con el hecho de que esta actividad atravesaría el ciclo económico sin demasiados problemas. El fondo de infraestructura de 1.200 millones de dólares de la India, recaudado en marzo de 2008, ya había desplegado dos quintas partes.[39] A finales de 2007, el grupo también había creado una línea de almacenamiento de 550 millones de euros para aprovechar las oportunidades de adquisición con descuento de préstamos de calidad relativamente buena en empresas no incluidas en la cartera de 3i. En marzo de 2009 ya se habían utilizado 445 millones de euros de este mecanismo.

El precario estado de la empresa tras la crisis financiera también se vio simbolizado por el descenso de las valoraciones en todas las clases de activos. Esta revalorización no había perdonado a la cartera de 3i. Sobre una base totalmente diluida, el valor del activo neto (liquidativo) por acción de la compañía disminuyó en un 54%. La reducción del valor de la cartera hizo que la deuda de 3i aumentara del 40% en marzo de 2008 al 103% un año después. Los problemas de la empresa claramente no eran solo de naturaleza macroeconómica. Tras las recientes medidas de Yea para aumentar el endeudamiento de 3i, las cuentas revelaron una deuda de 1.100 millones de libras esterlinas. El grupo tuvo una rentabilidad negativa sobre los recursos propios del 53%, lo que expuso las fallas en el razonamiento del ex director financiero de Diageo. Si bien el riesgo financiero es manejable en la industria de bienes de consumo, puede ser mortal en el mundo altamente volátil de la administración de fondos. Con un montaje financiero tan apretado, 3i se vio limitado en su estrategia tradicional de inversiones financiadas con su propio balance – el grupo, por ejemplo, había comprometido 165 millones de euros de su propio capital para la división de deuda privada.

## Mucho dolor sin honor

El acceso barato al crédito en los últimos años había alentado a 3i y a muchos de sus pares a acumular deuda en sus cuentas. Esta no es una buena idea para una gestora de fondos que utiliza préstamos en gran medida para adquirir y refinanciar sociedades en cartera. En el mes de mayo de 2009, esta doble capa de deuda obligó a la dirección a recaudar 730 millones de libras esterlinas en el mercado de valores para recapitalizar su decrépito balance.[40] Después de entregar 500 millones de libras esterlinas a los accionistas en 2005 para aumentar su propio apalancamiento, la dirección se vio obligada a mendigar a estos mismos accionistas, rogándoles que salvaran a la firma de inversión, desembolsando un 50% más de lo que habían recibido cuatro años antes.

La obsesión equivocada de Yea con el 'rendimiento de inversión' amenazó la supervivencia de 3i, o al menos su independencia. La empresa necesitaba urgentemente desapalancarse. La nueva inyección de capital tenía como objetivo reducir la deuda, fortalecer las cuentas para protegerse contra nuevos deterioros del valor y respaldar la calificación crediticia de la empresa. También proporcionó capital para nuevas inversiones en un momento en que las valoraciones de los activos estaban en su punto más bajo.

Ansiosos por mejorar la liquidez del grupo, en su estado confuso e inestable, en el primer trimestre de 2009 la dirección llevó a cabo una

---

\* Para otro ejemplo del impacto que el apalancamiento puede tener en una firma de capital privado, lea el estudio de caso de Candover en *Private Equity's Public Distress* (2011)

venta forzosa de activos principales o relacionados, generando 366 millones de libras esterlinas de efectivo. Pero los ingresos totales de estas ventas fueron todavía un 25% menores que el año anterior. Era difícil encontrar compradores, al menos aquellos dispuestos a ofrecer un precio decente. A pesar de que los mercados bursátiles estaban a la baja, en un esfuerzo por producir el efectivo que tanto necesitaba, también se vendió una pequeña participación en 3i Infrastructure plc.

Mientras los expertos del mercado se preguntaban sobre la posible desaparición del grupo, la dirección admitió que ninguna opción estratégica era tabú. En febrero de 2009, menos de dos años después de su oferta pública inicial, 3i Quoted Private Equity plc, que cotizaba con un descuento significativo sobre el valor liquidativo, se disolvió. Sus activos se agruparon con la cartera de capital de crecimiento de 3i Group plc.[41] Después de cerrar la división Quoted Funds cuatro años antes, esta era la segunda vez que 3i admitía su incapacidad para gestionar inversiones cotizadas en bolsa.

La compañía luchaba una vez más por su supervivencia, solo siete años después de pasar por una dolorosa reestructuración post-puntocom. La dirección despidió a casi 150 empleados, reduciendo su fuerza laboral a 600. Un grupo de inversión que operaba en 39 oficinas en marzo de 2000 solo tenía 15 nueve años después. En una señal de que 3i se había enfrentado a una dura competencia en su país, durante el mismo período las oficinas en el Reino Unido habían caído de 18 a solo tres.[42] Parecía inconcebible que el dominio de décadas de 3i pudiera terminar de una manera tan vergonzosa. Al igual que todos sus pares, la empresa estaba sumida en un malestar económico. En un esfuerzo por mostrar su seriedad sobre la gobernanza empresarial, 3i – una firma de inversión global con más de 8.000 millones de libras esterlinas en activos bajo administración – finalmente creó un puesto de Director de Inversiones (Chief Investment Officer). Dos crisis financieras en nueve años habían convencido al equipo directivo de que alguien debía asumir la responsabilidad exclusiva de supervisar todo este capital.

A principios de 2009, como se muestra en el gráfico 5.3, las acciones de 3i habían bajado casi un 90% desde el precio registrado a mediados de 2007, cuando la burbuja crediticia alcanzó su punto máximo. Es revelador que las acciones también estuvieran a una fracción de su valor a principios de 2003, cuando la crisis de las puntocom tocó fondo. El boom de las LBO, respaldado por deuda barata, tuvo un impacto aún más devastador en la firma. Como las acciones de 3i permanecieron estancadas por debajo del precio de salida a bolsa de julio de 1994, Yea renunció en enero de 2009, después de pasar menos de cinco años al mando. Bajo su reinado, en lugar de seguir una estrategia de crecimiento cauteloso después de la debacle de las puntocom, la empresa se lanzó de cabeza a otra inversión de moda. Ahora estaba dando un paso atrás gigante.

**Gráfico 5.3 – Evolución de la acción 3i Group plc entre enero de 2003 y diciembre de 2009**

Nota: *expresado en base 100 al 2 de enero de 2003*

Quince años de incansable política de inversión bajo Larcombe y Yea no habían dado frutos. La disciplina y la atención al detalle no acompañaban al trabajo duro. Como dijo una vez Warren Buffett: "Se necesitan 20 años para construir una reputación y cinco minutos para arruinarla. Si tienes esto en cuenta, harás las cosas diferentes". Tal vez en adelante 3i se comportaría de otra manera, pero eso fue poco consuelo para los accionistas que, durante 15 años, habían creído en la competencia financiera del equipo directivo.

## Sin pies ni cabeza

Durante el año fiscal hasta marzo de 2010, bajo el liderazgo de Michael Queen, ascendido de director financiero a director ejecutivo tras la salida de Yea, la empresa siguió desacelerando sus actividades. Ese año desplegó solo 386 millones de libras esterlinas, un 80% menos que durante el periodo 2007-2008. Intencionalmente, optó por respaldar los activos de la cartera, realizando solo una nueva inversión durante el año.[43] La crisis financiera y la recesión ya estaban causando una serie de vergonzosas quiebras en varias empresas respaldadas por fondos de capital privado. El objetivo de 3i era evitar perder demasiado dinero invertido en las empresas sobreapalancadas de su cartera.

Al mismo tiempo, el grupo continuó un programa de desinversión mediante la venta de activos en dificultades por valor de 1.400 millones de libras esterlinas. Además de la inyección de capital procedente de la emisión de acciones del año anterior, las plusvalías derivadas de las enajenaciones contribuyeron a una mejora significativa del endeudamiento neto de la firma, reduciendo el apalancamiento al 8,4%. El valor de los activos bajo gestión también cayó un 11%. La firma multiplicó iniciativas para borrar los vestigios de la era Yea.

Mientras la industria de las LBO aún se enfrentaba a un entorno crediticio desafiante – los importes de inversión en 2009 fueron los más bajos en una década – 3i consideró transacciones más pequeñas (menos dependientes del apetito de los prestamistas) y cerró su primer fondo de capital de desarrollo con 1.200 millones de euros. Esta fue una decisión un tanto sorprendente, ya que el capital de crecimiento fue la línea de negocios con peor rentabilidad de 3i: en los años fiscales 2009 y 2010, las LBO perdieron el 34% de su valor antes de recuperarse el 38% al año siguiente, los activos de infraestructura generaron un -10% y un +27% respectivamente, pero los ajustes del valor del capital de crecimiento fueron -44% y +11%.[44] Dicho esto, hasta entonces, 3i había invertido principalmente capital de crecimiento de su propio balance. La recaudación de fondos de terceros permitiría a la firma ganar comisiones de gestión independientemente de su rendimiento. Las comisiones recurrentes cubrirían al menos los salarios y bonificaciones del personal.

La estricta gestión de efectivo estuvo acompañada de fuertes recortes presupuestarios, y 148 empleados adicionales abandonaron la empresa en el año hasta marzo de 2010.[45] La empresa estaba disminuyendo rápidamente. Dada su actuación, esto era fundamental. Pero el afán de estimular el crecimiento seguía siendo demasiado tentador. Aunque las acciones de 3i todavía estaban rezagadas con respecto al resto del mercado, el grupo lanzó 3i Debt Management, tras su incursión relativamente exitosa en la inversión en deuda cuatro años antes. En febrero de 2011, la nueva entidad albergó los activos de Mizuho Investment Management (MIM), una unidad operativa adquirida al banco japonés del mismo nombre.

Las consecuencias del crac de las puntocom y de la crisis crediticia, a lo largo de un período de diez años, habrían disuadido a personas menos apasionadas. En cambio, la dirección de 3i declaró su intención de explorar activamente el mercado latinoamericano mediante la contratación de un equipo experimentado en Brasil.[46] Y la estrategia internacional también incluyó la recaudación de un segundo fondo de infraestructura para la India. Si bien Yea había apoyado la expansión en China y el sudeste asiático, Queen buscaba dejar su huella en India y América Latina. Aunque un nuevo presidente se unió al equipo en julio de 2010, la dirección ejecutiva parecía seguir un enfoque desordenado como siempre.

En lugar de extender sus alas a los cuatro vientos, la empresa debería haber prestado atención a su negocio principal. Durante el año fiscal hasta marzo de 2012, la dirección anunció una nueva serie de malos resultados. Por cuarto año consecutivo, los rendimientos de 3i fueron inferiores a los de todos los principales índices bursátiles. Con una rentabilidad negativa sobre los fondos propios del 19,5%, la sociedad de inversión tuvo un rendimiento inferior al FTSE All-Share. Después de las humillantes desinversiones de empresas cotizadas y del capital riesgo, la principal división de las LBO, el sector en el que 3i se había hecho un nombre en las últimas dos décadas, ya no estaba produciendo el tipo de resultados que esperaban los inversores.

Para garantizar que la plantilla se adaptara al nivel de actividad posterior a la crisis financiera, la dirección impuso nuevas reducciones de costes. Curiosamente, la oficina italiana fue cerrada y el grupo anunció la decisión de dejar de invertir en España al mismo tiempo que inició sus actividades en Brasil. Un grupo que había construido su marca en torno a la solidez de su red europea estaba entrando en mercados en los que no tenía experiencia.

Después de un año tan terrible, en octubre, se nombró a un nuevo director ejecutivo – el cuarto en nueve años – para tratar de reavivar la llama extinguida de 3i. Simon Borrows, un banquero de inversión estoico, pensó que podría ofrecer una estrategia más metódica. Inicialmente nombrado Director de Inversiones a principios de 2012, Borrows fue ascendido a CEO unos meses después.

## Cambiar todo para que nada cambie

La crisis crediticia dejó a 3i en un estado financieramente servil. Como resultado de este poder debilitado, como era de esperar, el nuevo jefe introdujo iniciativas draconianas de reducción de personal. Después de realizar una revisión de la cartera, eliminó gran parte del negocio antiguo. Hace tiempo que debería haberse llevado a cabo una revisión radical. En los últimos cinco años, 3i había acumulado 1.250 millones de libras esterlinas en pérdidas. Durante la mayor parte de 2012, sus acciones cotizaban a 200 peniques o menos, casi un 90% por debajo de los niveles registrados en la primavera de 2007, sin mencionar la valoración récord de marzo de 2000.

En cuanto a la reestructuración, casi dos quintas partes del personal fueron despedidos directa y rápidamente. Las medidas más duras se aplicaron en América del Norte, el sur de Europa y Asia. Si bien se despidió a 49 profesionales del equipo de inversión, la mayor parte de los recortes afectó a 119 empleados administrativos y auxiliares.[47] Al final del año, la empresa contaba con 267 empleados, menos de una cuarta parte de la plantilla del año 2000. Al mismo tiempo, la dirección volvió a remodelar el número de oficinas con el cierre de puestos de avanzada en Barcelona, Birmingham, Copenhague, Hong Kong, Milán y Shanghái, reduciendo el número de oficinas a 13.

Entre los años fiscales 2008 y 2013, los gastos operativos se redujeron a la mitad.[48] Pero la estrategia del negocio de capital privado no parecía mucho más coherente que en el pasado. El nuevo equipo directivo optó por priorizar las geografías clave, restringiendo las nuevas inversiones al norte de Europa, América del Norte y Brasil. Por razones de rendimiento, Asia y el sur de Europa se colocaron en la misma cesta de negocios periféricos, ahora abandonados, a pesar de que representaban casi 1.000 millones de libras esterlinas en activos.[49] Las consideraciones macroeconómicas habían influido en parte en la decisión de la administración de retirarse de esas regiones. La actividad de capital privado en Asia había caído un 38% en 2012, ya que las preocupaciones económicas, la incertidumbre política y los obstáculos regulatorios pusieron nerviosos a los inversores. Los problemas en la eurozona continuaron sin cesar, y Grecia, Italia, España y Portugal se convirtieron rápidamente en causas desesperadas.

El objetivo del nuevo jefe era mejorar la consistencia y la disciplina en el proceso de inversión. Al mismo tiempo, 3i mostró su determinación de seguir creciendo. En el ejercicio 2013, aumentó sus activos bajo gestión en un 23% hasta los 12.900 millones de libras esterlinas, incluyendo un aumento del 45% en fondos de terceros. Todo este crecimiento provino de la división de gestión de deuda, que duplicó su tamaño. Los otros dos negocios, capital privado e infraestructura, en realidad se habían reducido.[50] El capital privado, en particular, había disminuido sus fondos bajo gestión en un 38% en los tres años anteriores, ya que la empresa se retiró de las geografías periféricas para centrarse exclusivamente en LBO de tamaño medio.

La reestructuración y la reducción de costes han superado las expectativas. Sustanciosas ventas de activos durante el año también contribuyeron a una drástica reducción del apalancamiento. Como consecuencia de la mejora de la actividad, tras cinco años de ausencia, a mediados de 2014 la firma volvió a cotizar en el índice FTSE 100.[51]

Entre 2012 y 2015, el nuevo equipo directivo logró ahorros significativos, convirtió la posición de deuda neta en efectivo neto, cerró ocho oficinas, redujo la plantilla en más de un tercio, reorientó el negocio hacia geografías estratégicas y truncó la cartera de capital privado de 90 a 65 empresas, lo que representa una disminución de 1.600 millones de libras esterlinas en activos. Aunque no habían cerrado un nuevo fondo LBO desde 2010, los ejecutivos suspendieron toda nueva recaudación de fondos, eligiendo administrar la cartera existente en lugar de agregar complejidad a una organización ya presionada. La empresa añadió 4.000 millones de libras esterlinas en activos a su división de gestión de deuda y aumentó su base de activos de infraestructura en 700 millones de libras.

En marzo de 2015, los fondos de terceros representaban tres cuartas partes de los activos totales, frente al 60% de tres años antes.[52] El objetivo era transformar la empresa en una gestora de activos más tradicional, un generador de comisiones que administrara fondos externos en lugar de su propio capital. Cuando, en los 12 meses finalizados el 31 de marzo de 2016, el precio de las acciones de 3i cayó un 6% en línea con una corrección del mercado global, el nuevo CEO continuó su implacable revisión estratégica, vendiendo parte de la participación de 3i en la división de Infraestructura antes de desinvertir en el negocio de gestión de deuda en octubre de 2016. Las actividades de capital privado del grupo habían disminuido aún más, a alrededor de 50 empresas de cartera, en comparación con 336 diez años antes y más de 2.870 en el año 2000, como se muestra en la tabla 5.1.

**Tabla 5.1 – Indicadores clave de rendimiento de 3i Group plc en 2000 y 2017**

| Ejercicio al 31 de marzo | 2000 | 2017 |
|---|---|---|
| Valor de la cartera (incluidos los fondos de terceros) - libras esterlinas | 8.160 millones | 5.680 millones |
| Valor liquidativo - libras esterlinas | 5.170 millones | 5.840 millones |
| Valor liquidativo por acción | 847 peniques | 604 peniques |
| Número de sociedades de cartera | 2.874 | Alrededor de 50 |
| Nuevos importes invertidos durante el año - libras esterlinas | 1.070 millones | 500 millones |
| Empleados - número medio mensual | 838 | 281 |
| Número de oficinas (Reino Unido e internacionales) | 39 | 8 |
| Número de oficinas en el Reino Unido | 18 | 1 |

*Fuente: documentos de la empresa*

Debilitada por una asombrosa secuencia de activos de cartera muy degradados, oficinas internacionales en quiebra y planes estratégicos abortados, la firma tuvo el desafortunado honor de haber sobrevivido, en una sola década, a dos eventos importantes que pusieron en peligro su viabilidad. El 'credit crunch' había terminado el trabajo iniciado con la implosión de las puntocom. Después de haber perseguido cada nueva moda sin pensarlo mucho, tanto durante la burbuja tecnológica de finales de los 90 como durante la furia de las LBO de mediados de los 2000, la empresa no podía estar muy orgullosa de su historial. La tabla 5.1 muestra que sus métricas de desempeño en 2017 no fueron comparables con las del año 2000.

## Satisfacer todas las necesidades

En 2009, la firma británica había poniendo fin a sus operaciones cotizadas y vendido su división de capital riesgo. En 2016, vendió su negocio de gestión de deuda, que había adquirido de Mizuho solo seis años antes, aparentemente para capitalizar áreas en las que tenía el talento necesario. Se quedó con solo dos divisiones: capital privado e infraestructura. La dirección se había extendido demasiado, intentando crear una plataforma alternativa de gestión de activos – en línea con el modelo adoptado por sus pares estadounidenses Blackstone y Carlyle – sin desarrollar o adquirir la experiencia necesaria.

Su expansión internacional había sido una decepción. En el Reino Unido, el grupo solo tenía su oficina en Londres. Su red europea había crecido de 18 oficinas en 2000 a cinco en 2017, mientras que la presencia en Estados Unidos se había reducido de tres oficinas a una. En Asia, 3i había cerrado sus operaciones en China, conservando solo Singapur y Mumbai en una ubicación que carecía de coherencia estratégica. El inoportuno intento en 2011 de establecer una base en América Latina duró poco.

La plantilla había pasado de más de 1.000 empleados a principios de los años 2000 a unos 240 empleados a finales de 2017. La estrategia de crecimiento a toda costa de los activos gestionados no tuvo en cuenta una variable fundamental: la gestión de activos está sujeta a una ciclicidad feroz, como lo demuestran las fluctuaciones en el valor liquidativo de la empresa (véase el gráfico 5.4). Dos cracs bursátiles habían socavado la ambición de la dirección. En toda Europa, los comentaristas burlones a menudo se referían a la 'mafia de 3i' para subrayar el alcance de la red de antiguos colaboradores. El grupo había contratado y despedido a tantos especialistas en inversiones a lo largo de los años que había construido la mayor libreta de direcciones de capital privado, aunque la cantidad no equivale necesariamente a la calidad.

Gráfico 5.4 – Valor liquidativo y plantilla de 3i Group plc de marzo de 1994 a marzo de 2017

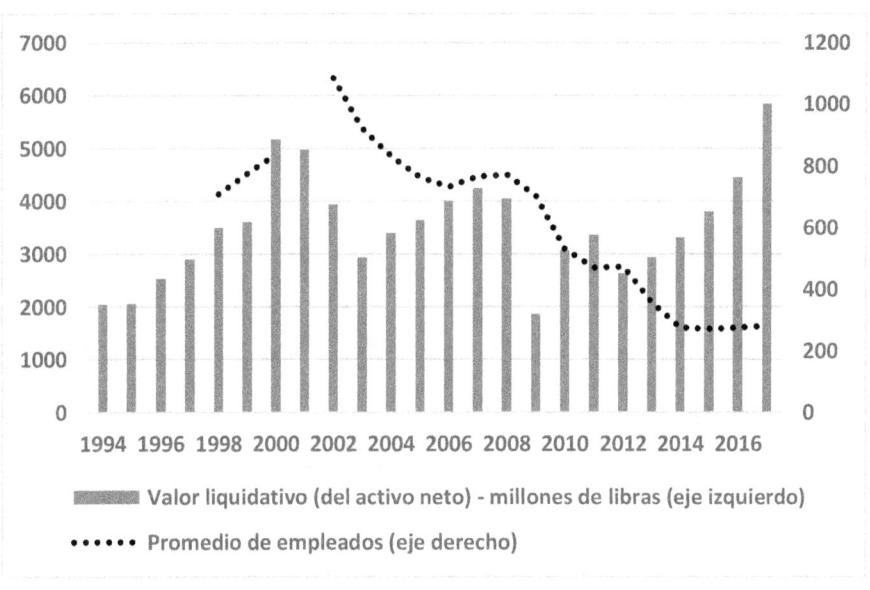

*Fuente: documentos de la empresa*

Con solo ocho oficinas operativas a principios de 2017 y dos tercios de los empleados con sede en la oficina de Londres,[53] el grupo era menos diverso geográficamente que en cualquier otro momento desde principios de los años 80. Durante mucho tiempo la principal gestora de fondos de capital privado en Europa, 3i se había vuelto insignificante en una industria dominada por actores estadounidenses mucho más combativos.

Pero Simon Borrows y su equipo no deberían desesperarse, porque los mercados bursátiles son indulgentes (y despreocupados). En junio de 2017, cuando la valoración de las acciones de 3i estaba cautelosamente por encima de la marca de los 900 peniques, una prima del 40% sobre su valor liquidativo, vale la pena tener en cuenta que, en 1993, las gestoras de inversiones como 3i cotizaban con un descuento del 30%.[54] Entonces, esta desafortunada situación obligó a los accionistas de 3i a retrasar la salida a bolsa de la empresa. Por el contrario, en 2007, la acción se cotizó un 30% por encima de su valor contable, antes de colapsar violentamente. Todo esto es para explicar que la enorme prima a la que cotizaban las acciones de 3i en 2017 eventualmente se ajustaría, como lo había hecho muchas veces en el pasado. A riesgo de repetirlo: invertir es una actividad cíclica.

## No es tan simple como parece

Si bien a lo largo de los años 60 y 70, la ICFC había mantenido un liderazgo indiscutible en el Reino Unido, su cuasi monopolio en la financiación de las pymes se había visto erosionado en última instancia por la aparición de nuevos participantes y la creación de nuevos productos. De los préstamos comerciales tradicionales, las finanzas corporativas se habían transformado gradualmente en capital riesgo y luego en transacciones apalancadas. En 1986, el gobierno conservador de Margaret Thatcher había lanzado una desregulación radical, una especie de intento ideológico para modernizar y revitalizar la City de Londres. A partir de ese momento, el centro financiero fue invadido por grupos de capital privado extranjeros, la mayoría de ellos procedentes de un mercado estadounidense más sofisticado. En los años 90, 3i había visto disminuir gradualmente su cuota en el mercado nacional y optó por expandirse agresivamente a nuevos países donde su marca no tenía influencia, y a categorías de productos donde sus habilidades eran inadecuadas, como los mercados cotizados, por ejemplo.

La búsqueda del máximo rendimiento fue la base del crecimiento de 3i. Cuando un nuevo presidente y director ejecutivo asumió el cargo a principios de los años 2010, esta afirmación había perdido toda credibilidad. Durante los 20 años anteriores, las acciones de 3i habían pasado por un ciclo de repetidos altibajos que dejaron claro a los observadores externos y a los accionistas que la metodología de inversión no era adecuada para su propósito. Las acciones subieron y bajaron en línea con el ciclo económico y las fluctuaciones del mercado, como se muestra en el gráfico 5.5. Entre enero de 1999 y diciembre de 2017, el índice FTSE 100 había subido un 30%, o un crecimiento anualizado del 1,4% (excluyendo los dividendos reinvertidos). Si bien está lejos de ser notable, esto fue mucho mejor que el crecimiento del 8% de 3i durante el mismo período, o una tasa anual compuesta del 0,4%.

El atractivo de la gestión de inversiones es que el riesgo se distribuye entre toda una cartera. Pero lo que la dirección de 3i descubrió por las malas es que cuando una cartera incluye casi 4.000 participaciones, como fue el caso en 1992, la complejidad neutraliza los beneficios de cualquier diversificación. En ese momento, un ejecutivo de 3i podía ser responsable de 30 o 40 empresas de cartera, lo que impedía una dedicación cercana y un seguimiento adecuado. El rendimiento había sufrido mucho. En el momento de la OPI en 1994, la empresa había comenzado a tomar participaciones mayoritarias y a formar parte de los consejos de administración de forma sistemática, pero rápidamente volvió a sus métodos de inversión pasiva cuando financió los planes de crecimiento especulativo de cientos de nuevas empresas tecnológicas a finales de los años 90. Este enfoque relajado había resultado contraproducente. Una vez más, los beneficios de diversificar una cartera tienen sus límites, un punto claramente señalado en el capítulo 3. Sin embargo, invertir en miles de empresas trajo pocos beneficios porque, en la era de las puntocom, la política de inversión de 3i se centró demasiado en un solo sector: en 1999, hasta el 40% de la cartera estaba en alta tecnología.

**Gráfico 5.5 – Evolución del índice FTSE 100 y de la acción 3i Group plc entre enero de 1999 y diciembre de 2017**

*Nota: expresado en base 100 al 4 de enero de 1999*

El estilo de inversión de la empresa consistía en perseguir las nuevas tendencias de forma oportunista con una frecuencia suicida, sin preocuparse mucho por el grado de experiencia o el ajuste estratégico requerido. A mediados de los años 80, uno de los anuncios más frecuentes de 3i en la prensa financiera promocionaba su "uso creativo del dinero".[55] Pero la creatividad no se asoció con la habilidad. Después de ver como sus participaciones de LBO sufrían al comienzo de la recesión de los años 90, la empresa se intoxicó con capital riesgo tecnológico de finales de los años 90. Nunca se recuperó completamente de este exceso. Tal vez había llevado demasiado lejos su uso creativo del dinero. La chatarra tecnológica de la cartera finalmente se había vendido, para nunca más ser mencionada.

La expansión geográfica de la empresa se había acelerado en los años 90 a medida que la desregulación del mercado y la integración política y económica europea cobraron impulso. Pero el enfoque obsesivo de 3i en el tamaño y el crecimiento no había dado evidencia de que prestara mucha atención al desarrollo del talento gerencial a nivel local. De hecho, al expandir y reducir su fuerza laboral y sus operaciones tan rápidamente entre 1995 y 2015, no había logrado demostrar ninguno de los procesos metódicos que se consideraban vitales para la salud a largo plazo de una organización. Las técnicas de inversión se habían alejado del enfoque tranquilo de la ICFC. Los padres fundadores de la firma habían sido mimados en los clubes privados de la City; una nueva generación de ingenieros financieros mucho más adaptables y eficaces surgió en los años 90 del pozo sin fondo que es Wall Street.

La dirección había perdido la oportunidad de redimirse al optar por participar en el boom del crédito de los años 2004-2007. Parecía tener un trastorno por déficit de atención, probablemente esperando que la polinización cruzada de ideas diera a sus distintas divisiones una ventaja competitiva única. La estrategia mal definida fracasó porque, en lugar de crear posiciones fuertes en el mercado, 3i estableció un estatus secundario. Una empresa que fue el líder indiscutible del capital riesgo británico en los años 50 y 60, y la pionera irrefutable de las LBO en toda Europa a finales de los 70 y principios de los 80, nunca se había adaptado a la desregulación financiera y a su corolario, la competencia desenfrenada.

Uno de los temas centrales de esta historia es la gestión inadecuada de riesgos. En varias ocasiones, la dirección literalmente ignoró las advertencias, siguiendo adelante con confianza, pero al azar. A medida que los mercados se arremolinaban, las incursiones de 3i en nuevos sectores de inversión, clases de activos y geografías fracasaron bíblicamente. Siguiendo la segunda ley de la termodinámica, que postula que el desorden aumenta con el tiempo, la ineficiencia operativa de 3i se había convertido en un desastre, dañando la imagen de marca en el proceso.

> Las reestructuraciones se habían producido a trompicones a lo largo de la historia de la empresa: a principios de los años 90, antes de la OPI, en parte debido a la primera crisis de las LBO; luego, a principios de los años 2000, para recuperarse de la euforia de las puntocom; de nuevo en 2009-2010 para compensar el uso excesivo del apalancamiento durante el reinado de Yea; durante el periodo 2012-2014 para redimensionar 3i en torno a la división LBO y un pequeño negocio de infraestructura. Veinticinco años después de su salida a bolsa, la empresa ya no tenía el prestigio que alguna vez tuvo.

## El 'Rowlands gap'

La historia de 3i tiene un epílogo fascinante, aunque un poco desconcertante. Recordemos que la empresa había visto la luz como una institución cuasi gubernamental – la Gran Bretaña de la posguerra necesitaba una ayudita del Estado para resucitar una economía moribunda. Tres décadas después, Thatcher convirtió al país a una religión sin gobierno que fue ganando terreno hasta la crisis financiera de 2008. Mientras tanto, la idea del intervencionismo estatal había dormido, pero no estaba muerta. Un violento colapso económico fue todo lo que se necesitó para que resurgiera.

Mientras la recesión persistía, con una estrategia de mercado hecha jirones, 3i operaba con un objetivo central de financiación que oscilaba entre los 25 y los 150 millones de euros. La dirección había abandonado las transacciones muy grandes y muy pequeñas orquestadas en décadas anteriores. Transacciones por valor de más de cientos de millones de euros se dejaron en manos de especialistas globales, muchos de ellos estadounidenses. Pero el segmento de los pequeños negocios parecía estar mal abastecido. El gobierno británico decidió investigar. Chris Rowlands, ex miembro del comité ejecutivo de 3i, fue designado para investigar el asunto. Rowlands, socio gerente a cargo del capital de crecimiento y las inversiones pequeñas y medianas antes de dejar 3i a principios de 2009, creó un panel y se puso a trabajar.

En noviembre de 2009, el Informe Rowlands identificó debidamente una escasez de financiación en el mercado, para inversiones de entre 2 y 10 millones de libras esterlinas. Había una aparente necesidad apremiante de un nuevo operador en el segmento de las pequeñas empresas. Fue muy conveniente; los funcionarios del gobierno también opinaron lo mismo.

Las elecciones generales de 2010 expulsaron del poder al primer ministro Gordon Brown, pero el nuevo equipo, liderado por el conservador David Cameron, creyó – erróneamente, según muchos observadores – que el segmento de las pequeñas y medianas empresas seguía estando desatendido. Después de la crisis financiera, los bancos británicos habían optado por reducir drásticamente sus volúmenes de negocio para reconstruir sus balances.

En una economía de mercado digna de ese nombre, se supone que las recesiones actúan como mecanismos de purificación. Pero el equipo de Cameron vio la falta de préstamos bancarios como una amenaza para la economía en su conjunto. La reducción de la financiación de las pymes podría agravar la recesión económica. Se necesitaba una nueva iniciativa de inversión para apoyar a las pequeñas empresas. Pero el Estado británico estaba más o menos arruinado en este momento, debido a las sumas ya desembolsadas para rescatar a todo el sector bancario. Una vez descrita como un digno competidor del centro financiero de Nueva York, la City de Londres estaba en estado de shock.

Así que, en esta niebla de desesperado intervencionismo estatal, se tomó la decisión de obligar a los mayores bancos de Gran Bretaña (Barclays, HSBC, Lloyds, Royal Bank of Scotland y Standard Chartered) a proporcionar los fondos que un vehículo de inversión respaldado por el gobierno prestaría o invertiría en condiciones muy preferenciales a las empresas británicas en dificultades. Los bancos comprometieron un total de 2.500 millones de libras esterlinas. No se proporcionaron detalles sobre como se determinó esta cifra. Pero para evitar malentendidos, este vehículo se llamó British Growth Fund, o BGF.

## BGF: El avatar de 3i

Lo más sorprendente del mundo empresarial es que no parece aprender mucho del pasado. Se podría pensar que el sector financiero del Reino Unido había aprendido algunas lecciones relevantes de la saga 3i. Pero permítanme concluir este capítulo con una historia premonitoria.

La piedra angular de la historia de 3i fue la creación del Business Growth Fund. A medida que la recesión se afianzó, pocas instituciones o individuos tuvieron el tiempo o la confianza para recaudar capital. El capital de crecimiento, considerado un tipo de inversión relativamente arriesgado dado el entorno de la época, no generó mucho entusiasmo. Es por eso que BGF había recaudado dinero de los mismos bancos de compensación que habían respaldado a la Industrial and Commercial Finance Corporation en los años 40.

Si esto es una reminiscencia extraña de los primeros días de 3i, es porque el gobierno adoptó el mismo plan maestro. El equipo directivo de BGF estaba siguiendo un camino ya trillado. Al igual que su predecesora, la iniciativa del gobierno lanzada en 2011 tenía como objetivo proporcionar deuda y capital a las pequeñas empresas. Así como 3i finalmente se alejó de su objetivo inicial de adquirir participaciones minoritarias en pymes establecidas, Business Growth Fund comenzó a incursionar en capital riesgo cinco años después de su fundación. Poco después, en 2016, BGF lanzó una división para invertir en empresas cotizadas en bolsa. Era solo cuestión de tiempo antes de que el grupo entrara en la arena de las LBO. Una vez que el imperio financiero de BGF se expanda para abarcar toda la gama de productos de inversión, desde préstamos corporativos hasta instrumentos más complejos (incluyendo infraestructura y bienes inmuebles, quién sabe), la historia de 3i habrá cerrado el círculo y su resurrección se habrá completado.

## 3i

BGF era la reencarnación de 3i. Enfrentado a la peor crisis económica desde la Segunda Guerra Mundial, el gobierno estaba dispuesto a cometer el mismo disparate. Dada la turbulenta historia de 3i, esto no fue necesariamente algo bueno. Como hemos visto, la razón por la que 3i fracasó continuamente se debió al deseo del equipo directivo de perseguir la última moda de inversión, sin adaptar el modelo operativo de la empresa. Los altos ejecutivos creyeron ingenuamente que las habilidades que habían desarrollado en los años 50 apoyando a las empresas británicas durante los esfuerzos de reconstrucción del país en la posguerra serían perfectamente replicables en los mercados internacionales, las LBO, los mercados bursátiles y las empresas de alta tecnología en fase de arranque. Resulta que estos distintos segmentos de la industria de la gestión de activos requieren diferentes habilidades y estrategias de inversión. El sentido común financiero necesario para llevar a cabo las LBO no sirve de nada a la hora de invertir en nuevas tecnologías. Para ellas, son más relevantes el conocimiento del producto, la experiencia técnica y la ingeniería, así como una habilidad instintiva para identificar a los mejores emprendedores. En una LBO, los ejecutivos que dirigen la sociedad de cartera son redundantes. Por otro lado, en las start ups, un equipo fundador visionario suele ser invaluable e irremplazable.

Una de las razones de la expansión de BGF más allá de su mandato original fue la falta de oportunidades en el segmento de negocios de crecimiento para desplegar su capital de 2.500 millones de libras esterlinas. A pesar del impacto de la crisis crediticia, el mercado se desbordó rápidamente de capital gracias al programa de flexibilización cuantitativa del Banco de Inglaterra. Sin mencionar que, a diferencia de otras economías occidentales, el Reino Unido albergaba una gran cantidad de gestores de fondos.

Lo más sorprendente de la historia de BGF es que, a pesar de estar patrocinada por el gobierno, la empresa no rinde cuentas al público. Parecería apropiado que el grupo divulgue su tasa de rentabilidad anual, para que los contribuyentes puedan juzgar sus logros. Si la rentabilidad no se considera una prioridad, ¿no corre el riesgo el grupo de distorsionar el sector de la financiación de las pymes? Al fin y al cabo, si los rendimientos no importan, BGF probablemente será el inversor más generoso en todas sus transacciones, lo que sería anticompetitivo. Instalado en el seno de los círculos políticos y empresariales, el grupo tiene una 'ventaja injusta', que equivale a darle carta blanca para manipular las reglas del mercado. Dadas las circunstancias detrás de su creación, sería ingenuo esperar que BGF pueda evitar el tipo de enfoque de inversión superficial y descuidado, casi primitivo, del que 3i ha sido culpable a lo largo de una historia dramáticamente modelada según el ciclo económico, un poco como la vegetación se adapta a las estaciones.

# EL PRIVATE EQUITY Y EL HÁBITO DE REPETIR ERRORES

Este estudio de caso introduce temas sobre la psicología humana. Plantea importantes interrogantes sobre la incapacidad de las personas para aprender de los errores del pasado, así como nuestras tendencias neuróticas a repetirlos. Se trata de una cuestión compleja. Algunas razones detrás de nuestros errores son cognitivas, otras institucionales. El exceso de confianza, el instinto gregario de competir, los incentivos mal diseñados, la gobernanza inadecuada, la negligencia y la falta de rendición de cuentas se encuentran entre una larga lista de factores que contribuyen al bajo rendimiento.

Para explicar por qué seguimos cometiendo los mismos errores, varios expertos hablan del 'cerebro infantil', que se asocia con un control deficiente de los impulsos, una falta de juicio, un comportamiento volátil y la obsesión por uno mismo.[56] Por supuesto, no podemos descartar problemas psicológicos o patológicos más graves, incluidas las tendencias autodestructivas. Como dice el refrán: "La definición de locura es hacer lo mismo una y otra vez y esperar resultados diferentes".[57]

# CAPÍTULO 6

# Toys "R" Us: El apalancamiento no es juego de niños

> *Nadie puede negar que las firmas de moda operan en un sector cíclico y, por lo tanto, no deberían ser objetivos de LBO. Pero otros segmentos de la industria minorista ofrecen más resiliencia durante las crisis económicas.*
>
> *A primera vista, los juguetes y la ropa para bebés son más adecuados. Aunque son estacionales y claramente no son inmunes a las recesiones, generalmente no experimentan los caprichos de la moda. Esto presenta una adquisición apalancada de la cadena minorista de juguetes más importante del mundo como una apuesta aceptable. Pero en realidad, las cosas no siempre salen de acuerdo al plan original.*

En el momento de su LBO, Toys "R" Us era el principal distribuidor independiente de juguetes y productos para bebés en Estados Unidos. En la jerga del comercio minorista, esto se denomina un 'category killer' (especialista destacado). El grupo fue fundado en 1948 cuando Charles Lazarus, de 25 años, abrió una tienda de muebles para bebés en Washington D.C. Lazarus agregó gradualmente juguetes para bebés y niños mayores antes de cambiar el nombre de la compañía a Toys "R" Us en 1957. Nueve años más tarde, la compañía fue adquirida por Interstate Stores, propietaria de Children's Bargain House. Con el tiempo se expandió al extranjero, comenzando con Canadá en 1984. Tres décadas después, operaba en 35 países. Toys "R" Us también introdujo nuevos conceptos de tienda, abriendo la cadena de ropa infantil Kids "R" Us en 1983 antes de lanzar Babies "R" Us a mediados de los años 90 para servir al mercado infantil y preescolar. Mientras que Kids "R" Us tuvo un éxito limitado, el concepto de Babies "R" Us despuntó.

En los primeros años del siglo XXI, las jugueterías independientes lucharon por hacer frente a las constantes y brutales guerras de precios libradas por las grandes cadenas de tiendas como Wal-Mart y Target, especialmente durante la importantísima temporada navideña. Estos 'hard discounters' (supermercados más baratos) utilizaban los juguetes para atraer a los consumidores, vendiéndolos a un precio inferior al coste de producción. KB Toys y el minorista de juguetes de alta gama FAO Schwarz se declararon en bancarrota después de la temporada navideña de 2003. En el último trimestre de 2003, Toys "R" Us vio sus beneficios reducidos a la mitad.[1]

Los hard discounters habían cogido desprevenidos a los especialistas en distribución de juguetes. A mediados de los años 90, Toys "R" Us vendía uno de cada cinco juguetes en Estados Unidos, muy por delante de Wal-Mart (con un 11%), Kmart y Sears. Las cadenas de jugueterías más pequeñas como Child World y Kiddie City habían perecido durante la recesión de principios de los años 90, incapaces de igualar los precios y las ofertas de los grandes almacenes de Toys "R" Us. Pero a mediados de los años 2000, Wal-Mart tenía alrededor del 22% de un mercado de juguetes de 27.000 millones de dólares en Estados Unidos, dejando atrás a Toys "R" Us con una cuota de mercado del 16%.[2] La cuota del hard discount (superdescuento) representaba más de la mitad del mercado, y estaba creciendo rápidamente.

No todos los problemas de Toys "R" Us fueron culpa de su competencia; algunos fueron culpa suya. La dirección había tratado de segmentar su oferta creando líneas específicas de ropa y juguetes para bebés y niños, dejando al público en general en manos de las tiendas convencionales. No obstante, durante el año fiscal que finalizó el 31 de enero de 2004, Toys "R" Us cerró siete de las diez tiendas de Kids "R"

Us y sus 36 tiendas de juguetes educativos Imaginarium. En el mismo año fiscal, los beneficios se desplomaron a 119 millones de dólares en comparación con 275 millones de dólares que había conseguido dos años antes.[3]

En el verano de 2004, cuando el precio de las acciones estaba un 61% por debajo de sus niveles récord de 1993, la dirección llevó a cabo una revisión de su estrategia. Redujo los costes de su sede central, redujo los gastos de capital a la mitad e implementó descuentos para liquidar el inventario de artículos en stock. La prensa mencionó la posibilidad real de que Toys "R" Us se viese abocada a la quiebra debido al éxito de la estrategia de Wal-Mart de ofrecer juguetes clásicos como las muñecas Barbie o Cabbage Patch Kids y los coches Hot Wheels como reclamo.

## A la cabeza del juego

La dirección consideró varias alternativas estratégicas, incluida la escisión de su exitosa división Babies "R" Us, que con 216 tiendas representaba tres cuartas partes de los beneficios operativos del grupo. Otra opción considerada fue separar el decadente negocio de juguetes – donde las ventas a tiendas comparables cayeron un 7,7% en el trimestre mayo-julio de 2004 – del próspero negocio de los bebés.[4] Sin embargo, la directiva decidió realizar un proceso de exclusión por el cuál sacarían la compañía de los mercados cotizados, lo que permitiría implementar una reestructuración de forma adecuada.

A principios de marzo de 2005, cuatro firmas de capital privado presentaron sus ofertas. Todos los compradores potenciales eran grupos influyentes: KKR, el experto por excelencia en mega-LBO; un dúo formado por Apollo y Permira, ambos dotados de una ambición global; una alianza entre Bain Capital y el especialista inmobiliario Vornado Realty Trust; y un consorcio formado por el experto en reestructuración operativa Cerberus Capital, el inversor inmobiliario Kimco Realty y Goldman Sachs, el banco que no necesita presentación.[5]

Los mercados de deuda se calentaban. Como resultado, la directiva del grupo quería maximizar el valor del activo. Sus asesores, Credit Suisse, les dijeron que la mejor manera de realizarlo sería separando y vendiendo el grupo en distintas unidades, con Babies "R" Us, la unidad estadounidense de juguetes y la división internacional atrayendo ofertas distintas. Mientras que el comercio tradicional de juguetes se enfrentaba a una intensa competencia, el negocio en Europa y su línea de ropa para bebés estaban en auge. La idea era subastar el grupo en varios trozos.

No obstante, los fondos de capital privado adoptaron un enfoque diferente y presentaron ofertas conjuntas para todo el grupo. La tarea de reestructurar una empresa global con tantas piezas como un cubo de Rubik no disuadió a las firmas de private equity detrás de algunas de las mayores transacciones de la industria, incluidas muchas complejas transformaciones corporativas. La transacción Toys "R" Us prometía no defraudar en este aspecto; para KKR, Cerberus o Apollo, esta complejidad era pura diversión a la hora de invertir. El enfoque inigualable de las firmas de capital privado finalmente impulsó a Toys "R" Us a solicitar a todos los compradores potenciales que presentaran ofertas para todo el grupo en lugar de cada división individual.[6]

El movimiento alcista en el mercado de crédito continuaba su aceleración, habiendo reemplazado a la exaltación por las puntocom e incluso haciendo que esta burbuja fuera bastante tímida en comparación. En 2004, los fondos LBO recaudaron 55.000 millones de dólares, un 42% más que el año anterior. Todo ese dinero estaba convirtiendo a los gestores de capital privado en consumidores compulsivos, pero también sabían que corrían el riesgo de pagar de más. Los analistas señalaron que las ofertas por Toys "R" Us eran elevadas, relativas a su estado de salud financiera. Cualquiera que terminase siendo su nuevo dueño tendría que enfrentarse a deficiencias operativas y la vulnerabilidad comercial de la marca.

Para evitar una puja excesiva, dos de los compradores potenciales decidieron aunar fuerzas (ahondaremos en este tipo de prácticas en el capítulo 9, en el contexto de investigaciones de entes reguladores sobre el 'clubbing', o la propuesta de ofertas conjuntas). KKR encontró suficientes puntos en común con Bain y Vornado; los tres estaban dispuestos a compartir el botín que se suponía produciría la transacción. El 17 de marzo de 2005, después de un proceso de venta de siete meses, Toys "R" Us anunció que el trío anteriormente mencionado había decidido comprar la compañía cotizada en la Bolsa de Valores de Nueva York por 5.900 millones de dólares, a 26,75 dólares por acción, asumiendo 800 millones de dólares de deuda en el balance y 766 millones de dólares en certificados de opción para suscribir títulos (warrants), acciones restringidas y otros gastos varios. El precio total de 7.500 millones de dólares equivalió a 10 veces el EBITDA del año anterior.[7] Los sponsors financieros hicieron una contribución mínima: su capital de 1.300 millones de dólares representaba porciones individuales de entre 420 y 450 millones de dólares.[8]

Al vencer a Cerberus, Goldman y Kimco, el consorcio de KKR había pagado una prima del 63% sobre el precio de la acción el 9 de agosto de 2004 (el día antes de que Toys "R" Us anunciara su intención de vender una o más de sus divisiones). La oferta valoraba el objetivo con una prima del 123% sobre el precio de la acción a principios de 2004, cuando la dirección reveló por primera vez su revisión estratégica. Eran condiciones generosas, debido en gran parte a los mercados de crédito. Los préstamos LBO agregaron 4.300 millones de dólares a la deuda existente, triplicando instantáneamente el apalancamiento a más de 7 veces el EBITDA.[9] Moody's y Standard & Poor's incorporaron los datos en sus fórmulas de calificación y colocaron a la marca en la categoría especulativa habitual.

## El patio de recreo

Quizás la nueva evaluación explique por qué, en junio de 2005, la compañía anunció que el actual director general, John Eyler, se jubilaría una vez concluida la transacción,[10] dando paso así al tipo de CEO con el que las firmas de capital privado están acostumbradas a trabajar. Eyler, que había sido presidente del grupo durante cinco años y, antes, director ejecutivo de la juguetería FAO Schwarz durante ocho años, tenía un conocimiento incomparable de la industria. Pero nunca había dirigido una empresa bajo LBO, lo cual es harina de otro costal. Por esta misma razón, después de solo cinco años en el grupo, el director de operaciones y ex *general counsel* Christopher Kay abandonó la escena. Era poco probable que su formación jurídica fuera de ayuda para reestructurar por completo el grupo.

Bain Capital conocía bien el funcionamiento del comercio minorista. Su historial transaccional en el segmento minorista era insuperable. Inversiones anteriores incluían Domino's Pizza en 1998, el especialista en comida rápida Burger King cuatro años después, y la cadena de tiendas hard discount Dollarama en 2004. Originada en la consultora Bain & Company, la firma había demostrado a lo largo del tiempo una capacidad única para hacer frente a reestructuraciones corporativas que requerían reorganizaciones de los modelos operativos. Quizás la transacción más relevante en la etapa contemporánea de Bain Capital fue la compra de KB Toys por 305 millones de dólares en el año 2000. El fondo de private equity había recuperado parte de su participación mediante una distribución de dividendos en 2003, justo antes de que la cadena de jugueterías se declarara en bancarrota. Evidentemente no desanimados por la experiencia, Bain Capital tenía la intención de demostrar que había aprendido algunas lecciones valiosas de aquella operación. Toys "R" Us aprovecharía todos los conocimientos sectoriales de la gestora.

KKR era especialista por excelencia en transacciones y refinanciaciones. Aunque en sus inicios se había forjado una mala reputación de saqueo de activos con una ingeniería financiera un tanto provocadora, KKR había demostrado en la segunda mitad de los años 90 que también podía tomarse el tiempo necesario para crear valor en sus participadas. Si bien su estilo de inversión difícilmente puede describirse como paciente, tenía una suficiente munición para financiar grandes reestructuraciones si era necesario. En esta dinámica del mercado, Toys "R" Us encajaba perfectamente.

En cuanto al tercer miembro de este triunvirato, Vornado, no era un inversor experimentado en LBO. Su meta era maximizar la rentabilidad de los activos inmobiliarios. Con cientos de tiendas en todo el mundo, era probable que la empresa se beneficiase de la ayuda de Vornado para optimizar la extracción de valor de sus activos.

Es cierto que el experto operativo Bain, el adicto a la deuda KKR y el experto inmobiliario Vornado formaban un trío un tanto extraño. Quizás, combinando sus respectivas habilidades, podrían hacer maravillas. Toys "R" Us podría aprender mucho de sus nuevos dueños. Gracias a la LBO, se esperaba que la marca especializada se volviera más ágil y se adaptara mejor a un panorama competitivo muy cambiante.

El acuerdo se firmó el 21 de julio de 2005. La compañía emitió un préstamo colateralizado por valor de 2.000 millones de dólares para ayudar a financiar la LBO.[11] Con una estructura de financiación 80/20 dividida a favor de la deuda, el nivel de apalancamiento no dejaba margen de error. Aquella era una época fascinante para el mundo de las LBO. La robusta generación de flujo de caja de Toys "R" Us y un mercado de crédito en ebullición alentaron una cantidad mucho mayor de deuda. Los observadores informaron de un enorme apetito por colocar más deuda en el balance del grupo. Global Toys Acquisition, el vehículo de inversión del consorcio, había recibido propuestas de préstamo de hasta 6.200 millones de dólares,[12] o el 94% del valor de la empresa. Si bien era poco probable que los prestamistas hubieran permitido que los fondos sobrecargaran tanto la estructura de capital, sí dio una idea de las posibles refinanciaciones que podrían ejecutar una vez formalizada la transacción.

## Contexto de la transacción

La empresa objetivo era la cadena de distribución de juguetes más importante no solo de Estados Unidos, sino de todo el mundo. Para el consorcio de fondos de capital privado, esta oportunidad ofrecía varias formas interesantes de crear valor.

*Oportunidad inmobiliaria*

En el caso de las empresas ricas en activos, la forma obvia de generar valor rápidamente es a través de transacciones de venta con arrendamiento posterior (*sale and leaseback*). Para inaugurar el plan de los primeros 100 días por el que KKR es bien conocida, se vislumbraba un amplio programa de dichas ventas con arrendamiento posterior. El truco consistía en mantener una sólida base de activos para utilizarla como garantía para algunos de los tramos de los préstamos LBO.

Para que esto sucediera, el mercado inmobiliario tenía que ser boyante. Cuando se completó el acuerdo a mediados de 2005, la Reserva Federal continuaba con su política de subida de tipos que comenzó en junio de 2004 – del 1,25% ese mes, el tipo de interés de los fondos federales había subido de forma constante, alcanzando el 3,25% en junio de 2005 y el 4,25% en diciembre de ese año. Esta política tuvo el efecto de enfriar las valoraciones de activos inmobiliarios. Pero los sponsors financieros aún guardaban varios ases en su manga.

*Crecimiento de las ventas*

Una idea atractiva era seguir haciendo crecer la cadena Babies "R" Us, la división de más rápido crecimiento del grupo. También fue la más rentable. En el año fiscal finalizado en enero de 2006, registró un crecimiento de las ventas del 5,7% y márgenes de EBITDA que superaron el 14%. Con más de 2.000 millones de dólares, todavía representó solo una sexta parte de la facturación del grupo.

Otro proyecto de crecimiento fue el desarrollo de productos de marca propia. Aunque el grupo había cerrado sus tiendas Imaginarium, conservó la marca y planeó usarla para ofrecer juguetes bajo esa denominación, como alternativa a los productos de marca premium de Mattel, LEGO y Hasbro. El enfoque había sido adoptado por Wal-Mart y Target con notable éxito.

A nivel internacional, a la empresa también le estaba yendo muy bien. El crecimiento de las ventas a tiendas comparables en el año de la LBO fue del 3,1%, pero teniendo en cuenta el número de nuevas aperturas de tiendas, el potencial de crecimiento era de dos dígitos. Con un margen EBITDA del 11%, esta división prometía ser una gran fuente de tesorería, en parte porque en los mercados internacionales las tiendas de hard discount no ejercían tanta presión como en Estados Unidos.

Por último, ninguna estrategia comercial que se precie podría tomarse en serio sin una convergencia hacia el comercio electrónico. Si bien el vendedor de juguetes lanzó su propio sitio web en 1998, dos años más tarde firmó un acuerdo de 10 años con Amazon para ser el vendedor en exclusiva de juguetes y productos para bebés en el portal de este último. Las dos compañías también acordaron en ese momento que Toys "R" Us abandonaría su presencia en internet, redirigiendo el tráfico de ToysRUs.com a Amazon. Toys "R" Us pagaba a Amazon 50 millones de dólares al año, más un porcentaje de sus ventas a través del sitio de Amazon. En 2004, la sociedad se disolvió amargamente cuando Amazon violó el acuerdo de exclusividad. Al comenzar su viaje LBO, la marca de juguetes relanzó sus actividades en línea internamente.[13] Dado que las ventas online representaban solo el 6% del mercado total, el potencial era sustancial y había que ir a por él.

*Rastreo de eficiencia operativa*

Cuando el grupo aún dependía de los mercados cotizados, la dirección puso en marcha un programa para cerrar las tiendas menos rentables. En los tres años fiscales hasta enero de 2006, las tiendas en los Estados Unidos (con excepción de los puntos de venta de Babies "R" Us) habían experimentado una bajada de las ventas de casi el 3% anual. La estrategia de reestructuración empezó a dar buenos resultados. Bajo la atenta mirada de los fondos de private equity, el nuevo CEO se encargó de impulsar a sus equipos a redoblar sus esfuerzos para estimular la eficiencia operativa en toda la red.

Gráfico 6.1 – Ventas y margen de EBITDA de Toys "R" Us de 2000 a 2006

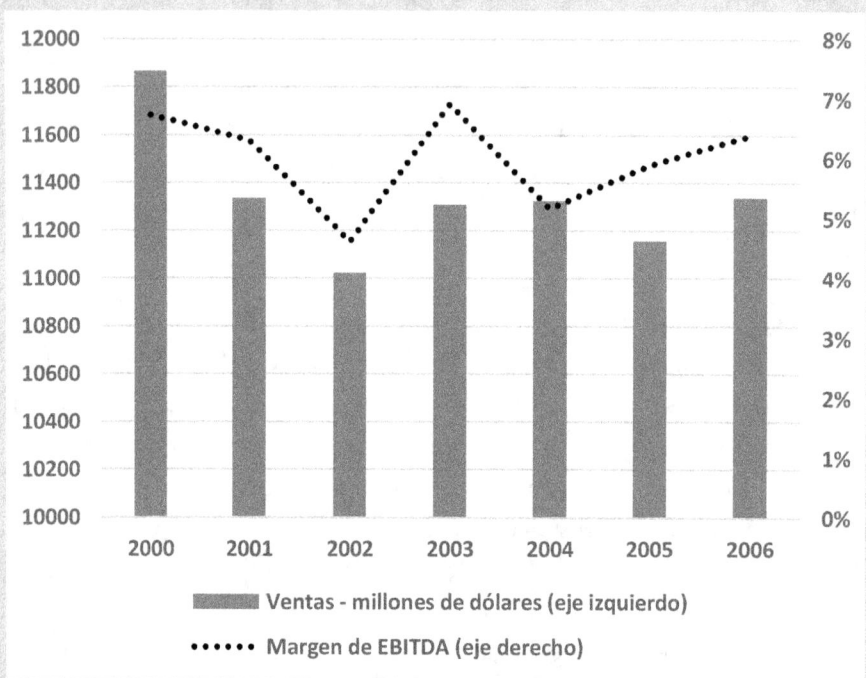

*Fuente: documentos de la empresa – Nota: datos correspondientes a 52 o 53 semanas que finalizan en enero o febrero de los años respectivos*

Las ubicaciones de menor rendimiento requerían atención inmediata. Docenas de tiendas nacionales tenían los días contados, mientras que una docena más se convertiría al formato más exitoso de Babies "R" Us.[14] Como se muestra en el gráfico 6.1, la imprevisibilidad de las ventas obstaculizó cualquier mejora concreta de la rentabilidad, de forma que se intentaron introducir mejoras operativas para remediar esta situación.

## No hay tiempo para aburrirse

En febrero de 2006, Gerald Storch fue contratado para reemplazar a Eyler como CEO. Después de 13 años en el grupo de superdescuento Target, Storch aportó a Toys "R" Us las herramientas de gestión por las que Target es reconocida: una cuidadosa gestión de costes y caja, micromarketing y mercadotecnia. Como indicaba con acierto un analista de la industria: "De todas las categorías, Target hace su mejor trabajo en juguetes. Si tuvieras que fichar a un alto ejecutivo de un rival, sería de Target".[15]

Para inyectar un poco más de efectivo en el negocio, se organizó la venta con arrendamiento posterior de 29 tiendas y un centro de distribución de la división del Reino Unido por valor de 356 millones de libras esterlinas. Aunque la empresa matriz tenía una calificación altamente especulativa debido a los préstamos LBO en el balance, la mayoría de los tramos de este acuerdo de venta con arrendamiento posterior tenían calificaciones sólidas debido a unos ratios de endeudamiento relativamente bajos.[16] En otras palabras, las hipotecas estaban ampliamente cubiertas por el valor del colateral.

En junio de 2006, el especialista en juguetes emitió una línea de crédito de 1.000 millones de dólares, incluyendo un préstamo a largo plazo de 800 millones de dólares y una línea de venta de activos a corto plazo de 200 millones de dólares. El objetivo era refinanciar la parte pendiente del préstamo puente de 1.900 millones de dólares utilizado para comprar la empresa. El apetito no era enorme; muchos inversores potenciales consideraban que la rentabilidad del préstamo a plazo no era lo suficientemente generosa.[17] Los resultados comerciales del emisor tampoco ayudaron.

A mediados de 2006, la cuota de mercado de Toys "R" Us en el mercado nacional de juguetes se había desplomado, hasta el 14%; Wal-Mart siguió dominando con una cuota del 22%.[18] Quizás aún más preocupante era que Amazon estaba decidiendo invertir en su negocio de juguetes ahora que su acuerdo exclusivo con Toys "R" Us había sido terminado.[19] Sin embargo, la economía en auge brindó suficientes oportunidades para que todos los actores del mercado crecieran. Las ventas del grupo, entonces respaldado por fondos de capital privado, aumentaron un 15% durante el año fiscal 2007, gracias a importantes aperturas de tiendas en el extranjero y para la división Babies "R" Us. La compañía también continuó con su programa de reestructuración iniciado en 2004 con el cierre de 87 puntos de venta con malos resultados. Durante los siguientes dos años prosiguió su apuesta, convirtiendo más de 100 tiendas, uniendo las jugueterías tradicionales con los formatos Babies "R" Us.

## Ir de tiendas hasta cansarse

Producto de un mercado financiero en ebullición, la LBO de Toys "R" Us se estructuró con una parafernalia de innovación sofisticada y nuevos instrumentos de deuda. La compañía controlaba una multitud de filiales operativas nacionales e internacionales cuyos activos podían usarse como garantía para los diversos préstamos LBO. Su parque inmobiliario (es decir, las tiendas) naturalmente ofrecía la oportunidad de estructurar parte de la deuda en forma de valores garantizados por hipotecas comerciales de alto rendimiento, un producto popular en ese momento. Básicamente, este fue el motivo principal de la participación del experto inmobiliario Vornado. Al final, la complejidad del acuerdo financiero solo se vio reducida por el 'credit crunch' que surgió durante el verano de 2007.

A pesar de las dificultades en los mercados de deuda, a finales de julio de 2008, uno de los accionistas de Toys "R" Us, KKR, anunció sus planes de cotizar en la Bolsa de Nueva York con una valoración de 10.000 millones de dólares. El grupo de private equity había presentado su documento de registro un año antes – un mes después de que su principal rival, Blackstone, completara con éxito su salida a bolsa, pero la crisis crediticia le obligó a reconsiderarlo. Una oferta pública inicial dotaría automáticamente a KKR de una nueva vía para recaudar fondos. Aunque la empresa había cotizado un vehículo de capital privado en la

Bolsa de Ámsterdam dos años antes,[20] el bajo rendimiento del vehículo había convencido al equipo directivo de KKR de que una cotización en Estados Unidos garantizaría una fuente de capital más segura. Desafortunadamente, la quiebra de Lehman Brothers a mediados de septiembre de 2008 obligó a los gobiernos a rescatar a todo el sector bancario mundial. El consiguiente colapso del mercado de valores llevó a KKR a posponer su OPI indefinidamente.

Las preocupaciones de la firma de inversión fueron compartidas por Toys "R" Us. Como resultado de importantes reducciones de costes, el margen EBITDA del grupo aumentó del 5% en el año hasta el 31 de enero de 2004 al 8% cuatro años después.[21] Pero el segundo semestre de 2008 contrarrestó estos esfuerzos debido al debilitamiento de la actividad. En marzo de 2009, Moody's corrigió la calificación de los préstamos de la división del Reino Unido debido a la importante caída en el valor de los activos utilizados como garantía. Los riesgos de refinanciación e impago eran más pronunciados; la recesión comenzaba a afianzarse.[22] En verano, los bonos no garantizados del grupo cotizaban a dos tercios de su valor nominal.[23]

El distribuidor no fue el único que sufrió la brutalidad de la recesión, lo que creó oportunidades únicas. En mayo de 2009, Toys "R" Us adquirió el grupo de jugueterías FAO Schwarz, con operaciones en Nueva York y Las Vegas. La directiva instaló tiendas pop-up de FAO Schwarz en sus almacenes nacionales para la época navideña. Un año más tarde, el concepto se convirtió en tiendas permanentes. Por otro lado, no hay duda de que las mediocres cuentas del grupo representaban un riesgo importante. Toys "R" Us pasó la segunda mitad de 2009 afinando su estructura de financiación. Durante el verano, emitió 950 millones de dólares en deuda *high yield*, en parte para refinanciar una línea de crédito no garantizada de 1.300 millones de dólares que vencía el año siguiente. Los nuevos préstamos vencían en 2017. ¡Seguramente, los gestores de fondos ya habrían vendido su participación para entonces!

De cualquier manera, le dio a la compañía un bienvenido respiro. Sus bonos a plazo estaban comenzando a recuperarse, cotizando por encima de los 80 centavos por dólar. Al mismo tiempo, la compañía extendió por dos años el vencimiento de los préstamos garantizados que vencían en julio de 2010, plazo que se estaba acercando incómodamente. A cambio, Toys "R" Us dio a los acreedores una tasa de interés más alta.[24] Luego, en octubre, el grupo refinanció un préstamo rotativo, accediendo a 200 millones de dólares para sus operaciones en Europa y Australia. En Estados Unidos, también emitió un préstamo garantizado de alto rendimiento de 725 millones de dólares para reembolsar 600 millones de dólares de deuda existente. Se volvió bastante complicando, pero permitió a la agencia de calificación S&P revisar su perspectiva sobre la actividad, considerándola ahora 'estable'.[25] El grupo se había visto obligado a realizar una importante refinanciación, captando nueva deuda con vencimientos más largos, modificando y ampliando los préstamos existentes que no podía refinanciar. Toys "R" Us enfrentó su primera prueba real bajo LBO.

La recesión no fue especialmente fácil para las cadenas de *retail* en contacto directo con los consumidores, y se vieron abocadas a aplicar reducciones de precios cada vez mayores. Esta es en parte la razón por la que Toys "R" Us registró una caída en las ventas en 2008 y 2009. Sin embargo, no había duda de que siguió siendo una marca muy admirada: en 2009, el 70% de los hogares estadounidenses con niños habían comprado en Toys "R" Us mientras que el 84% de las nuevas madres habían visitado Babies "R" Us.[26]

## Baterías no incluidas

Los sponsors financieros habían estado considerando desde hace algún tiempo vender su participación en la compañía. Debido a la recesión, los compradores potenciales no mostraron mucho interés. Pero relanzar a bolsa el distribuidor de juguetes parecía una opción lógica. Quizás la falta de salidas a bolsa en los dos años anteriores alentaría a los inversores institucionales a satisfacer su apetito adquiriendo parte del capital de la compañía.

A punto de celebrar su quinto aniversario bajo LBO, a finales de mayo de 2010 Toys "R" Us presentó una solicitud de registro para una OPI, con el objetivo de recaudar 800 millones de dólares y reducir parcialmente su deuda.[27] Con antelación, el grupo anunció una serie de iniciativas de refinanciación destinadas a extender 2.000 millones de dólares de los tramos de deuda existentes. Esto le daría cierto margen de maniobra en los primeros años después de la salida a bolsa, un período a menudo sujeto a revalorización para las empresas apalancadas expuestas a un incómodo escrutinio por parte de los analistas financieros.

Aunque las ventas siguieron cayendo, la reestructuración de la empresa llevada a cabo por la dirección dio sus frutos: con un 8,5% de la facturación, el margen EBITDA para el ejercicio hasta enero de 2010 alcanzó su nivel más alto desde la LBO. Asimismo, la deuda neta se situó en su nivel más bajo, 3,3 veces el EBITDA, tras reducirse a la mitad en los cinco años anteriores. El número de tiendas internacionales había aumentado en un 20% durante el mismo período, mientras que el cierre de tiendas nacionales en dificultades y la apertura de las rentables tiendas de Babies "R" Us habían producido ganancias significativas.

Independientemente de si la compañía parecía lo suficientemente fuerte como para convencer a los inversores, KKR estaba preparando su propia salida a bolsa por tercera vez. Tres años después de su solicitud inicial, la firma de capital privado renovó su intención de realizar una oferta pública inicial. Había aumentado el valor de su cartera en un 10% en el primer trimestre de 2010, por lo que la situación parecía prometedora. La recesión había persistido y amenazado en más de una ocasión con convertirse en otra Gran Depresión, pero ahora el camino estaba despejado para que se reanudaran proyectos a gran escala. Los mercados de crédito y de acciones habían comenzado a recuperarse con fuerza. Sin embargo, nadie sabía cuánto duraría; era mejor para KKR finalizar su proceso de salida a bolsa en caso de que la recuperación del mercado fuera de corta duración. Con una valoración de 9.000 millones de dólares, ligeramente por debajo del precio inicialmente esperado, la firma estaba dispuesta a hacer sacrificios para crear un mercado líquido para las acciones de sus fundadores y su equipo directivo. El día de la cotización, a mediados de septiembre, las acciones terminaron un 3% de bajada.[28]

No hay duda de que Toys "R" Us habría estado dispuesta a hacer sacrificios solo para orquestar su nueva salida a bolsa. La dirección siguió avanzando en la reestructuración del balance, abordando cada tramo de deuda uno tras otro. En agosto de 2010 amplió el vencimiento de la línea de tesorería y aumentó la capacidad de endeudamiento del grupo. El mismo mes, emitió nuevos bonos por valor de 350 millones de dólares y préstamos a plazo de 700 millones de dólares para reembolsar las líneas existentes.[29] El grupo de distribución pudo permitirse así el lujo de esperar el momento oportuno. Momento en el que las salidas a bolsa se materializaran con más apetito inversor.

A principios del año siguiente, todos los involucrados – acreedores, asegurados, inversores – esperaron para ver como serían las cifras a cierre de fin de año. Tenían que ser robustas para convencer a los mercados. Especialmente porque el plan de salida a bolsa se enfrentó a un gran desafío. Las valoraciones de compañías comparables se habían desplomado desde que el minorista de juguetes dejó el mercado cotizado. Bain, KKR y Vornado habían comprado la compañía a una valoración de más de 9 veces el EBITDA en los últimos 12 meses, o 10 veces los beneficios del año anterior. Con comparables cotizando a menos de 8 veces el EBITDA en 2010, en comparación con 10 veces cinco años antes,[30] los fondos accionistas se enfrentaron a un arbitraje de múltiplos negativo, si es que podían vender su participación.

El EBITDA había crecido un 40% desde la LBO, pero había rondado los 1.000 millones de dólares en los últimos cuatro años. La inercia no es una situación saludable durante una compra apalancada. Los pagos de la deuda se acumulan según la todopoderosa y universal ley del interés compuesto, la octava maravilla del mundo según una autoridad inefable como Albert Einstein. Si los pagos contractuales asociados con la deuda aumentan, el EBITDA – un indicador de la posición de tesorería y una protección contra la amenaza de las cláusulas restrictivas de los préstamos – debe seguir su ejemplo. Lógicamente, los sponsors financieros de la compañía estaban ansiosos por aprovechar la oportunidad de una OPI. Los fondos recaudados serían más que bienvenidos, y ayudarían a pagar algunos de los préstamos; bonos por valor de 500 millones de dólares vencían en el verano de 2011.

Por desgracia, la nueva prosperidad del distribuidor resultó evanescente. Durante la temporada navideña de 2010 las ventas cayeron en comparación con el año anterior, tanto en el mercado nacional como en el extranjero. Los consumidores estadounidenses buscaban gangas mientras las economías británica y española aún se tambaleaban por la crisis financiera. Las ventas aumentaron solo un 2% a pesar del uso intensivo de tiendas pop-up.[31] Dado que la actividad del cuarto trimestre representaba dos quintas partes de la facturación del grupo, solo una buena temporada navideña podría haber proporcionado el contexto ideal para una salida a bolsa. En cambio, los malos resultados perjudicaron la situación financiera del grupo. Durante el año financiero finalizado el 29 de enero de 2011, el flujo de caja operativo se desplomó en un 80% debido a gastos de marketing y descuentos excesivos. La deuda neta aumentó un 10%, mientras que el índice de cobertura de intereses cayó a 2, lo que significa que los beneficios fueron solo el doble de los gastos por intereses, incómodamente bajos incluso para una LBO sin demasiadas cláusulas restrictivas (covenant-lite). La nueva cotización quedó en suspenso por el momento. La Bolsa de Nueva York debería esperar.

Para conservar efectivo, la empresa intentó activamente refinanciar una cuarta parte de su deuda, aunque solo fuera para beneficiarse de unos tipos de interés históricamente bajos. Pero el mercado solo permitió a la dirección modificar y ampliar parte de los préstamos existentes.[32] Las persistentes dificultades comerciales impidieron negociaciones más favorables. En el año fiscal finalizado en enero de 2012, la competencia se intensificó, afectando la rentabilidad y el flujo de caja. En los dos años anteriores, el margen EBITDA había caído del 8,5% al 7%. Por segundo año consecutivo, los flujos de efectivo operativos no cubrieron los gastos de capital y los gastos por intereses.[33]

Con vencimientos a corto plazo de 1.400 millones de dólares, la empresa pronto se vio obligada a un nuevo ciclo de reestructuración. En marzo de 2012, la dirección refinanció 300 millones de dólares de los préstamos de la división estadounidense.[34] En abril, fue el turno de la reestructuración de las operaciones en el Reino Unido antes de la fecha límite para reembolsar más de 400 millones de libras esterlinas en préstamos.[35] Luego, en julio, el grupo emitió un bono de alto rendimiento de 350 millones de dólares.[36] Frente a la presión competitiva, a lo largo de 2012 Toys "R" Us continuó luchando, tanto que el volumen de negocio de las nuevas aperturas de tiendas ya no pudieron compensar la fuerte caída en las ventas a tiendas comparables. Los ingresos y el EBITDA para el año finalizado el 2 de febrero de 2013 cayeron más de un 2%.

La frustrante situación se hizo aún más insostenible por el éxito de las ventas de activos de los gestores de fondos durante estas primeras etapas de la recuperación económica. En marzo de 2011, Bain Capital y KKR firmaron la mayor oferta pública inicial jamás realizada por firmas de capital privado en los Estados Unidos al cotizar HCA,[37] soltando al grupo sanitario cinco años después de comprarlo en el punto máximo del ciclo. KKR también cosechó más de 2,2 veces su participación en la realización parcial del mayorista británico Alliance Boots cuando vendió el 45% de sus acciones al gigante estadounidense de la cadena de farmacias Walgreens en junio de 2012. Debido a su posición debilitada en el mercado, Toys "R" Us estaba demostrando ser un candidato para la reventa más problemático.

## Si te emocionas demasiado, haces malos negocios

Otro año trajo más reestructuración de la deuda. En un juego fluido de ingeniería financiera, en el primer semestre de 2013, la división del Reino Unido refinanció parcialmente un total de 400 millones de libras esterlinas del préstamo titulizado y recaudado al comienzo de la LBO. También se reorganizaron los títulos de deuda de las operaciones francesa y española.[38] Mientras la dirección estaba ocupada reorganizando el balance, la situación presentada por la cuenta de resultados se deterioró. En el primer trimestre de 2013, las ventas se desplomaron más del 5%. Cayeron un 8,5% a nivel nacional, e incluso en los mercados exteriores habitualmente inmunes. La deuda caía, pero el EBITDA disminuía más rápido.

Inevitablemente, este fue el final de la aventura para Storch. Contratado por los sponsors financieros para auspiciar sus vigorosos planes de rejuvenecimiento, el CEO renunció en mayo de 2013. El trabajo estaba inacabado, pero una serie de recapitalizaciones, un mercado convulso y las tensiones competitivas habían obstaculizado cualquier éxito. Tres años después del inicio del proceso, la empresa puso fin oficialmente a sus planes de salida a bolsa.[39] Lo que de ninguna manera eliminó la necesidad de continuar con el interminable proceso de refinanciación. Ese mismo verano, el grupo emitió un préstamo a seis años por valor de 985 millones de dólares.[40]

Fue este contexto en el que, de acuerdo con una política de la que pronto se arrepentirían, la directiva implementó una estrategia de precios, no solo alineada con la de cadenas rivales (lo que ya habían hecho el año anterior), sino también con los de los competidores online, principalmente Amazon.[41] Fue una situación de fuerza mayor, un intento desesperado de retener su cuota de mercado. En su mercado nacional, casi dos de cada cinco juguetes se compraban online, mientras que la proporción en los mercados extranjeros fue igualmente preocupante: en Gran Bretaña y Alemania, respectivamente, alrededor de un tercio y una cuarta parte de los juguetes se compraron en Internet.[42] La evolución del mercado era indiscutible; Toys "R" Us tenía que adaptarse. Con su programa 'Compre online, recoja en la tienda' disponible en Estados Unidos y Reino Unido, el minorista estaba reaccionando. Con solo el 5% de sus ventas en línea en Francia, por ejemplo, donde Internet representó el 14% de las ventas totales de juguetes en todo el país, Toys "R" Us claramente tenía que ponerse las pilas.

La alineación de precios fue iniciada por Antonio Urcelay, director general temporal designado tras la defenestración de Storch, y con 17 años de experiencia dentro de la empresa. Había sido presidente del negocio en Europa antes de promocionar a la cima. Todos esperaban que su profundo conocimiento del mercado ayudara al grupo a pasar al siguiente nivel. Justo a tiempo para el periodo navideño, en octubre Urcelay asumió el cargo de director general de forma permanente.[43] Su primera presentación anual de los resultados demostró que su tarea no sería fácil.

En el ejercicio finalizado en enero de 2014, debido principalmente a la política de rebaja de precios y al éxodo de los consumidores a Internet, las ventas del grupo cayeron un 7,4%. El EBITDA se redujo casi a la mitad. Esto es antes de las cargas excepcionales. Después de los costes de reestructuración, los beneficios eran prácticamente inexistentes. El tamaño de la empresa nunca había sido tan grande: Toys "R" Us empleaba a 70.000 personas en todo el mundo, incluidas unas 45.000 a nivel nacional; contaba con 1.762 tiendas en 35 países, la mitad de ellas en Estados Unidos;[44] sin embargo, la LBO había tocado fondo.

Como la marca reportó su peor EBITDA en 12 años, llegó el momento de realizar nuevos cambios de personal. En junio de 2014, el director financiero Clay Creasey dimitió, tan sólo 16 meses después de la salida de Storch, el director ejecutivo que lo había contratado. Creasey había intentado abrirse camino a través del campo de minas financieras de la empresa; en vano. Tal vez un nuevo profesional de la contabilidad ayudaría a presentar mejor las cuentas, pero eso no cambiaría las deficiencias fundamentales de una historia estancada.

El resto de 2014 ofreció la misma mediocridad predecible. A pesar continuar la estela de flujos resultados similares al año anterior, el grupo registró un modesto crecimiento de las ventas en la primera mitad del año antes de experimentar otra decepcionante temporada navideña. El crecimiento internacional de 1.2% no pudo compensar una caída del 5% en el mercado interno en noviembre y diciembre.[45] A pesar del nuevo CFO, en el ejercicio finalizado en enero de 2015, las ventas cayeron un 1,5% y el margen EBITDA, aunque significativamente mejor que el año anterior, se mantuvo por debajo del 5%. Los beneficios apenas cubrían los gastos por intereses. El verdadero problema era el apalancamiento financiero: debido a la menor rentabilidad, la deuda neta superaba ahora las 7,2 veces el EBITDA. Si esta operación no se hubiera llevado a cabo con tan pocas cláusulas restrictivas, los acreedores ya habrían sacado la artillería.

Ante una desinversión todavía improbable para sus fondos accionistas, el distribuidor de juguetes realizó en el último trimestre de 2014 una nueva refinanciación, esta vez por valor de 1.400 millones de dólares, para recomprar préstamos que vencían el año siguiente. Pero los nuevos préstamos se vieron sometidos a una fuerte presión sobre los precios poco después de su emisión, revelando que los inversores se estaban poniendo nerviosos por la solvencia del emisor. En cuestión de días, los préstamos cotizaban con un descuento del 15%.[46]

## No es todo diversión y juegos

Aún al mando, las firmas de capital privado, accionistas de la compañía, estaban perdiendo la paciencia. Cuando se trata de mejorar el rendimiento, las gestoras de fondos no valoran en exceso la lealtad del equipo o el conocimiento de la industria. Los tipos de habilidades que ayudan a los ejecutivos líderes a ganarse el favor de sus sponsors financieros son la capacidad de maximizar los beneficios y el flujo de caja, optimizar la estructura financiera y prestar atención quirúrgica a la deuda. En este conjunto de criterios, el director general Antonio Urcelay no obtuvo muchos puntos. El hecho de que su experiencia reciente fuera internacional había justificado su ascenso dado que el crecimiento de las ventas de los últimos años procedía del exterior. Pero Toys "R" Us todavía obtenía el 60% de sus ventas de su mercado interno, y ahí es donde tenía que realizarse la mayor parte de la fanea.

En junio de 2015, Urcelay fue reemplazado por David Brandon. Brandon había trabajado anteriormente con Bain Capital cuando lo nombraron CEO de Domino's Pizza en 1999. Dieciséis años después, seguía presidiendo la cadena de restauración. Brandon no conocía íntimamente la industria del juguete, pero dadas las recientes transacciones, se esperaba que el nuevo jefe ideara un cambio similar al orquestado en Domino's. Conviene señalar que, en 2004, Brandon dirigió con éxito la salida a bolsa de Domino's, la OPI más grande de estas características patrocinada por capital privado en la industria de restauración a nivel mundial.

Durante la última década, Toys "R" Us había pasado por una montaña rusa, pero Brandon observó con optimismo: "Creo que nuestros mejores días están por delante y tengo ganas de empezar".[47] Una de las primeras decisiones tomadas por el tercer CEO del grupo desde la LBO fue el abandono de la prestigiosa marca FAO Schwarz. La adquisición no había salido según lo planeado. En julio de 2015, se cerró la tienda insignia de 145 años de antigüedad de FAO Schwarz en Nueva York, una clara señal de que había que tomar decisiones drásticas.

Pero cerrar tiendas de renombre internacional no era una forma de restablecer las ventas. En el año fiscal que finalizó en enero de 2016, el nuevo CEO informó de un mayor deterioro de los ingresos, a pesar de que las ventas comparables aumentaron durante la temporada navideña por primera vez en muchos años. El margen EBITDA aumentó ligeramente por encima del 6%, pero el grupo no pudo hacer frente a un montaje financiero devastado. La compañía no tuvo más remedio que continuar con su refinanciación. A mediados de año, 850 millones de dólares de bonos no garantizados con vencimiento en los próximos dos años se volvieron canjeables por instrumentos de cupón más alto, y el vencimiento se extendió hasta 2021.[48]

Con un múltiplo deuda/EBITDA de más de 5,5, la empresa no estaba en condiciones de invertir en su futuro. Aun así, las condiciones macroeconómicas estaban mejorando, allanando el camino para una reintroducción en el mercado de valores. En octubre de 2016, la idea de una oferta pública inicial resurgió. Después de dos trimestres sólidos – y 11 años bajo la batuta de fondos de private equity – el *retailer* de juguetes estaba ansioso por volver a la bolsa. Una OPI dependería enteramente de los resultados durante la temporada navideña. Cualquier escenario que no fuese un crecimiento de las ventas confirmaría que la reciente tendencia negativa fue un acontecimiento fundamental y no una anomalía temporal.

En los cuatro años anteriores, la facturación del grupo había disminuido un 15%. Desafortunadamente, los resultados anuales finalizados en enero de 2017 no revirtieron la tendencia. Las ventas cayeron un 2,2% tanto en el mercado nacional como en el exterior. Aunque Toys "R" Us se benefició de la migración online de los consumidores, registrando un aumento del 11% en las ventas por Internet durante la temporada navideña,[49] la competencia de las tiendas de hard discount y los sitios web siguió siendo implacable. Dado que los precios fueron el principal factor diferenciador de productos cada vez más estandarizados, el margen EBITDA del grupo se mantuvo por debajo o a la par con el anterior a la LBO (ejercicios 2005 y 2006 en el gráfico 6.2).

Con un resultado operativo rezagado con respecto a su business plan, la compañía buscó una serie de refinanciaciones. En octubre de 2016, la dirección volvió a acudir a los prestamistas con un bono respaldado por una hipoteca comercial de 500 millones de dólares garantizado por varios establecimientos de la compañía. Pero cuando una empresa sigue decepcionando y sus ejecutivos no cumplen con sus proyecciones – no solo para la hipótesis de base, sino también para los escenarios bajistas – resulta difícil orquestar la emisión de nueva deuda. Si bien parte del bono propuesto tenía una calificación triple A, con la compañía todavía en una calificación especulativa, recaudar nuevo capital empezaba a ser costoso: los prestamistas potenciales exigían una tasa de retorno más alta o más seguridad, a veces ambas cosas.

Gráfico 6.2 – Ventas y margen de EBITDA de Toys "R" Us de 2005 a 2017

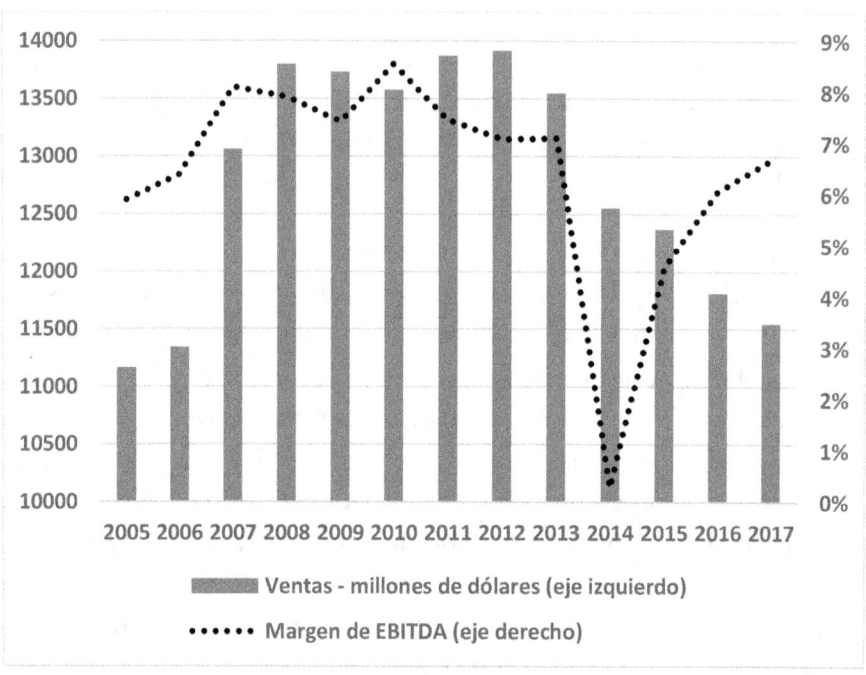

*Fuente: documentos de la empresa – Nota: datos correspondientes a 52 o 53 semanas que finalizan en enero o febrero de los años respectivos*

## El juego ha terminado

En el ejercicio financiero que finalizó en enero de 2017, Toys "R" Us generó ventas comparables a las registradas en el momento de la LBO 11 años antes, un desempeño deficiente ya que el número de tiendas había aumentado en una cuarta parte a nivel mundial. El EBITDA había disminuido un 30% desde su nivel de 2010, oscilando entre 700 y 800 millones de dólares en los tres años anteriores. Pero la imagen era en realidad más oscura de lo que parece. El EBITDA es una métrica contable que se puede manipular fácilmente. Para evaluar el verdadero rendimiento subyacente de un negocio apalancado, lo mejor es observar los flujos de caja operativos. Estos habían disminuido de más de 750 millones de dólares por año en los dos años anteriores a la LBO a 240 millones de dólares en el año fiscal que finalizó el 30 de enero de 2016. Cayeron a cero en el siguiente año fiscal. Una empresa socavada por más de 4.000 millones de dólares en préstamos LBO y al menos 450 millones de dólares en pagos de intereses anuales ya no producía efectivo.[50] El siguiente capítulo en la historia de la empresa casi se escribe por sí mismo.

Aplastado por el peso de su estructuración financiera, el 18 de septiembre de 2017, las subsidiarias americanas y canadienses del grupo de distribución se declararon en quiebra. Ese día, los bonos del grupo cotizaban por debajo de los 20 centavos de dólar mientras el mercado asimilaba la noticia.[51] Si bien se instaló una gran incertidumbre en torno a la empresa, la división de bienes inmuebles y las actividades fuera de Norteamérica continuaron operando como si nada hubiera pasado. Afortunadamente, la deuda había sido cortada y recompuesta en tantos tramos como unidades operativas había; la entidad estadounidense no tuvo que arrastrar consigo al resto del grupo. Un poco a salvo de la vergüenza de la quiebra, los empleados en el extranjero no podían sentirse muy seguros. Como prueba, al cabo de seis meses las actividades británicas también fueron puestas bajo administración judicial y la filial francesa fue declarada en suspensión de pagos en julio de 2018.

Por supuesto, la decisión de Toys "R" Us de declararse en quiebra no solo afectó a los acreedores y empleados de la empresa. Es probable que sus proveedores, incluidos los fabricantes de juguetes Mattel y Hasbro, que generaban el 10% de sus ventas anuales del minorista, experimentaran una presión adicional sobre las ventas y el flujo de caja, incluso si Toys "R" Us continuara operando normalmente bajo la protección de la ley americana sobre las quiebras. Mattel, en particular, tenía sus propias preocupaciones sobre la deuda y problemas de desempeño que resolver. [52] La digitalización estaba afectando profundamente a los fabricantes de juguetes tradicionales; lo último que necesitaban era la quiebra de uno de sus principales distribuidores. A los pocos meses, Mattel y Hasbro iniciaron conversaciones sobre una posible fusión.

Gráfico 6.3 – Ratio de endeudamiento y cobertura de intereses (EBITDA/intereses) de Toys "R" Us de 2003 a 2017

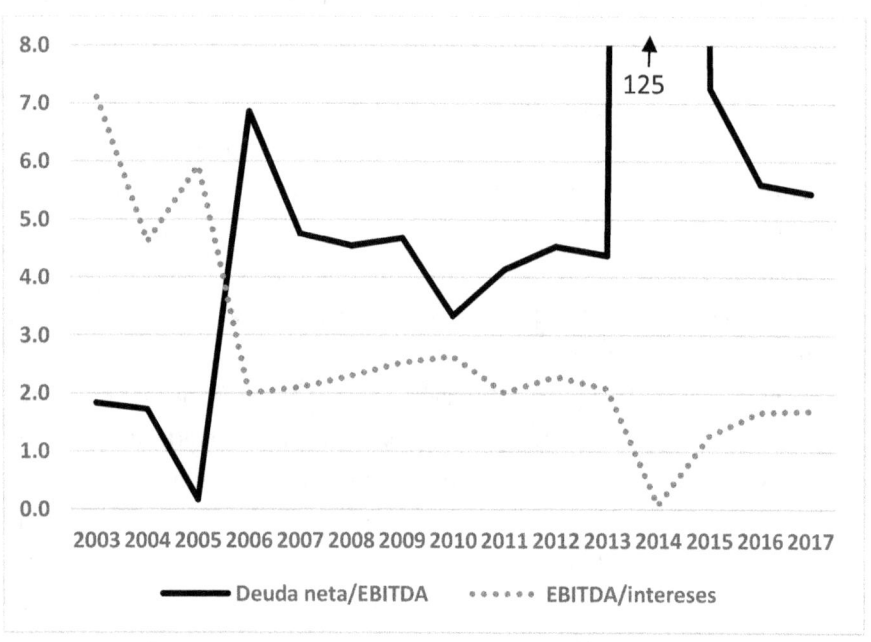

*Fuentes: documentos de la empresa y análisis del autor – Notas: En 2014, el EBITDA fue insignificante, lo que implica un ratio de endeudamiento de 125 veces los beneficios. Las cuentas financieras duran 52 o 53 semanas y finalizan en enero o febrero*

Como muestra el gráfico 6.3, a partir de 2010, Toys "R" Us no había logrado mayores avances en la mejora de su estructura de capital a pesar de los repetidos intentos de romper sus cadenas de esclavitud de la deuda. Sus sponsors financieros, generalmente deseosos de demostrar majestad en la búsqueda de soluciones, no habían cumplido sus promesas. No solo el ratio de apalancamiento seguía siendo demasiado elevado, sino que los gastos financieros no se cubrían adecuadamente con los beneficios. Después de tantos años bajo LBO, durante el periodo 2014-2017, el EBITDA se mantuvo obstinadamente estancado por debajo de 2 veces el interés anual.

Entre 2006 y 2017, las cargas financieras anuales vinculadas a los préstamos LBO oscilaron entre 400 millones de dólares en 2009 y un máximo de 517 millones de dólares en 2014. La acumulación del coste de la deuda reveló la insuficiencia de beneficios y de flujos de caja. Durante todo el período bajo LBO, se asignaron 5.500 millones de dólares a gastos por intereses, lo que representa el 107% del flujo de caja operativo de la empresa. Se trata de miles de millones de dólares que no se inyectaron en I+D, ni en la renovación de tiendas, ni en un rediseño de la empresa. Una fortuna que, bien invertida, podría haber permitido una transformación digital.

La protección de la ley americana sobre las quiebras le dio al grupo la oportunidad de reestructurarse. Aun así, tras años desperdiciados en modo zombi tratando de proteger los intereses de sponsors financieros imprudentes, el distribuidor de juguetes había perdido toda esperanza de sobrevivir. En marzo de 2018, las operaciones norteamericanas y británicas fueron liquidadas, poniendo en riesgo 33.000 puestos de trabajo; la directiva no había encontrado a nadie dispuesto a comprar la empresa. En una señal de que la disrupción de la industria del juguete era implacable, uno de los buitres ansiosos por alimentarse del cadáver de la marca recogiendo algunas de sus tiendas en subasta fue su principal rival en Internet: Amazon.

## Razones detrás de una mala LBO

Predicando como un profeta en busca de discípulos, al declararse en quiebra en septiembre de 2017, el CEO Brandon declaró: "Hoy marca el amanecer de una nueva era para Toys "R" Us, donde esperamos que las limitaciones financieras que nos han frenado se arreglen de manera sostenible y eficiente",[53] y agregó: "Confiamos en que estamos tomando las medidas correctas para garantizar que las icónicas marcas Toys "R" Us y Babies "R" Us perduren durante muchas generaciones."

Toys "R" Us no había logrado reestablecer una conexión con la bolsa. Su rendimiento nunca había sido lo suficientemente consistente como para proporcionar a los inversores potenciales la estabilidad que exigen antes de participar en una nueva OPI. Hay muchas razones para el deterioro permanente del distribuidor de juguetes.

*Tendencia de precios a la baja*

Los juguetes son un segmento muy competitivo. Varios factores determinan esta dinámica. Pueden producirse en masa, proporcionando economías de escala. Se prestan bien a la fabricación automatizada en líneas de montaje. La globalización había llevado a los países desarrollados a producir en el sudeste asiático y China. La fabricación de juguetes a escala mundial afectó los precios y los márgenes. Durante los cinco años anteriores a la LBO, la facturación de Toys "R" Us se había mantenido estable y el margen EBITDA rondaba el 7%.

*Estacionalidad*

La principal característica de la industria del juguete es su estacionalidad. En los Estados Unidos y el Reino Unido, hasta la mitad de los juguetes se venden en los últimos dos meses de un año calendario, lo que refleja la importancia de las festividades de Halloween, Acción de Gracias (Thanksgiving), Hanukkah y Navidad.

Toys "R" Us informó: "Más del 40% de las ventas en nuestro negocio global de jugueterías y una parte sustancial del resultado de explotación y del flujo de caja operativo se generaron en el cuarto trimestre".[54] No había mucho que la dirección pudiera hacer para suavizar los flujos de efectivo estacionales, aparte de presionar a los gobiernos para que cambiaran el calendario de días festivos.

*Competencia de los hard-discounters*

Durante años, Wal-Mart y Target fueron los competidores más feroces de Toys "R" Us. Entre 2004 y 2006, las dos cadenas de superdescuento aumentaron su cuota en las ventas de los dos principales fabricantes de juguetes Mattel y Hasbro, capturando así un volumen de ventas de Toys "R" Us.[55]

Fichar a Storch desde Target en 2006 tenía sentido. Pero durante la recesión, los consumidores prestaban cada vez más atención a sus gastos. Todo el dinero que Toys "R" Us e incluso las grandes superficies tradicionales estaban invirtiendo en marketing y promociones se repercutía sobre el coste de venta de juguetes. Esto dio una ventaja a los distribuidores como Costco, que siguieron un enfoque sencillo y no hicieron publicidad. En 2015, gracias a crecientes hordas de consumidores hambrientos por conseguir descuentos, Costco había aumentado las ventas al doble de la tasa de crecimiento de Wal-Mart y cuatro veces la de Target.[56] El estilo de marketing tradicional que Storch trajo consigo cuando se unió a Toys "R" Us en 2006 se volvió obsoleto por un entorno económico catastrófico. En el momento en que el grupo se declaró en quiebra, esta fue la tercera mayor bancarrota en la historia del sector *retail* en Estados Unidos, Toys "R" Us vivía un contexto igualmente hiperpromocional en el Reino Unido y otros mercados internacionales, donde los hard discounters estaban ganando cuota de mercado.

*Distribución online*

La aceleración de la migración de los consumidores a Internet fue otro impacto de la recesión, tanto en Estados Unidos como en el extranjero. La simplicidad de la oferta era una especialidad de muchos vendedores online; nadie lo hacía mejor que Amazon.

En el momento de su LBO, Toys "R" Us realizaba alrededor del 3% de sus ventas a través de su propio sitio web.[57] Su estrategia online era incipiente. Debería haber sido una oportunidad. El negocio de los juguetes era maduro y ultracompetitivo. Pasar a un modelo online más eficiente era una forma de reducir la presión sobre los márgenes. Sin embargo, entre 2005 y 2009, las ventas online de Toys "R" Us crecieron solo un 5,5% anual.[58] Estos resultados parecen débiles en comparación con otras cadenas como Macy's, que registró un crecimiento anual de doble dígito. También palidecieron en comparación con los sitios de comercio electrónico. Solo en 2016, Amazon experimentó un aumento del 24% en las ventas de juguetes en el mercado estadounidense, lo que representa 4.000 millones de dólares, o un quinto del total de las ventas de juguetes en el país ese año.[59]

Con el tiempo, el aumento progresivo de la cuota de mercado de Amazon afectó en gran medida a los precios de las diferentes categorías de productos: juguetes, así como aprendizaje y videojuegos. Como resultado, las ventas y el crecimiento de los márgenes se desplomaron para Toys "R" Us y todas las principales cadenas minoristas. Esto llevó a una recalibración de las valoraciones en el sector. De 14 veces en 2001, el múltiplo promedio del valor de la empresa sobre el EBITDA para las cadenas minoristas cayó a 8 veces nueve años después.[60] En contraste, en 2010, la valoración de Amazon superó 25 veces el EBITDA.

*Digitalización de 'juguetes'*

Los videojuegos ya constituían una parte importante de las ventas cuando el consorcio de fondos de capital privado decidió participar en la compañía. Cada año, los videojuegos representaban entre el 10% y el

20% de la facturación del grupo en los Estados Unidos.[61] Este segmento era aún más competitivo e impredecible que los juguetes tradicionales, donde Toys "R" Us había construido su marca en torno a la fiabilidad y la excelencia durante casi sesenta años.

Los videojuegos están sujetos a reglas de mercado inusuales. La diferenciación proviene del factor 'cool' y de la última tendencia más que de la confianza y la conformidad. Otra característica importante de los videojuegos es que a menudo tienen un éxito efímero, y como las películas en taquilla, el juego podría generar ventas fantásticas durante uno o dos años antes de desaparecer en los anales de la historia del gran consumo. Claro, algunos videojuegos, como Call of Duty o Super Mario, pueden convertirse en franquicias y pasar por actualizaciones periódicas, pero es poco probable que se conviertan en productos intergeneracionales como las muñecas Barbie o los ladrillos de construcción LEGO. Para distribuidores como Toys "R" Us, los videojuegos requieren un estrecho seguimiento del mercado en busca de nuevas tendencias. No descubrir el último juego de moda puede significar la pérdida de ventas sin posibilidad de compensarlas el año siguiente.

Uno de los principales efectos de la digitalización es lo que los especialistas en marketing llaman 'compresión de la edad'. En definitiva, los niños maduran más rápido; adoptan gustos de edades más maduras y pierden el interés por los juguetes tradicionales a una edad más temprana que los niños de generaciones anteriores. La digitalización de los juegos y del entretenimiento en Internet está impulsando esta evolución, y se había acelerado a lo largo del período LBO de Toys "R" Us. Esto explica por qué Babies "R" Us demostró ser más resiliente – los bebés y los niños pequeños no se ven afectados por la compresión de la edad... Por ahora.

Como resultado, muchos distribuidores con gran experiencia en tecnología o con especialidad en videojuegos, como Gamestop y Best Buy en Estados Unidos y Game Group en el Reino Unido, habían ofrecido un mejor servicio a los consumidores que se estaban volviendo cada vez más conocedores de la tecnología. Por supuesto, el juguete digital más amenazante de todos es el teléfono inteligente, que aleja cada vez a más niños de los juguetes y juegos tradicionales y desvía su dinero de bolsillo hacia la última aplicación móvil en lugar de juegos de mesa o figuritas. Y el smartphone no existía realmente hasta que Apple lanzó esta nueva categoría de productos en 2007. En ese momento, Toys "R" Us estaba abrumada por una costosa deuda LBO.

*El carácter cíclico del sector*

Antes de cerrar definitivamente sus puertas en 2015, FAO Schwarz ya había experimentado un fracaso. Después de un período de crecimiento agresivo en los años 90 bajo el liderazgo de Eyler, el grupo operaba más de 40 tiendas cuando la recesión de los años 2001-2002 sacudió los mercados. FAO se declaró en quiebra en enero de 2003, y tres meses después surgió como parte de una apresurada reestructuración que resultó ambiciosa, lo que obligó a la empresa a declararse de nuevo en quiebra a finales de año. Las tiendas de Nueva York y Las Vegas reabrieron al año siguiente y permanecieron independientes hasta que Toys "R" Us las adquirió durante la recesión cinco años después. Los sectores cíclicos no son buenos cotos de caza para compras apalancadas. Toys "R" Us y sus sponsors lo descubrieron a su costa, aunque, como hemos visto, Bain Capital ya había empañado su reputación al perder el control de KB Toys poco antes de invertir en su mayor competidor.

*Erosión del valor inmobiliario en el mercado nacional*

Los malos resultados financieros y operativos del mundo de la distribución tuvieron un marcado impacto en el valor de los bienes inmuebles, especialmente en los activos dedicados al sector del *retail*. La migración de los consumidores a las alternativas online fue más acuciada porque, en la década anterior a la crisis financiera, se habían agregado enormes cantidades de espacio comercial en los centros comerciales de todo Estados Unidos. Con menos consumidores en las tiendas, este exceso de metros cuadrados devaluó el patrimonio inmobiliario de todos los distribuidores.

La necesidad de maximizar el valor del parque inmobiliario fue una de las razones por las que KKR y Bain Capital decidieron asociarse con Vornado, un grupo de inversión inmobiliaria con una sólida experiencia en el sector. Pero el declive estructural en el mercado inmobiliario de Estados Unidos que comenzó poco después de la LBO no ayudó a aumentar el valor de la cartera de bienes inmuebles como se esperaba inicialmente. Si bien en los primeros cinco años de la LBO, las firmas de capital privado habían completado la remodelación de las tiendas estadounidenses, entre 2011 y 2017 el número de unidades de venta administradas por Toys "R" Us en su mercado nacional se mantuvo igual. Tal vez la pregunta es por qué, en junio de 2017, tres meses antes de declararse en quiebra, la dirección todavía insistía en que no tenía intención de cerrar más tiendas.[62]

Afortunadamente, el minorista tenía una presencia internacional que podía compensar en parte la tendencia negativa del mercado nacional – la expansión internacional había hecho que el número de tiendas aumentara en dos tercios. Por desgracia, en 2017, las tiendas en Europa parecían igualmente devaluadas por los consumidores. La destrucción del valor inmobiliario se extendió junto con la migración online y provocó, en parte, la quiebra de la división británica a principios de 2018.

## Pérdidas ilimitadas

Al igual que los dulces, los juguetes están destinados principalmente a los niños. Quizás por eso también son resultado de compras impulsivas. Se sabe que los niños son presa fácil de las estratagemas de los especialistas en marketing para fomentar el consumo. Alrededor del 45% de los juguetes pertenecen al "sector del dinero de bolsillo" – de precio moderado – donde la compra impulsiva está muy extendida y los padres a menudo ceden a los incesantes caprichos de sus hijos.[63] La recesión de los años 2008-2010 no fue agradable para el segmento del dinero de bolsillo, frecuentemente la primera víctima de la contracción del gasto de los consumidores.

Dada la presión sobre los precios resultante de la estandarización de los productos, la competencia de los hard discounters y los sitios de ventas online, así como el carácter cíclico y la estacionalidad del sector, Toys "R" Us se presentó como un mal candidato para una LBO. Las quiebras de KB Toys y FAO Schwarz en 2003 tras una mala temporada navideña proporcionaron buenas pistas de lo que acontecería.

El hecho de que los mercados de crédito estuvieran atravesando una de sus burbujas esporádicas contribuyó a la decisión de Bain Capital y sus socios de completar su LBO en 2005. En ese momento, el motivo aducido para esta decisión fue darle al especialista en juguetes la oportunidad de reestructurarse. Sin embargo, a pesar de la migración de la demanda a Internet, la caída de los valores bursátiles del sector y la digitalización de los juguetes, resulta extraño que la dirección y los fondos de capital privado persiguieran obstinadamente la ampliación de la cartera de tiendas. Entre enero de 2006 y enero de 2018, Toys "R" Us agregó 400 ubicaciones, elevando su cartera a 1.948 tiendas. Era como si todos estos participantes no hubieran prestado atención a la transformación que estaba impactando a la industria.

En 2017, la principal amenaza ya no eran las tiendas de superdescuento, sino un enemigo aún mayor, el antiguo socio en línea de Toys "R" Us: Amazon. Una década es mucho tiempo en el comercio *retail*. A mediados de los años 2000, Wal-Mart fue criticado por destruir el comercio de proximidad, arrancar el corazón de los centros urbanos y reducir los salarios. Diez años después, Amazon fue acusado de manera similar. El hecho de que haya tardado tanto en quebrar muestra la resistencia de Toys "R" Us, pero no se puede negar que el especialista en juguetes había sido asesinado por especialistas en precios bajos.

Ojalá la comunidad de capital privado hubiera mostrado un poco más de moderación y hubiera dejado en paz a Toys "R" Us. Tal vez el distribuidor hubiera acertado en su transición digital. Enterrado profundamente en un pozo de deudas, se vio obligado a recortar gastos de capital y pasar por una serie de reestructuraciones purificadoras, desalentando a los soldados de infantería y forzando el reemplazo de cuadros ejecutivos. Como resultado, el nombre Toys "R" Us está grabado para siempre en el Muro de la Vergüenza de la industria del capital privado.

---

**PRIVATE EQUITY Y DISRUPCIÓN DEL MERCADO**

*Si su valoración es excesiva – como suele ser el caso de las exclusiones de cotización – una compra apalancada no puede darse el lujo de que el plan operativo se descarrile. En el caso de Toys "R" Us, la agitación tomó la forma de una grave crisis financiera, una profunda recesión económica y una intensa competencia de los distribuidores de juguetes online, juegos digitales y aplicaciones móviles. Pocas empresas pueden salir ilesas cuando la disrupción interrumpe el buen funcionamiento de una LBO.*

*Durante la última década, el impacto de la tecnología en muchos modelos de negocio ha sido nada menos que revolucionario. Esto implica que, en la mayoría de los casos, no se recomiendan ratios de endeudamiento superiores al 70%. Sobre este punto, Toys "R" Us ofrece una lección costosa pero valiosa.*

# TERCERA PARTE

# Lo Feo: ¿Codicioso o travieso?

> *Las prácticas inescrupulosas en el mundo transaccional no son nada nuevo. Desde el advenimiento del capitalismo, en su obsesiva búsqueda de ganancias y poder, los grandes financieros rara vez se han hecho preguntas de naturaleza ética. En este sentido, los tres capítulos siguientes no abarcan nada extraordinario, sino versiones modernas de prácticas ancestrales.*

# CAPÍTULO 7

# Bhs: Manual de iniciación a la bancarrota

> *Para la mayoría de los lectores, una LBO es una adquisición realizada por una gestora de fondos con la contribución de prestamistas.*
>
> *Ocasionalmente, los empresarios pueden llevar a cabo operaciones apalancadas, con o sin la participación de sponsors financieros. Este tipo de transacciones se denominan compras por parte del propietario, o owner buyouts (OBO).*

A primera vista, las LBO por parte de los propietarios no parecen muy comunes. Sospecho que pocos lectores habrán oído la frase y podrán encontrar nombres de empresas o individuos que hayan completado tal transacción. Aun así, propietarios de empresas han logrado muchas LBO memorables. Probablemente las OBOs más conocidas en los Estados Unidos son las realizadas por el presidente Donald Trump en su calidad de expresidente de la Trump Organization. Trump ha realizado una gran cantidad de transacciones apalancadas para su negocio inmobiliario.

Como es el caso con muchas transacciones, las OBO pueden generar controversia cuando fallan. Trump tuvo su cuota de mala prensa tras las quiebras en serie en sus negocios de casinos y hoteles. Del mismo modo, por todo tipo de malas razones, en Gran Bretaña la transacción descrita en este capítulo recibió una amplia cobertura mediática.

## Había una vez

Antes de que la inflación nos trajera las tiendas ofreciendo todo por un dólar o una libra esterlina que los estadounidenses y británicos conocen hoy, las tiendas de superdescuento fijaban los precios a un nivel más razonable. En Estados Unidos, en 1879, Woolworth Bros lanzó el formato 'five-and-dime', donde todo tenía un precio de 5 o 10 centavos. Debido a que las tiendas de Woolworth (y sus imitadores posteriores) ofrecían una amplia gama de productos, sin centrarse demasiado en una categoría en particular, también se conocían como tiendas populares ('variety stores').

Treinta años después, Frank Woolworth introdujo el mismo formato en el Reino Unido y abrió lo que inmediatamente se denominó una tienda 'penny-and-sixpence' en Liverpool. Para los lectores curiosos sobre el valor de una moneda de seis peniques, equivalía a una cuadragésima parte de una libra esterlina – ¡los británicos llegaron a la decimalización a una edad avanzada!

Dos décadas después del lanzamiento de Woolworth en el Reino Unido, British Home Stores fue fundada en 1928 por otro grupo de empresarios estadounidenses.[1] Para evitar competir frontalmente con Woolworth, el recién llegado fijó el precio de sus productos en un chelín, el equivalente a una vigésima parte de una libra esterlina. Menos de un año después de abrir su primera tienda en Brixton, al sur de Londres, para ampliar su oferta, British Home Stores introdujo productos que costaban hasta cinco chelines.

Cotizada en bolsa en 1931, la compañía abrió gradualmente sucursales en todo el país y ofreció cafeterías y tiendas de comestibles. En 1970, British Home Stores tenía 12.000 empleados y 94 tiendas.[2] Doce años después, la empresa experimentó una gran transformación, alejándose del modelo de supermercado hacia un concepto de grandes almacenes.[3] En 1986, se fusionó con el especialista en diseño de interiores Habitat y el minorista de ropa para madres y niños Mothercare, para formar Storehouse plc. En esa época también llevó a cabo un rediseño de marketing con el nuevo logotipo BhS (que más tarde se convertiría en Bhs). La fusión no funcionó como se esperaba. Habitat y otras divisiones más pequeñas fueron vendidas en 1992.

A finales de los años 90, Storehouse siguió experimentando problemas estratégicos, con Mothercare y la cadena de grandes almacenes Bhs ofreciendo pocas ventajas sinérgicas. En mayo de 1999, el conglomerado se deshizo de su director ejecutivo después de seis años de bajo rendimiento. Para ayudar a Mothercare y Bhs a recuperar su antigua gloria, se implementó una revisión estratégica. Después de una serie de negociaciones entre Storehouse y varios grupos de distribución, en mayo de 2000 Bhs se vendió al empresario minorista Philip Green.

## La historia de Green

Green, que en ese momento tenía 48 años, contaba más de treinta años de experiencia en la industria minorista de ropa. Su padre, Simon, había sido un distribuidor de productos eléctricos sin éxito hasta su muerte, cuando Green tenía solo 12 años. Criado en el suburbio de Hampstead Garden, un enclave adinerado de clase media en el norte de Londres, Green había ayudado a su madre a administrar la estación de servicio y las empresas inmobiliarias de la familia antes de dejar la escuela y emprender su propio negocio a los 16 años. Comenzó importando zapatos, pero luego se dedicó a una serie de proyectos, comprando empresas débiles a precios bajos y rehaciéndolas.[4] Hizo su fortuna por primera vez después de comprar la cadena de tiendas Jean Jeanie por 65.000 libras esterlinas en 1985 y venderla un año después por 3 millones de libras.[5]

Dado el nivel de riesgo inherente asociado a la industria minorista, que es altamente sensible a los ciclos económicos, no todas sus iniciativas tuvieron éxito. Su experiencia como CEO de Amber Day a finales de los años 80, tras la adquisición de una participación minoritaria en el distribuidor textil en dificultades, terminó con su dimisión en septiembre de 1992 – la recesión económica había afectado fuertemente a la empresa, provocando la caída del 75% en el precio de sus acciones en unos meses.⁶

A mediados de los años 90, Green se había recuperado de su desalentadora experiencia con Amber Day. Después de la adquisición en 1994 de Owen Owen, el quinto grupo de grandes almacenes más importante de Gran Bretaña, combinó este negocio con sus 50 tiendas de descuento Xceptions. Luego adquirió dos divisiones del conglomerado minorista Sears – el especialista en deportes Olympus, comprado en asociación con el empresario escocés Tom Hunter, y la cadena Shoe Express – y las revendió poco después con enormes plusvalías. Pero Green tenía prisa, y adquirir las divisiones de Sears a cuentagotas iba a llevar demasiado tiempo. A finales de enero de 1999, compró todo el grupo con una oferta de 530 millones de libras esterlinas, cooperando una vez más con un grupo de empresarios escoceses: Hunter junto a los hermanos y expertos inmobiliarios David y Frederick Barclay. Pasaron el resto del año desmantelando Sears poco a poco, entregando las marcas Wallis, Warehouse, Richards y Miss Selfridge al minorista Arcadia.⁷

El propósito final de Green era encontrar objetivos vulnerables y deteriorados en el altamente fragmentado sector minorista de ropa de Gran Bretaña. Con un ojo atento para los activos inmobiliarios, se estableció como uno de los depredadores más formidables de la industria. En 1999, los minoristas de moda Marks & Spencer y New Look fueron considerados objetivos probables. Ambos lograron escapar de las garras de Green. Con Bhs, el entusiasta empresario arrinconó a una presa desesperada.

## La LBO de Bhs

Aunque un poco pequeño para Green, que había presentado una oferta pública de adquisición de 11.000 millones de libras esterlinas por Marks

& Spencer unos meses antes,[8] Bhs era un candidato típico para la revitalización. La cadena había registrado un beneficio de 13 millones de libras esterlinas en el año finalizado el 1 de abril de 2000, un 85% menos que el año anterior. Con unas ventas de 822 millones de libras, las ventas comparables habían caído un 6,5%.[9] Por un importe total de poco más de 200 millones de libras esterlinas, financiado en parte por 125 millones de libras de deuda del banco alemán WestLB,[10] Green y sus socios minoritarios, Tom Hunter y la banquera de WestLB Robin Saunders, compraron una empresa que estaba perdiendo impulso y ofrecía importantes oportunidades de reestructuración. La dirección de Storehouse ya había impuesto reducciones de personal, pero con operaciones repartidas en más de 150 tiendas y una fuerza laboral de más de 14.000 personas,[11] aún quedaba mucho por lograr.

En un esfuerzo por reducir costes y mantener a Bhs como minorista de gama media, uno de los primeros pasos que tomó Green fue pedir a los proveedores que bajaran sus precios si iban a seguir haciendo negocios con la cadena de almacenes.[12] Green quería iniciar métodos comerciales radicalmente diferentes para mejorar el rendimiento y la calidad del producto. Planeaba adquirir inventario de forma más regular que las compras estacionales comunes en Bhs. Esta política tenía el doble beneficio de renovar el inventario y garantizar que los proveedores mejoraran su nivel de juego.

La intención también era aumentar la densidad de ventas, almacenar nuevas gamas y modernizar los puntos de venta. Para implementar su estrategia de gama media, en los primeros seis meses contrató a Terry Green (sin relación de parentesco) como CEO, desde el mismo puesto en su rival Debenhams, y a Allan Leighton, anteriormente presidente de Wal-Mart Europa, como presidente.[13] Después de centrarse intensamente en la venta de ropa básica al mercado objetivo tradicional de mujeres de 40 a 55 años de edad, en el ejercicio financiero finalizado en marzo de 2002 Bhs triplicó su margen operativo hasta el 11,8%. Con 100 millones de libras esterlinas, los beneficios se habían multiplicado por ocho desde la adquisición, alcanzando el nivel más alto en la historia del grupo.[14]

Unos meses después de celebrar su 50 cumpleaños por todo lo alto, gastando 5 millones de libras esterlinas para transportar y acoger a 200 'amigos cercanos' a Chipre, en mayo de 2002 Green se pagó a sí mismo un dividendo de 165 millones de libras.[15] No es una mala rentabilidad para los 70 millones de libras que había invertido a cambio del 95% en Bhs.[16] Con la cadena de grandes almacenes valorada en más de 1.000 millones de libras, la OBO de Green había dado fruto en gran medida.

Clasificado en el puesto 16 por el *Mail on Sunday* en la lista de los británicos más ricos de ese año, el recién coronado multimillonario admitió que su trabajo en Bhs aún no había terminado. La reorganización había funcionado, pero los consumidores más jóvenes seguían considerando la marca como anticuada y 'poco cool' a pesar de los recientes esfuerzos por refrescar su imagen.[17] Perfectamente adaptado a los hogares y las familias, Bhs necesitaba ampliar su gama. Green quería convertirlo en un destino para las personas conscientes de la moda.

Este tipo de transformación probablemente iba a llevar algún tiempo. Fue en parte por esta razón que, en junio de 2002, Terry Green renunció. En noviembre del año anterior, el CEO no pudo cerrar una LBO de Bhs por valor de 800 millones de libras esterlinas con el respaldo del fondo de capital privado PPM Ventures.[18] También se mostró decepcionado por el hecho de que, como alternativa, el grupo no considerara la posibilidad de salir a bolsa a pesar de una reorganización muy satisfactoria. Pero Philip Green se había visto afectado por su experiencia en Amber Day – durante su mandato en ese grupo, había trabajado para no menos de cinco asesores financieros diferentes – y no tenía muchas ganas de volver a los mercados bursátiles.[19] En cambio, optó por seguir un formidable plan de crecimiento, primero buscando sin éxito una fusión de 2.000 millones de libras esterlinas con Woolworth,[20] y luego lanzando una oferta hostil de adquisición del conglomerado de cadenas de almacenes Arcadia.

A tal efecto, inicialmente había previsto asociarse con Baugur, un grupo de inversión islandés especializado en el sector de la distribución minorista y con una participación del 20% en la empresa objetivo. De manera imprevista, cuando se anunció la oferta por Arcadia, Baugur estaba siendo investigado por fraude, lo que atrapó a Green en un aprieto. Demostrando que no había robado su reputación de negociador incansable, logró poner en marcha la financiación gracias al apoyo de Bank of Scotland. Esta no era la primera vez que la comunidad escocesa apoyaba sus diseños para dominar el prêt à porter.

Con una oferta combativa de 866 millones de libras esterlinas, compró Arcadia en octubre de 2002, añadiendo a la marca familiar Bhs la marca de moda femenina Dorothy Perkins y la marca de moda masculina Burton, así como Topshop, Topman y Miss Selfridge – esta última vendida a Arcadia por el propio Green como parte de su ruptura de Sears tres años antes. Financiada por la emisión de más de 800 millones de libras esterlinas en préstamos bancarios garantizados en tiendas de propiedad absoluta y arrendadas,[21] la exclusión de Arcadia de la cotización estableció a Green en la primera división del comercio minorista, con una participación del 10% en el mercado de ropa del Reino Unido. En tres años había creado un imperio de prêt à porter, ocupando el segundo lugar a nivel nacional detrás de Marks & Spencer.

Con Bhs, se había convertido en el hombre más rico de la moda británica, habiendo recaudado 1.000 millones de libras esterlinas más rápido que cualquier otra persona en la historia del comercio minorista del Reino Unido.[22] Arcadia estaba en una escala completamente diferente. Originalmente había planeado dividir el grupo. Pero pronto cambió de opinión y decidió vender una participación del 8% al prestamista de la empresa, Bank of Scotland, e ir en busca de otros activos para su vitrina de trofeos.[23]

## Gestión de cartera

Green dejó su huella en la empresa de manera expedita. En noviembre de 2002, reclutó a Lord Grabiner, del minorista de moda rival Next, para que se convirtiera en presidente de Arcadia. Grabiner era un destacado abogado corporativo que, entre otras distinguidas asignaciones, había asesorado a Green durante la adquisición de Arcadia.[24] Para reorientar su conglomerado, Green llevó a cabo algunas liquidaciones de activos. A finales de 2002, se desprendió de la participación del 45% de Arcadia en Rubicon – el holding de las marcas de bajo rendimiento Principles, Warehouse y Hawkshead. Y en julio de 2003, vendió la cadena de ropa de descuento Mark One a su dirección por 50 millones de libras esterlinas.[25] Estos esfuerzos por reducir el alcance de la actividad tenían como objetivo facilitar la implementación de la estrategia a nivel de grupo. Ya ejercía una presión considerable sobre los proveedores de toda la gama de productos de sus distintas marcas. Justo antes de la Navidad de 2002, cambió términos de los contratos con los proveedores, reduciendo las facturas en más de un 10%.[26]

La OBO de Arcadia transcurrió sin contratiempos, lo que hizo que su extravagante propietario tuviera la suficiente confianza como para comprometerse a adquirir por 3.000 millones de libras la cadena de supermercados de alimentación Safeway.[27] Aunque su intento no tuvo éxito, el hecho de que Green fuera visto como un serio rival contra poderosos compradores estratégicos como Tesco, Morrisons y Asda, así como los fondos de capital privado KKR y Texas Pacific Group, muestra cuánto se había ganado el respeto de la City después de las transacciones de Bhs y Arcadia. Ese mismo año, fue objeto de rumores sobre una posible oferta por los grandes almacenes londinenses de alta gama Harrods.

Internamente, su objetivo era responsabilizar individualmente a cada marca de la cartera de Arcadia. Al administrar cuentas de pérdidas y ganancias separadas, sería más fácil darles forma en identidades únicas y remodelarlas si fuera necesario. Pronto se hizo evidente que Green estaba mucho más involucrado en Arcadia que Bhs. Este último estaba dirigido por un equipo directivo independiente. Y esta estrategia doble parecía producir mucha liquidez: en el verano de 2003, Arcadia ya había reembolsado más de 400 millones de los 800 millones de libras esterlinas prestados en el momento de la LBO.[28]

A pesar de una baja tasa de crecimiento de las ventas del 2,5%, Arcadia informó de que sus beneficios operativos habían aumentado un 96% a 228 millones de libras esterlinas en el ejercicio que finalizó el 30 de agosto de 2003, los primeros resultados de la era Green.[29] Este desempeño excepcional fue impulsado por costes de compra más bajos, entregas de inventario más rápidas, la introducción de nuevas modas, la liquidación de inventario obsoleto, una mejor gestión inmobiliaria y una mayor eficiencia en la compra de suministros. El salto en el margen operativo, del 6,6% al 12,7%, llevó a algunos a observar que los inversores institucionales que habían vendido sus participaciones en Arcadia un año antes lo habían hecho a un precio demasiado bajo. Muchos estimaron que habían vendido un 20% por debajo del valor real.[30] ¡Es fácil decirlo una vez que Green había completado su programa de eficiencia operativa! En cualquier caso, después de financiar la LBO de Arcadia con más del 90% de deuda y contribuir con solo 39 millones de libras esterlinas para su participación del 92%,[31] Green había ganado otros 1.000 millones de libras, al menos sobre el papel, en solo diez meses.

En su otro holding, Bhs, no tuvo la oportunidad de repetir las mejoras de márgenes generadas el año anterior, pero el crecimiento del 5,5% en los beneficios operativos en el ejercicio financiero finalizado el 29 de marzo de 2003 ayudó a la compañía a declarar otro generoso dividendo. Green se embolsó 201 millones de libras esterlinas como parte de una 'planificación financiera normal y prudente', según sus propias palabras.[32] Lo que fue menos prudente, al menos desde el punto de vista de Bhs, fue que la empresa tuvo que solicitar un préstamo bancario de 200 millones de libras esterlinas para financiar esta distribución de dividendos.[33]

## Compras terapéuticas

Como el crecimiento de las ventas en Bhs se estancó, los críticos observaron que la milagrosa máquina de Green se estaba quedando sin fuerza. El empresario volvió a argumentar que todavía era un trabajo en progreso. Planeaba modernizar las líneas de productos y mejorar la cadena de suministro.

De hecho, las difíciles condiciones comerciales exigían cautela. A finales de 2003, Bhs y Arcadia tuvieron un período navideño difícil, aunque Green no lo admitió, negándose a publicar las cifras de ventas de ninguno de los dos grupos. A nivel personal, sin embargo, Green sabía qué hacer con el dividendo que se había pagado a sí mismo. Tras realizar algunas compras, añadió un jet privado que costó millones de libras esterlinas a su superyate y a su ático en Mónaco.[34] Su estilo particular de compras terapéuticas no se limitaba a la compra de artículos personales de lujo. La pregunta a la que todos querían una respuesta era cuánto tiempo pasaría antes de su próximo LBO. Así, en la primavera de 2004, armado con la motivación incontenible y la obstinación intransigente del empresario, lanzó la 'Operación Sócrates', una oferta ambiciosa para su principal rival en la calle mayor: Marks & Spencer.

Era la tercera vez que Green perseguía al grupo minorista de moda más importante del país, después de haber probado suerte cuando controlaba en Amber Day, y de nuevo poco antes de adquirir Bhs. Considerado la joya de la corona británica del comercio minorista, Marks & Spencer acababa de ver como sus acciones alcanzaban su nivel más bajo del año tras anunciar resultados decepcionantes. El grupo había perdido parte de su prestigio en los últimos años debido a la fragmentación de los segmentos de gran consumo, pero también por su posicionamiento, dirigido principalmente a consumidores mayores de 40 años. Por cierto, los beneficios antes de impuestos de M&S habían caído de 1.200 millones de libras esterlinas en 1998 a menos de 800 millones de libras seis años después, mientras que las ventas se habían mantenido estables. ¿A la tercera iría la vencida, para Green?

Su principal problema, a pesar de sus incomparables credenciales para recuperar cadenas de almacenes descoloridas, era el tamaño de la transacción. Con 10.000 millones de libras esterlinas, el valor de la empresa dominaba su propio imperio. ¿Podría financiarse con la combinación habitual de apalancamiento colosal y una insignificante inyección de capital? Green estaba dispuesto a desembolsar entre 600 y 1.000 millones de libras, una porción significativa de su fortuna, estimada en 3.500 millones de libras, pero necesitaba encontrar 9.000 millones de libras en financiación externa.[35] Llamó al rescate a Bank of Scotland, el prestamista detrás de su LBO de Arcadia.

Todo el mundo estaba de acuerdo en que M&S, el minorista más famoso del Reino Unido con ofertas en las tiendas que van desde delicatessen hasta prêt à porter, no había respondido a los métodos de moda rápida ('fast fashion') introducidos recientemente por una nueva generación de minoristas de ropa. M&S ofrecía 50.000 artículos durante toda una temporada, mientras que Zara ofrecía 5.000 artículos una semana y luego otros 5.000 la siguiente, con la gama y el estilo ligeramente diferentes cada vez. Este enfoque requería una cadena de suministro diferente.

Para convencer a los escépticos, Green propuso que Lord Stevenson, presidente de Bank of Scotland, se convirtiera en director no ejecutivo de la empresa una vez finalizada la adquisición. Pero la empresa objetivo, aunque enferma, no estaba dispuesta a quedarse de brazos cruzados ante el asalto. En junio de 2004, nombró a Stuart Rose – quien había sido director general de Arcadia hasta su adquisición por parte de Green dos años antes – como su nuevo director ejecutivo. Armado con un 'golden hello' (prima de contratación) de 1,25 millones de libras esterlinas y un potencial 'golden parachute' (prima de salida) de 2,1 millones de libras esterlinas en caso de una venta de M&S,[36] Rose se encargó de torpedear la propuesta de Green. Su nombramiento coincidió con el ascenso del director no ejecutivo Paul Myners a presidente interino. Los dos se iban a enfrentar a una gran batalla.

Otro obstáculo a la oferta de Green fue el hecho de que las acciones de la empresa objetivo habían subido un 40% desde que surgieron los rumores. A principios de junio de 2004, en lo que habría sido la mayor LBO y exclusión de cotización en Europa hasta esa fecha, el empresario presentó una oferta descarada: una combinación de 7.000 millones de libras esterlinas en efectivo y capital por valor de 2.000 millones de libras en Revival Acquisitions, el vehículo de inversión creado para la ocasión y que cotizaría en la Bolsa de Valores de Londres para pequeñas empresas, el Alternative Investment Market.[37] Dada la recepción desfavorable de la City, quince días después elevó su oferta a 11.900 millones de libras, o 370 peniques por acción. Para financiar la oferta, obtuvo alrededor de 9.400 millones de libras en préstamos LBO, además de contribuciones de capital de Goldman Sachs y Bank of Scotland, diluyendo su participación al 44%.[38] Para los accionistas de M&S, el dilema era si mantener sus acciones en una institución nacional envejecida, que formaba parte del índice FTSE 100, o tener una participación minoritaria en una entidad muy apalancada controlada por Green y que cotizaría en una Bolsa de segundo nivel. También estaba la cuestión de la valoración: los accionistas estimaban que la empresa objetivo valía 400 peniques por acción, ni un penique menos.

Alineándose con las expectativas del mercado, en julio, Green elevó su oferta final a 400 peniques, con 1.600 millones de libras de su propio dinero, por un valor empresarial superior a 12.000 millones de libras y un múltiplo sobre el beneficio operativo de 14,6 veces. La oferta también fue rápidamente rechazada por el consejo de administración de la empresa objetivo, que consideró que infravaloraba considerablemente al grupo.[39] El consejo consideró que sería mejor si los accionistas le dieran al nuevo CEO Rose la oportunidad de instituir una reorganización adecuada. Para facilitar las cosas, se les ofreció un plan de recompra de acciones y distribuciones de dividendos por valor de más de 2.000

millones de libras, financiados en parte por la venta de la división de servicios financieros de Marks & Spencer.

El tercer intento de adquisición de Green terminó como los dos anteriores. Se le consideraba un oportunista vulgar demasiado deshonroso para que la City le permitiera hacerse cargo de una marca de moda tan estimada, aunque problemática. La dirección, los accionistas y los asesores financieros de M&S habían conspirado para resistir su ofensiva seductora. Quizás a algunos profesionales de la City les resultó difícil digerir el hecho de que su apoyo a las adquisiciones de Sears, Bhs y Arcadia había ayudado al grandilocuente negociador Green a amasar la cuarta fortuna de Gran Bretaña. No dispuesto a pagar de más por una empresa objetivo que la mayoría de los observadores consideraban 'un producto defectuoso', Green poco a poco aceptó el hecho de que no lograría sus objetivos. A pesar del fuerte apoyo de Goldman Sachs, la Operación Sócrates fracasó ante la feroz oposición del establishment de la City. Durante las siete semanas que duró el proceso de licitación aparecieron en la prensa casi 2.000 artículos, tal fue la reacción hacia el empresario del sector textil y de confección, a menudo en contra de él.

En ese momento, Bhs y Arcadia deberían satisfacer su apetito de gloria. Aun así, no cabía duda de que su ambición no podía ser satisfecha por la cartera de activos existente. Durante el intento de adquisición de M&S, circularon varios rumores – negados por Green – de que estaba considerando vender Bhs para disipar las preocupaciones de los reguladores. Una combinación de Bhs, Arcadia y M&S le habría dado una cuota del 20% en el mercado de ropa del Reino Unido y un 26% en la moda femenina.[40] ¿Era el grupo Bhs realmente parte de su estrategia a largo plazo, o valía la pena sacrificarlo para lograr sus planes de dominar la industria de la moda?

## La guerra del comercio de ropa

Después de que fracasara su descarada oferta por M&S, Green prometió luchar contra su rival. En julio de 2004, mientras se pavoneaba, anunció al estilo churchilliano:

> *"Nos verán monitoreando sus acciones en todas las calles mayores del Reino Unido. Y ahí es donde me voy a entusiasmar. Lo daré todo. Y veremos quién es el mejor minorista de ropa."*[41]

A los pocos meses, dio a conocer un plan de expansión y reorganización, que incluía la apertura de docenas de nuevas tiendas, en particular para la marca Topshop. En el año fiscal que finalizó en marzo de 2004, Bhs reportó ventas estables y un crecimiento de un solo dígito en los beneficios operativos. Esto contrastó marcadamente con la caída del 7,7% en las ventas no alimentarias de M&S en las 12 semanas hasta el 2 de octubre de 2004. Para aumentar la presión sobre su principal rival, Green lanzó la primera campaña publicitaria televisiva de la cadena en una década.[42]

A mediados de octubre, anunció que ya había reembolsado préstamos por valor de 800 millones de libras que había pedido dos años antes para adquirir Arcadia. Los métodos de Green para renovar las tiendas, optimizar la cadena de suministro y controlar el inventario estaban dando sus frutos: en los mismos dos años, Arcadia había distribuido 200 millones de libras esterlinas a los accionistas y el grupo anunció un gigantesco dividendo ese mismo mes.[43] Los márgenes operativos habían aumentado en 300 puntos básicos, como resultado de las mejoras en la eficiencia operativa, lo que llevó la valoración del grupo a 2.300 millones de libras, un 167% más desde el inicio de la LBO.[44] La sensación de bienestar se vio reforzada por los desastrosos resultados comerciales de Marks & Spencer en el segundo semestre de 2004, incluso en Navidad, lo que obligó a sus ejecutivos a anunciar una advertencia sobre beneficios.[45] La situación parecía tan preocupante que con el precio de las acciones de M&S más de un 15% por debajo de la oferta de 400 peniques presentada por Green, surgieron rumores de que el empresario estaba preparando una nueva propuesta. Pero no había esperanza.

Su imperio de la ropa enfrentó sus propios desafíos. Durante el ejercicio financiero finalizado el 2 de abril de 2005, Bhs registró una disminución de la demanda. En lugar de pagarse un dividendo como lo había hecho en años anteriores, Green gastó dinero para renovar la marca. Bajo el ataque de especialistas en relación calidad-precio como Primark, Bhs intentó ascender en el segmento superior, gastando 20 millones de libras esterlinas el año anterior en renovaciones y comprando o abriendo 12 nuevas tiendas.[46] El 7 de abril, Green adquirió la marca deficitaria Etam, una cadena de 200 tiendas de ropa,[47] con el fin de ampliar la superficie de venta de Arcadia y lograr economías de escala. Unos meses más tarde, Bhs absorbió diez antiguas tiendas Allders y seis anteriormente administradas por Littlewoods, y abrió cuatro nuevas tiendas, lo que elevó el número total de puntos de venta de Bhs a 180 en abril de 2006.[48]

La situación parecía prometedora en el grupo más diverso de tiendas de ropa de Gran Bretaña. El crecimiento de las ventas se mantuvo estable, aunque de un solo dígito, para Bhs y Arcadia, pero los márgenes operativos aumentaron constantemente año tras año, lo que permitió un flujo continuo de dividendos. Pero de repente, gradual e implacablemente, la magia se desvaneció.

En 2005, minoristas de descuento como Peacocks, New Look y Matalan obligaron a las cadenas de grandes almacenes Debenhams, M&S y Bhs a reducir los precios en toda su gama.[49] La feroz competencia llevó a muchos participantes a reportar pésimos resultados de ventas ese año, en lo que se describió como el clima de negocios más difícil en 20 años.[50]

Después de los gigantescos dividendos que se había pagado a sí mismo durante los dos años anteriores, Green podría haber buscado nuevas empresas objetivo. Pero sus activos existentes le dieron suficientes problemas. Los años previos a la crisis financiera vieron un débil crecimiento de los ingresos en Arcadia y un crecimiento negativo en Bhs. Los efectos más preocupantes de la guerra de la ropa se produjeron en la rentabilidad. El margen operativo de Bhs cayó del 15% en 2004-2005 a menos del 5% en el año finalizado en marzo de 2008, en parte porque el grupo no adaptó su oferta de productos, encontrándose con un exceso de inventario en varias ocasiones. A Arcadia le fue mejor, pero aun así experimentó una erosión de los márgenes del 17% al 13% durante el mismo período.[51] Ambos grupos seguían generando generosos flujos de caja, pero los períodos de pago de dividendos mediante recapitalización habían terminado.

## Combinación de moda

La recesión económica causada por la crisis crediticia de 2007 y el colapso financiero que siguió tuvieron efectos devastadores en el sector minorista. Durante el ejercicio financiero que finalizó en marzo de 2008, Bhs observó una caída del 40% en su beneficio operativo.[52] Durante los 17 meses finalizados en agosto de 2009, el grupo registró una pérdida operativa por primera vez desde la LBO nueve años antes. A Arcadia le fue ligeramente mejor gracias a sus tres principales marcas de moda: Topshop, Topman y Miss Selfridge.[53] La única opción disponible era combatir la desaceleración económica abriendo nuevas tiendas para las marcas más exitosas y reduciendo la deuda.

La mayor víctima de la crisis fue sin duda Baugur, el grupo islandés sobreendeudado con participaciones en una serie de minoristas del Reino Unido, entre ellos Debenhams, House of Fraser, French Connection, Goldsmiths, Nine West, Principles, Coast, Oasis, Karen Millen, Whistles, la juguetería Hamleys y la cadena de alimentos congelados Iceland. Las conversaciones con sus acreedores fracasaron en febrero de 2009, lo que le obligó a declararse en quiebra y liquidar todas sus participaciones.[54] Pero los problemas en Baugur no hicieron la vida más fácil en el comercio minorista del Reino Unido. La recesión estaba hirviendo a los consumidores, y un aumento del 5% en los impuestos sobre las propiedades comerciales a principios de 2009 hizo más difícil para las tiendas mantener los precios lo suficientemente bajos como para atraer cazadores de gangas.[55]

Bajo presión, Green decidió en primavera simplificar la estructura de su grupo consolidando Arcadia y Bhs bajo un mismo holding, Taveta Investments, entidad controlada por su esposa Cristina, con domicilio en Mónaco. La contraprestación pagada por Taveta para adquirir Bhs se financió mediante préstamos subordinados de 200 millones de libras esterlinas, una práctica ampliamente utilizada en transacciones de capital privado. Como parte de este proceso, el grupo fusionó las funciones de back-office, incluyendo logística, bienes inmuebles y finanzas, y armonizó las tasas de descuento de proveedores del 11,25% al 14,25%.[56] Otra idea estimulante fue reubicar las marcas en tiendas Bhs con demasiado espacio, particularmente en ciudades donde el espacio se había vuelto caro.[57] Al mismo tiempo, Bhs estaba atravesando una importante reorganización, incurriendo en más de 32 millones de libras esterlinas en gastos excepcionales, despidos y deterioros de activos. Incluso antes de cargos excepcionales, el grupo declaró una pérdida operativa de 34 millones de libras en los 17 meses finalizados en agosto de 2009.[58] Taveta Investments tenía más de 1.100 millones de libras esterlinas de deuda en sus cuentas, aproximadamente 3,2 veces sus entradas netas de efectivo,[59] por lo que la débil demanda era potencialmente fatal.

Como consuelo, a la némesis de Green, Marks & Spencer, no le fue mucho mejor. Aunque entre 2004 y 2007 su dirección había hecho un buen trabajo en términos de reestructuración, para preservar la cuota de mercado, habían invertido mucho. El gasto de capital superó los 1.000 millones de libras esterlinas solo en el ejercicio 2008. En marzo del mismo año, la deuda neta se situó en 3.100 millones de libras, un 80% más que en los dos años anteriores. Las acciones de M&S habían cotizado brevemente por encima de los 400 peniques por acción – el precio al que Green había presentado una oferta – pero en la primavera de 2008 valían aproximadamente la mitad debido a las malas condiciones económicas. En el año finalizado en marzo de 2009, el grupo reportó

135 millones de libras esterlinas en deterioro de propiedades y otros costes de reestructuración. El beneficio operativo bajó un 28%. Para contrarrestar los efectos de la recesión, el grupo redujo sus gastos de inversión en un 40%, preservando liquidez durante el ejercicio financiero que finalizó en marzo de 2010; refinanció bajo coacción, emitiendo un nuevo bono a largo plazo para tener más margen de maniobra; y tuvo que reducir su dividendo.[60]

Gracias a inversiones pasadas, M&S todavía tenía la mayor cuota del mercado de ropa del Reino Unido, con un 13% en las 12 semanas finalizadas el 31 de enero de 2010, mientras que la cuota de mercado de Bhs se estaba erosionando aún más, cayendo al 1,9%.[61] Sin embargo, diez años después de fracasar en su intento de adquirir M&S, Green podía estar satisfecho de que su mayor rival no hubiera producido los resultados que el consejo de administración esperaba cuando en 2004 rechazó su oferta de 12.000 millones de libras.

**Tabla 7.1 – Indicadores financieros de Marks & Spencer en 2004 y 2014**

| Año fiscal hasta marzo de 2004 | |
|---|---|
| Ventas | 8.300 millones |
| Beneficio operativo | 866 millones |
| Margen operativo | 10,4% |
| Capitalización de mercado | 8.000 millones |
| Valor de empresa | 10.700 millones |
| **Año fiscal hasta marzo de 2014** | |
| Ventas | 10.300 millones |
| Beneficio operativo | 695 millones |
| Margen operativo | 6,7% |
| Capitalización de mercado | 7.000 millones |
| Valor de empresa | 9.000 millones |

*Fuente: documentos de la empresa – Nota: en libras esterlinas excepto el margen operativo*

La tabla 7.1 destaca que la guerra de desgaste en el comercio de ropa había impedido que M&S creara valor para sus accionistas, aunque otras razones detrás de la compresión del margen operativo incluyen cambios en los hábitos de los consumidores en favor de marcas más baratas y más versátiles, como la moda rápida, el superdescuento y ventas en línea.

De hecho, la tabla 7.1 presenta un panorama halagador. Si M&S informara de los resultados de su negocio de ropa por separado de los de su división de alimentación, las cifras del sector de la confección mostrarían un deterioro mucho mayor de la rentabilidad.

## Top fiasco

En el año fiscal que finalizó en agosto de 2010, Bhs tuvo menos de 800 millones de libras esterlinas en ventas por primera vez desde su LBO. La compañía registró otra pérdida operativa, aunque menor que el año anterior. Arcadia, por su parte, reportó un crecimiento de doble dígito en los beneficios operativos gracias al desempeño excepcional de las marcas Topshop y Topman.[62] A pesar de la difícil situación económica en el Reino Unido y en el resto de Europa, entre agosto de 2009 y agosto de 2010, el holding del grupo Taveta consiguió reducir su deuda financiera, pasando de 1.100 millones a 935 millones de libras esterlinas. El apalancamiento disminuyó de 4.4 veces a 3.6 veces los beneficios operativos.[63] Desesperado por revitalizar a Bhs, Green reorganizó el espacio consolidando aún más las marcas de nicho de Arcadia – como Dorothy Perkins, Burton, Evans and Wallis – en las tiendas Bhs.

El colapso del comercio minorista, provocado por el elevado desempleo y el limitado crecimiento salarial, estuvo perjudicando gravemente al sector textil a lo largo de 2011. En mayo de ese año, Green intentó vender las tiendas Bhs para reducir parte de la superficie no utilizada del grupo. Durante los siguientes meses se renegociaron o vendieron 300 puntos de venta de alquiler.[64] Como resultado de esta purga, en el ejercicio financiero que finalizó en agosto de 2011, Taveta incurrió en costes de reestructuración por valor de 253 millones de libras esterlinas, lo que refleja el deterioro de activos, incluido el fondo de comercio. Solo Bhs registró 88 millones de libras esterlinas en cargas excepcionales. El margen operativo se situó en un mínimo histórico del 3,6%, en comparación con el 17% en 2005. Demostrando que la lenta recuperación económica estaba causando estragos, Green anunció planes para cerrar 260 tiendas en los próximos tres años, o un poco menos del 10% de las propiedades del grupo.[65] Al año siguiente, Taveta reportó ventas estables, aunque una caída del 3,2% en las ventas comparables en el Reino Unido contrastó con un aumento del 22% en las ventas en línea y un salto aún más pronunciado del 33% en el extranjero.[66] Con 2.500 tiendas en el Reino Unido y 600 en el extranjero, el grupo era una mezcla de vibrantes marcas de moda rápida como Topshop y una cadena de grandes almacenes invariablemente deprimida como Bhs.

Después de la crisis financiera, la economía británica permaneció obstinadamente estancada. Con una progresión negativa del PIB del 4,3% en 2009, el país experimentó un crecimiento anémico del 1,9% en 2010 y un crecimiento promedio del 1,6% anual durante los tres años siguientes. La recuperación del desempleo tuvo una víctima principal: el sector minorista, ya que los consumidores buscaron gangas y encontraron muchas en Internet. Green lo intentó todo para adaptar el desgastado modelo de grandes almacenes de Bhs, incluida la adición de una oferta de artículos para el hogar y la compra del especialista en ropa de cama Dreams a principios de 2013. Un año después, consideró introducir una sección de alimentos en casi la mitad de los puntos de venta de la cadena. Sin embargo, su amarga lucha con M&S no cumplió sus promesas. La tabla 7.2 ofrece una visión general de los resultados después de diez años.

## Tabla 7.2 – Indicadores financieros de Bhs en 2004 y 2014

| Año fiscal al 27 de marzo de 2004 | |
|---|---|
| Ventas | 882 millones |
| Beneficios operativos | 104 millones |
| Margen operativo | 11,8% |
| Valor de empresa | 800 millones |

| Año fiscal al 30 de agosto de 2014 | |
|---|---|
| Ventas | 673 millones |
| Pérdidas operativas | (55 millones) |
| Margen operativo | - 8,3% |
| Valor de empresa | 256 millones * |

*Fuente: documentos de la empresa – Notas: en libras esterlinas excepto el margen operativo*
*\*Pasivo neto al 30 de agosto de 2014*

Durante años, los problemas de Bhs fueron reportados minuciosamente en la prensa. Green argumentó que organizaría su revitalización, probablemente porque no podía imaginar verse obligado a vender la compañía a una valoración irrisoria. A finales de 2013, surgieron rumores de que inversores extranjeros, incluidos especialistas en reestructuración, estaban codiciando a la debilitada cadena minorista.[67] Agobiada por arrendamientos costosos, una oferta de productos indiferenciada y un déficit en su fondo de pensiones, Bhs no fue fácil de valorar. En los cuatro años hasta agosto de 2014, el minorista había incurrido en 165 millones de libras esterlinas en costes de reestructuración.[68] Su modelo de negocio estaba obsoleto, con una caída de sus ventas del 16% en el mismo período. Aunque estaba sin deuda, había acumulado enormes pérdidas, hundiendo su balance en una posición pasiva neta de 256 millones de libras esterlinas.

Tirando la toalla, en enero de 2015 Green puso a la venta la deficitaria empresa. Le habían contactado varias veces, pero las expresiones de interés habían sido rechazadas por desacuerdos de valoración.[69] Era poco probable que el lamentable estado en el que se encontraba la cadena atrajera algo más que ofertas oportunistas. Una larga lista de pretendientes incluyó cadenas de supermercados, otros grandes almacenes del Reino Unido o del extranjero, así como especialistas en moda rápida y de superdescuento.

Dos meses más tarde, Bhs, recientemente rebautizada como BHS, fue vendida por una suma simbólica. En una señal de que la cadena estaba lejos de ser un activo valioso, Taveta acordó renunciar a 217 millones de libras esterlinas en préstamos intragrupo para atraer al comprador, Retail Acquisitions.[70] La pregunta inmediata era: ¿triunfaría el comprador donde Green había fracasado?

## Como Green hizo su fortuna

Obviamente, a nivel personal, la actividad transaccional de Green durante los últimos 15 años difícilmente podría considerarse un fracaso. Se pagó a sí mismo hasta 2.000 millones de libras esterlinas en dividendos entre 2003 y 2005. Si bien compró Bhs durante un período de bajo rendimiento, que finalmente se convirtió en una deficiencia estructural, ganó dinero aplicando técnicas estándar de la ingeniería financiera moderna:

> 1- Bhs quedó temporalmente debilitado cuando Storehouse lo revendió – el vendedor sufrió una pérdida de 300 millones de libras esterlinas en esta transacción.[71] La decisión de Storehouse de vender Bhs dos meses después de una caída precipitada de los beneficios podría describirse como inoportuna, si no irresponsable – al menos, desde el punto de vista de los accionistas de Storehouse.[72]
>
> 2- En Bhs y Arcadia, Green hizo recortes, incluidos en los gastos generales, eliminando prácticamente toda la oficina central. Al mantener una estrecha vigilancia sobre los gastos en todos los niveles

de la organización, inculcó una cultura de reducción y gestión disciplinada de costes.

3- Su capacidad para ejercer presión sobre los proveedores se vio favorecida por el aumento de la cantidad de mercancía adquirida de proveedores independientes más baratos en el Lejano Oriente y Europa Central. Aplicó cuidadosamente técnicas de gestión de inventarios de moda rápida comprando cantidades más pequeñas de inventario y acelerando la frecuencia de las compras. Un ejemplo típico del tipo de presión que ejerció sobre los proveedores se produjo en julio de 2006, cuando decidió unilateralmente duplicar los plazos de pago a 60 días con efecto inmediato y exigió un descuento del 1% en los productos. Seamos claros, estas prácticas fueron aplicadas por toda la industria de la confección. En el mismo año, M&S pidió un recorte del 5,5% y Debenhams optó por el 2%, mientras que New Look extendió los plazos de pago a 75 días.[73]

4- Las empresas con una alta densidad de activos inmobiliarios, como muchos minoristas, pueden generar efectivo completando transacciones de venta y arrendamiento posterior. Green utilizó este truco el 20 de diciembre de 2001, por ejemplo, cuando Bhs vendió su participación en ciertas propiedades a Carmen Properties, una entidad también controlada por Green, por 106 millones de libras esterlinas.[74] Esta fue una excelente manera para que Bhs produjera dinero en efectivo y para que Green mantuviera el control exclusivo de los bienes inmuebles mientras agregaba municiones a su cofre de guerra.

5- Con su esposa domiciliada en el paraíso fiscal de Mónaco, Green pudo evitar el pago de impuestos sobre los dividendos registrando la sociedad de cartera Taveta Investments a nombre de su esposa. Hasta 2003, Taveta tenía su sede en Jersey, lo que la sometía a impuestos en el Reino Unido. Al año siguiente, Green ahorró 150 millones de libras esterlinas en su parte de un dividendo de 460 millones de libras al asignar el control de Taveta a su esposa.[75]

6- Green replicó los métodos operativos de fondos de capital privado. Como declaró en marzo de 2004:

*"Creo que solo vales lo que tienes en el bolsillo. En otras palabras, sus activos no tienen valor hasta que se convierten en efectivo. Esto es algo que vimos durante el boom de las puntocom, donde las personas que valían una fortuna el jueves por la mañana estaban sin blanca el viernes por la noche".*[76]

Estaba ansioso por hacer distribuciones de dividendos de recapitalización para cobrar sus ganancias antes de que cambiara la marea – incluido un generoso dividendo de 1.200 millones de libras distribuido a su esposa en 2005. Este es el enfoque típico de las gestoras de fondos de capital privado – recuperar su participación mientras todavía puede, y hacerlo a intervalos regulares, porque nadie sabe cuánto durará el buen tiempo.

Fue un ávido usuario de deuda, a veces de la misma manera controvertida que siguen muchas firmas de capital privado. El enfoque utilizado para Bhs fue hábilmente replicado para Arcadia. Green fue lo suficientemente cauteloso como para no sobrecargar el balance de su grupo para siempre. A los 18 meses de la LBO de Arcadia, había reembolsado tres quintas partes de los préstamos bancarios; al cabo de dos años, se habían pagado en su totalidad, dejando solo las hipotecas inmobiliarias en las cuentas. Aunque refinanció Taveta hasta el extremo en 2005, a través de 1.700 millones de libras esterlinas en préstamos bancarios, para pagar el dividendo antes mencionado, redujo minuciosamente el ratio de deuda de Taveta de 4,7 veces el beneficio operativo en 2006 a menos de 1 vez diez años después (véase el gráfico 7.1).[77]

Hay que tener en cuenta que considerar el impacto a largo plazo de este exceso de apalancamiento en las empresas de cartera no forma parte de la ecuación del capital privado. Además de la presión sobre el flujo de caja, los pagos de dividendos financiados con deuda habían desmoralizado al personal y dado lugar a un éxodo de profesionales con la salida de los desilusionados altos y medianos directivos.

7- Se aseguró de satisfacer a los acreedores. Bank of Scotland – el prestamista de 775 millones de libras esterlinas para la LBO de Arcadia – también era accionista del 8% de Arcadia. Green se aseguró la cooperación de su banquero ayudándolo a cosechar dividendos durante las diversas recapitalizaciones. Dado que Bank of Scotland fue el principal proveedor de estas refinanciaciones, jugó en ambos lados de la balanza. Al banco le interesaba garantizar que el grupo tuviera suficiente margen de maniobra para gestionar las considerables sumas prestadas durante varios años.

8- La destreza financiera de Green no se limitó a recapitalizaciones con dividendos. Incluía la organización astuta del negocio, mediante la creación de entidades separadas, para administrar las propiedades arrendadas por Bhs y Arcadia y ganar honorarios de operación y administración. Con el tiempo, Green ganó millones de libras esterlinas en alquileres y comisiones. Aunque Taveta no pagó ningún dividendo a Green ni a los miembros de su familia después de 2005, se pagaron altos intereses por los préstamos subordinados registrados a nombre de su esposa. A través de un vacío legal, el Reino Unido permitió pagos de intereses libres de impuestos a inversores radicados en el extranjero. Según este plan, una empresa extraterritorial presta dinero a su empresa hermana británica, que paga intereses sobre el préstamo. Los pagos de intereses normalmente generarían una retención fiscal del 20% en el Reino Unido. Como parte de su fusión con Arcadia en mayo de 2009, Bhs fue comprada por una rama de Taveta por 200 millones de libras esterlinas. Taveta no pagó en efectivo. En cambio, emitió préstamos al 8% de interés anual, contratados por la esposa de Green y reembolsables en diez cuotas anuales. Estas se estimaron en un total de 88 millones de libras esterlinas, lo que representa un beneficio fiscal de 18 millones de libras.[78]

9- Finalmente, como vamos a ver, Green logró traspasar su participación en Bhs a un comprador crédulo, un empresario fallido desesperado por demostrar (a sí mismo y al mundo exterior) que podía reestructurar la agotada cadena de grandes almacenes.

## Fracaso rápido

Retail Acquisitions contó con el apoyo de un grupo de ocho a diez empresarios con diversos antecedentes profesionales que habían "decidido hacer algo en el sector minorista".[79] Lo más intrigante fue la identidad del individuo que llevaba las riendas del vehículo de inversión. Dominic Chappell era un ex piloto de carreras con varias quiebras en su haber y prácticamente sin experiencia en el comercio minorista. Sus socios eran igualmente inexpertos en moda o grandes almacenes. Como declaró el *Financial Times*, el grupo de ropa barata Bhs estaba "en la canasta de gangas – vendido por solo 1 libra esterlina a un grupo de financieros, abogados y contadores desconocidos".[80] A pesar de la angustia que debió haber sentido después de fracasar repetidamente en su intento de reestructurar el grupo, Sir Philip sugirió que era un "acuerdo honesto" y agregó, sin ningún motivo en particular, que "el proceso de ventas había sido transparente".[81]

El acuerdo dejó a los profesionales de la industria preguntándose como estos inversores sin experiencia podrían administrar la empresa mejor que Sir Philip, un veterano de la industria. Este variopinto equipo aparentemente había superado la oferta de gestoras especializadas en reestructuración empresarial como Alteri, una firma de inversiones con experiencia en el comercio minorista, respaldada en parte por el experto estadounidense en situaciones especiales Apollo.

Rebosante de confianza, uno de los socios de Chappell, el ex corredor de Bolsa en la City, Keith Smith, insistió:

> *"Esta es una oportunidad fantástica para dar nueva vida a esta icónica marca británica. Estamos seguros de que, con un apoyo estratégico y específico, devolveremos la rentabilidad a BHS y protegeremos a la fuerza laboral."*[82]

Sin embargo, apoyar a la marca resultaría difícil. Se cerrarían tiendas; el personal sería despedido. Todos estaban de acuerdo en que la mayor parte del valor estaba en bienes inmuebles. Algunas ubicaciones privilegiadas serían de interés para otros distribuidores; los sitios en dificultades podrían venderse, racionalizarse o subarrendarse. A lo largo de los años, BHS había perdido gran parte de su poder competitivo. Si bien Green había pasado una década obsesionado con M&S, el mercado había sido transformado por dos categorías de nuevos participantes: los puntos de venta de moda rápida y los sitios de compras en línea. Entre principios de los años 2000 y mediados de los años 2010, los grandes almacenes habían perdido su liderazgo, suplantados por tiendas autónomas de moda rápida como Zara, H&M y Primark.

Esta última, fundada en Irlanda en 1969, es un buen ejemplo. Tras abrir su primera tienda en Europa continental en Madrid en 2006, la tienda de superdescuento amplió su modelo de negocio por toda Europa antes de entrar en el mercado estadounidense nueve años después. En comparación, la incursión de Bhs en Lituania y Rusia en 2004 no condujo a un despliegue internacional exitoso. Los grandes almacenes ya no eran lo que querían los consumidores. En lugar de librar una guerra agotadora contra un M&S igualmente descolorido, Green debería haber reconocido que las tendencias de la moda habían evolucionado. Si bien logró transponer la marca Topshop a un modelo algo similar al de Primark, abandonó Bhs.

Una revisión del desempeño de Primark durante el tiempo que Green dirigió Arcadia y Bhs ilustra que el extravagante empresario del norte de Londres ya no estaba al día con las tendencias del mercado. Entre 2002 y 2014, Bhs registró una caída del volumen de negocios del 25% y transformó un margen operativo positivo del 11,5% en un margen operativo negativo del 11,5%. Por otro lado, Primark multiplicó por catorce sus ventas entre 2000 y 2016; su número de tiendas se triplicó con creces y su margen operativo rondó el 12% durante el mismo período. Entre 1998 y 2008, la cuota de mercado minorista de los operadores de superdescuento en el Reino Unido aumentó del 11% al 25%.[83] Los minoristas de gama media, como Bhs y M&S, habían perdido gradualmente la guerra de la ropa frente a alternativas de bajo precio, que ofrecían productos con frecuente rotación a un público más joven.

La industria de la confección no solo estaba experimentando un cambio en el mercado hacia precios moderados y una rápida rotación de inventario, sino que el número de centros comerciales fuera de la ciudad se disparó en los años 90 y 2000, atrayendo a los clientes a un entorno minorista particular a gran escala y sumándose a la vasta área de zonas comerciales de la periferia urbana que había surgido en los años 70 y 80.

Luego, como si estas tendencias no tuvieran suficiente impacto, desestabilizando en particular los centros urbanos británicos donde tradicionalmente se ubicaban las tiendas Bhs, gradualmente se fue imponiendo un cambio más fundamental. Ideal para la desintermediación, la optimización de la cadena de suministro y la entrega de bajo coste, Internet también se dirigió a los menores de 35 años, conscientes de la moda y sensibles al precio. En 2017, las ventas en línea representaron el 24% del gasto total en ropa y calzado en el Reino Unido, frente al 17% cuatro años antes y menos del 5% a principios de los años 2000.[84] Para que el modelo físico funcionara y cubriera el alquiler, los impuestos sobre la propiedad y otras tarifas que los grupos de moda en línea no tenían que pagar, los almacenes necesitaban una propuesta de valor única. Bhs se quedó atrapada en el medio, ni moda rápida barata ni alta costura chic.

Green, que rechazó una oferta de 800 millones de libras esterlinas del director general de Bhs, Terry Green, en 2001 – afirmando en ese momento que la empresa valía más de 1.000 millones de libras – así como una oferta de 700 millones de libras del presidente, Allan Leighton, seis años más tarde,[85] la vendió a Chappell por solo una libra esterlina, en una de las transacciones menos recomendables jamás presenciadas. La compensación de una valoración tan baja, porque hay una trampa, es que la empresa estaba arrastrando cientos de millones de libras de pasivos dentro y fuera del balance.

Para Chappell y su camarilla de profesionales de la City, la reestructuración de Bhs representó una apuesta enorme, que habría requerido habilidades perfeccionadas de especialistas en reestructuración, una profunda experiencia en ventas minoristas y toneladas de sentido común. Las personas detrás de Retail Acquisitions no tenían ni idea. Como consecuencia de ello, no pudieron cumplir con sus compromisos. Sabiamente, pocos miembros del equipo directivo de Green decidieron quedarse después de la venta. Una vez formalizada la venta de Bhs, el director financiero y el CEO dimitieron. Al día siguiente de su adquisición, los nuevos propietarios buscaban desesperadamente un presidente para dirigir la cadena de 171 tiendas en dificultades.[86]

Como resultado, el 24 de abril de 2016, un año después de la salida de Green, Bhs se declaró en quiebra. Al parecer, Philip Green era uno de los acreedores de Bhs que había vetado una refinanciación crucial de 60 millones de libras. No relajaría los términos de un cargo que tenía sobre los activos, lo que significa que la cadena minorista no pudo ser rescatada por el arrendador especializado Gordon Brothers.[87] El proceso amenazó con dejar sin trabajo a muchos de los 11.000 empleados del grupo y dejar a muchos proveedores sin recursos – la suma debida a los acreedores no garantizados ascendía a 1.300 millones de libras esterlinas, incluidos los pasivos de los fondos de pensiones y los gastos de alquiler de las tiendas deficitarias.[88] Fue la mayor quiebra minorista desde la de Woolworth en diciembre de 2008. El rival de Bhs había colapsado ocho años antes debido a una combinación de factores, que iban desde la obsolescencia de su concepto de tiendas populares, pasando por la feroz competencia de los supermercados y las alternativas web, hasta la recesión económica, así como la enfermedad común a las empresas de nuestro tiempo: niveles desproporcionados de deuda que se volvieron inmanejables por la crisis financiera.

Quizás la devaluación masiva de Bhs confirmó lo que muchos críticos habían estado diciendo durante años; que el 'milagro' que Green había producido con la cadena de almacenes debía mucho a la astucia financiera y menos a la brillantez comercial.[89] Dado que la moda es una industria cíclica y voluble, solo las personas que venden en la cumbre del ciclo pueden esperar mantener intacta su reputación. El único subterfugio de su arsenal empresarial que Green no implementó fue desmantelar y reestructurar la empresa de la misma manera que había vendido Olympus y otras marcas de Sears en los años 90. Después de comprar la empresa a Storehouse por 200 millones de libras esterlinas en 2000 y aumentar su valor de cuatro a cinco veces ese importe en menos de dos años, había sido demasiado codicioso al negarse a vender. En cambio, había visto como el valor del grupo volvía a la tierra. El milagro de la reorganización de los primeros años no se tradujo en una ventaja competitiva significativa y duradera. En la moda, nada dura para siempre.

También estaba el problemita de las pensiones de 20.000 empleados actuales y anteriores. El déficit en el fondo de pensiones de Bhs había caído de alrededor de 70 millones de libras esterlinas en abril de 2006 al doble de esa suma a fines de agosto de 2014.[90] Aunque estaba valorado en 200 millones de libras esterlinas en el momento de la venta de la empresa a Retail Acquisitions, después de una cuidadosa consideración un año después, se valoró en más de 500 millones de libras.[91] De repente pareció más claro por qué Green había estado tan dispuesto a soltar la cadena de almacenes en brazos de cualquier comprador, incluso uno tan inapropiado como un individuo dos veces en quiebra como Dominic Chappell.[92] Un mes antes de que Bhs se declarara en quiebra, el regulador de pensiones y el Fondo de Protección de Pensiones revelaron que estaban presionando a Sir Philip para tapar el agujero en el plan de pensiones de Bhs. En ese momento, la contribución adicional sugerida por Green era de 80 millones de libras esterlinas, incluidos 40 millones de libras en efectivo y 40 millones de libras en préstamos.[93] Pero las negociaciones con los reguladores apenas estaban comenzando.

## Desteñido

Green era ampliamente odiado por la City y vilipendiado por la prensa por su estilo impetuoso – un cierto oprobio que reforzó cuando desembolsó 5 millones de libras esterlinas por su 50 cumpleaños en 2002 y 4 millones de libras por el bar mitzvah de su hijo en la Riviera francesa tres años después. Tradicionalmente, los británicos preferían honrar la opulencia digna de la burguesía sobria. Reconocían a los 'self-made men' con una silenciosa condescendencia. Consideraban que era un legítimo retorno al orden natural de las cosas que, después de haber, en sus propias palabras, salvado a Bhs del abandono comprándoselo al conglomerado Storehouse, Green fuera considerado responsable de su colapso.

Lo que parece haber sucedido es que Green se enamoró de Arcadia, una próspera colección de marcas centradas en la moda con personalidades distintas repartidas en cientos de tiendas. Topshop, en particular, copió descaradamente la ropa de alta gama usada por las celebridades, ofreciendo réplicas asequibles, invirtiendo en jóvenes diseñadores y desarrollando su propio equipo de diseño interno. Para dar más prestigio a la cadena de ropa femenina, Green incluso contrató en 2006 los servicios de Kate Moss, una modelo de la moda británica. Entre 2007 y 2017, con el objetivo de transformar la cadena en una marca global, el número de tiendas y franquicias Topshop se duplicó hasta 620, ubicadas en más de 40 países.[94] En diciembre de 2012, Green incluso vendió una participación del 25% en Topshop y Topman a la firma de capital privado estadounidense Leonard Green & Partners (sin relación de parentesco), un experto en venta minorista y propietario de la marca de ropa J.Crew. La medida, que permitió a ambas marcas alcanzar una valoración de 2.000 millones de libras esterlinas,[95] le ayudó a matar dos pájaros de un tiro: reembolsar los préstamos bancarios aún en las cuentas de Taveta y adquirir experiencia local en su intento de conquistar los Estados Unidos, un mercado notoriamente difícil de penetrar para los grupos minoristas británicos. Del mismo modo, Green firmó un acuerdo con la cadena estadounidense de grandes almacenes Nordstrom para incorporar la marca Topshop en sus tiendas. Tal vez la señal inequívoca de que el empresario de la confección tenía grandes aspiraciones para Topshop fue su decisión de mudarla en una marca de lujo, abriendo en la primavera de 2010 una tienda insignia en el exclusivo distrito londinense de Knightsbridge, en un lugar frente a Harrods, y cuatro años más tarde otra en la Quinta Avenida de Nueva York.

Por el contrario, Bhs era una cadena de grandes almacenes insulsa sin otra diferenciación real que la del precio.[96] Su expansión en Europa del Este y la India no dio los resultados deseados. Los intentos poco entusiastas de comercializar las marcas de Arcadia dentro de las tiendas Bhs y convertir algunas de las tiendas de la cadena en establecimientos de alimentación no mejoraron el rendimiento. De sus 188 tiendas en 2013, el grupo gestionó menos de 170 en el momento de su liquidación, tres años después.

Es fácil ver por qué un empresario preferiría dedicar tiempo a la primera en lugar de la segunda, pero esto significaba que el conjunto de marcas del magnate minorista estaba incuestionablemente desequilibrado. Ya en noviembre de 2005, Green admitió que no había prestado atención a Bhs; una excusa que usaría muchas veces.[97] La actividad récord de Topshop y Topman fue acompañada por una persistente desaceleración en Bhs, que había acumulado fuertes pasivos y elevados costes de mantenimiento. Durante una década, mientras la industria de las tiendas de ropa luchaba contra la moda rápida, Bhs sufrió una lenta erosión de su negocio.

En una entrevista del 20 de enero de 2002 con el *Sunday Telegraph*, Green comentó con confianza sobre la fantástica reorganización que había logrado en la cadena de grandes almacenes en los primeros dos años después de la LBO:

*"Me encanta esta empresa y trabajar allí. Ahora está en camino de recuperarse y está obteniendo beneficios decentes porque se administra correctamente. Ha estado en el comercio minorista durante 80 años y no hay ninguna razón por la que no debería estar presente por otros 80 años".*[98]

En cambio, devastada por la crisis industrial y las dificultades financieras, se desmoronó en 15 años. Muchas de las mejoras en la eficiencia operativa y los planes de reducción de costes impuestos a Bhs y Arcadia solo habían sido beneficiosos en el corto plazo y rápidamente se agotaron a medida que las tiendas demostraron ser incapaces de trasladar los aumentos de alquiler y los crecientes costes de producción al consumidor.[99] Una vez que se implementan soluciones rápidas y fáciles, es más difícil mejorar los resultados mediante la reducción de los costes fijos, como el alquiler y los salarios. Esto probablemente explica por qué Green habría ofrecido vender Bhs a principios de 2006, mediados de 2007 y de nuevo al año siguiente.[100] Después de que ningún comprador mostrara mucho interés en una valoración decente y Bhs reportó una caída del 54% en los beneficios operativos en el año que terminó en marzo del 2006, dijo: "Tenemos el tiempo y el dinero para arreglarlo".[101] Pero no fue así.

En 2014, Green operó más de 3.060 puntos de venta con nueve marcas distintas: Bhs, el especialista en ropa masculina de gama media Burton, la especialista en moda femenina de gama media Dorothy Perkins, el minorista de ropa femenina de tallas grandes Evans, la marca juvenil Miss Selfridge, el minorista suburbano multimarca Outfit, Topman y Topshop (para mujeres) atendiendo a consumidores preocupados por la moda, y Wallis, otro minorista de ropa para mujeres. Además, había 44 sitios web específicos para estas marcas.[102] Obviamente, era demasiado para que una sola persona lo manejara, incluso con el estilo comercial, la energía y el empuje de Green.

Con tantas marcas distintas, el grupo se reorganizó constantemente. En el año fiscal que terminó en agosto de 2015, por ejemplo, Taveta cerró casi 300 tiendas, pero también abrió 335.[103] Aunque el grupo siguió generando efectivo (véase el gráfico 7.1), su prosperidad dependía de la reinvención y las actualizaciones perpetuas. Si bien el dinero reinvertido en Topshop y Topman estaba dando sus frutos, Bhs apenas logró mantenerse con vida – su tienda insignia en la calle comercial más famosa de Gran Bretaña, Oxford Street, estaba perdiendo 1 millón de libras esterlinas al año cuando Green decidió tirar la toalla.[104]

**Gráfico 7.1 – Deuda neta, resultado operativo y ratio de endeudamiento de Taveta de 2005 a 2016**

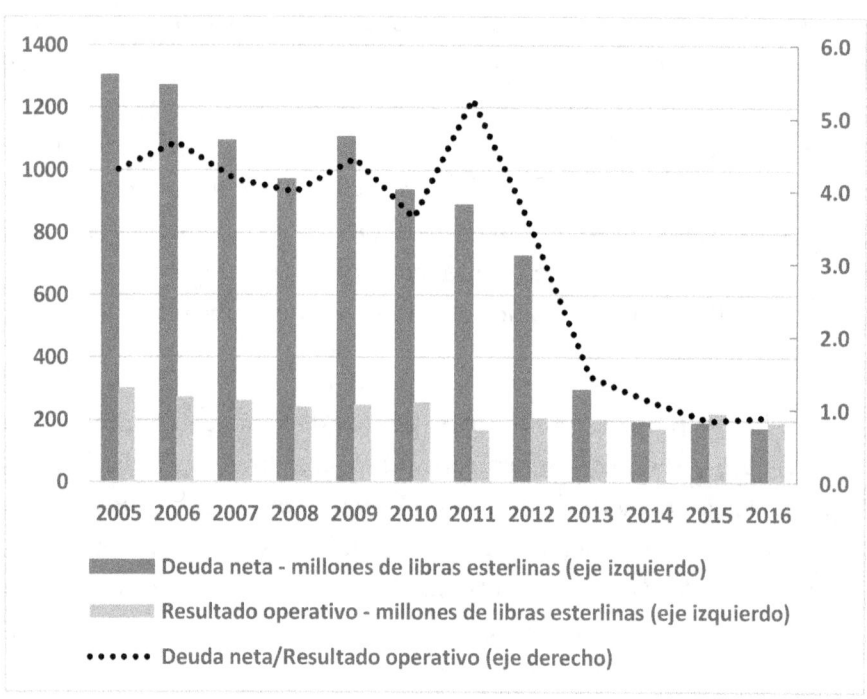

*Fuentes: documentos de la empresa y análisis del autor – Notas: La deuda neta incluye préstamos inmobiliarios; los resultados operativos excluyen cargas excepcionales; no se incluyen cifras de Bhs de 2005 a 2008, ni de 2015 y 2016*

Para implementar su plan de rescate y regeneración, los nuevos propietarios salieron en busca de dinero. Su desesperación quedó revelada por varios anuncios en los meses posteriores a su LBO, incluida la revelación de que estaban considerando una importante expansión en el extranjero con un plan para abrir tiendas en Irak, ¡un país desgarrado por la guerra civil el año que viene![105] Pero su falta de credibilidad asustó a los socios comerciales. Menos de un mes después de la venta de Bhs por parte de Green, varios proveedores vieron reducido o eliminado su seguro de crédito,[106] una señal de que, sin el apoyo de Green, Bhs corría el riesgo de incumplir sus compromisos comerciales. Antes de vender Bhs a Retail Acquisitions, Green había sido contactado por otros compradores más sofisticados. Una de las condiciones planteadas por estos actores fue que Green proporcionara una 'dote' de varios cientos de millones de libras para compensar el déficit del fondo de pensiones. La dote también era necesaria para cubrir el deterioro, es decir, el coste de renovación de las tiendas. Parece que, bajo el liderazgo de Green, las tiendas Bhs no habían recibido mucha atención especial o atenta.[107] Chappell y su séquito habían sido más complacientes, hasta un punto bastante ingenuo, como se demostró más tarde.

## Política de represalias

Dos semanas antes de las elecciones generales de 2010, Green declaró su apoyo al Partido Conservador y dijo que los conservadores sabían "lo que había que hacer. Ellos entienden". Unos meses más tarde, para devolver el favor, el recién elegido primer ministro, David Cameron, pidió a Green que llevara a cabo una revisión del gasto y de las compras del gobierno. A muchos no se les pasó por alto la ironía de que uno de los profesionales de la evasión fiscal más notables del país estuviera a cargo de una iniciativa para identificar recortes presupuestarios para un gobierno con problemas de liquidez.[108] El informe de síntesis, Revisión de eficacia por Sir Philip Green, publicado en octubre de 2010, alegó deficiencias significativas en los controles financieros, el uso de activos públicos y los procesos de contratación, aunque no recomendó, en la continuación de la austeridad presupuestaria, que los funcionarios públicos se establecieran en el extranjero. Como sugirió descorazonadoramente el jefe del sindicato RMT, Bob Crow: "La idea de que los trabajadores del sector público en el Reino Unido, enfrentados a bajos salarios y ataques constantes, deban aprender lecciones sobre recortes presupuestarios de un estafador multimillonario es indignante".[109]

Pero a pesar de sus conexiones políticas, Green no se libraría de la embestida política que seguiría a la caída de Bhs seis años después. En los días posteriores a la declaración de quiebra de la cadena, varios representantes de ambos lados del espectro político condenaron la conducta de Green en términos duros y poco halagadores. El diputado conservador Richard Fuller lo describió como la "cara inaceptable del capitalismo". Su colega David Davis se sintió ofendido por el hecho de que Green hubiera decidido gastar dinero en su tercer yate y declaró odiosamente:

> *"Sir Philip, con sus miles de millones, sus yates y su deseo de distanciarse de una empresa en quiebra, sus obligaciones con los fondos de pensiones y sus pérdidas de empleos, es el tipo de capitalista que le da mala fama al capitalismo".*[110]

Para no quedarse atrás, señaló Angela Eagle, portavoz para las empresas de la oposición laborista:

> *"En esta situación, parece que este empresario extrajo cientos de millones de libras de la empresa y huyó a su paraíso fiscal favorito, dejando que el Fondo de Protección de Pensiones [Pension Protection Fund] pague la cuenta."*[111]

Incluso figuras prominentes de la comunidad empresarial estuvieron involucradas. Simon Walker, director ejecutivo del Institute of Directors, observó con molestia que Green era culpable de una "mala conducta lamentable", que probablemente profundizaría la pérdida de confianza en el mundo corporativo.[112]

Green se quejó de ser víctima de una caza de brujas. En realidad, el interés que despertó fue obra suya. Su deseo de ver sus proezas comerciales en los titulares le había valido el oprobio de la City y de varios empresarios. Ya en 2002, Alan Sugar, otro londinense y locuaz empresario judío, comentó secamente que no pasaba una semana sin que leyera un "artículo sobre Philip Green en el *Sunday Times* o el *Daily Mail*", añadiendo que "el amor de Green por el dinero se le subió a la cabeza".[113] Ahora que la quiebra de Bhs volvía a poner a Green en el punto de mira, los medios de comunicación y los políticos exigían que los protagonistas de este fracaso fueran citados ante el Parlamento. Pero el comité que llevó a cabo las audiencias no recibió mucha consideración por parte de la City. Los socios del bufete de abogados Olswang y del bufete de auditoría Grant Thornton, ambos asesores de Retail Acquisitions en la transacción, prácticamente tuvieron que torcerse los brazos para comparecer ante el tribunal. Los peces gordos de Goldman Sachs minimizaron la importancia de su papel de asesor en la venta de Bhs, insistiendo en que no se les había pagado por su trabajo, una señal segura de que su participación no había sido tan significativa.

Mientras los políticos y los representantes de los negocios competían para sacar el máximo provecho de este singular evento – lo que llevó a Green a acusar a algunos parlamentarios de conducir un 'juicio mediático' – los directores Duff & Phelps no pudieron encontrar un comprador para Bhs. Después de acumular 415 millones de libras esterlinas en pérdidas en los últimos siete años de negocio,[114] la marca estaba lista para ser vendida 'en pedazos'. Sin embargo, el proceso ofreció una anécdota surrealista. En las semanas posteriores a la derrota del grupo, Dominic Chappell estuvo considerando presentar una oferta por Bhs e intentar recaudar los fondos necesarios. El hecho de que los medios de comunicación, el público, los políticos, el regulador de pensiones, varios de sus antiguos compinches y varios directores y empleados de Bhs cuestionaran si Chappell tenía la experiencia y el perfil adecuados para comprar la empresa desde el principio no había sido internalizado por el individuo.

La esposa de Green, que según los informes de los medios debería haber sido convocada como la mayor accionista de Bhs, nunca fue llamada a testificar en el parlamento, pero Sir Philip aceptó el desafío. El 15 de junio de 2016, doce días después de la liquidación de Bhs, explicó ante la comisión de investigación que había habido "malentendidos por ambas partes" entre él y el regulador de pensiones; que había invertido 600 millones de libras esterlinas en Bhs durante sus 15 años como accionista y, por tanto, no se le podía acusar de desviar todo el dinero hacia la distribución de dividendos; y que su traslado y el de su familia al paraíso fiscal de Mónaco en 1998 se había producido por motivos de salud.[115] Sin embargo, se comprometió a resolver el problema del fondo de pensiones.

Cuando, en julio, el Comité de Trabajo y Pensiones de la Cámara de los Comunes publicó las conclusiones póstumas de su investigación sobre la quiebra de Bhs, el informe reveló, entre otras cosas, que "BHS se había negado a pagar las contribuciones patronales necesarias para mantener la viabilidad del fondo de pensiones durante el período de Sir Philip Green". Lo que la comisión parlamentaria destacó fue que una larga lista de partes interesadas, desde Green hasta Chappell y sus respectivos asesores, no habían comprendido adecuadamente las consecuencias de la transacción que tuvo lugar en marzo de 2015. Por supuesto, también podríamos tener la opinión contraria y estar de acuerdo con Chappell, quien afirmó en tono elegíaco el día en que se nombraron los administradores concursales:

> *"Nadie tiene la culpa. Fue una combinación de actividad comercial decepcionante y no poder recaudar suficiente dinero de la cartera inmobiliaria".*[116]

## ¿Cuánto vale el título de caballero?

En junio de 2006, el primer ministro laborista Tony Blair otorgó a Green el título de Caballero del Imperio Británico. Lo curioso no es tanto que un gobierno laborista, que supuestamente debía servir a los pobres y desfavorecidos, reconociera las contribuciones sociales y económicas de un magnate multimillonario del comercio minorista. La ironía de esta distinción fue en el momento en que Green recibió el premio por 'servicios a la industria minorista'. Solo diez meses antes, Sir Philip se había concedido a sí mismo, o más exactamente a su esposa monegasca, un dividendo de 1.200 millones de libras esterlinas, totalmente libre de impuestos. El esquema de evasión de impuestos había ayudado al empresario y a su familia a ahorrar 285 millones de libras esterlinas.

Debido a que se financió en su totalidad con deuda, el dividendo vino con otro beneficio significativo. Los préstamos de 1.500 millones de libras esterlinas obtenidos como parte de esta refinanciación redujeron las obligaciones fiscales corporativas de Arcadia: los gastos por intereses sobre el préstamo se dedujeron de los beneficios imponibles. Entre 2006 y 2016, 450 millones de libras esterlinas de intereses netos se cancelaron en la cuenta de pérdidas y ganancias de Taveta, lo que le ahorró a la empresa una cantidad significativa en impuestos.[117]

Diez años después, Green ya no gozaba del favor del gobierno británico. Dicho esto, no fueron las travesuras fiscales de Green las que acabaron con Bhs; era la vieja ley de la presión competitiva. Del mismo modo, informes despectivos de la prensa y de los reguladores indicaron que los nuevos propietarios, en particular Dominic Chappell, recientemente etiquetado como "mentiroso de la primera liga" y "minorista dominical",[118] se habían comportado sin escrúpulos. Pero lo cierto es que el modelo de negocio de la cadena de almacenes estaba obsoleto. Es por eso que la atención se centró rápidamente en Green y su decisión de vender Bhs a principios de 2015, dejando a la empresa con un enorme déficit de pensiones y un conjunto de tiendas que sufrían de falta de inversión. Había transcurrido muy poco tiempo para salvar al antiguo propietario.

Las preocupaciones sobre las pensiones no eran nada nuevo dentro del imperio textil de Green. Arcadia y Bhs tenían planes de pensiones notablemente caros. Durante más de una década, ambos grupos habían estado introduciendo cambios relacionados con las cotizaciones y prestaciones.[119] Todo esto era de conocimiento público. Varios hechos filtrados a la prensa parecían indicar que, en los años previos a la venta del grupo, Green no estaba dispuesto a asignar más de 10 millones de libras esterlinas al año al fondo de pensiones Bhs e incluso había suspendido una reestructuración apenas unos meses antes del proceso de venta.[120]

Tras una cruel campaña de los medios de comunicación británicos, que varios de los amigos de Green habían descrito como intolerancia antisemita apenas velada, el 20 de octubre de 2016 la Cámara de los Comunes aprobó una moción para solicitar al Comité la descalificación para recomendar la anulación del título de caballero de Green. Cien diputados votaron a favor de la moción. Desde que compareció ante el comité parlamentario, Green había estado bajo presión para tapar el agujero del fondo de pensiones. Los parlamentarios querían que pagara 600 millones de libras esterlinas a cambio de conservar su título de caballero, lo que proporciona una prueba más de que el escándalo del 'dinero por honores' que había plagado al gobierno de Tony Blair una década antes tal vez no había enterrado para siempre la práctica del tráfico de influencias en los círculos políticos británicos.

El 28 de febrero de 2017, en parte para apaciguar a sus críticos, y después de acaloradas negociaciones con el regulador de pensiones y una visita a la Comisión de Trabajo y Pensiones, Sir Philip acordó aumentar su contribución para cubrir el agujero de pensiones de 80 millones a 363 millones de libras esterlinas.[121] En respuesta, el regulador retiró su reclamación contra el empresario. Cuatro meses después, publicó un informe final sobre el tema, concluyendo que el "objetivo principal" de la venta de Bhs había sido evitar hacerse cargo del plan de pensiones.[122]

En agosto del mismo año, el regulador anunció que emprendería acciones legales contra Dominic Chappell y su vehículo de inversión Retail Acquisitions debido a su falta de cooperación durante la investigación. Para el vendedor y el comprador no hubo respiro. Tampoco lo hubo para la firma de auditoría PricewaterhouseCoopers, que estaba siendo investigada por sus auditorías a Bhs, después de respaldar repetidamente las cuentas de la empresa a pesar del déficit del fondo de pensiones, las enormes pérdidas acumuladas y la baja liquidez. Una de las preguntas que los auditores tuvieron que responder fue como habían quedado satisfechos con la posición de pasivo neto de 800 millones de libras esterlinas en las cuentas anuales de Taveta de 2005 cuando, según la Ley de Sociedades del Reino Unido, los dividendos solo deberían pagarse sobre los beneficios obtenidos y acumulados.*

En cuanto a si su título de caballero valió tanto, solo Green puede determinarlo. Pero ahora se puede cuantificar el coste total de su incursión en Bhs. A su aportación al fondo de pensiones hay que sumar los 217 millones de libras de préstamos intragrupo que debía Bhs y a los que el grupo Arcadia había renunciado en el momento de la venta en 2015. En ese momento, Green también había transferido 24 millones de libras esterlinas en efectivo para atraer a Retail Acquisitions para que se hiciera cargo del voluminoso paquete. Finalmente, en agosto de 2017, Arcadia acordó pagar más de 30 millones de libras para resolver una reclamación presentada por acreedores no garantizados. En resumen, además de los 70 millones de libras esterlinas de capital social invertidos en 2000 para comprar el negocio a Storehouse, Green había contribuido con otros 650 millones de libras para retirarse 15 años después. Afortunadamente, se pagó a sí mismo 400 millones de libras en dividendos entre 2002 y 2004, pero aun así dejó nada menos que 320 millones de libras en la mesa.[123] Si tenemos en cuenta que Sir Philip rechazó una oferta de 800 millones de libras esterlinas en 2001, se demuestra la importancia de vender en el momento adecuado.

---

* En junio de 2018, PwC fue multada con 10 millones de libras esterlinas como parte de un acuerdo extrajudicial para la auditoría de Bhs, mientras que al socio a cargo de la cuenta se le prohibió realizar actividades de auditoría durante 15 años

## Green regañado

Como si la erosión de su riqueza bajo la presión de la crisis del comercio minorista no fuera suficiente – la fortuna de Green cayó de 4.200 millones de libras esterlinas en 2011 a 2.700 millones de libras seis años después – fue objeto de una campaña nacional de humillación y culpa orquestada por los medios de comunicación y difundida por muchos políticos.

Gran Bretaña había tenido una historia de amor con Topshop y otras marcas de moda en el imperio Arcadia, pero no había compartido el mismo sentimiento hacia el propietario del grupo. A lo largo de los años, los medios de comunicación habían retratado a Green de una manera muy poco halagadora. En noviembre de 2010, por ejemplo, un programa de Channel 4 Dispatches reveló que la riqueza y la rentabilidad de Green en Bhs se debían en parte al uso inmoderado de proveedores que pagaban a sus trabajadores la mitad del salario mínimo y los hacinaban en talleres clandestinos.[124] Un mes después, justo antes de Navidad, fue apodado 'Green the Grinch' por sus prácticas de evasión de impuestos.[125] Pero la prensa se dejó llevar tras el fiasco de BHS. Desde Sir Philip Gree*d* hasta 'Sir Shifty' (furtivo),[126] su título de caballero causó mucha amargura.

Si bien muchos reconocieron su perspicacia para los negocios, coronándolo como 'rey de las LBO del Reino Unido' o 'rey del comercio minorista',[127] su agresiva ingeniería financiera y sus técnicas de optimización fiscal no lo habían ayudado a ganarse el respeto. Apodado el Donald Trump del Reino Unido por *Vanity Fair*, una analogía legítima dado su bronceado falso, su deseo de llamar la atención de los medios, su temperamento volátil, sus modales intimidantes y su audacia persistente, su amor indiviso por las OBO podría agregarse a la lista de similitudes. El hecho de que a Green se le hubiera ofrecido repetidamente (pero él había declinado) presentar la versión británica de The Apprentice, el reality show presentado por Trump en el formato original estadounidense, amplificó su parecido. Con padres involucrados en el negocio inmobiliario, otro punto que tenía en común con el presidente de los Estados Unidos, Sir Philip cerró el círculo cuando Bhs se declaró en quiebra. Trump conocía el mundo de la bancarrota como la palma de su mano, ya que había utilizado el proceso seis veces.[128] Green tenía que ponerse al día, aunque él mismo había pasado por una serie de procedimientos de quiebra e insolvencia en los años 80.

En mayo de 2017, mientras se preparaba para las elecciones generales de principios de junio, el Partido Conservador del Reino Unido publicó su manifiesto, en el que esbozaba su programa para los próximos cinco años. El partido incluyó una propuesta para sancionar a quienes sean sorprendidos administrando mal los planes de pensiones. Inmediatamente apodada la 'ley Philip Green', la idea detrás de ella era dar al regulador el poder de imponer multas punitivas a aquellos que abandonaran deliberadamente los planes de ahorro para la jubilación con fondos insuficientes y, si era necesario, descalificar a los directores de las empresas afectadas. También sugirió un nuevo delito penal para los ejecutivos corporativos que pongan en peligro la capacidad de un plan de pensiones para cumplir con sus obligaciones.[129] Claramente populista, el programa mostraba hasta qué punto la saga de Bhs había afectado al debate sobre como reformar lo que la primera ministra de derecha, Theresa May, llamó 'mercados libres sin límites'. En una forma de purificación, los políticos británicos compitieron entre sí para condenar las horribles facetas de un modelo de economía de mercado que habían elogiado durante dos generaciones, sin entender que la historia de Bhs era su deslumbrante apoteosis.

Green pensó que se había salido con la suya al deshacerse de un activo engorroso, pero el problema le había regresado con el peso añadido del desprecio público. Sin embargo, siempre supo que con esta venta estaba jugando un peligroso juego de 'frisbee de negocios'. En marzo de 2015, no había logrado vender Bhs en su totalidad y sin recurso. Para completar la venta de la descuidada cadena minorista, se había visto obligado a proporcionar un préstamo garantizado a Retail Acquisitions y a prometer en parte financiar futuros déficits del plan de pensiones.

Los compromisos financieros persistieron, una sutileza que los medios de comunicación y los políticos quisieron señalar.

Este caso ilustra que los ejecutivos corporativos que poseen una fortuna personal no necesitan firmas de capital privado para llevar a cabo transacciones apalancadas. Pueden realizar una LBO de forma independiente y conservar todas las ganancias para sí mismos. Pero lo que también demuestra el relato, además de los habituales chismes y revelaciones de irregularidades que acompañan a cualquier escándalo en el mundo de los negocios, es que los complejos montajes financieros y la evasión fiscal exponen a los empresarios a factores de riesgo que la mayoría de las gestoras de fondos pueden evitar: la irreverente investigación mediática y el acoso de políticos motivados por preocupaciones arribistas.

Ésta es la principal desventaja de las LBO por parte de los propietarios. Si bien es difícil para los políticos y reguladores avergonzar a una institución financiera, el empresario culpable de prácticas controvertidas puede fácilmente ser tildado de sinvergüenza y retratado como la encarnación típica del capitalismo codicioso. Quizás una manera de que Green pueda defenderse de los ataques políticos y regulatorios sería seguir el ejemplo de Trump y tomar por asalto el aparato político de su país.

## EL PRIVATE EQUITY Y LA INDUSTRIA DE LA MODA

*Bhs está lejos de ser la única cadena de tiendas de moda que sufrió un balance sobrecargado. En Estados Unidos, varios grupos han quebrado recientemente tras LBO estructuradas de manera agresiva, entre ellas Gymboree, una cadena de ropa infantil patrocinada por Bain Capital, que empleó a 11.000 personas y se vio asfixiada por 1.400 millones de dólares en préstamos LBO hasta su declaración de quiebra en julio de 2017. True Religion, diseñador de mezclilla y propiedad de Towerbrook, cerró sus puertas el mismo mes con una deuda de 535 millones de dólares. Dos meses antes, la marca de moda y accesorios Rue21, apoyada por Apax, había quebrado con préstamos por valor de más de 800 millones de dólares.[130] Es una lista larga.*

# CAPÍTULO 8

# TIM/WIND Hellas: El apalancamiento como caballo de Troya*

> *En muchas industrias, la responsabilidad del vendedor no termina en cierre de una venta. Si una casa se derrumba debido a una falla estructural, el arquitecto o constructor puede ser declarado responsable. Del mismo modo, el vendedor o fabricante de automóviles es responsable si un vehículo se avería inexplicablemente. Por este motivo, con frecuencia se contrata un seguro de responsabilidad civil.*
>
> *Las gestoras de fondos de capital privado no ofrecen cobertura plurianual en el momento de la venta de un activo, aun cuando son generalmente los accionistas mayoritarios. Los ejecutivos de las compañías participadas de las gestoras de fondos ofrecen garantías y promesas de indemnización, pero su alcance es limitado. El siguiente escenario explica por qué el principio de 'caveat emptor' (tener cuidado) es muy relevante cuando se adquieren empresas de propiedad de firmas de private equity.*

---

* Muchos de los hechos detrás de este relato se hicieron públicos cuando dos denunciantes, anteriormente empleados en la oficina de Luxemburgo de la firma de auditoría PricewaterhouseCoopers, revelaron información confidencial sobre ordenanzas y esquemas de evasión fiscal implementados entre 2002 y 2010 por su firma en nombre de clientes. Estas revelaciones son más conocidas como Luxembourg Leaks, abreviado como LuxLeaks

STET Hellas se fundó en 1992 como el primer operador de telefonía móvil de Grecia. Los accionistas iniciales fueron Telecom Italia Mobile (TIM) con el 74% del capital, Verizon de Estados Unidos con el 21% y la aseguradora Interamerican con el 5%. Seis años más tarde, STET Hellas comenzó a cotizar en Nasdaq y Euronext, y Interamerican vendió sus acciones al público.

A pesar de ser el primer operador, el grupo de telefonía móvil siguió perdiendo cuota de mercado, primero frente a Vodafone-Panafon, que lanzó sus servicios en 1994, y luego a favor de Cosmote, filial del operador de línea fija OTE, que entró en el mercado cuatro años después. Cuando TIM consolidó su posición como accionista mayoritario al comprar la participación de Verizon en agosto de 2002, STET Hellas ya había perdido su liderazgo y estaba tratando de alcanzar a sus rivales mucho mejor financiados.

El 8 de febrero de 2004, la marca de la compañía se convirtió en TIM Hellas para adoptar el nombre bien establecido de su accionista mayoritario. Curiosamente, poco después de emprender esta 'campaña masiva de reposicionamiento', para aplicar la lengua vernácula utilizada en el informe anual de la empresa, TIM Hellas dejó de ser considerada indispensable por su empresa matriz. En diciembre, Telecom Italia y Telecom Italia Mobile decidieron fusionarse. Con una deuda neta total de 44.000 millones de euros, el grupo consolidado necesitaba liquidez. TIM comenzó vendiendo negocios no esenciales, incluidos los de Perú en 2004 y Chile y Venezuela en 2005. La filial griega fue la siguiente en ser sacrificada.

Numerosos obstáculos relacionados con la competencia, los precios, la regulación y la tecnología habían impactado recientemente a la empresa. En 2004, registró un crecimiento débil, con una facturación de 829 millones de euros, un aumento de solo el 2,5% en el año. Entre otros problemas, se había intensificado la competencia por clientes de telefonía móvil y las tarifas de interconexión fijo-móvil habían caído en un tercio. Como resultado, el EBITDA cayó un 12% hasta los 243 millones de euros, aunque esto se debió en parte a los costes asociados a los esfuerzos de reposicionamiento. El margen operativo se redujo significativamente; el director general de la empresa dimitió debidamente. Sin embargo, debido a especulaciones sobre potenciales ofertas públicas de adquisición, las acciones de TIM Hellas terminaron el año con plena euforia: un aumento del 44% en comparación con el más común aumento del 8,6% en el principal índice bursátil del mismo año.[1]

## Proyecto Troya

Eran tiempos propicios para cerrar transacciones. Las firmas de capital privado estaban al acecho, con los bolsillos repletos de capital para desplegar. Al ver que existía la posibilidad de comprar TIM Hellas a un precio razonable, a finales de 2004 el fondo británico Apax y su homólogo americano Texas Pacific Group se acercaron a Telecom Italia Mobile en un proceso que denominaron 'Proyecto Troya'.

Bajo presión para generar efectivo y restaurar su abultado balance, en enero de 2005 la empresa matriz italiana concedió a Apax y TPG un período de exclusividad de seis semanas. En abril, a través de una nueva entidad llamada Troy GAC Telecommunications, propusieron adquirir la participación del 81% de TIM, valorando el objetivo en 1.540 millones de euros, la mayor compra apalancada de Grecia hasta entonces.[2] La transacción representó una generosa prima del 18% sobre el precio promedio de seis meses del objetivo. El acuerdo se selló en junio.

TPG era relativamente nuevo en el mundo de las LBO. Fundada 12 años antes por un grupo de empresarios, la firma con sede en Texas acababa de aterrizar en Europa. Aunque TIM Hellas fue la primera incursión de TPG en el sector europeo de las telecomunicaciones, Apax había realizado varias transacciones en este ámbito. Apax, uno de los principales fondos LBO de Europa, había comenzado como una firma de capital riesgo cuando fue creada en 1969 por su fundador estadounidense Alan Patricof. En el momento de la adquisición de TIM Hellas, Apax invertía exclusivamente en las LBO, y Patricof estaba a punto de dimitir y volver a su verdadera pasión: invertir en start ups.

A mediados de los años 90, Apax respaldó al operador paneuropeo de redes de banda ancha Esprit Telecom y vio como el crecimiento de este último se disparaba a medida que la burbuja de las puntocom se aceleraba. La desregulación sectorial también había estimulado la consolidación. La lista de transacciones recientes de Apax incluía las LBO de la división Solutions Enterprises de Ericsson por 480 millones de dólares, Yellow Pages de British Telecom por 2.100 millones de libras esterlinas y los grupos de comunicaciones por satélite Inmarsat e Intelsat. A medida que avanzaban sus negociaciones con TIM, la empresa estaba en proceso de cerrar su sexto fondo LBO europeo con compromisos por valor de 4.300 millones de euros. Ahora era necesario hacer un buen uso de este capital.

Para financiar la adquisición de TIM Hellas, el dúo de capital privado invertiría 50 millones de euros en capital y 161 millones de euros en préstamos subordinados de accionistas. El resto se financió con préstamos LBO. Como prueba de la previsibilidad de los flujos de caja de TIM Hellas, se iba a recaudar un enorme bono high yield de 900 millones de euros que se dividiría en varios tramos con un componente de tipo fijo y un préstamo a tipo variable, al que se añadiría un tramo subordinado (payment-in-kind, o PIK) de 110 millones de euros (por el cual todos los intereses se pagarían al vencimiento).* Pero antes de que finalizara el proceso de sindicalización, la estructura de la deuda se amplió hasta alcanzar los 1.280 millones de euros, repartidos entre un préstamo garantizado a tipo variable de 925 millones de euros a siete años y un préstamo senior de 355 millones de euros a ocho años con un rendimiento del 8,5% anual.[3] Por primera vez, una LBO europea se financió íntegramente en el mercado de bonos, tal era el espíritu de

---

* Un instrumento payment-in-kind no se amortiza durante la duración del préstamo. El capital y los intereses son reembolsables al vencimiento

innovación ilimitada de esta apasionante era.⁴ Las cláusulas restrictivas que pueden afectar a la captación de líneas de crédito a la inversión (capex) e imponer pagos de amortización de préstamos están notablemente ausentes de las emisiones de bonos. Esta financiación flexible y ampliamente suscrita se completó en octubre de 2005 y las agencias de calificación crediticia le asignaron formalmente la categoría de alto riesgo ('junk').⁵

Ese mismo mes, el mayor accionista minoritario de TIM Hellas con una participación del 5,4%, TCS Capital, con sede en Nueva York, presentó una petición a los tribunales en un intento de bloquear la fusión entre el operador de telefonía móvil griego y el vehículo de adquisición Troy GAC. Argumentando que la valoración de TIM Hellas, de 5 veces el EBITDA, estaba muy por debajo de la media de los comparables, de 7,9 veces, TCS Capital declaró que un precio más aceptable para la empresa objetivo era de unos 25 euros, en lugar de los 16,4 euros ofrecidos por los fondos de capital riesgo.⁶

Una de las razones de esta menor valoración fue el débil posicionamiento competitivo de la empresa objetivo. Con 2,3 millones de abonados a finales de 2004,⁷ TIM Hellas ocupaba el tercer puesto en el mercado de telefonía móvil del país. Pero poco después de que se completara el proceso de sindicalización de deuda, Apax y TPG anunciaron que estaban considerando una adquisición de Q-Telecom, el cuarto y más pequeño operador de telefonía móvil de Grecia, con el que habían estado en conversaciones durante varios meses. Al 30 de junio de 2005, apenas tres años después de su lanzamiento comercial, Q-Telecom poseía el 7,3% del mercado móvil del país.⁸

Primero, había que finalizar el Proyecto Troya. Así, el 23 de noviembre de 2005, a pesar de las objeciones de TCS Capital, el dúo de private equity compró el 19% de las acciones de TIM Hellas que no poseía por 263,5 millones de euros.⁹ La empresa dejó de cotizar y quedó enteramente bajo el control de los fondos de capital privado.

Como generador de efectivo y flujos de ingresos regulares, las telecomunicaciones móviles eran un sector objetivo ideal para inversores voraces. Pero incluso Apax y TPG debieron quedar atónitos por la oportunidad de reventa que se presentó rápidamente. Unas semanas después de la adquisición de TIM Hellas, el inversor egipcio Naguib Sawiris, accionista mayoritario del tercer operador de telefonía móvil más importante de Italia, WIND Telecomunicazioni, expresó públicamente su interés en comprar TIM Hellas al consorcio de capital privado, ofreciendo 'unos cientos de millones de dólares más' de lo que habían pagado.[10] Era bueno saber que tenían una opción de reventa, pero por ahora, los dos fondos propietarios tenían que ejecutar la integración de TIM Hellas y Q-Telecom. Al mismo tiempo, se introdujeron importantes reducciones de costes para mejorar la eficiencia operativa. Como se muestra en el gráfico 8.1, en los años previos a la LBO, el margen EBITDA de TIM Hellas había disminuido drásticamente a pesar del crecimiento de los ingresos.

**Gráfico 8.1 – Ingresos y margen de EBITDA de STET/TIM Hellas de 2000 a 2005**

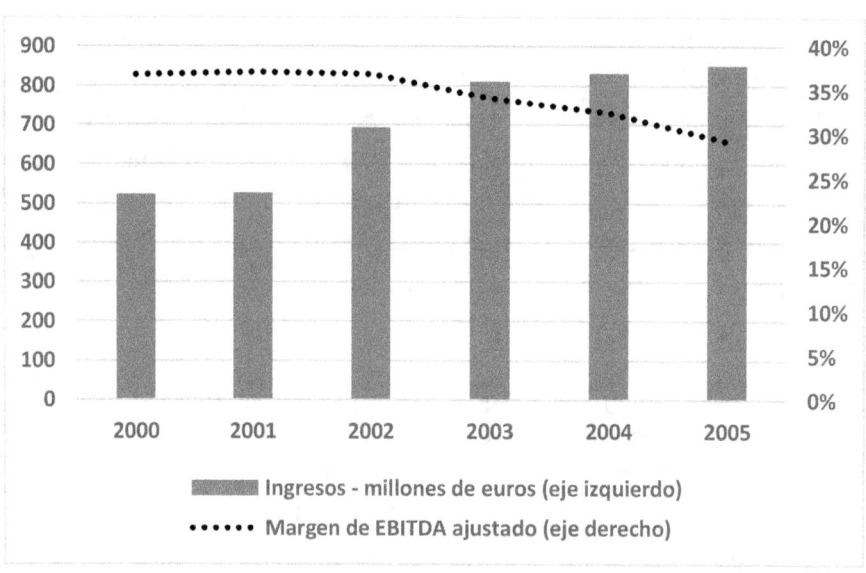

*Fuentes: documentos de la empresa y análisis del autor*

Los flujos de caja operativos continuaron cayendo en los meses posteriores a la LBO. En 2005, ya no cubrían los gastos de capital, que a su vez se redujeron para optimizar la gestión del efectivo y hacer frente a la deuda. Solo en 2005, los gastos por intereses ascendieron a 111 millones de euros. A pesar de estos malos resultados financieros, que no pudieron ser mitigados por un anémico crecimiento de los ingresos, la compañía experimentó una mejora en el frente operativo: el número de usuarios aumentó un 4% y los ingresos medios por usuario aumentaron en 2 euros hasta los 29,1 euros.[11]

## Apalancamiento al estilo griego

En enero de 2006, el consorcio de capital privado completó la adquisición complementaria de Q-Telecom por 367 millones de euros. La empresa objetivo había registrado una facturación de 157 millones de euros y un EBITDA de 30 millones de euros en los 12 meses anteriores. Fue una compra bastante cara, pero la combinación del tercer y cuarto operador crearía un operador móvil mucho más robusto.[12] La LBO se financió en parte con efectivo y en parte con deuda. Para satisfacer el fuerte apetito de los prestamistas y financiar la transacción con aún más deuda, TIM Hellas emitió una línea adicional de 200 millones de euros a su préstamo a tipo variable existente de 925 millones de euros.[13]

De los 1.980 millones de euros desplegados en los dos operadores de telecomunicaciones, Apax y TPG ofrecieron 390 millones de euros del capital bajo su gestión, de los cuales 311 millones de euros se estructuraron como un instrumento con un descuento sustancial en forma de certificados de acciones preferentes y 77 millones de euros en certificados de acciones preferentes convertibles – sí, este instrumento es relevante para nuestro estudio de caso. Solo 1,6 millones de euros de su aportación se emitieron en forma de capital social.[14]

En sentido estricto, menos del 0,5% de la financiación de las dos firmas de private equity fue en forma de capital puro. Sin embargo, los mercados de crédito estaban tan efervescentes que, en abril, TIM Hellas emitió un nuevo préstamo con un vencimiento de ocho años y por valor de 500 millones de euros, acumulando intereses (es decir, sin pago durante el plazo del préstamo) a una tasa del 8,25% anual. Los ingresos se utilizaron para pagar un dividendo a Apax y TPG, y para reembolsar unos préstamos existentes.[15] Debido a que no son tan líquidos como los bonos senior, los préstamos sin intereses en efectivo son más riesgosos y, por lo tanto, más caros. Pero el coste iba a ser asumido por TIM Hellas, no por sus sponsors. Sobresuscrito, el nuevo tramo atrajo a un gran número de hedge funds dispuestos a asumir riesgos a cambio de altos rendimientos.

En julio, menos de un año después de hacerse cargo de la compañía griega, demostrando una vez más que los gestores de fondos LBO no son todos inversores a largo plazo, Apax y TPG sentaron las bases para una venta. El mes anterior, habían contratado a KPMG para preparar un informe de *due diligence*. A finales de julio, recibieron propuestas de una docena de bancos de inversión que deseaban conducir el proceso de venta. Dos meses después, encargaron a Morgan Stanley y Lehman que organizaran una subasta.[16] Con una fecha límite del 30 de noviembre para presentar una oferta, varios compradores potenciales querían competir por la empresa. Etilasat de los Emiratos Árabes Unidos, el operador móvil turco Turkcell y la firma estadounidense de capital privado Providence Equity estuvieron entre los solicitantes.[17]

Al mismo tiempo, Apax y TPG estaban considerando distribuir dividendos mediante una recapitalización. En mercados tan dinámicos, la refinanciación era la forma más segura y más corta de generar ganancias de capital. En diciembre surgieron rumores de que el proceso de cesión había sido cancelado. Las ofertas estuvieron por debajo del precio esperado de 3.400 millones de euros – Turkcell y Providence Equity habían presentado ofertas finales de 2.700 millones de euros y 3.200 millones de euros, respectivamente.[18]

## TIM/WIND Hellas

En su lugar, TIM Hellas planeó una emisión de deuda de alto rendimiento. Con esta segunda recapitalización en solo nueve meses, el dúo de capital privado estaba a punto de atiborrarse. El paquete de deuda era muy innovador, pero como dijo con optimismo un banquero financiero: "La empresa es de buena calidad crediticia y todo irá bien".[19] La recapitalización del operador griego fue parte de un largo desfile de emisiones de deuda en el sector. Turkcell estaba buscando un préstamo de adquisición de 3.000 millones de dólares.[20] Estaba en marcha otra refinanciación masiva en el sector de las telecomunicaciones; la del tercer operador italiano de telefonía móvil, WIND. Este último obtuvo 1.700 millones de euros en préstamos PIK (de nuevo, con intereses acumulativos y no en efectivo), un récord para este tipo de instrumento en Europa. El objetivo era financiar la adquisición de la participación del 26,5% de la empresa italiana Enel en Weather Investments, el holding de WIND controlado por Naguib Sawiris. Weather compró la participación mayoritaria de WIND en mayo de 2005 por 12.200 millones de euros, en ese momento la mayor LBO de Europa.

La recapitalización de TIM Hellas ascendió a 1.470 millones de euros en una oferta de cuatro partes, incluido un dividendo en efectivo de 974 millones de euros más un préstamo puente para facilitar la venta de la empresa en caso de que se produzca poco después.[21] Las cosas se movían tan rápido que era difícil seguir, y mucho menos anticipar, el próximo anuncio del operador móvil. El 7 de febrero de 2007, 20 meses después de completar su LBO, Apax y TPG vendieron el grupo a Weather Investments por 3.400 millones de euros, lo que representa 500 millones de euros en capital más 2.900 millones de euros en deuda neta.[22] A pesar del breve período bajo LBO, el comunicado de prensa de Apax declaró con autoridad:

> *"La empresa se ha transformado con éxito y se ha posicionado en una trayectoria de crecimiento que conduce a una mejora significativa en todos los indicadores financieros y operativos clave."*[23]

Gracias a la adquisición de Q-Telecom, TIM Hellas contaba de ahora en adelante con 3,7 millones de abonados. Seguía ocupando el tercer lugar detrás de Cosmote y Panafon, pero era un actor de mercado mucho más creíble. La valoración fue casi un 80% superior a los 1.900 millones de euros pagados por Apax y TPG.

Antes de pasar a la siguiente fase de la memorable crónica de TIM Hellas, recapitulemos brevemente como se enriquecieron los dos fondos de private equity:

- En primer lugar, como argumentó TCS Capital, compraron TIM Hellas a un precio atractivo a su propietario sobreendeudado, Telecom Italia.
- Luego, utilizaron un apalancamiento significativo y refinanciaron dos veces agresivamente durante el período de la LBO.
- Fortalecieron la posición competitiva de la compañía con la adquisición del cuarto y más pequeño participante en el mercado griego de 11 millones de suscriptores móviles. Con una penetración del 97%,[24] el mercado griego estaba maduro, por lo que consolidar el panorama oligopolístico era la forma más segura de mejorar los márgenes, aunque solo fuera temporalmente.
- Por último, pero no menos importante, ambas firmas de capital privado vendieron sus participaciones lo más rápido posible para beneficiarse plenamente del impacto del valor temporal del dinero ('time value of money'). Los 'quick flips', es decir, la reventa de activos en un plazo de dos años, tienen un impacto extremadamente positivo en la tasa anual de rendimiento de una participación (la tasa interna de rentabilidad, o TIR, sobre la base de la cual se valoran todas las inversiones de private equity).

## Talón de Aquiles

Tras la salida de Apax y TPG, el operador móvil griego entró en un breve período de engañosa normalidad. El nuevo propietario era un experimentado inversor en telecomunicaciones. Weather no solo era propietario del operador italiano WIND Telecomunicazioni, sino que también controlaba Orascom Telecom, un operador con 50 millones de suscriptores en los mercados de rápido crecimiento de Oriente Medio, África y el sur de Asia.

A pesar de su costoso ejercicio de reposicionamiento tres años antes, TIM Hellas cambió su nombre una vez más, para ser conocido como WIND Hellas. La deuda se mantuvo alta en 12.4 veces el beneficio operativo, mientras que la cobertura de intereses disminuyó a 1.2 veces.[25] Sin embargo, no importaba tanto. La intención de los Sawiris era que Weather saliera a bolsa a finales de 2007 o principios del año siguiente.[26] Querían recaudar capital para financiar los ambiciosos planes de expansión del grupo.

Esta puede ser la razón por la que, en febrero de 2008, Apax entró en conversaciones con los Sawiris para adquirir una participación del 5% en Weather.[27] En junio, la firma británica pagó 550 millones de euros por la participación, mientras que sus rivales TA Associates y Madison Dearborn pagaron conjuntamente la misma cantidad por una participación similar del 5%.[28] Los propietarios egipcios de Weather utilizaron los fondos para pagar 1.000 millones de euros en préstamos del vendedor Enel. Por cierto, estas ventas de participaciones atribuyeron una valoración de 11.000 millones de euros al capital social de WIND Hellas.

La oferta pública inicial de Weather se aplazó por el momento. En un mercado de crédito en pleno auge, nadie podría vencer a los sponsors financieros en el juego de la sobrevaloración. Lehman Brothers quebraría tres meses después. Pero inmediatamente después del colapso del banco estadounidense en septiembre de 2008, en un giro abrupto de los acontecimientos, la aventura de Weather en Grecia se convirtió en una odisea. Con alrededor de una cuarta parte de los usuarios móviles, WIND Hellas seguía siendo el operador más débil del país – la cuota de Cosmote era del 39%, mientras que Panafon atendía más de un tercio del mercado. Este posicionamiento competitivo supuso un serio hándicap. A finales de 2008, la crisis financiera se había convertido en una recesión económica. La telefonía móvil estaba en una guerra total de precios. Dado su sobreendeudamiento, esta presión sobre los márgenes era lo último que necesitaba Wind Hellas. En el ejercicio 2008, la compañía registró un gasto por intereses de 243 millones de euros, todavía bien cubierto por un EBITDA de 430 millones de euros.[29] Pero el rendimiento operativo se deterioró rápidamente.

## Elegir la mejor jurisdicción

En el primer semestre de 2009, las ventas y el flujo de caja operativo de la compañía registraron una caída de dos dígitos. Con una deuda de 3.000 millones de euros, el apalancamiento de Hellas II, la empresa matriz de WIND Hellas registrada en Luxemburgo, superó 7,5 veces el EBITDA. Sin siquiera poder respirar un poco, la empresa se encaminaba hacia una reestructuración de deuda. A principios de septiembre, Standard & Poor's rebajó la calificación de los préstamos garantizados senior a la categoría 'basura' (*junk*), citando un posible incumplimiento en un futuro cercano. Ese mismo mes, WIND Hellas reestructuró 500 millones de euros de su deuda subordinada.[30]

El operador de telecomunicaciones necesitaba desesperadamente una inyección de capital de 50 millones de euros para hacer frente al pago de un cupón que vencía a mediados de octubre. La gerencia obtuvo el compromiso de los acreedores de renunciar y modificar parte de la línea de crédito, pero el principal reto era encontrar un inversor dispuesto a financiar el déficit de 50 millones de euros. WIND Hellas no tenía dinero en efectivo disponible, y los Sawiris no parecían ansiosos por intervenir. La directiva mantuvo conversaciones con fondos de private equity, los accionistas minoritarios de Weather. Apax indicó no tener ningún interés. Los resultados de la empresa se desplomaron – el EBITDA cayó un 25% en el trimestre anterior.[31] Nadie estaba dispuesto a invertir en dichas circunstancias.

En noviembre, WIND Hellas incumplió sus pagos. En 2009, los gastos por intereses ascendieron a 222 millones de euros. Excluyendo el cargo por deterioro del fondo de comercio ('goodwill'), el beneficio operativo ascendió a solo 37 millones de euros, casi un 80% menos que el año anterior. Era hora de que la empresa tuviera una conversación seria con sus acreedores.

Weather Investments propuso cancelar casi 1.500 millones de euros de deuda subordinada y mantener los préstamos con mayores garantías. Sin embargo, varios de los acreedores no tenían humor para conversar. Cuando Hellas II solicitó ser puesta en proceso concursal, los tenedores de bonos subordinados consideraron hacer una oferta de adquisición por la empresa. Pero no lograron presentar su oferta a tiempo. Weather ganó una batalla legal para conservar el control del operador móvil griego a pesar de que existía una oferta más alta de algunos de los acreedores de la empresa.[32]

Con sede en el Reino Unido después de que Weather trasladara su jurisdicción de Luxemburgo cuatro meses antes, el 13 de noviembre de 2009 WIND Hellas se convirtió en la mayor reestructuración judicial jamás orquestada en el país. Después de días de acaloradas negociaciones, el vehículo de inversión de los Sawiris mantuvo el control, lo que costó a los titulares de bonos 1.500 millones de euros a cambio de una pequeña participación minoritaria en la compañía.[33]

Si bien lo anterior puede haber dejado perplejos a muchos, es importante entender por qué la empresa griega había trasladado su sede de Luxemburgo a Londres. El Reino Unido tiene una de las leyes de bancarrota corporativa más flexibles de Europa – los emisores de deuda y los inversores encuentran frustrante la rigidez de los regímenes de reestructuración en otros países europeos. El proceso concursal del Reino Unido permite a una empresa en dificultades que no puede cumplir con sus obligaciones de deuda buscar protección judicial, dándole tiempo para desarrollar un plan de reestructuración adecuado antes de entablar conversaciones con sus acreedores. Esto permite a los accionistas buscar inversores para una empresa en dificultades y, al mismo tiempo, mantener alineados a los acreedores. Por lo tanto, el traslado de la empresa griega a Londres fue diseñado por la empresa matriz italiana Weather Investments, controlada a su vez por los Sawiris, en previsión de un incummplimiento de las obligaciones de deuda LBO.

Esta controvertida reestructuración, que le valdría a Londres el curioso reconocimientoo de 'capital europea de la bancarrota',[34] no gustó a varios de los tenedores de bonos de WIND Hellas. Marcó el comienzo de una larga batalla legal entre la empresa y sus accionistas, por un lado, y de varios de sus acreedores no garantizados, por otro lado.

La empresa había concedido un trato preferencial a los acreedores garantizados, incluidos los tenedores de préstamos bancarios, pero tuvo poco respeto por los derechos de los titulares de los bonos.[35] Estos últimos, como prestamistas subordinados, fueron los más afectados por el deterioro del valor de la empresa griega. Y si los bonos cotizaban por debajo de su valor nominal, esto lógicamente significaba que las acciones de Weather Investments no deberían valer nada.

Los Sawiris y sus coinversores de private equity no estaban dispuestos a entregar las llaves a los inversores que tenían prioridad sobre ellos en la estructura de capital de la empresa. A través del proceso de reestructuración judicial, podían presentarse como los 'chicos buenos' que intentaban salvar puestos de trabajo. En esta versión del capitalismo del siglo XXI, los acreedores no siempre tienen prioridad sobre los accionistas, independientemente de sus derechos contractuales. Uno de los tenedores de bonos, Bertrand des Pallières, director gerente de SPQR Capital, hizo el siguiente pronunciamiento obsceno:

> *"La reestructuración judicial fue utilizada [por los Sawiris] para recomprar su propio negocio eliminando algunas de sus deudas. Inglaterra es conocida por sus buenas leyes, pero esto la está convirtiendo en un burdel para empresas en quiebra."*[36]

Lo que complicó las cosas fue que los prestamistas subordinados habían presentado una oferta realmente más alta, proponiendo un valor de 450 millones de euros, compuesto por 200 millones de euros de capital y la compra de 250 millones de euros de líneas de crédito de la empresa. Sin embargo, no habían logrado obtener el apoyo de suficientes acreedores antes del 30 de noviembre, fecha límite del período de bloqueo. Al final, un tribunal británico falló a favor de Weather en su intento de reestructurar el balance del operador de telecomunicaciones. Varios de los titulares de bonos quisieron iniciar procesos legales. Uno de ellos, Mike Hodges, director de inversiones de Aladdin Capital, se pronunció:

> *"Con la propuesta por Weather ahora aprobada, la compañía y su equipo directivo, que pusieron a Wind Hellas en esta difícil situación para empezar, comprarán lo que era una empresa de 3.000 millones de euros por 50 millones de euros y, esencialmente, utilizarán nuestro dinero para adueñarse del valor de nuestra deuda cancelada".*[37]

Estos fueron los métodos modernos aplicados por los sponsors financieros para preservar sus intereses. Para mantener el control, los accionistas se habían asegurado de que la reestructuración purgativa fuera iniciada por la propia empresa, alegando una necesidad apremiante de liquidez, adelantándose así a la acción de los acreedores.[38] Weather argumentó que su experiencia en el sector de las telecomunicaciones — en lugar de simplemente su condición de propietario financiero — añadía valor real a su oferta más baja.

Las quejas contenciosas y litigiosas se multiplicarían. Por el momento, la empresa seguía adelante, iniciando el traslado de su sede a Luxemburgo, una reorganización del equipo directivo y la reemisión de otro préstamo PIK (con intereses acumulados). En diciembre de 2009, Nassos Zarkalis, anteriormente director del proveedor de servicios fijos Hellas On-Line y director comercial de Vodafone en Grecia, se convirtió en CEO de WIND Hellas. Era probable que el nuevo jefe ideara cambios urgentes. Y los accionistas de la compañía no habían terminado con la reestructuración de la deuda. El mes que Zarkalis asumió el cargo,

WIND Hellas concedió un préstamo a largo plazo por un total de 950 millones de euros.

Sorprendentemente, para una empresa que acababa de incumplir parte de su deuda, WIND Hellas estaba atrayendo mucho interés en los mercados de crédito. Varios inversores, sin embargo, se sintieron ofendidos en el momento en que se produjo la emisión y por el hecho de que las ganancias de la recaudación de fondos se distribuyeron a Weather para ayudar a los propietarios a financiar su adquisición del operador móvil recientemente reestructurado. A quienes no tenían reparos en respaldar a una empresa y sus fondos propietarios que habían sido tan abiertamente indiferentes a los intereses de los titulares de bonos, un participante del mercado replicó que esto era "de mal gusto", y agregó: "No me involucraría en esta transacción por principio, y he hablado con varios otros inversores que piensan lo mismo".[39]

## Escabullirse al estilo egipcio

Pronto, los desesperados reveses de reputación y rendimiento comercial de WIND Hellas se convirtieron en una derrota financiera. Tras la reestructuración judicial, Hellas II fue liquidada y Weather Finance III, otra entidad en la estructura del grupo, se convirtió en la nueva sociedad holding, presentando e informando las cuentas financieras. Pero este nuevo y esperanzador reinicio no servía de nada si la compañía operadora subyacente se mostraba incapaz de ejecutar su plan. A principios de marzo de 2010, debido a los malos resultados comerciales, los bonos subordinados del grupo se situaron en torno a un 60% por debajo de su valor nominal; sufrieron un descuento del 70% a fin de mes.[40]

Junto a los problemas de WIND Hellas, Grecia experimentó su propia crisis de deuda, provocada por la agitación de la recesión global y las debilidades estructurales de la economía nacional. Estable en 2008, el PIB del país cayó un 4,3% al año siguiente. A finales de abril de 2010, las agencias de calificación crediticia rebajaron el rating de los bonos estatales, asignándoles el estatus de instrumentos de alto riesgo ('junk'). Esto provocó una crisis de confianza, no ayudada por las revelaciones de que los sucesivos gobiernos habían manipulado las estadísticas económicas durante la mayor parte de la década para apoyar, en 1999, la solicitud del país de ser miembro de la Unión Monetaria Europea, la eurozona. En mayo de 2010, el déficit presupuestario del gobierno griego se revisó al 13,6%.

La única buena noticia en estas revelaciones fue que Grecia no tenía el peor déficit presupuestario: éste, en relación con el PIB, era el segundo más alto del mundo, detrás del de Islandia con un 15,7%.[41] Para intentar salvar la situación, el gobierno recaudó 13.000 millones de euros en los mercados de bonos. Pero la combinación de datos económicos deficientes, revelaciones de informes presupuestarios turbios y múltiples emisiones de deuda llevaron a una subida de los rendimientos de los bonos soberanos, aumentando el coste de asegurarse contra riesgos en los swaps de incumplimiento crediticio (llamados Credit Default Swaps, o CDS) de Grecia en comparación con otros países de la eurozona.

A medida que el país se hundía en una gigantesca crisis de deuda, poniendo en peligro su afiliación a la eurozona, WIND Hellas se deslizó hacia una miseria insondable. La reestructuración judicial de finales de 2009 había eliminado la deuda subordinada, reduciendo la deuda de 9 a 5,5 veces el EBITDA.[42] Seis meses después, los bonos no garantizados del grupo cotizaron entre un 85% y un 90% por debajo de su valor nominal, mientras que los préstamos garantizados cambiaron de manos a 50 céntimos por euro.[43] Durante este período, el desempeño del operador de telefonía móvil había seguido la trayectoria económica del país. WIND Hellas volvió a estar una vez más contra la pared.

En junio de 2010, la empresa y sus acreedores estaban de nuevo en la mesa de negociaciones – 55 millones de euros en pagos de deuda vencían en la última semana del mes, pero la empresa solo tenía 35 millones de euros en el banco. A pesar de los intentos de reestructurar el balance,

WIND Hellas continuó luchando mientras el país se hundía en un profundo atolladero financiero. Frente a las medidas de austeridad del gobierno griego, el gasto de los consumidores se desplomó, lo que llevó al mercado de la telefonía móvil a una guerra de precios altamente competitiva. En el primer trimestre de 2010, los ingresos de WIND Hellas cayeron un 18,5%, ya que sus usuarios se apretaron el cinturón.[44]

A pesar de los 125 millones de euros de nuevo capital invertidos por los sponsors financieros a finales de 2009, la reducción de las inversiones de capital y el ahorro anual de alrededor de 80 millones de euros en pagos de cupones tras el alivio de la deuda de casi 1.500 millones de euros, los flujos de caja de WIND Hellas seguían sin ser capaces de cubrir los pasivos acumulados de los préstamos restantes. Una forma de que los inversores de Weather hicieran causa común con los prestamistas garantizados en la reestructuración de limpieza del año anterior había sido pagar los honorarios de consentimiento – se habían gastado casi 55 millones de euros en estas comisiones.[45] Pero la inyección de capital de Weather para proteger su inversión ya no valía nada.

Esta vez, el pago de multas no sería suficiente para obtener la aprobación de los acreedores. Con el fin de preparar el terreno para otra reestructuración judicial y como ejemplo más de las técnicas de aplicación de la jurisdicción más favorable, en julio de 2010 WIND Hellas transfirió tres de sus filiales a Gran Bretaña.[46] Por desesperación, ese mismo mes la empresa anunció su venta tras acordar un status quo con sus acreedores.[47] Antes de la fecha límite del 15 de septiembre, se habían presentado seis ofertas, incluidas las de la firma de inversión Argo Capital, el proveedor griego de banda ancha On Telecoms, el grupo noruego Telenor, el fondo estadounidense Saban Capital (que era uno de los tenedores de bonos garantizados), e incluso uno del insaciable e inquebrantable empresario egipcio Naguib Sawiris, ansioso por retener el control.[48] En la lista de partes interesadas también figuraba el grupo tecnológico griego Info-Quest, antiguo propietario de Q-Telecom hasta su venta a TIM Hellas en 2006.

Cualquiera que fuera la oferta seleccionada, la empresa debía tomar decisiones inmediatas. Según la gerencia, en 2010 se esperaba que WIND Hellas registrara un EBITDA de 180 millones de euros, frente a los 317 millones de euros del año anterior.[49] Pero ninguna de las ofertas presentadas se consideró lo suficientemente generosa. En control desde el incumplimiento de pago del verano, los titulares de bonos decidieron que ya no iban a dejarse presionar.

El 18 de octubre de 2010, Weather Finance III anunció que algunos de los acreedores de la empresa habían sido elegidos como compradores preferentes. Un consorcio de prestamistas garantizados había presentado su propia propuesta de canje de deuda por acciones. Los inversores especialistas en reestructuración de deuda, Mount Kellett, Taconic, Providence Equity, Anchorage Capital, Angelo Gordon y Eton Park, representando el 57% de los bonos garantizados, inyectaron 420 millones de euros en efectivo a cambio del 90% de las acciones de WIND Hellas. El 10% restante se asignó a los titulares de bonos que no quisieron o no pudieron participar en la refinanciación. A cambio, WIND Hellas quedaría liberado de sus obligaciones por valor de 1.200 millones de euros en préstamos garantizados y 355 millones de euros en préstamos no garantizados.[50]

Después de fracasar en su intento de reformar la empresa, los fondos de capital privado y los Sawiris fueron despedidos. Aprobada por más de tres cuartas partes de los tenedores de deuda garantizada,[51] esta segunda reestructuración financiera en menos de 12 meses marcó una nueva era libre de deuda para WIND Hellas. Aunque la alta dirección, incluido el director general Zarkalis, permaneció en su puesto, el consejo de administración se reorganizó y fortaleció significativamente con veteranos de la industria y miembros de la comunidad empresarial griega.

Con cinco quiebras separadas, el escenario WIND Hellas demostró ser una de las reestructuraciones más técnicas y complicadas de Europa.[52] Aunque ampliamente utilizada en los Estados Unidos, la política de 'préstamo con opción a compra' (loan to own) adoptada por los seis especialistas en reestructuración de la deuda fue un acontecimiento bastante reciente en Europa. Las numerosas empresas zombis generadas por la crisis financiera de 2008 habían obligado a los acreedores a ser más agresivos y proactivos. Los acreedores se habían dado cuenta de que, a pesar de toda su fanfarronería y supuesta experiencia en la industria, los fondos de capital privado rara vez se preocupan por los derechos prioritarios de los prestamistas cuando se trata de corregir sus propios errores pasados. Después de haber sido abusados en 2009, los gestores de deuda tomaron el asunto con sus propias manos, creando un nuevo holding, Largo Limited, esta vez con sede en el paraíso fiscal de Guernsey, para sustituir la desacreditada etiqueta 'Weather'.

Purgado de los últimos vestigios de su experiencia bajo el liderazgo del private equity, WIND Hellas cerró un período difícil en el que el volumen de negocios y el margen EBITDA perdieron respectivamente un 35% y 12 puntos porcentuales en los dos años anteriores, como se muestra en el gráfico 8.2. El colapso de WIND en Grecia significó el fin de la aspiración de los Sawiris de construir un próspero imperio de telecomunicaciones. Después de perder el control de las operaciones griegas, anunciaron la venta de Weather Group por 6.800 millones de dólares – compuesto por el operador italiano WIND Telecom y la participación del 51,7% en Orascom – a VimpelCom, un operador global en mercados emergentes controlado por el grupo ruso Alfa y el noruego Telenor.

Weather fue valorada en 8.000 millones de dólares cuando se fusionó con VimpelCom,[53] aproximadamente la mitad del valor atribuible a los accionistas en 2008. Convertidos en accionistas minoritarios de VimpelCom, los Sawiris aceptaron que, en un entorno en el que la financiación de la deuda estaba pasada de moda, tenían que unirse a inversores con mucho dinero para financiar su ambición de dominación mundial. La fusión creó el quinto mayor operador móvil del mundo – en cuanto al número de suscriptores, con ingresos de 21.500 millones de dólares y un EBITDA de 9.500 millones de dólares.[54]

Gráfico 8.2 – Ingresos y margen de EBITDA de TIM/WIND Hellas de 2007 a 2010

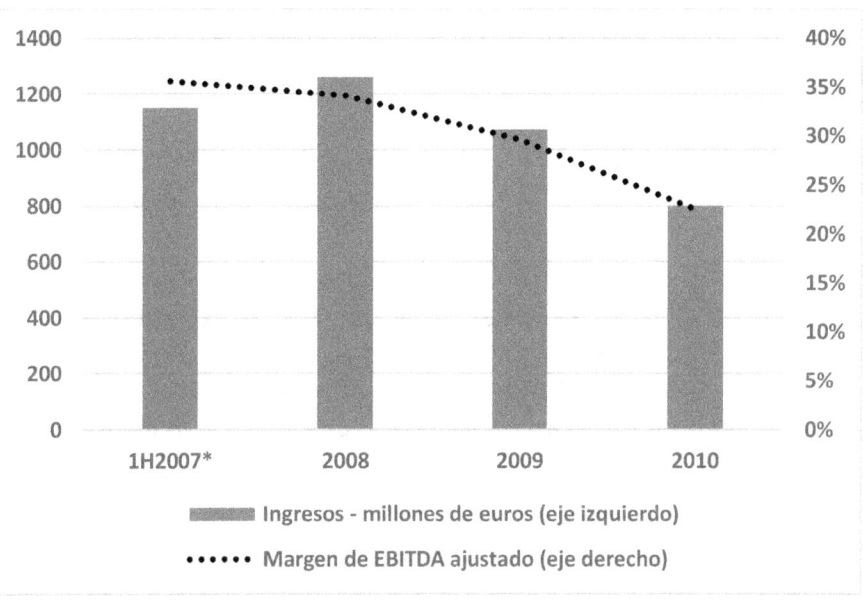

*Fuentes: documentos de la empresa y análisis del autor – Notas: TIM Hellas cambió su nombre a WIND Hellas el 29 de mayo de 2007 – \*Últimos doce meses hasta junio de 2007*

## De mal en peor

En el verano de 2011, Vodafone reveló conversaciones sobre una fusión con WIND Hellas para fortalecer su filial griega Panafon.[55] El hecho de que el CEO Zarkalis fuera un ex empleado de Vodafone debería haber facilitado las negociaciones, pero fracasaron. Los accionistas de Vodafone no entendieron la lógica económica de aumentar la presencia del grupo en un mercado tambaleante. En 2010, el PIB de Grecia cayó un 5,5%, su peor resultado desde 1974, año en que el país salió de la dictadura militar, y 2011 reescribiría los libros de historia del país: este año, la economía se hundiría más de un 9%. Y a pesar de la desesperación del país, los reguladores supuestamente dudaron en aprobar la fusión entre el segundo y el tercer operador más importantes del país. Aun así, resultó ser que WIND Hellas no era el único grupo de telecomunicaciones en crisis – antes de fin de año, Vodafone reconocería un deterioro de 450 millones de euros en el valor de sus operaciones en Grecia.[56]

Gracias a la postura proactiva adoptada por sus acreedores, WIND Hellas estaba reaccionando en un mercado que seguía siendo extremadamente difícil. Como prueba, en 2012, el PIB nacional cayó un 7,3%. Finalmente, la empresa alcanzó un nuevo umbral de negocio, con un margen EBITDA de entre el 18% y el 19% (véase el gráfico 8.3).

Mientras la compañía atravesaba un entorno económico pésimo, los titulares de bonos subordinados que habían sido expulsados de la estructura de capital en la refinanciación de noviembre de 2009 intensificaron su campaña para conseguir compensación. Iban a recibir ayuda externa.

En diciembre de 2011, dos años después de su reestructuración judicial, el antiguo holding de WIND Hellas, Hellas II, inició un procedimiento de liquidación.[57] Los liquidadores designados por el tribunal iban a atacar los fondos de los antiguos accionistas, y no lo hicieron discretamente, denigrando y cuestionando públicamente las acciones de Apax y TPG en los meses previos a la venta a los Sawiris en 2007. De hecho, los aspectos de esta historia que son más interesantes de estudiar, al menos desde un punto de vista antropológico del capital privado, se relacionan con las costumbres transaccionales reveladas durante el proceso de liquidación de Hellas II. Tras una larga autopsia forense, en marzo de 2014, los liquidadores decidieron perseguir a los antiguos accionistas de Hellas II por "transferencia fraudulenta y enriquecimiento injusto", describiendo su pago de dividendos de 1.000 millones de euros en 2006 como "uno de los peores abusos en la industria del private equity", comparable al saqueo de Troya.[58] El hecho de que la adquisición de Q-Telecom hubiera sido bautizada como 'Proyecto Helena' – en honor a la reina de Esparta cuyo rapto provocaría la guerra de Troya en la *Ilíada* de Homero – añadía una dimensión mitológica a este drama.

## Una tragedia griega

Cuando fue adquirida mediante apalancamiento en 2005, la empresa ya atravesaba tiempos difíciles. Recuerde que el EBITDA cayó más de un 10% en 2004. Los flujos de caja operativos se habían desplomado en un tercio. Esto fue a pesar del hecho de que Atenas había sido sede de los Juegos Olímpicos de Verano ese año – las tarifas de roaming de los visitantes extranjeros, así como un mayor uso por parte de los suscriptores locales, habían sido un regalo del cielo. La creciente presión competitiva había visto erosionarse la base de usuarios del operador durante dos años consecutivos, cayendo de 2,5 millones a 2,3 millones de clientes entre 2002 y diciembre de 2004. Mientras que todos los operadores móviles estaban experimentando una migración de clientes de prepago a tarifas contractuales, TIM Hellas había perdido algunos frente a sus competidores más baratos y ya mucho más potentes: Cosmote y Panafon. Esta no fue una tendencia tranquilizadora. Los suscriptores de contrato suelen ser los que ofrecen un mayor margen. También son más leales, lo que aporta una cuota de mercado sostenible. En los tres años anteriores a la LBO, aunque los ingresos habían crecido de manera constante, el margen EBITDA de la compañía había perdido diez puntos porcentuales (como se muestra en el gráfico 8.1). Estas no son características que generalmente asociamos con los candidatos a una LBO. La estabilidad, el crecimiento y la previsibilidad son factores preferibles para cumplir compromisos estrictos de deuda. La empresa griega podría describirse como una candidata a la reestructuración.

Una operación apalancada por parte de TIM Hellas era arriesgada, a menos que no se tuviera la intención de quedarse demasiado tiempo para juzgar el impacto corrosivo de la deuda en una empresa de bajo crecimiento y márgenes erosionados. Tras la fusión con Q-Telecom, seis meses después de la LBO de TIM Hellas, Apax y TPG lograron obtener ganancias temporales, elevando el margen EBITDA por encima del 35% en el primer semestre de 2007, frente a menos del 30% en 2005. Pero entre 2001 y 2005, la tasa de margen había perdido ocho puntos porcentuales frente a la competencia de precios. Si bien es probable que la consolidación del mercado provocada por la fusión del tercer y cuarto operador de telefonía móvil reduzca la presión sobre los precios, la creciente madurez de los servicios móviles significaba que era probable que Cosmote y Panafon mantuvieran la presión, aunque solo fuera para preservar sus cuotas de mercado. En los tres años posteriores a su adquisición por parte de Weather, WIND Hellas vio disminuir su margen EBITDA en 10 puntos porcentuales. Este tipo de erosión de beneficios equivale a una sentencia de muerte para cualquier empresa apalancada. WIND Hellas se hundió en una rigidez casi cadavérica.

Weather y WIND ya habían sido maltratados por los Sawiris antes de que el operador griego se agregara a la estructura en 2007. Los efectos de una refinanciación llevada a cabo de la manera despreocupada y descuidada de la época no dieron al grupo de telecomunicaciones un margen de maniobra suficiente cuando los nubarrones de la crisis financiera se acumularon a finales de 2008.

Si tuviéramos que culpar a alguien por los errores que hicieron indispensable la reestructuración de WIND Hellas por parte de sus acreedores, tendríamos que condenar nuestra versión moderna del capitalismo desregulado. No se puede esperar que los inversores financieros pongan límites al apalancamiento si las regulaciones no establecen una posición clara sobre lo que es aceptable y lo que no. Los Sawiris tenían una ambición insaciable. En ese momento todo el mundo quería consolidar el mercado. La filial T-Mobile de Deutsche Telekom, el grupo británico Vodafone y la división de telefonía móvil Orange de France Telecom lideraron el camino en Europa. Naguib Sawiris necesitaba deuda para financiar su proyecto, aunque solo fuera para igualar la potencia de fuego de este trío. En 2005, el imperio Sawiris ya contaba con 10.000 millones de euros en préstamos.⁵⁹ Cinco años después, se derrumbó.

Otra lección que debemos aprender tiene que ver con la estructura del mercado más que con la estructura del capital. Para proteger el flujo de caja en el sector de las telecomunicaciones, dominar el mercado es muy importante. El segundo mayor operador de telefonía móvil del mundo ofrece valiosos consejos. En diciembre de 2016, Vittorio Colao, director general de Vodafone, explicaba que el objetivo de su empresa era ser el número 1 o 2 en todas sus zonas geográficas. Indicó: "La brecha con respecto a los números 3 no solo es estable, sino que incluso aumenta. Realmente se trata de crear un mercado de dos velocidades".⁶⁰ Los dos principales operadores de un país determinado son capaces de diferenciarse a través de redes y servicios superiores, lo que garantiza una mayor protección y visibilidad de los flujos de caja.

Esta opinión fue respaldada por los hechos. En Grecia, Cosmote tuvo márgenes de EBITDA cercanos al 40%, mientras que los márgenes de Panafon se situaron en torno al 35%.⁶¹ Como tercer operador en un pequeño mercado europeo, WIND Hellas carecía de las armas necesarias para diferenciar sus servicios, lo que hacía vulnerables sus flujos de caja y amenazaba su supervivencia debido a una deuda excesiva. Superada por rivales más poderosos y afectada por los efectos a largo plazo de la deuda, así como por el enfrentamiento entre sus accionistas y acreedores, la empresa tuvo un margen EBITDA inferior al 25% en 2010 (véase el gráfico 8.2).

## Repercusiones negativas de la LBO

Para los prestamistas que expresaron su enojo a través de varios procesos judiciales, el tema en cuestión era la responsabilidad de Apax y TPG en este caos. En el modelo clásico de private equity, basado principalmente en comisiones, las dos firmas recibieron honorarios de asesoramiento por valor de 2 millones de euros al año. Además, ganaron 15 millones de euros por los servicios de asesoramiento durante la colocación de deuda y la elaboración de planes operativos y estratégicos en el momento de la LBO en 2005.[62]

Cuando el dúo Apax-TPG se vendió dos años después, el grupo griego de telecomunicaciones tenía 20 veces más deuda que antes de la LBO, debido al pago de dividendos a sus sponsors financieros a finales de 2006.[63] Como ya se ha indicado, esta recapitalización fue objeto de un procedimiento judicial iniciado en septiembre de 2015 contra Apax y TPG por los liquidadores de Hellas II, la sociedad matriz del grupo que había quebrado tres años después del reparto de dividendos. Los liquidadores intentaron recuperar el dinero en nombre de los acreedores, argumentando que la empresa no tenía beneficios suficientes para cubrir el pago de dividendos y alegando que se trataba de una transferencia fraudulenta. En su opinión, el balance no solo estaba complicado, sino que estaba en situación precaria.

A primera vista, el punto parece absurdo, incluso tendencioso. Los pagos de dividendos elaborados por fondos de capital privado rara vez, o nunca, están cubiertos por los beneficios de la empresa subyacente, sino que, en muchos casos, dichas distribuciones llevan a la empresa a una posición de pasivo neto (lo que significa que sus activos no son suficientes para cubrir sus pasivos, porque estas distribuciones de dividendos por recapitalización se financian con deudas bancarias o bonos). Ya hemos encontrado este concepto en el estudio de caso de Bhs en el capítulo 7.

Sin embargo, una alegación más pertinente formulada por los liquidadores designados por el tribunal se refería a los instrumentos de capital utilizados por las dos firmas de capital privado para adquirir TIM Hellas. Se suponía que estos valores – conocidos como certificados de acciones preferentes convertibles – debían seguir estrictas normas de reembolso establecidas por la ley de Luxemburgo. Cobrados con una enorme prima – 35 veces su valor nominal – según la legislación luxemburguesa, estos certificados no otorgan ningún derecho a dividendos en ausencia de beneficios distribuibles en la empresa. Para que estos pagos sean aún más laboriosos, antes de cualquier distribución, la empresa debe obtener una valoración independiente.[64] Para colmo, las autoridades fiscales de varias jurisdicciones estaban investigando si se habían pagado los impuestos adecuados sobre esta gigantesca distribución. Se podrían adeudar hasta 200 millones de euros en retenciones fiscales si estos certificados convertibles se trataran como capital (como lo serían en Estados Unidos y otras jurisdicciones) en lugar de deuda (como se permite en Luxemburgo).[65]

Un segundo litigio se refería a las obligaciones fiduciarias de los antiguos administradores del operador de telecomunicaciones, incluidos los sponsors financieros, ya que varios de sus representantes formaban parte del consejo de administración en ese momento. Como línea de defensa contra ambos procedimientos, los fondos de capital privado argumentaron que Hellas II exudaba salud cuando se vendió en 2007 y que la posterior implosión de la empresa fue consecuencia de la crisis económica del país. Sin embargo, varios correos electrónicos intercambiados entre ejecutivos de los dos fondos de inversión mostraron que algunos miembros de sus equipos temían que la escala de la recapitalización de 1.400 millones de euros pusiera en riesgo al operador. Un inversor de TPG comentó a su homólogo de Apax que sus acciones "ponen a la empresa bajo una enorme presión". Las dos firmas arguyeron que estos extractos fueron sacados de contexto.

Mencionando un "saqueo engañoso y catastrófico", los liquidadores compararon la conducta de Apax y TPG con "un súper caballo de Troya diseñado para infiltrarse financieramente en TIM Hellas y Q-Telecom y luego saquear sistemáticamente sus activos desde dentro, acumulando deudas para garantizar distribuciones significativas a los accionistas".[66] A este aluvión de reproches se sumó Des Pallières, ex tenedor de bonos y representante de SPQR Capital, que se quejó amargamente:

> *"Este caso expone a la industria del capital privado en todos sus aspectos negativos. Apax y TPG cargaron a Hellas con deuda y utilizaron los*

*ingresos de las recapitalizaciones para pagarse a sí mismos enormes distribuciones de dividendos. Era inmoral e ilegal, como diremos en el tribunal de Luxemburgo. No se pueden extraer 1.000 millones de dólares de una empresa que no tiene reservas. Fue una maniobra codiciosa y cínica que dejó a la deriva a los acreedores y a la propia empresa"*,[67] antes de añadir: *"Esto abriría la puerta al saqueo corporativo masivo".*[68]

Pero resulta que se puede retirar todo el dinero que quiera de una empresa sin fondos propios. El 23 de diciembre de 2015, los tres jueces del Tribunal de Primera Instancia de Luxemburgo declararon que Apax y TPG no habían incurrido en ningún delito, desestimando todos los procedimientos incoados contra ellas.[69]

Dicho esto, este no fue el final de la historia. Se inició un juicio civil contra las dos acusadas en los Estados Unidos. En septiembre de 2016, un tribunal de apelaciones de Nueva York dictaminó que Wilmington Trust, un fideicomisario designado por los tenedores de bonos de Hellas Telecommunications, podía iniciar acciones contra los fondos de los antiguos accionistas. Wilmington buscaba 565 millones de dólares por los bonos impagados, acusando a Apax y TPG de embolsarse las ganancias de la cancelación de esos bonos. Los cofundadores de TPG, David Bonderman y James Coulter, así como el ex CEO de Apax, Martin Halusa, fueron nombrados como acusados.[70] Casi una década después de los hechos, el controvertido reparto de dividendos por recapitalización era una fuente inagotable de problemas.

## Comunicación interrumpida

Si bien los acreedores y liquidadores de TIM Hellas lucharon por hacer que Apax y TPG rindieran cuentas por sus supuestos errores, tal vez puedan consolarse con el hecho de que los vehículos de inversión recaudados antes de la crisis financiera por los dos gerentes obtuvieron rendimientos muy deficientes. Apax Europe VII y TPG Partners V, creadas en 2007 y 2006 respectivamente, tuvieron una tasa de rentabilidad anual del 5%, por debajo del 8%, el rendimiento estándar garantizado en la industria del private equity.[71] Los defensores de la todopoderosa economía de mercado entenderán que, en esta forma más pura de justicia kármica, a los gerentes de Apax y TPG no se les permitió compartir las ganancias de capital con sus inversores institucionales porque sus rendimientos no excedían la tasa de rendimiento crítica ('hurdle rate') del 8%.

Como hemos visto, el grupo italiano WIND ya estaba muy endeudado incluso antes de adquirir TIM Hellas. Su propietario, Weather Investments, se había adaptado perfectamente al molde LBO al obtener el mayor préstamo PIK jamás visto en Europa. En septiembre de 2009, la empresa matriz que controlaba las operaciones italianas y griegas tenía 4.200 millones de euros en deuda bancaria senior y 700 millones de euros en préstamos subordinados. A finales de ese año, Weather había tenido que utilizar el balance de las operaciones italianas de WIND para apuntalar su división griega en apuros.[72]

La empresa sufría un caso agudo de 'quebrado de deuda': un verdadero dolor de cabeza causado por una inyección excesiva de deuda. De hecho, la empresa había estado operando en un entorno económico hostil. Entre 2008 y 2015, la economía griega vio caer su PIB de 355.000 millones de dólares a unos 200.000 millones de dólares, una caída del 44% en solo siete años. El gobierno se vio obligado a vender activos a precios de ganga. Incluso las joyas de la base industrial del país necesitaban el apoyo del Estado. En noviembre de 2008, OTE fue parcialmente rescatada por el Estado y por el operador alemán Deutsche Telekom, cada uno de los cuales adquirió una participación del 25% en el mayor grupo de telecomunicaciones del país. Deutsche Telekom aumentó su participación al 30% en 2009 y luego al 40% cinco años después, a medida que las necesidades de liquidez del gobierno griego seguían aumentando.

En una economía capitalista moderna, una empresa del tamaño de WIND Hellas rara vez permanece libre de deudas durante mucho tiempo. En el último trimestre de 2016, Crystal Almond, la empresa matriz luxemburguesa de WIND Hellas, lanzó una serie de presentaciones para promocionar un préstamo de alto rendimiento de 250 millones de euros garantizado a cinco años. Pero si bien la dirección y los accionistas habían cambiado, la reputación del emisor dentro de la comunidad bancaria y de hedge funds seguía manchada. En este contexto, cualquier emisión de deuda estaba destinada a ser recibida con frialdad.

De hecho, el interés del mercado fue tibio, pero con la desaparición de los riesgos de litigio, los inversores estuvieron dispuestos a dar otra oportunidad al operador griego, incluso si los controles de capital introducidos por el gobierno en junio de 2015 añadieron incertidumbre – "¿estarían los flujos de caja generados por WIND Hellas disponibles libremente para pagar los compromisos de deuda?" era solo una de las preguntas que el emisor no podría responder categóricamente. El proceso de oferta de deuda avanzó. Para atraer inversores, la empresa se vio obligada a ofrecer un tipo de interés de cupón de dos dígitos. También se pidió a los accionistas existentes que aportaran 25 millones de euros en nuevo capital para alentar a los posibles prestamistas.

Como resultado de esta emisión de bonos, WIND Hellas se armó con un ratio de deuda muy razonable de 1,2 veces el EBITDA.[73] Después de estabilizar los beneficios durante los cuatro años anteriores, e incluso aumentar los ingresos, como se muestra en el gráfico 8.3, la empresa volvió a la vida. Aunque era poco probable que su baja creación de liquidez lo convirtiera en un candidato adecuado para una LBO durante algún tiempo.

Gráfico 8.3 – Ingresos y margen de EBITDA de WIND Hellas de 2013 a 2016

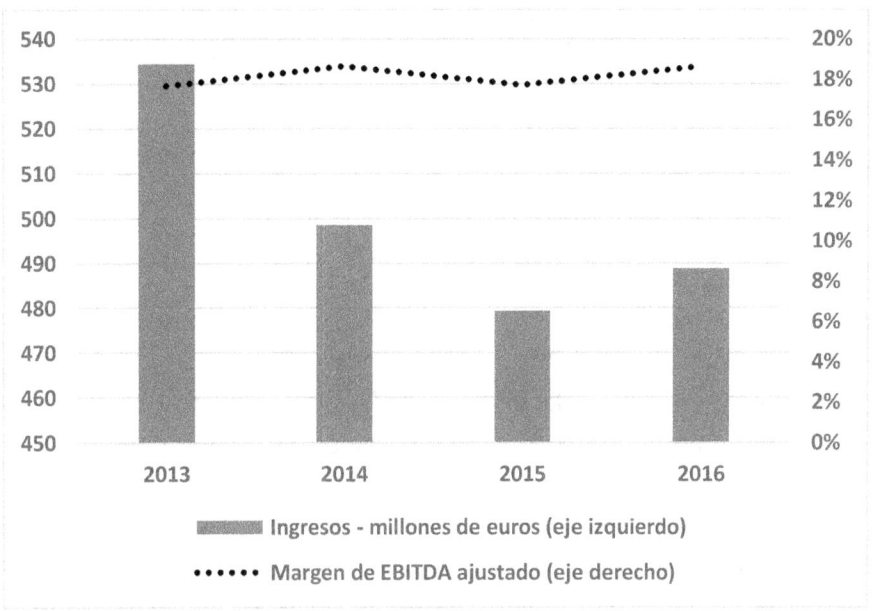

Fuentes: documentos de la empresa y análisis del autor

## Eso le sonó a griego

Es innegable que, durante muchos años, TIM Hellas sufrió su excesivo endeudamiento, independientemente de la profunda transformación que experimentó el operador bajo el liderazgo de fondos de private equity. Aunque los altos ejecutivos centraron su atención en reducir la deuda, no pudieron aprovechar las oportunidades del mercado ni adaptarse a una debacle económica sin precedentes. Como señaló des Pallières, de SPQR Capital:

> "La industria del capital privado siempre enfatiza lo constructiva que es como fuerza de inversión para crear empleos y crecimiento. Pero hay fondos de capital privado que se enriquecen desintegrando empresas y empobreciendo a otros – ya sean acreedores, el Estado o los empleados".[74]

La surrealista disputa entre los acreedores – que perdieron 1.400 millones de euros – y los antiguos accionistas del grupo muestra que muchos de los participantes involucrados en esta transacción no supieron familiarizarse con las técnicas modernas utilizadas por los sponsors financieros para extraer valor de una sociedad de cartera.

La irresistible influencia de financistas como los Sawiris, Apax y TPG había llevado incluso a la firma de auditoría Ernst & Young a cometer un grave error de juicio. En junio de 2015, uno de sus socios fue 'severamente amonestado' y multado por el Institute of Chartered Accountants por un 'grave conflicto de interés' causado por su nombramiento en 2009 como director de Hellas II, quien también resultó ser cliente de audit de Ernst & Young.[75] Ya en 2011, Ernst & Young había perdido su mandato como liquidador judicial, después de que un Tribunal Superior dictaminara que varias líneas de investigación "no parecían haber sido objeto de una evaluación crítica exhaustiva por parte de los administradores, como en lo que respecta al papel de Ernst & Young Luxemburgo como auditor de las cuentas de Hellas II". En respuesta, el Tribunal Superior revocó la decisión de la empresa de auditoría de disolver Hellas II y ordenó el nombramiento de un administrador judicial independiente en su lugar.[76] Este no fue el mejor momento de Ernst & Young. Dicho esto, pocas de las partes involucradas en este fiasco se presentaron de la mejor manera posible.

El caso de TIM Hellas es una consecuencia no deseada de nuestra decisión de desregular la economía y confiar en que los participantes del mercado se comporten de tal manera que puedan anticipar como se percibirán sus acciones a la luz de las concepciones morales de su tiempo. Ya sea que nos pongamos del lado de los fondos de inversión, los acreedores, los asesores, la gerencia o, en mayor medida, nuestra empresa en la evaluación de la transacción de TIM Hellas, debemos reconocer que la ética empresarial no está codificada y evoluciona con el tiempo. De ahí la necesidad de regulaciones que ayuden a guiar a los agentes económicos.

## EL EFECTO AMPLIFICADOR DEL APALANCAMIENTO FINANCIERO

*Cuando, en los años 80, el mundo financiero hizo campaña activamente a favor de una mayor liberalización del mercado, logró el resultado esperado: un rápido crecimiento económico, gracias a la expansión de los mercados de crédito. Pero la consecuencia no deseada de esta inyección de deuda fue un aumento de la volatilidad del mercado. Como escribieron los macroeconomistas George Akerlof y Robert Shiller: "El aumento de la deuda se traduce en un aumento de los precios de los activos, lo que fomenta cada vez más apalancamiento. El mismo proceso funciona a la inversa en una tendencia bajista cuando los precios de los activos caen".[77]*

*TIM Hellas, dos veces en quiebra, muestra como se desarrolla este escenario a nivel microeconómico. Entre 2005 y 2007, el ciclo ascendente del apalancamiento permitió a Apax y TPG distribuir dividendos mediante una recapitalización agresiva. Entre 2008 y 2010, el ciclo de retroalimentación había resultado en cancelaciones de deuda, un canje de deuda por acciones ('debt-equity swap') y, en última instancia, la pérdida de control de Weather Investments. El capital privado contribuye en ocasiones a amplificar la vulnerabilidad de las empresas.*

# CAPÍTULO 9

# Vulgaridad del private equity: colusión, corrupción y conflictos de interés

> *Los siguientes casos de estudio, reproducidos en miniatura, cubren los principales escándalos que han plagado la industria en los últimos tiempos. Todas las denuncias se resolvieron de forma amistosa, lo que permitió a los acusados desvincularse de ellas sin admitir su responsabilidad. Sin embargo, estos relatos ofrecen una visión extraordinaria de los métodos y esquemas adoptados y probados por las gestoras de fondos en su búsqueda por maximizar sus retornos.*

El capital privado es un nicho en la industria de servicios financieros que no ha sido supervisado adecuadamente desde su aparición en los años 70, una excelente oportunidad para las gestoras de fondos. Como se ha demostrado muy bien en los capítulos anteriores, más allá de los éxitos y fracasos, las transacciones de private equity se convierten fácilmente en producciones novelísticas.

Los reguladores no solo han optado por prestar poca atención a las prácticas progresistas de los fondos LBO, sino que la demanda incondicional de productos de alto rendimiento por parte de inversores institucionales garantiza que el poder de negociación seguirá estando en manos de las grandes gestoras.

Aunque, en la mayoría de las economías occidentales, la voluntad política no se ha alineado con la opinión pública, la investigación académica y gran parte de los medios de comunicación, ahora se reconoce que el capital privado tiene considerables efectos secundarios indeseables. La explotación abusiva y cortoplacista de los activos administrados, la evasión fiscal, el endeudamiento excesivo y la falta de inversión estructural en las compañías participadas son ampliamente condenados, aunque queden impunes. Pero el argumento de que los métodos del capitalismo a veces van en contra de los principios éticos no es nuevo. En aras del crecimiento económico, esta situación ha sido aceptada como un mal necesario.

Lo que es más preocupante es una serie de escándalos e irregularidades revelados por los reguladores tras la crisis de los años 2007-2008. Un siglo antes, se había producido una crisis bancaria que dañó la imagen de la comunidad financiera de manera similar a lo que sucedió hace una década. Como escribe un historiador: "Después del pánico de 1907, los banqueros fueron vistos como matones, ladrones e incompetentes".[1] Se expresaron opiniones similares después de la reciente crisis financiera. Este capítulo no disipará la sensación de que los banqueros no son los únicos financieros que se regodean en la decadencia.

## Colusión y comportamiento anticompetitivo

A diferencia del mundo mono o duopolístico de los titanes de Silicon Valley, la industria del capital privado es extremadamente competitiva. Hay poca diferencia entre las habilidades de inversión de los ejecutivos de varias firmas. Esta es la razón por la que ganar una transacción depende principalmente del precio pagado.

En el segmento de las grandes operaciones, solo un pequeño número de firmas puede realizar transacciones apalancadas de miles de millones de dólares. La capacidad de ejecutar mega-LBO creó una nueva generación de superinversores. Como parte de una élite muy exclusiva, a lo largo de los años, las gestoras de estos fondos aprendieron a conocerse y a trabajar juntas. De hecho, muchas se llevaron tan bien que incluso colaboraron fuera del horario laboral.

En diciembre de 2015, Joshua Harris, uno de los cofundadores de Apollo, se asoció con David Blitzer, quien había dirigido las operaciones europeas de Blackstone durante años antes de regresar a los Estados Unidos para asumir el liderazgo de la división de Oportunidades Tácticas de su empleador. Ese mes, los dos individuos tomaron una participación mayoritaria en el club de fútbol Crystal Palace de la Premier League inglesa. Harris y Blitzer ya eran accionistas del equipo profesional de hockey sobre hielo New Jersey Devils, adquirido por 320 millones de dólares dos años antes. Ambos eran ex alumnos de la Wharton School de Filadelfia, lo que probablemente explique por qué, en el verano de 2011, compraron el equipo de baloncesto Philadelphia 76ers por 280 millones de dólares. Hacerse cargo de equipos deportivos en dificultades era una forma de gastar las plusvalías acumuladas a lo largo del tiempo.

Vínculos tan estrechos serían poco probables en cualquier otra industria. Es difícil imaginar a Bill Gates y Steve Jobs, o a Mark Zuckerberg y Tim Cook, uniéndose para invertir en su pasatiempo favorito, asumiendo que comparten los mismos intereses. Aun así, las llamativas inversiones de los sumos sacerdotes del capital privado en equipos deportivos desafortunados no son lo que intrigó a los reguladores financieros. El auge de las transacciones en banda organizada ('club deals') en una industria que madura rápidamente creó este viejo problema del capitalismo: acusaciones de colusión y de manipulación del mercado.

## Breve historia de las prácticas anticompetitivas

Nuestra generación está particularmente familiarizada con los recientes casos antimonopolio que, a veces durante décadas, han sido librados con uñas y dientes por las autoridades de competencia de los Estados Unidos y la Unión Europea contra las empresas tecnológicas Microsoft, Intel y

Google. Desde la dramática experiencia de finales del siglo XIX, los gobiernos han tratado de mantener unas condiciones equitativas en todos los sectores de la economía.

La mejor manera de entender el comportamiento anticompetitivo es analizar las razones de la introducción de leyes antimonopolio. En 1890, el Congreso de los Estados Unidos aprobó el Sherman Antitrust Act para proteger a los consumidores de las prácticas arancelarias desleales por parte de empresas monopólicas que restringían ilegalmente el libre comercio o el suministro. Lo que impulsó al gobierno estadounidense a proponer tal ley fue la consolidación de varias industrias en la segunda mitad del siglo XIX.

Entre 1860 y 1890, cientos de pequeños ferrocarriles de corta distancia fueron comprados y consolidados en redes gigantes por magnates que ahora forman parte del folclore capitalista: James Hill, Jay Gould y Cornelius Vanderbilt, entre otros.[2] Al mismo tiempo, Andrew Carnegie lanzó su carrera en los ferrocarriles antes de amasar una fortuna en la floreciente industria del acero durante las dos últimas décadas del siglo XIX.

Las industrias siderúrgica y ferroviaria fueron finalmente desmanteladas por la intervención del gobierno, pero el caso que recibió la mayor cobertura mediática fue, sin duda, la disolución de la Standard Oil en 34 compañías separadas en 1911. Esta empresa de producción y distribución de petróleo fue creada en 1870 por John D. Rockefeller, quien luego logró bloquear el mercado petrolero estadounidense mediante la firma de acuerdos secretos con sus competidores. A finales de siglo, Standard Oil controlaba alrededor del 90% de las refinerías de petróleo del país. La compañía finalmente fue demandada bajo el Sherman Act, lo que llevó a su desmantelamiento.

## La ilustración del private equity

Cuando todo comenzó, las firmas de capital privado preferían realizar adquisiciones sin colaborar con sus rivales, aunque solo fuera para demostrar sus dotes únicos de negociadoras y diferenciarse de otros participantes. También les permitió tener un control total sobre el destino de sus compañías participadas. Si iban a unir fuerzas, las gestoras de fondos tenían que asegurarse de que sus colaboradores tuvieran intereses similares. Era necesario alinear las estrategias; los programas de maximización de valor tenían que ser simbióticos. Este enfoque exige la creación de consenso, lo que requiere tiempo y energía, y no se garantiza que produzca los resultados deseados.

A medida que las prácticas de la industria se hicieron más prevalentes, aumentó el tamaño de las empresas objetivos. En los años 80, además de la muy inusual y de bajo rendimiento LBO de RJR Nabisco por parte de KKR por 25.000 millones de dólares, la transacción apalancada más significativa fue la adquisición, también por parte de KKR, del conglomerado de bienes de consumo Beatrice por 5.000 millones de dólares. En los años 90, la mayor LBO fue la de Borden (de nuevo por KKR), cerrada por 2.000 millones de dólares en 1994. Se establecieron colaboraciones entre firmas de capital privado, pero solo de forma ocasional. Todo esto cambió durante el auge de la industria a principios de los años 2000.

Entre 2001 y 2005, el tamaño promedio de una LBO aumentó de menos de 400 millones de dólares a casi 1.000 millones de dólares.[3] En los años previos a la crisis financiera se llevaron a cabo muchas operaciones valoradas en varios miles de millones de dólares, en parte porque el auge del crédito ayudó a que los múltiplos de valoración aumentaran de 6 veces el EBITDA en 2001 a casi 10 veces seis años después.[4] Las transacciones más caras requirieron que los compradores unieran fuerzas. Alrededor del 15% de las LBO realizadas en 2005 fueron 'club deals'.[5]

Hay dos motivos principales que esgrimen los fondos de inversión para colaborar. El primero se refiere a la diversificación del riesgo. Una buena gestión del riesgo requiere limitar el impacto que una sola transacción podría tener en el rendimiento de un vehículo de inversión. Si TPG hubiera concluido la LBO de Univision por su cuenta, la firma habría tenido que invertir 3.7000 millones de dólares de su capital en lugar de los 837 millones de dólares que puso sobre la mesa dentro del consorcio Broadcasting Media Partners. Dado que el fondo TPG V tenía compromisos de capital de 15.000 millones de dólares, la asignación de la totalidad de los 3.700 millones de dólares de Univision a este vehículo lo habría hecho desproporcionadamente dependiente del éxito de esta única transacción. Teniendo en cuenta lo que le sucedió a la emisora de radio y televisión durante la siguiente década, diversificar la base de accionistas asociándose con Madison Dearborn y los otros fondos fue sin duda lo más prudente para TPG (y sus inversores LP).

Incluso si una gestora de fondos no siente la necesidad de repartir el riesgo de la cartera entre un gran número de transacciones, en algunas situaciones puede que no tenga suficiente capital para adquirir una empresa objetivo muy grande. Por lo tanto, unir fuerzas se convierte en la única opción. Después de tres décadas de intensa rivalidad, los ejecutivos del sector habían llegado a conocer naturalmente a sus homólogos de otros fondos. Su respeto mutuo se convirtió gradualmente en confianza, lo que les permitió considerar trabajar juntos a gran escala y casi sistemáticamente, incluso fuera del contexto profesional en el caso de Harris y Blitzer.

*Mal comienzo*

En octubre de 2006, se publicaron en el *New York Times* y el *Wall Street Journal* informes sobre una investigación antimonopolio realizada por el Departamento de Justicia de Estados Unidos sobre acuerdos de colaboración entre fondos de capital privado.[6] También se presentó una demanda civil en un tribunal federal contra 13 grupos de private equity, alegando que conspiraron para fijar el precio de ciertas transacciones.[7]

El Department of Justice (DoJ) estaba examinando algunas operaciones importantes en busca de posibles comportamientos anticompetitivos. Varias de las mayores empresas estadounidenses del sector, entre ellas Carlyle, Clayton Dubilier y KKR, fueron informadas de que sus prácticas y su participación en subastas que se remontaban a tres años atrás eran objeto de una investigación.

El surgimiento y la adopción generalizada de consorcios de private equity en búsqueda de empresas objetivo podrían limitar la competencia y reducir artificialmente el precio de las ofertas públicas. Los perjudicados en este caso serían los accionistas vendedores. En un momento en que las LBO habían alcanzado niveles récord, tanto en tamaño como en número, la integridad del mundo empresarial estaba pendiendo de un hilo. En recientes operaciones multimillonarias, Toys "R" Us y Freescale Semiconductors habían caído en manos de consorcios de capital privado o se habían convertido en empresas objetivo de ellos. Si se manipulaban, estas subastas podrían afectar al resto del mercado de fusiones y adquisiciones.

Las cartas que el DoJ envió a los distintos grupos de capital privado solicitaban información de forma voluntaria. No se trató de citaciones ni solicitudes de investigaciones civiles, sino simplemente solicitudes de información. Los abogados antimonopolio creían que sería extremadamente difícil probar la colusión porque la mayoría de las subastas involucraban a empresas que optaban por vender en lugar de vendedores forzados y en dificultades.[8] Las firmas de capital privado tenían mucho dinero, por lo que la batalla prometía ser larga y ardua.

Mientras tanto, otras acusaciones estaban siendo investigadas por jueces de todo el país, con poco éxito. En febrero de 2008, Francisco Partners y Vector Capital fueron absueltos de irregularidades cuando un tribunal federal de distrito desestimó una demanda colectiva antimonopolio en su contra.

A finales de 2005, el consejo de administración del proveedor de servicios de TI WatchGuard había llevado a cabo un proceso de subasta para vender la empresa. Se había invitado a las partes interesadas a presentar ofertas. Hasta 50 posibles pretendientes habían expresado algún nivel de interés. A medida que avanzaba el proceso, Francisco Partners y Vector habían presentado ofertas formales. A finales de junio de 2006, la oferta de Francisco fue de 4,60 dólares por acción y la de Vector de 4,65 dólares por acción.

El 26 de junio de 2006, Vector se había retirado del proceso. Poco después, Francisco había reducido su oferta a 4,25 dólares por acción. El consejo de administración de WatchGuard finalmente había aceptado la oferta el 25 de julio. Tres semanas después, Vector había anunciado un acuerdo con Francisco para tomar una participación del 50% en WatchGuard, pagando la mitad de la cuantía aportada por Francisco.

El tribunal de distrito sostuvo que era razonable que los fondos de capital privado unieran fuerzas para competir en igualdad de condiciones con sus competidores de mayor tamaño. El tribunal también consideró que los dos acusados no tenían recursos combinados para abusar de su poder de mercado. El elevado número de compradores potenciales que podrían haber presentado una oferta por WatchGuard demostró que había suficiente competencia en el precio. Finalmente, el tribunal agregó que los accionistas de WatchGuard podrían haber rechazado la oferta si la hubieran considerado demasiado baja.[9] Este último punto muestra hasta qué punto el tribunal malinterpretó el mundo de las fusiones y adquisiciones.

Cuando una empresa inicia un proceso de venta, espera que haya un apetito real por sus activos. No encontrar un comprador enviaría el mensaje de que la empresa está en dificultades. Ciertamente, esto no sería una señal positiva para el mercado. Incluso podría invitar a proveedores y clientes existentes y potenciales a reconsiderar su relación con la empresa; podrían temer que el fracaso de la transacción se deba a problemas ocultos por la dirección. Una subasta abortada también desestabilizaría la estrategia de la empresa; esto socavaría la moral del personal y probablemente conduciría a la salida de empleados de alto rendimiento. Por último, esto haría mucho más difícil cualquier relanzamiento posterior de un proceso de venta, meses o años después. Todos los inversores participando en el segundo proceso recordarían que la empresa no había podido encontrar un comprador en la primera subasta. Esto invitaría a los compradores potenciales a ser cautelosos y reducir sus ofertas en consecuencia.

En resumen, aunque el tribunal tuvo razón al señalar que 'los accionistas de WatchGuard podrían haber rechazado la oferta si la hubieran considerado demasiado baja', tal decisión habría perjudicado las perspectivas de la empresa en varios aspectos. Sabiendo todo esto, los fondos de capital privado tienen un incentivo para hacerlo por las malas siempre que se encuentren en una posición ventajosa en una ronda de negociación, y para rebajar su oferta una vez que hayan obtenido el estatus de exclusividad.

*Segunda oportunidad*

Por lo tanto, los 'club deals' ofrecen la ventaja de reducir las valoraciones de las transacciones. A partir de ahí, es muy fácil intentar restringir la competencia aceptando dejar el campo libre a sus rivales en un proceso de subasta. Un tipo de arreglo que se puede resumir como un servicio prestado por reciprocidad, o una devolución de favores.

Es difícil distinguir entre colaboración y colusión. Esta es la razón por la que los fondos de capital privado pueden desafiar fácilmente los argumentos incriminatorios de un regulador. Sin embargo, si Microsoft y Apple o Alphabet y Facebook decidieran asociarse en muchos de sus proyectos, sería igualmente normal que los reguladores investigaran tales prácticas.

El caso antimonopolio contra las firmas de private equity más grandes del mundo eventualmente se expandió para incluir muchas de las mega LBO llevadas a cabo en el apogeo de la burbuja crediticia de los años 2005-2008. Once empresas fueron acusadas de colusión generalizada destinada a manipular el mercado de adquisiciones multimillonarias. En septiembre de 2011, el juez Edward Harrington del Tribunal Federal de Distrito de Massachusetts dictaminó que los demandantes – antiguos accionistas de las empresas adquiridas, incluida la gestora del fondo de pensiones de la policía y los bomberos de la ciudad de Detroit – podían buscar información sobre varios importantes transacciones, incluida la mayor LBO jamás orquestada, la adquisición por 44.000 millones de dólares del grupo energético TXU por parte de Goldman Sachs, KKR y TPG.

Los demandantes alegaron que los 'club deals' en boga en ese momento representaban un intento ilegal por parte de fondos de capital privado de llegar a pactos entre ellos y reducir los precios de las LBO que concluyeron conjuntamente. Otras transacciones potencialmente sujetas a investigación incluyeron Toys "R" Us, Harrah's Entertainment (que se había fusionado con Caesars Entertainment, los antiguos negocios de casinos de Hilton, poco antes de la adquisición),[*] y Univision (lo que puede explicar por qué Blackstone y otros colaboradores se retiraron del consorcio inversor de Televisa, convirtiendo la derrota de este último en un fracaso humillante). Las firmas involucradas en estas subastas debían entregar documentos internos y correos electrónicos a los denunciantes.

Al no poder ofrecer pruebas directas de pactos entre los acusados para no competir entre sí, los demandantes argumentaron que tales acuerdos podían inferirse de las diversas prácticas de colaboración empleadas por los participantes. Ofrecieron algunos breves correos electrónicos de los ejecutivos de los fondos involucrados para demostrar que estaban actuando de forma concertada y no de forma independiente.

Los demandados calificaron la demanda como "una teoría descabellada al no hacer nada más que describir las actividades estándar de fusiones y adquisiciones como anticompetitivas", pero esta distracción no deseada los obligó a gastar más de 100 millones de dólares en honorarios de abogados.[10] Ansiosos por proteger su reputación, los acusados exigieron

---

[*] Para una revisión completa de las LBO de Caesars y TXU, consulte *The Debt Trap* (2016)

que el juez emitiera una orden de protección general para mantener la confidencialidad de todas las pruebas. Algunas de las acusaciones hechas por los demandantes describían una cultura corrupta en la que las ofertas ficticias y la adjudicación secreta de transacciones entre las firmas de capital privado de mayor tamaño eran prácticas establecidas. La interpretación correcta de los intercambios entre colegas, pares o competidores es, con razón, objeto de debate. Por eso vale la pena echar un vistazo a algunos de ellos. Los lectores sacarán sus propias conclusiones.

En septiembre de 2006, el presidente de Blackstone, Hamilton James, envió un correo electrónico a sus colegas sobre una conversación que había tenido con Henry Kravis de KKR. Las dos firmas se encontraron en las etapas finales de un proceso de adquisición del gigante tecnológico Freescale Semiconductors cuando James escribió: "Henry Kravis acaba de llamar para felicitarnos y decir que se retiraban porque me dijo antes que no cortocircuitarían cualquiera de nuestras transacciones firmadas". Como informó el *New York Times*, dos días después, James envió un correo electrónico al primo y cofundador de Kravis, George Roberts: "Preferimos trabajar contigo que contra ti. Juntos, podemos ser imparables, pero en competencia nos podemos costar mucho dinero".[11]

Otro intercambio intrigante se refiere a la decisión de Blackstone de no presentar una oferta en el verano de 2006 por el grupo de hospitales HCA. Neil Simpkins, de Blackstone, envió un correo electrónico a su colega Joseph Baratta: "La razón por la que no procedimos [con una oferta competitiva para HCA] fue esencialmente una decisión de no cortocircuitar la transacción de otra persona", a lo que Baratta respondió: "Creo que la transacción se está haciendo a un precio de ganga y es una pena que dejemos que KKR se salga con la suya con tal bandidaje, pero entiendo la decisión".[12] Según un artículo de *Fortune* publicado en marzo de 2011, cuando HCA volvió a salir a bolsa, el coinversor de KKR, Bain Capital, se embolsó más de 4.300 millones de dólares de su inversión inicial de 1.100 millones de dólares. "Un muy buen negocio", observó el periodista de *Fortune*. Precisamente, el mismo periodista declaró que las ganancias de Bain no podían calificarse de "bandidaje", como había insinuado el *New York Post* en otro artículo.[13] En ese momento, la comunicación interna de Baratta sobre el proceso de licitación de 2006 aún no se había hecho pública.

KKR había pedido expresamente a sus competidores que "se retiraran de HCA", lo que llevó a dos ejecutivos de Texas Pacific Group a señalar: "Todo lo que podemos hacer es tratar a los demás como nos gustaría que nos tratasen a nosotros. Esto valdrá la pena a largo plazo, incluso si duele a corto plazo".[14] La élite de la industria operaba en el vacío y prefería la colaboración a la rivalidad hostil. Como escribió otro ejecutivo de TPG: "Nadie en el capital privado cortocircuita a un rival en una transacción anunciada".[15] A lo largo de los años, las altas esferas de los mayores grupos de private equity habían establecido un espíritu de cuerpo en el que la cooperación amistosa parecía más natural que la competencia despiadada. Tenían poco interés en perjudicar sus retornos pagando por los activos más de lo estrictamente necesario. Los 11 acusados habían intentado obtener la anulación del juicio casi una docena de veces en cuatro años; en vano. Un juez federal en Boston dictaminó en 2013 que había pruebas suficientes para ocho de las 27 transacciones inicialmente objeto de la demanda.[16]

Era comprensible que pusieran en común su capital para realizar adquisiciones de mayor tamaño. Mantenerse separados de forma deliberada mediante un acuerdo tácito no lo era. El juez aceptó las afirmaciones de los demandantes de que detrás de las adquisiciones realizadas en el apogeo de la burbuja de LBO había acuerdos informales entre los principales grupos de capital privado para dividir grandes transacciones entre ellos y reducir artificialmente las valoraciones. Un comentario enviado por correo electrónico por un empleado de Goldman Sachs de que había un 'protocolo de círculo de negocios' de no superar las ofertas entre sí llevó al juez a creer que esto excluía "la posibilidad de una acción independiente".[17] Los demandantes habían solicitado 10.000 millones de dólares en compensación punitiva, pero los fondos de inversión se enfrentaban a hasta 36.000 millones de dólares en compensación si los daños potenciales se triplicaban en virtud del Sherman Act.

Al final, todos los acusados se alinearon y aceptaron un acuerdo extrajudicial, aunque solo fuera para evitar tener que revelar hechos sensibles sobre algunas de sus prácticas más controvertidas. Como dijo un abogado corporativo: "Es demasiado feo. Es posible que los correos electrónicos no prueben lo que se supone que deben probar, pero son demasiado vergonzosos." En agosto de 2014, Blackstone, KKR y TPG pagaron 325 millones de dólares para resolver las cargas de colusión de valoración. Carlyle acordó pagar 115 millones de dólares al mes siguiente. Bain Capital, Goldman Sachs y Silver Lake ya habían pagado 54 millones, 67 y 29,5 millones de dólares, respectivamente.[18] La perspectiva de ir a juicio y rendir cuentas fue el catalizador de estas decisiones, a pesar de que les costaron casi 600 millones de dólares en multas…más honorarios legales.

Ciertamente, los consorcios no son nuevos. En la antigua Roma, las alianzas políticas eran algo común para expandir la base del poder. Pensemos en el Primer Triumvirato, creado por Julio César, Craso y Pompeyo para garantizar el orden político a través de la corrupción y la intimidación. Esto había durado más de una década. Octavio, Marco Antonio y Lépido también habían formado un segundo triunvirato para gobernar inmediatamente después del asesinato de Julio César. Su colaboración había sido muy fructífera, legitimando el asesinato de Cicerón y la expansión del imperio hasta su eventual enfrentamiento, que había degenerado en una guerra civil.

Así, para expandir su influencia financiera y sus imperios transaccionales, las gestoras de private equity aplicaron una práctica milenaria: unieron fuerzas, como lo hacen los cárteles de la droga o los miembros de la Organización de Países Exportadores de Petróleo cada vez que desean manipular los mercados fijando precios. Es difícil culparlos por asociarse. Puesto que mientras competían para participar en la mayor burbuja crediticia que se recuerde, la cooperación se convirtió en la norma. Esta fue una gran receta para mejorar los retornos al reducir la presión alcista del valor de los activos.

En el caso de Toys "R" Us, la mayoría de los analistas consideraron que la oferta de KKR y Bain superó las expectativas de precios.[19] ¿Habrían sido aún más altas sus ofertas individuales si no hubieran cooperado? Es difícil especular. Pero si respondemos que sí, significaría simplemente que la cadena de jugueterías se habría declarado en quiebra mucho antes de septiembre de 2017. No está claro si los empleados y acreedores del grupo se habrían beneficiado de una subasta aún más imprudente.

La historia nos enseña que el comportamiento anticompetitivo es más fácil de vencer permitiendo que otros participantes en el mercado reaccionen que imponiendo una intervención gubernamental o regulatoria. Pero pasará tiempo antes de que los competidores tengan un impacto real. Aunque pueda parecer ridículo hoy en día, dada la débil posición de mercado del especialista en fotografía Kodak había estado bajo una importante presión antimonopolio a lo largo de su historia: primero en los años 20 (en la distribución de películas de marca blanca), luego en los años 50 (cuando se vio obligado por el gobierno de los Estados Unidos a licenciar el proceso de coloración de sus películas) y de nuevo en los años 90 (en la distribución y reparación de fotocopiadoras-duplicadoras). No fue hasta la aparición de la fotografía digital, seguida de los teléfonos con cámara, en el siglo XXI cuando el dominio de Kodak sufriría un golpe humillante y fatal. A menos que los reguladores financieros se vuelvan más asertivos, pasarán décadas antes de que disminuya el poder de las gestoras de fondos de talla mundial. Mientras tanto, estas últimas seguirán produciendo beneficios monopolísticos.

## Corrupción – 'pagar para jugar' sucio

Los inversores institucionales, especialmente los fondos de pensiones, están ansiosos por generar rendimientos sólidos sobre las colosales sumas que administran. Para encontrar las oportunidades adecuadas, utilizan intermediarios llamados agentes de colocación (*placement agents*). Al otro lado de la mesa, los financieros que gestionan hedge funds, bienes inmuebles y capital privado están igualmente ansiosos por acceder a las vastas cantidades de capital (estamos hablando de miles de millones de dólares) administradas por los fondos de pensiones y otras instituciones como aseguradoras, bancos y fondos de dotación universitarios.

Cuando la administración Obama aprobó la ley Dodd-Frank en 2010 en respuesta a la crisis financiera, su objetivo era poner fin a las irregularidades que se habían producido en el proceso de selección de asesores de inversiones por parte de las agencias gubernamentales. Entre las reformas introducidas se encontraba una norma diseñada para combatir los abusos de una práctica llamada 'pagar para jugar' (pay to play) que implica contribuciones de campaña hechas por algunos asesores a funcionarios capaces de influir en la selección de los gestores de fondos de pensiones públicas (y otros activos gubernamentales).[20]

A cambio de una comisión – pagada por el fondo de capital privado que busca atraer inversores – un agente de colocación podría promover el último vehículo de inversión de una firma de private equity. En América del Norte, dos de cada cinco procesos de recaudación de fondos utilizaban este tipo de intermediarios.[21] Las nuevas reglas prohibían a los asesores de inversiones, incluidas las gestoras de capital privado, prestar servicios a cualquier agencia del gobierno federal durante dos años después de que los asesores o cualquiera de sus socios hubieran hecho una contribución política. De lo contrario, estas comisiones serían tratadas como presuntos sobornos o comisiones ilícitas pagadas a funcionarios públicos.

El fiscal general del estado de Nueva York, Andrew Cuomo, encabezó la iniciativa para garantizar que las empresas que infringieran la norma fueran castigadas. Pero también se abrieron investigaciones de corrupción en Kentucky, Nuevo México, California y otros estados.

Varios protagonistas influentes de la industria del capital privado terminaron involucrados en esta nueva cruzada. Entre una larga lista de casos de alto perfil se encontraba una firma con sede en Washington, D.C., originalmente respaldada por Carlyle: en 2009, el especialista en energía Riverstone acordó pagar una multa de 30 millones de dólares como parte de la investigación de Cuomo. El fundador de Riverstone, David Leuschen, tuvo que pagar 20 millones de dólares adicionales por su papel personal en el caso.[22] Ese mismo año, y por la misma cantidad de 20 millones de dólares, Carlyle, una firma con muchas conexiones políticas, llegó a un acuerdo extrajudicial para abordar cualquier acusación de corrupción. El equipo de Cuomo descubrió que, durante los seis años anteriores, Carlyle había pagado más de 13 millones de dólares a un intermediario político que hizo arreglos para que la firma recibiera capital de un fondo de pensiones de Nueva York. La firma pagó al representante a través de sociedades instrumentales y posteriormente recibió más de 730 millones de dólares de los fondos de pensiones del estado de Nueva York para cinco proyectos diferentes.[23]

Otra conocida firma investigada fue Quadrangle, experta en la industria de los medios de comunicación. Tuvo que devolver 7 millones de dólares al New York Common Retirement Fund. Como parte de su acuerdo, culpó públicamente a uno de sus socios, Steve Rattner, emitiendo la siguiente declaración:

> *"Repudiamos totalmente la conducta de Steve Rattner, quien contrató al asesor político del controlador del estado de Nueva York, Hank Morris, para organizar una inversión del New York Common Retirement Fund. Esta conducta fue inapropiada, inaceptable y antiética".*[24]

Fue un momento incómodo para el gobierno de Obama, ya que Rattner se había unido a sus filas como asesor principal del grupo de trabajo del presidente sobre la industria automotriz poco antes de que Cuomo lanzara su investigación.

Aunque el escándalo de 'pay t -play' nunca llegó al perfil público de las acusaciones de colusión ya mencionadas, en diciembre de 2010, la investigación de Cuomo "había llegado a acuerdos extrajudiciales con veintiún firmas y cuatro individuos, recaudando más de 161 millones de dólares para Nueva York y el fondo de pensiones". La investigación de Cuomo también resultó en ocho declaraciones de culpabilidad,[25] lo que demuestra que varias de las partes afectadas por el Dodd-Frank Act sabían que su conducta no era intachable.

El escándalo que causó más revuelo no fue reivindicado por Cuomo, sino por sus homólogos de la costa oeste. En julio de 2014, Fred Buenrostro, el ex CEO del fondo de pensiones público más prestigioso de los Estados Unidos – el California Public Employees' Retirement System (CalPERS) – se declaró culpable de corrupción y fraude. Como jefe de CalPERS entre 2002 y 2008, admitió numerosos delitos, incluyendo recibir dinero, fichas de casino y otros pequeños regalos del ex miembro del consejo de administración de CalPERS, Alfred Villalobos, quien también fue acusado.

El esquema (que comenzó en 2005) implicó dirigir los compromisos de capital de CalPERS a ciertas firmas de private equity y supuestamente incluyó pagos por parte de gestoras de fondos de hasta 50 millones de dólares entre 2005 y 2009 por los servicios de Villalobos (ex asistente del alcalde de Los Ángeles) como agente de colocación de CalPERS.[26] En un caso específico, Villalobos recibió 14 millones de dólares en honorarios después de ayudar a Apollo Global Management a conseguir una promesa de capital de 3.000 millones de dólares de CalPERS. Aunque Villalobos negó estas acusaciones, es posible que nunca sepamos todos los hechos desde que se suicidó en enero de 2015.[27] Como resultado de este escándalo, CalPERS introdujo cambios significativos en su gobernanza corporativa, pero quizás no sea sorprendente que, dos años después, el grupo iniciara una reorganización y la externalización de parte de sus actividades de capital privado.[28]

## Conflictos de interés – debilidades en la relación principal-agente

Completando el tríptico del lado oculto y vergonzoso de la industria es un problema común a todas las relaciones principal-agente: los conflictos de interés.

La prioridad de los inversores LP debe ser alinear los mecanismos de compensación y los intereses de las gestoras de fondos de capital privado con los suyos propios. Esta sección muestra que es más fácil decirlo que hacerlo. Hay muchas investigaciones académicas que demuestran que, a pesar de su increíblemente generosa compensación, las gestoras de fondos no siempre actúan en el mejor interés de sus inversores.

Es muy tentador para los agentes intermediarios quedarse con una proporción mayor de las ganancias si pueden, una situación común debido a la falta de supervisión. Con el tiempo, las firmas de capital privado han desarrollado una amplia gama de técnicas innovadoras para lograrlo, a riesgo de transformar su negocio en un juego institucionalizado de engaño, o 'phishing for phools', para usar la frase de los economistas George Akerlof y Robert Shiller.

De ahí la manipulación de la tasa interna de rentabilidad, el criterio de rendimiento con el que se evalúan todas las gestoras de fondos, como se ha explicado anteriormente. Por ejemplo, en julio de 2014, Blackstone utilizó una línea de crédito de 2.250 millones de dólares llamada préstamo de margen ('margin loan') – pidiendo dinero prestado a unos pocos bancos mientras comprometía sus 628 millones de acciones de Hilton – para acelerar la redistribución de capital a sus inversores LP mientras la firma de private equity todavía buscaba una salida para su participación de siete años en Hilton. El retorno temprano del efectivo ayudó a aumentar el rendimiento de la inversión de Blackstone en el grupo hotelero sin crear un valor tangible para el grupo hotelero. Otras formas para ajustar la rentabilidad son los 'quick flips', es decir, las reventas de activos en un período de tiempo muy corto, y la distribución de dividendos mediante recapitalización, ambas detalladas en los capítulos 7 y 8.

Otro ejemplo de conflictos de interés es que algunas firmas de capital privado manipulan sus informes de rentabilidad sobre los fondos existentes para influir en la decisión de los inversores potenciales de comprometer capital para futuras recaudaciones de fondos.[29] Al declarar rendimientos futuros que son más altos de lo que es realista lograr, los gestores de fondos pueden engañar a los inversores LP.

Pero el escándalo que ocupó a la Securities and Exchange Commission a raíz de la crisis financiera fue el cobro excesivo de comisiones. En un nivel más amplio, los mayores grupos de private equity fueron acusados de cobrar gastos excesivos y crear nuevas tarifas de una manera un tanto casual.

La norma de combate común en la industria de la gestión de activos es proporcionar a los inversores rendimientos superiores, sea cual sea el coste. Dos formas de lograr esta hazaña son maximizar las ganancias de capital y minimizar las salidas de efectivo (razón por la cual las participaciones generalmente se administran a través de estructuras extraterritoriales para evitar fuertes apropiaciones fiscales por parte de los gobiernos). Sin embargo, un factor que impacta negativamente en los rendimientos son las comisiones que cobran a los inversores quienes gestionan su dinero. Este tipo de desembolso es difícil de monitorear.

La mayoría de la gente generalmente acepta que los gestores de activos puedan compartir las ganancias de capital con sus clientes, incluso si la participación del 20% que las firmas de capital privado se asignan parece perversamente alta si se considera que un elemento importante de su desempeño se debe a la suerte o a otros factores fuera de su control (como la política monetaria muy laxa adoptada por los bancos centrales entre 2009 y 2017).

Blackstone generó más de 15.000 millones de dólares en comisiones de rendimiento en los diez años anteriores a 2016, una señal de que la empresa estaba obteniendo fuertes plusvalías para sus inversores LP. Con razón, se quedó con estas comisiones. Donde los resultados de Blackstone son menos impresionantes es que, durante el mismo período, la firma generó 20.000 millones de dólares en honorarios de gestión y asesoramiento.[30] En resumen, las gestoras de fondos ganan más dinero cobrando una comisión fija anual sobre los activos gestionados que ofreciendo rentabilidades superiores a quienes les confían estos fondos.

En la industria del private equity, la decisión de ingresar a nuevos segmentos de inversión rara vez es el resultado de una consideración rigurosa y cuidadosa. Más bien, se deriva de un apetito carnívoro por las comisiones. De forma gradual e imperceptible, los LP se han visto sometidos a un número cada vez mayor de tarifas onerosas. Las gestoras de fondos crearon nuevas formas de cobrar a los clientes por sus costes operativos. Estos no necesariamente se recopilaron directamente de sus inversores – de lo contrario, estos últimos podrían haber notado el subterfugio. En cambio, las firmas de capital privado cobraron honorarios de *due diligence*, transacciones, dirección, asesoramiento, supervisión (y otras comisiones con nombres igualmente fantasiosos) directamente de las empresas de su cartera. Aunque los gerentes ocasionalmente dedujeron estos honorarios de las comisiones que cobraron a sus clientes, esta práctica estuvo lejos de ser universal.

Entre 2014 y 2017, la Securities and Exchange Commission multó a algunas de las firmas más importantes de la industria por sus prácticas insidiosas. En junio de 2015, por ejemplo, KKR pagó 30 millones de dólares para resolver las acusaciones de que la firma no había revelado adecuadamente como facturaba a los inversores comisiones incurridas por sus fallidos intentos de LBO. La empresa había 'mal asignado' más del 5% de los 338 millones de dólares en gastos incurridos entre 2006 y 2011 por transacciones abortadas.[31] Cuatro meses después, fue el turno de Blackstone de ser multado con 39 millones de dólares después de que el regulador acusara a la firma de estafar a sus clientes por honorarios de gestión de cartera – 29 millones de dólares de la multa debían ser devueltos a los inversores LP de Blackstone. Lo que había sucedido era que cada vez que Blackstone cobraba una comisión de gobernanza a una sociedad de cartera, solo repercutía la mitad de las tarifas a sus clientes y se quedaba con la otra mitad. Estas comisiones crearon un conflicto de interés. Cada dólar pagado a Blackstone redujo el valor de la sociedad bajo administración en un dólar, pero aumentó los ingresos de Blackstone en 50 centavos.[32]

Luego, en el verano de 2016, el inversor multimillonario y futuro secretario de Comercio del presidente Trump, Wilbur Ross, fue condenado a pagar 2,3 millones de dólares en daños y perjuicios por ocultar comisiones a sus inversores. En la década previa a 2011, los inversores de su consultora WL Ross habían pagado más de 10 millones de dólares en comisiones excesivas, que la firma acordó reembolsar, más intereses.[33] Pero esta multa fue pequeña en comparación con los 53 millones de dólares que Apollo tuvo que devolver por engañar a sus inversores. La palabra 'engañar' debe entenderse en su sentido amplio: uno de los socios de la firma había facturado alrededor de 200.000 dólares en gastos personales (como el coste de llevar a su novia a destinos románticos) a fondos y sociedades de cartera de Apollo.[34]

Otro caso de alto perfil surgió en diciembre de 2017 cuando TPG resolvió acusaciones de que la firma había exigido pagos acelerados de tarifas de gobernanza entre 2013 y 2015 sin revelarlos a sus inversores. TPG fue multada con 13 millones de dólares, incluidos 3 millones de dólares en compensación y 10 millones de dólares en remedio e intereses para los inversores en tres de sus fondos: TPG Partners V, TPG Partners VI y TPG Biotech Partners III. En un caso, la firma había acelerado el pago de comisiones a pesar de que el fondo TPG en cuestión ya había vendido la sociedad de cartera y TPG ya no le prestaría servicios.[35] En esencia, la firma había recibido anticipos de honorarios por futuros servicios de consultoría que nunca proporcionaría, ya que ya no mantenía a la sociedad en su cartera. Sin duda, este tipo de exceso prevalecía en el capital privado, y Blackstone y Apollo fueron acusadas de prácticas similares.

El modelo de private equity, que depende en gran medida de la producción de comisiones, había transformado el papel de gestora de fondos en una sinecura. Pero la falta de comunicación apropiada a los inversores LP había sido interpretada por el regulador como un incumplimiento de los deberes fiduciarios. Sin embargo, la cuestión no es solo de carácter ético o de gobernanza. Las comisiones son para una cartera de inversiones lo que el tabaco es para el cuerpo humano. Las comisiones matan los rendimientos. Lo hacen despacio, sin descanso, sin que la víctima se dé cuenta. El impacto a largo plazo es extremadamente perjudicial para la salud financiera de los jubilados y los inversores. Neto de comisiones anuales cobradas por las gestoras de fondos, el sector tiene un rendimiento inferior al de la mayoría de otras clases de activos de alto riesgo una vez que se tiene en cuenta el impacto del apalancamiento. Pero como ilustra la generación de ingresos de Blackstone en diez años, estas tarifas representan más de la mitad de la remuneración de los grupos de capital privado más exitosos.

Los inversores no tenían motivos para sospechar. A lo largo de los años 90 y principios de los años 2000, las gestoras de fondos LBO habían logrado fuerte rentabilidad gracias a la prosperidad económica, un flujo constante y generoso de crédito barato y un entorno bursátil muy boyante. Aprovechando los rendimientos pasados, que más tarde sabríamos que no se debían a habilidades superiores, sino a un uso extravagante del apalancamiento y la innovación financiera, las gestoras de fondos acumularon nuevas comisiones. Estos se ocultaban fácilmente mientras los mercados iban bien. Pero cuando las ganancias teóricas, que solo existían sobre el papel, se tradujeron en pérdidas reales, las comisiones resultaron más difíciles de ocultar.

Podría sorprender que los inversores institucionales hayan sido tan vulnerables a los trucos de las firmas de private equity. Pero hay que tener en cuenta que algunos de estos inversores tenían más de 100 relaciones con fondos (CalPERS y CalSTRS, con sede en California, son dos ejemplos), y que además de sus compromisos de capital en el segmento LBO, estaban posicionados en hedge funds, capital riesgo, activos inmobiliarios, infraestructuras, mercados de valores y deuda. Así, la complejidad de su tarea de monitorización es más fácil de comprender.

Hacer un seguimiento de todas las comisiones cobradas por las gestoras de fondos a través de estructuras opacas y deliberadamente confusas no es una prioridad cuando el objetivo es maximizar las plusvalías. Por estas razones, y por el hecho de que las gestoras de fondos son agentes, las prácticas de búsqueda máxima de rentas – en el sentido de ingresos periódicos, no ganados a través del trabajo – se han impuesto a través de la manipulación y el engaño. Akerlof y Shiller designan este método de engaño 'extracción basada en la reputación',[36] mediante el cual los agentes se aprovechan de su fama, establecida durante varias décadas, por engañar a sus clientes.

## ¿Un gran asunto de nada?

La corrupción, la colusión y los conflictos de interés recibieron la mayor cobertura mediática, pero el capital privado coqueteó con todo tipo de controversias. Los incidentes que investigan la SEC y otras agencias reguladoras son solo la punta del iceberg. Dada la creciente complejidad de las finanzas globales, prácticas cuestionables involucran a muchos participantes del mercado. Lejos de ser exhaustiva, la siguiente sección tiene como objetivo presentar los dos tipos de riesgos más comunes a los que están expuestos los mercados cuando las firmas de capital privado realizan transacciones en los mercados de valores, particularmente durante exclusiones de cotización y salidas a bolsa.

Una de las tendencias clave de la última década y media, a medida que las operaciones apalancadas se convirtieron en un área de las finanzas más madura, por no decir saturada, fue la creciente interacción entre el private equity y los mercados de acciones y bonos. Como resultado, esto ha dado lugar a casos de manipulación del mercado y uso de información privilegiada. A continuación, se muestran ejemplos relacionados con nuestros estudios de caso.

- *Manipulación del mercado*

Cuando Toys "R" Us intentó volver a cotizar en 2010, los sponsors financieros realizaron la habitual serie de presentaciones (*roadshow*) a los bancos de Wall Street. La OPI de 800 millones de dólares de una empresa que se suponía que valía 8.000 millones de dólares estaba atrayendo mucho interés, especialmente en un año como 2010, que fue testigo del estancamiento resultante de la recesión más seria desde los años 1930.

Por lo tanto, los bancos compitieron por un papel en el proceso de salida a bolsa. En diciembre de 2014, el regulador financiero FINRA multó a diez empresas de Wall Street con un total de 43,5 millones de dólares por conflictos de interés. Aunque la SEC se convirtió en el hombre del saco del capital privado debido a sus tenaces investigaciones sobre las intrigas y cábalas de la industria, el activismo de FINRA arrastró por el barro a nombres sagrados como Barclays, Citi, Credit Suisse, Deutsche Bank, Goldman Sachs, JP Morgan y Morgan Stanley.

Esto es lo que encontró FINRA:

> *"Toys "R" Us había pedido a los analistas financieros de cada una de las 10 firmas que hicieran presentaciones individuales ante la dirección y los sponsors de Toys "R" Us para asegurarse de que las opiniones de los analistas sobre temas clave, incluidos los factores de valoración, estuvieran alineadas con las opiniones expresadas por los banqueros de inversión de las mismas firmas. Cada firma entendió que el desempeño de sus analistas durante las presentaciones sería un factor clave para determinar si la firma recibiría un papel de suscripción en la OPI."*

Desafortunadamente, a través de medidas de represión en relación con informes de investigación cuestionables de los analistas del mercado de valores a raíz de la burbuja de las puntocom durante los años 90, los reguladores financieros habían aplicado reglas más estrictas con respecto a la solicitud de analistas, aunque solo fuera para evitar el abuso que surge de la presión ejercida por los banqueros de inversión sobre estos analistas internos para proporcionar una cobertura favorable para el cliente. El objetivo era evitar informes de investigación (*equity research*) demasiado halagüeños y valoraciones excesivas – las formas más seguras de manipular los mercados. FINRA acusó a los diez bancos involucrados en la OPI finalmente abortada de Toys "R" Us de ignorar "las prohibiciones de solicitar analistas y prometer informes de investigación favorables".

Las transcripciones de las comunicaciones revisadas por el regulador incluyeron un correo electrónico de un analista de Citigroup que declaró: "¡Quiero que el banco cierre este acuerdo!" y un mensaje interno de un banquero de JP Morgan que enfatizó que era importante que "el proceso de validación de los analistas respalde nuestros puntos de vista".[37] Sorprendentemente, una de las líneas de defensa presentadas por algunos banqueros sujetos a la investigación fue que el comportamiento citado por FINRA en este caso era habitual y no aislado.[38]

Seamos claros, en caso de que el lector tuviera alguna duda, "al pagar multas y poner fin a este caso, las 10 firmas no han admitido ni negado las acusaciones". Pero el punto más interesante a tener en cuenta es que, según la regulación actual, solo los bancos están obligados a cumplir con las reglas que separan los departamentos de investigación (*equity research*) del de banca de inversión.[39] Sus clientes, ya sean firmas de private equity o empresas de cartera como Toys "R" Us, pueden hacer lo que quieran.

- *Uso de información privilegiada*

La oferta pública de Blackstone por Hilton Hotels Corporation fue anunciada el 3 de julio de 2007. Ese día fue martes, y fue solo medio día de negociación antes de las celebraciones del 4 de julio – los mercados bursátiles estadounidenses cerraron a la 1 p.m., hora del Este. Los mercados de bonos cerraron a las 2 p.m.[40] El 2 de julio, el día antes de que se anunció el acuerdo, las acciones de Hilton se cotizaron a 33,87 dólares. El 3 de julio, experimentaron una de sus oscilaciones más pronunciadas, cerrando con un alza de casi el 7% a 36,05 dólares, con el doble del volumen de operaciones normal.[41] Lo sorprendente de este cambio de precio fue que tuvo lugar *antes* del anuncio de la oferta pública de adquisición.

En octubre de 2009, el multimillonario y gestor de hedge funds Raj Rajaratnam fue acusado de 13 cargos de fraude y manipulación de mercados. Una de las acusaciones en su contra incluía un informe de julio de 2007 de un analista de la agencia de calificación Moody's que indicaba que la cadena Hilton iba a ser objeto de una oferta pública de adquisición. Rajaratnam había comprado miles de acciones de Hilton y había obtenido una ganancia de 4 millones de dólares cuando se anunció la oferta de Blackstone.[42] A pesar de declararse inocente, Rajaratnam fue declarado culpable de todos los cargos en mayo de 2011; luego fue condenado a 11 años de prisión. Su cómplice, el analista de Moody's Deep Shah, fue declarado fugitivo y se cree que se esconde en la India.[43]

El uso de información privilegiada está muy extendido y no es específico de las exclusiones de cotizaciones orquestadas por el private equity. Cubrimos este punto antes en el estudio de caso de Mergermarket, mencionando que alrededor de una cuarta parte de los acuerdos de fusiones y adquisiciones muestran cambios inusuales antes de un anuncio y, en muchos casos, los precios de las acciones antes de la divulgación pública no siguen las fluctuaciones aleatorias previstas por la ley de distribución normal (véase el capítulo 2).

Lo que apenas se comenta es una práctica que es, de facto, un uso de información privilegiada legal: el derecho de los fondos de private equity, con acceso ventajoso a información interna, a organizar de manera específica la venta de acciones de empresas que sacan a bolsa. Incluso después de que una empresa de cartera complete su OPI, las gestoras de fondos generalmente conservan el derecho de formar parte del consejo de administración hasta que se haya vendido toda su participación en la empresa. Lo que esto les permite hacer es decidir cuándo es el momento adecuado para deshacerse de sus acciones. Vimos que Jonathan Gray, de Blackstone, formó parte del consejo de administración de Hilton mientras su empleador conservó una participación, por pequeña que fuera, en el grupo hotelero. Si un gestor de fondos asiste a las reuniones del consejo de administración y se entera de que el desempeño comercial u operativo está mejorando, puede retrasar la venta de su participación en la empresa. Por el contrario, si los resultados se debilitan, el gestor puede acelerar la venta de acciones. Es raro ver que los resultados mejoran o empeoran repentinamente; los indicadores de rendimiento generalmente permiten anticipar.

## No humo sin fuego

Los medios de comunicación liberales y los políticos torpes parecen conmocionados por el reciente y repentino ascenso de los partidos populistas. Diez años después del inicio de la crisis financiera, no se han llevado a cabo reformas reales, lo que contrasta notablemente con las medidas tomadas en los años 30 tras la caída del mercado de valores. En 1932, el Senado de Estados Unidos inició una investigación exhaustiva sobre las causas del crac de 29. El Comité Pecora, llamado así en honor al asesor legal a cargo de la investigación, finalmente condujo a la separación de los bancos minoristas y mercantiles bajo la ley Glass-Steagall de 1933 y la creación de una agencia independiente de aplicación de la ley, la Securities and Exchange Commission.

Esta vez, las garantías gubernamentales y los rescates financiados por los contribuyentes en 2009 borraron todos los errores cometidos por financieros y altos ejecutivos sobrepagados. Los fundamentalistas del libre mercado que solían argumentar que no se debería permitir que el Estado interfiriera en los negocios instaron a los gobiernos a salvar el sistema del colapso total en una especie de truco de magia ideológico.

Debido a la creciente complejidad del sistema financiero mundial, los reguladores están ocupados tratando de controlar el sector bancario (capaz de paralizar la economía mundial, como vimos en 2008) y el sector de la gestión de activos (administrando entre 70 y 80 billones de dólares en activos en todo el mundo). En comparación, los 5 billones de dólares administrados durante la crisis por los segmentos de capital privado, bienes inmuebles, deuda privada y capital riesgo parecían minúsculos y no valían la pena dedicarlos tiempo. Esto deja mucha libertad a los gestores de fondos LBO. Sus prácticas de maximización de comisiones y levantamiento de capital han recibido muy poca supervisión, debido a políticas de vigilancia incrementales y diluidas. Por lo tanto, no podemos pretender que nos sorprendan las acusaciones de comportamiento ilegal o de colusión. El poder corrompe, y las crecientes cantidades de compromisos de capital en el sector han otorgado a los mayores grupos de capital privado poderes casi ilimitados. Gracias al juego de ataque y represalia de las políticas de libre competencia instituidas durante las últimas décadas, el capitalismo ha degenerado lentamente en un modelo económico que busca una renta óptima.

## EL PRIVATE EQUITY Y LA ÉTICA

*Los casos de miopía moral son frecuentes en la historia del capitalismo. Si bien esto es evidente en los mercados bursátiles, a nadie debería sorprenderse que un ámbito poco regulado como el private equity padezca la misma enfermedad.*

*Los casos examinados en este capítulo ilustran un hecho alarmante. A pesar de las sospechas bien fundadas de mala conducta patológica, la autorregulación otorga a los gestores de fondos el derecho tácito de probar los límites de lo que es permisible sin temor a represalias que no sean unas pocas sanciones.*

*La antigua Roma justificaba la invasión de territorios extranjeros para promover la civilización, mientras que sus detractores argumentaban que causaba devastación – inspirando la frase "crean desolación y le dan el nombre de paz".[44] Se expresan dudas similares sobre el popurrí de técnicas de creación de valor de la industria del capital privado. A menudo conduce a significativas pérdidas de empleos y salidas de efectivo hacia inversores ávidos de dividendos o acreedores que solicitan mejores rendimientos. Las acusaciones de colusión y corrupción harán poco para alterar la percepción de que, al igual que los romanos antes que ellos, las gestoras de fondos de hoy no se detendrán ante nada en su búsqueda de dominación global y ganancias económicas.*

# EPÍLOGO

# Un problema de bajo rendimiento

El capital privado es uno de los símbolos del capitalismo moderno. Sin que ellos lo sepan, los ciudadanos han confiado sus fondos de pensiones y sus ahorros personales a una camarilla de gestores autoproclamados e indomables. A cambio, los gestores se benefician de un monopolio sobre estos activos durante un largo período de tiempo, normalmente más de diez años. Mientras tanto, estos inversores profesionales tienen derecho a disponer del dinero de otras personas a su antojo.

Lo que también hemos presenciado en la primera década del siglo XXI es el resultado de un acceso desenfrenado y casi ilimitado al crédito para sectores enteros de la comunidad financiera. Como cualquier tendencia diseñada para crear una sucesión de oportunidades hasta que la vena se haya secado, las operaciones apalancadas tuvieron consecuencias desastrosas.

El problema no es solo que muchas empresas de cartera, como Toys "R" Us, nunca se recuperaron de su aventura LBO. Tampoco es que una panoplia de artistas de fusiones y adquisiciones como 3i tuvieran que reducir sus operaciones y retroceder en desorden, no solo una vez, sino repetidamente, en un intento de sobrevivir. El verdadero problema es que desde la crisis financiera no se han introducido cambios apropiados para monitorear y regular esta creciente actividad. Por el contrario, debido a que los reguladores y legisladores estuvieron ocupados limitando la influencia de los bancos que representaban riesgos demasiado altos ('too big to fail'), el sector de capital privado experimentó un crecimiento meteórico.

No debemos inferir de los diversos estudios de caso que los problemas en transacciones como Bhs, TIM Hellas y Univision fueron causados por sabotaje deliberado. Más bien, sus respectivas tribulaciones fueron el resultado de una mala comprensión de la estructura del mercado, del ciclo económico y de los productos de deuda innovadores pero peligrosos. Vimos en el capítulo 9 que hay un tema más preocupante para el público con respecto a la falta de principios morales en muchas de las prácticas adoptadas por la industria. Sin embargo, hay un dilema aún más elemental.

Uno de los problemas centrales de las inversiones desastrosas es que dos generaciones de gestores de fondos recibieron enseñanzas y programas de incentivos equivocados. La teoría económica clásica supone que las personas actúan solo por razones económicas. Lo que creen los defensores del libre mercado es que la búsqueda mercenaria del interés propio beneficia en última instancia a todos, en una especie de equilibrio mágico perfecto. En este mundo de fantasía, la regulación es, con razón, inútil, incluso dañina. La mejor disposición del gobierno hacia el mercado es la tolerancia acomodaticia, no la interferencia activa. De eso se trata: de la creencia de que los inversores son considerados racionales. Pero si es así, ¿qué puede explicar las diferencias en los resultados entre lo bueno, lo malo y lo feo del capital privado?

En primer lugar, tenemos que recalibrar nuestra visión del papel del know-how de los inversores como interpretación de la rentabilidad, reconociendo la importancia del azar. Además, bajo la apariencia de títulos extravagantes, diplomas y calificaciones impresionantes, los seres humanos están cargados de emoción. Esta es parte de la razón por la que sus errores están tan extendidos; no solo en el mundo de los negocios, sino en todos los ámbitos. La crisis financiera de 2008 demostró que los inversores son irracionales y que los mercados son ineficientes (más sobre esto adelante). Los mercados y los inversores pueden ser manipulados con frecuencia y facilidad por monopolios que imponen precios o por partes que se benefician de las asimetrías de información. Si bien en principio los gestores de fondos están obligados a actuar en el mejor interés de sus inversores en todo momento, en realidad son víctimas de importantes deficiencias psicológicas.

Con razón, no hay una sola causa o motivo detrás de los muchos errores que se observan en el private equity. Pero, en términos generales, las razones se dividen en dos categorías principales. Algunas están motivadas por la naturaleza humana imperfecta, otras por la vulnerabilidad de las instituciones.

## ERRORES HUMANOS Y ORGANIZACIONALES

La última crisis financiera, como todas las anteriores, demostró que los mercados no están tan influenciados por indicadores económicos como por la psicología humana. Una de las principales razones por las que los inversores pueden fracasar es el comportamiento. Una vez profundamente implantados, los malos hábitos son difíciles de corregir y a menudo conducen a una justificación a posteriori. Existen muchas teorías para explicar el comportamiento humano. Como acabamos de ver, en los años 60 y 70, la mayoría de los economistas daban por sentada la idea de que los seres humanos, y por lo tanto los inversores, eran criaturas racionales. Pero un grupo de renegados acabaría desarrollando una ideología muy diferente.

### Exceso de confianza y toma de decisiones intuitiva

Comenzamos este libro señalando la naturaleza demasiado optimista de muchos inversores, incluidos los gestores de fondos de capital privado. El psicólogo y premio Nobel de Economía Daniel Kahneman argumentó que muchas decisiones de inversión son juicios y elecciones emocionales. Los inversores con considerable experiencia intentan encontrar una solución intuitiva, basada en su pericia o en un análisis heurístico, siendo esta última un método práctico que no garantiza que sea óptimo o perfecto, pero sí suficiente para una rápida toma de decisiones.

Cuando esta forma rápida y práctica de pensar falla, inversores recurren a un método más deliberado. Desafortunadamente, debido al exceso de confianza generalizado dentro de la comunidad inversora y a una tendencia por defecto hacia lo que Kahneman llama pereza, el pensamiento razonado metódico no es tan común. Por lo general, se siente abrumada por el 'sentimiento instintivo'. El peligro surge cuando los gestores de fondos convierten inversiones en decisiones rutinarias. Para citar a Kahneman: "La pereza está profundamente arraigada en nuestra naturaleza".[1] Un momento de distracción puede llevar a un error monumental.

El exceso de confianza está detrás de la decisión de Madison Dearborn y Providence Equity de comprometer capital a Univision no desde uno, sino desde dos vehículos de inversión, a pesar de notables riesgos de sobreexposición y conflictos de interés que surgen del uso de fondos comprometidos en diferentes años por inversores separados. ¿Qué sucede, por ejemplo, cuando los inversores LP en un fondo recaudado en 2005 quieren que se les devuelva su dinero, mientras que los del vehículo recaudado en 2007 conservan un apoyo inquebrantable?

El exceso de confianza explica por qué 3i siguió lanzando nuevas iniciativas en segmentos de productos y países en los que no tenía experiencia previa (por ejemplo, tecnología, infraestructura, Japón, Brasil) en lugar de ceñirse a su negocio principal.

El exceso de confianza también contribuyó a la decisión de Philip Green de recapitalizar BHS en lugar de reinvertir todo el dinero disponible en la cadena de tiendas para hacer frente a la amenaza de la moda rápida y las ventas en línea. Aunque también hay que culpar a la codicia – el deseo de embolsarse las ganancias lo más rápido posible y antes de que el ciclo económico comience su descenso – y la falta de regulación para evitar este tipo de recapitalizaciones imprudentes, como hemos visto con TIM Hellas.

El pensamiento intuitivo apresurado no es la única razón detrás de las malas decisiones de los inversores de private equity. A diferencia de los day traders, los gestores de fondos LBO pasan por un proceso de toma de decisiones que dura semanas o incluso meses. Las decisiones intuitivas son comunes, pero los errores de inversión también provienen de otras fuentes.

## Suerte, o falta de suerte

En toda la industria existe una fijación obsesiva en la tasa interna de rentabilidad, o TIR, como cuadro de mando del rendimiento de las inversiones. Vimos en la primera parte que, cuando se trata de esto último, no es fácil separar el éxito debido a la suerte de los factores derivados de las habilidades. Citando a Kahneman :

> *"La suerte juega un papel importante en cada éxito; casi siempre es fácil identificar un pequeño cambio en una historia que habría convertido un éxito notable en un resultado mediocre".*[2]

Los estudios de caso muestran que muchos inversores que obtuvieron buenos resultados durante períodos de crecimiento económico estable y sin incidentes, como los años 80 y 90, fracasan espectacularmente una vez que las condiciones económicas se deterioran. Providence Equity, TPG y 3i fueron capaces de recaudar enormes fondos gracias a los resultados del crecimiento económico impulsado por el crédito de los años 2002-2007, pero su suerte finalmente había cambiado y tuvieron que reducir su actividad.

## Comportamiento gregario y 'groupthink'

Además de los fuertes argumentos de Kahneman en contra del pensamiento intuitivo, la psicología humana también influye en la toma de decisiones de otras maneras. Los economistas han argumentado durante mucho tiempo que los participantes del mercado rara vez hacen juicios verdaderamente independientes. Las firmas de capital privado no son una excepción.

Si sus competidores invierten en un sector concreto, los gestores de fondos suponen que han hecho un trabajo de análisis serio. Concluyen que el sector es un buen objetivo de inversión. Este comportamiento de rebaño tiene profundas bases psicológicas (y culturales). Kahneman describe en *Thinking, Fast and Slow* que nuestros cerebros funcionan a través de un proceso llamado activación asociativa. Una vez que leemos o aprendemos que una transacción en el sector X fue particularmente exitosa, tenemos una reacción emocional, cognitiva e incluso física que es consistente a nivel asociativo. En el futuro, cada vez que consideren oportunidades de transacción en el sector X, los miembros del comité de inversión experimentarán una respuesta positiva completamente automática y fuera de su control. Habrán interiorizado la relación entre este sector y el buen desempeño.

Es probable que esta mentalidad de imitador afecte a todos a nivel de una comunidad, de ahí lo que he llamado en el pasado el 'juego de imitación'. El comportamiento gregario es causado por la asociación inconsciente de dos ideas – el 'sector X' y el 'éxito' – como representaciones de la realidad. Tenga en cuenta que lo contrario también es cierto. Hace muchos años, una de mis posibles transacciones en Bélgica fue rechazada por mis socios porque una de las empresas de nuestra cartera en dificultades tenía su sede en ese país. ¡Hablemos de comportamiento irracional!

Por supuesto, este problema se ve agravado por la falta de una formación adecuada. La incompetencia y la ignorancia hacen que el comportamiento gregario esté más extendido. Si un inversor no sabe lo que está haciendo y no se ha molestado en aprender de los errores del pasado, puede tranquilizarse copiando los métodos aplicados por sus pares, que a su vez copian a otros participantes en el mercado, asumiendo, por supuesto, que estos últimos saben lo que están haciendo.

Este fenómeno, que implica 'seguir al rebaño', se ve amplificado por la falta de diversidad entre la profesión de inversión. Muchos observadores han argumentado que los errores de inversión, no solo en el private equity, sino en muchas clases de activos, se deben en parte a la homogeneidad de la comunidad inversora. Si bien este argumento ha sido utilizado por los defensores de la igualdad de género, en realidad, se aplica a todas las facetas de la diversidad. Debido a la homofilia – el hábito común de las personas que se asocian y se vinculan con personas de ideas afines – las firmas de capital privado reclutan a los mismos tipos de personas en función de una larga lista de parámetros, ya sean de naturaleza étnica, cultural, social, educativa o profesional. Todos estamos motivados por el deseo de pertenecer y la necesidad de aprobación, lo que limita nuestra voluntad de oponernos. Esto lleva a lo que los psicólogos llaman 'groupthink' (pensamiento de grupo), que consiste en tomar decisiones homogéneas dentro de un equipo que no logra ofrecer diferentes puntos de vista.

## ¿Quién decide?

Muchos miembros de la comunidad inversora sufren del síndrome del macho alfa. Convencidos de su propio genio, ven cualquier sugerencia de que puedan ser equivocados como un desafío a su condición de maestros indiscutibles. Este ascendiente jerárquico hace que cualquier desacuerdo sea una propuesta muy arriesgada. Probablemente por eso, en 2008, pocos de sus colegas se habrían atrevido a cuestionar la decisión de Philip Yea de añadir deuda al balance de 3i, una elección que requeriría una recapitalización y llevaría a la exclusión de la empresa del índice FTSE 100.

En última instancia, en la gestión de activos, corresponde a los altos directivos tomar decisiones de inversión (similar a tener derechos exclusivos de cría de monos). La próxima vez que creas que tu jefe está equivocado, intenta decírselo... recuerda, se trata de supervivencia (esto no se aplica en el mismo grado si tu dirigente es una mujer porque el síndrome de la hembra alfa tiende a ser más moderado).

Este es un problema importante. Como bien señala Kahneman, es más fácil detectar los errores de otras personas que los nuestros. Si los demás tienen miedo de estar en desacuerdo, se pueden tomar y se tomarán malas decisiones. Además, nuestra necesidad de aceptación crea una política interna malsana. Como todos los primates, los seres humanos son animales sociales. La forma en que esta noción se traduce en el mundo de la inversión es a través de la formación de coaliciones dentro de las firmas. Muchos inversores profesionales han sido testigos de como los miembros de un equipo apoyan una operación patrocinada por otro colega, a veces independientemente de sus méritos, simplemente porque ese mismo colega ha apoyado una de sus operaciones en el pasado. Esto difícilmente puede conducir al mejor resultado y ciertamente no es de interés para los inversores LP.

## Miedo y codicia

El miedo a perder una oportunidad es común a todos los aspectos de la vida humana. Es posible que desee comprar un teléfono inteligente el primer día que salga a la venta si creo que el artículo se agotará poco después debido a una demanda inusualmente alta. En el mundo de las finanzas, este miedo se llama FOMO ('fear of missing out') y se ve agravado por el hecho de que los inversores carecen de disciplina. Los controles inadecuados, como no fijar un precio del que retirarse durante un proceso de venta, pueden tener efectos perjudiciales cuando entra en juego un comportamiento irracional. El riesgo de perder una transacción a favor de un competidor lleva a las firmas de capital privado a utilizar expedientes para cerrar una transacción.

Es igualmente común que un inversor experimentado adquiera un activo a un precio elevado para presumir. Fui testigo de un caso en el que un colega presentó una oferta ligeramente superior, digamos mil millones de dólares, porque una valoración más baja (digamos, 950 millones de dólares) no se consideraría una LBO tan prestigiosa. La finalización de transacciones más importantes fortalece el prestigio de una firma y el ego de un profesional.

## Anclaje

Aunque el pensamiento intuitivo no es tan frecuente en el capital privado como en el 'day trading', en parte porque el período de evaluación ('due diligence') brinda la oportunidad de poner en juego una forma analítica de pensar, otro fenómeno psicológico tiene una fuerte influencia. Las empresas que buscan compradores potenciales a menudo asignan su propia valoración revelándola a la prensa o indicándola al comienzo del proceso de venta a través de sus banqueros de inversión. Esto afecta en gran medida a las ofertas presentadas por los compradores potenciales, ya que todos tienden a presentar ofertas cercanas al precio solicitado o a retirarse inmediatamente si se dan cuenta de que no podrán cumplir con las expectativas del vendedor. Este fenómeno de anclaje se ve amplificado por la presencia de compradores agresivos (algunos desesperados por desplegar capital) durante numerosas subastas competitivas.

## Incompetencia y negligencia

No existe un programa formal de capacitación en la mayoría de las firmas de capital privado. Se espera que los gestores de fondos aprendan sobre la marcha, a través de ensayo y error. Debido a la falta de la formación adecuada, pero también a la tendencia a tomar atajos en el pensamiento, como se ha dicho anteriormente, la negligencia es una razón notable para el fracaso. En parte se relaciona con la idea de pereza planteada por Kahneman.

La negligencia puede tomar muchas formas. Un ejemplo concreto y tangible prevalece en el capital privado. Para cualquier gestor de fondos, la innovación financiera es una propuesta muy tentadora, ya que su influencia no puede demostrarse fácilmente al intentar evaluar qué elementos de la rentabilidad de inversión se derivan de mejoras operativas reales y cuáles se deben a trucos financieros. Es mucho más fácil crear valor emitiendo deuda sin clausulas restrictivas ('covenant-lite'), con intereses deducibles de impuestos, que buscar formas de mejorar la estructura operativa y el posicionamiento estratégico de una empresa de cartera. Se necesita tiempo para lograr mejoras en la eficiencia operativa. Los beneficios del apalancamiento son instantáneos. Esta necesidad exagerada de resultados inmediatos (o al menos a corto plazo) es una fuente importante de negligencia y la razón detrás del fracaso de transacciones como TIM Hellas y Toys "R" Us.

## Estímulo monetario

No se puede hablar de la importancia del papel de la psicología humana en la industria de la inversión sin comentar las recompensas financieras. Los seres humanos, al igual que los animales, reaccionan a los estímulos. Los comportamientos dependen en gran medida de las recompensas. Debido a que es más fácil para los gestores de fondos enriquecerse cobrando comisiones de gestión que esperar muchos años para determinar si las decisiones de inversión generarán ganancias de capital, el capítulo 9 demostró como los gestores han optado por optimizar este aspecto de su ecuación remuneradora convirtiéndolo en una anualidad.

Del mismo modo, dado que los 'quick flips' y las distribuciones de dividendos por recapitalización tienen un impacto positivo y pronunciado en la tasa de rentabilidad de una inversión, las gestoras aprendieron a favorecerlos en lugar de confiar en mejoras operativas más lentas de implementar, pero sostenibles.

## REMEDIAR ERRORES HUMANOS Y ORGANIZATIVOS

Con más de 180 sesgos cognitivos identificados,[3] existe un riesgo conductual significativo asociado con cualquier actividad humana, esté o no relacionada con la inversión. Una forma de abordar las muchas debilidades en la toma de decisiones humanas es 'empujar' a las personas hacia las mejores opciones. Este enfoque paternalista libertario es sugerido por otro premio Nobel de economía, Richard Thaler.

### Alentar ('nudging')

Como acabamos de describir, los comportamientos irracionales son numerosos y, en el caso de las decisiones de inversión, a menudo costosos. Si seguimos los argumentos presentados por Thaler y su coautor Cass Sunstein en su libro *Nudge*, una forma de contrarrestar el optimismo colectivo de los gestores de fondos, o al menos de mitigar su exceso de confianza, es recordarles malos (y feos) estudios de casos como los descritos en las Segunda y Tercera Partes. Esa fue la principal motivación detrás de mi decisión de publicar este libro.

Para mantener las decisiones instintivas al mínimo, las gestoras de fondos de private equity deben adoptar un proceso sistemático de evaluación exhaustiva y detallada ('due diligence'), independientemente de la transacción que se esté considerando. Los ejecutivos jóvenes suelen necesitar tiempo para decidirse por una oportunidad de inversión debido a su falta de experiencia. Deben activar lo que Thaler llama el 'sistema reflexivo'. Los profesionales consumados confían mucho más en sus instintos, no siempre con los mejores resultados.

Mi análisis de Mergermarket en 2006 me dijo que era una gran oportunidad. Esta conclusión se vio facilitada en parte por mi experiencia en la *due diligence* de otros editores de datos durante transacciones pasadas. Mis colegas de GMT Communications siguieron sus instintos y reaccionaron negativamente ante una empresa joven con una historia y un historial limitados. Estos gestores experimentados tenían un sólido conocimiento de las empresas de medios tradicionales, como los editores de periódicos; su comprensión de los modelos operativos basados en la web no era tan sólida. Mergermarket era una empresa de nuevos medios de rápido crecimiento que estaba revolucionando el mercado del periodismo. Es difícil convencer a las personas que han invertido en una industria durante veinte años o más de que no deberían tomar decisiones por instinto, sino pasar por un proceso de pensamiento analítico integral.

Gracias a empujones ('nudges'), a los gestores de fondos no se les prohibiría actuar a su antojo; se les animaría a comportarse de cierta manera. El mejor enfoque para lograrlo sería cambiar los incentivos o aplicar desincentivos. Algunos ejemplos incluyen:

- Mantener las comisiones (es decir, bonificaciones) en depósito en garantía durante varios años para recuperarlas en situaciones en las que una gestora de fondos tiene un rendimiento inferior. Actualmente, solo las ganancias de capital se colocan parcialmente en custodia, lo que permite a los gestores volverse muy ricos simplemente cobrando tarifas anuales.
- Los inversores podrían solicitar el derecho a retirar, reducir o incluso aumentar sus compromisos de capital en función de la rentabilidad de un fondo o del comportamiento de un gestor.
- Los inversores en diferentes fondos de la misma gestora podrían incluso condicionar sus compromisos al rendimiento pasado, presente y futuro. Esto alentaría a las gestoras a permanecer disciplinadas.

## Epílogo

Thaler y Sunstein también recomiendan estrategias de autocontrol para resistir la tentación. Una forma de frenar la predisposición de los gestores a convertirse en guerrilleros enamorados de las reventas rápidas (quick flips) y las refinanciaciones en serie sería que sus inversores LP aplicaran una tasa de rentabilidad objetivo ('hurdle rate') diferente dependiendo de si las transacciones utilizan una ingeniería financiera agresiva o no, ya que muchas de estas empresas sobreapalancadas se convierten en zombis (Univisión) o terminan en quiebra (Toys "R" Us).

Las mejoras operativas y estratégicas deben ser recompensadas a menos que perjudiquen la viabilidad a largo plazo de la empresa o conduzcan a la quiebra – en cuyo caso los gobiernos deberían poder recuperar capital para cubrir diversos costes asumidos por el contribuyente, para compensar los déficits de pensiones y para cubrir las prestaciones por desempleo, por ejemplo.

Del mismo modo, los gobiernos podrían penalizar el uso exorbitante de la deuda eliminando el escudo fiscal sobre los intereses para las empresas con ratios de deuda superiores a un determinado límite. Los reguladores estadounidenses han introducido directrices para que los bancos limiten el apalancamiento atribuido a las LBO a 6 veces el EBITDA. ¿Por qué no hacer que los intereses sean gravables más allá de este ratio? Este ya es el caso en algunas jurisdicciones si el apalancamiento supera una determinada proporción de la estructura de capital.

Los gobiernos también podrían aplicar una tasa impositiva mucho más alta para la parte de las ganancias de capital generadas por ventas o salidas parciales aceleradas en los dos primeros años del período de tenencia. Una vez más, esto podría disuadir a los gestores de actuar de manera imprudente y debería alentarlos a crear valor a largo plazo.

Empujar parece innovador, pero la idea de influir en el comportamiento no es nueva: en los años 50 y 60, este enfoque se llamó ingeniería social. No cumplió sus promesas, en parte debido a la falta de mecanismos de monitoreo confiables en ese momento. Las recientes mejoras en la extracción de datos y en las herramientas de análisis dan más credibilidad a estas políticas.

## Mejora de la formación y de la estructura empresarial

Además de las técnicas conductuales, se espera que la industria del capital privado traiga mejoras organizacionales. Debido a la falibilidad humana, es preferible que los proveedores de capital (inversores LP) comprometan su capital solo a las gestoras que adoptan un enfoque colegiado para la toma de decisiones. Dado que cualquier líder (como cualquier ser humano) estará sujeto a prejuicios, él o ella puede guiar a la firma por caminos llenos de trampas. Varias firmas de capital privado bajo la influencia dominante de una sola persona (como CEO o fundador) cometieron errores importantes en los años previos a la crisis financiera de 2008. Los inversores que quieran seguir las mejores prácticas deben evitar los fondos controlados por una sola persona. Pero esto es solo el comienzo.

Las ideas difundidas por los científicos sociales han sido estudiadas y apropiadas por los gestores de hedge funds. Estos últimos han introducido la formación para tener en cuenta el papel de la psicología humana en los errores cometidos por los traders individuales.

Las teorías de la economía conductual aún no han permeado en la industria del capital privado. Se consideran demasiado ligeras en sustancia, como inútiles. Además, son más fáciles de ignorar cuando su rendimiento solo se compara con el de sus competidores y los índices bursátiles durante un período de varios años, en lugar de mensualmente como es el caso de los operadores de hedge funds. En el capital privado, se necesitan al menos cinco años para que las tasas internas de rentabilidad se consideren fiables y no incluyan un elemento desproporcionado de estimaciones.

Sin embargo, incluso en la industria del private equity, los equipos pueden ser entrenados para comunicarse de una manera más disciplinada. Exponerse a opiniones diversas reduce el riesgo de desarrollar una visión estrecha de las cosas. Kahneman recomienda, por ejemplo, una manera de evitar el pensamiento de grupo ('groupthink'). Antes de que un tema se discuta en un comité o una reunión, cada miembro debe escribir su posición y leer su guion durante su tiempo de uso de la palabra. La práctica común de la discusión abierta da demasiado peso a las opiniones de aquellos que hablan temprano o con confianza. Seguir la sugerencia de Kahneman hace que las opiniones sean independientes entre sí.

## Robots al rescate

Las transacciones y los gestores de fondos examinados en este libro demuestran de forma convincente que la creación de valor en el private equity no está garantizada. Es espantoso considerar como personas inteligentes desperdician su intelecto tratando de complicar innecesariamente el proceso de inversión, ofreciendo trucos para obtener constantemente ganancias marginales en lugar de elegir un camino más noble. Como hemos señalado, los actos más excesivos, enfocados exclusivamente al lucro, pueden explicarse por la codicia y, a veces, por una grave falta de ética. En parte debido a la falta de procesos de supervisión y control de riesgos, muchos fracasos tienen una causa más problemática: la irracionalidad.

Lo que puede parecer paradójico es que, con frecuencia, las decisiones de inversión se toman basándose en factores emocionales: maniobras políticas y juegos de poder, consideraciones personales y promocionales, celos (internos y externos a la empresa), plazos para el calendario de inversiones o la próxima recaudación de fondos, y muchos otros. Esto no es nuevo.

Una solución que probablemente estará disponible para todas las gestoras de fondos en la próxima década es la inteligencia artificial (IA). Para expertos en inversiones que creen firmemente en la superioridad del cerebro humano, esta idea parecerá descabellada. Sin embargo, los robots han demostrado ser más fiables que los humanos para actividades complejas como la recopilación e indexación de información (motores de búsqueda) y el transporte autónomo (trenes sin conductor). Muchos hedge funds ya han adoptado algoritmos de negociación para eliminar los peligros y la falta de fiabilidad de la psicología humana, especialmente los ángulos emocionales, la fatiga, las limitaciones intelectuales y el comportamiento fraudulento.[4] En este último punto, la IA es la mejor esperanza para que los reguladores financieros luchen contra el uso de información privilegiada y otras fechorías. En su libro *Principles*, el veterano gestor de hedge funds Ray Dalio reconoce los beneficios que ha obtenido al complementar la imaginación humana con modelos computarizados. La predicción y la toma de decisiones son más precisas con una combinación de los dos.

Los observadores astutos señalarán que el trading es una actividad con una rápida toma de decisiones, mientras que la inversión de private equity se lleva a cabo a un ritmo más lento, lo que debería ayudar a eliminar la mayoría, si no todas, las deficiencias relacionadas con el trading. El capital privado está influenciado por una mezcla de análisis e intuición. Esto requiere buen juicio y depende de parámetros que difieren de los de los mercados bursátiles. Para empezar, la falta de liquidez requiere cautela. En cierto modo, aquí es donde la incapacidad de los algoritmos para tomar decisiones instintivas puede desempeñar un papel. Complementan los sentimientos con la razón, manejando los factores predecibles y repetitivos de la transacción.

Si bien no soy tan ingenuo ni idealista como muchos inversores de riesgo y empresarios de Silicon Valley al pensar que la tecnología puede resolver todos los males de la humanidad, soy de la opinión de que en el ámbito del capital privado, la automatización y los programas informáticos basados en hechos pueden eliminar muchos de los peligros asociados con los juegos de poder a nivel del comité de inversión, los análisis sesgados durante la fase de evaluación (*due diligence*) y las emociones generalizadas incluso en el resto del mundo – el miedo y la codicia encabezan la lista. Curiosamente, esta es una opinión compartida por uno de los inversores LP más preeminentes en Europa, la aseguradora británica Standard Life, en un artículo publicado en septiembre de 2013.[5] Después de muchos años de trabajar juntos, la mayoría de los gestores de fondos se muestran reacios a contradecir a sus superiores o criticar sus transacciones. Es la naturaleza humana. Un robot no tendría tales escrúpulos; ofrecería argumentos racionales a favor o en contra de las oportunidades de inversión defendidas por los líderes ejecutivos más experimentados.

El potencial de la IA va más allá de la analítica. Los estudios realizados por investigadores indican que los algoritmos también pueden compensar las deficiencias psicológicas humanas y abordar juicios y resoluciones complejos. La firma de capital riesgo Deep Knowledge Ventures, con sede en Hong Kong, anunció en mayo de 2014 que había nombrado a un algoritmo informático como miembro del consejo de administración. Si bien reconocía que su robot no podía igualar a los humanos en la toma de decisiones intuitivas, su enfoque lógico e imparcial fue un gran complemento para la contribución de los miembros humanos del consejo.[6]

Pocas firmas de capital privado, si es que hay alguna, utilizan herramientas adecuadas de gestión de riesgos. La inversión aleatoria no es apropiada cuando se administra el dinero de otras personas. Los bots ayudarían a estandarizar la toma de decisiones y señalar riesgos como la innovación disruptiva como obstáculos en las transacciones, evitando que los gestores LBO cometan errores humillantes o cualquier controversia si pueden demostrar que sus decisiones se basaron en parte en cálculos algorítmicos.

## FALTA DE RESPONSABILIZACIÓN Y REGULACIÓN

Una mejor formación y un mejor empujón ayudan a corregir o anticipar los errores de gestión. Pueden tener un impacto positivo en la toma de decisiones. Aunque soy un firme defensor de la Navaja, o regla básica, de Hanlon, según la cual no debemos tratar de atribuir a la corrupción o la malicia lo que se explica adecuadamente por ignorancia o negligencia, es obvio que 'nudging' es totalmente inadecuado para combatir acciones maliciosas del tipo descrito en la Tercera Parte.

Los críticos del capital privado argumentan que el principal problema de las gestoras de fondos LBO son los conflictos de interés. Nosotros, jubilados y ahorradores, no tenemos nada que decir sobre como los gestores de activos administran nuestro dinero. Nosotros, los mandantes, no ejercemos ningún control adecuado sobre estos gestores. Si bien es indudable que hay algo de verdad en esta explicación y se aplica a muchas relaciones principal-agente, sostengo que el problema se ve agravado por la creciente complejidad de los mercados financieros y la decisión – por parte de legisladores y reguladores sobrecargados de trabajo – de adoptar una solución simplificada a la función central de supervisión. En algunos círculos, el capitalismo da por sentada la lógica distorsionada de que los seres humanos son emprendedores, productivos y confiables, mientras que las instituciones, y especialmente los gobiernos, son en su mayoría osificadas, ineficientes y corruptas. Llamemos a esta noble pero quimérica visión fundamentalista del mercado la escuela de pensamiento de Ayn Rand, en referencia a la filósofa libertaria de la posguerra que defendió sin concesiones la economía de mercado.

Un verdadero punto de discordia es la creencia generalizada en la hipótesis del mercado eficiente (efficient market hypothesis, o EMH). Fue formulada en los años 60 y se convirtió en el evangelio en la mayoría de los cursos de economía y finanzas en las décadas siguientes. En resumen, con la EMH, los mercados reflejan toda o la mayor parte de la información relevante. A su vez, esta información está ampliamente disponible y se refleja en los precios de los activos. Esto hace que los mercados sean impredecibles, ya que los precios fluctúan aleatoriamente en respuesta a cualquier nueva información.

La EMH reflejaba una confianza arbitraria en los mercados de capital desenfrenados. Hay que dejar a estos últimos y a sus participantes a su suerte. La 'ciencia' emergente de los modelos económicos finalmente entró en la arena política. De acuerdo con la idea fantasiosa de que los mercados eficientes tienen información perfecta, existe la creencia de que hay poco que temer de los mercados porque es probable que los eventos inesperados tengan un impacto limitado y fácilmente definido en los precios. Si la EMH es correcta y los inversores están plenamente informados, no hay necesidad de regular el mercado. Esta filosofía – porque llamarla ciencia es una exageración – actuó como preámbulo de las políticas económicas. Al mismo tiempo, en los años 80, las administraciones Reagan y Thatcher promulgaron nuevas doctrinas que celebraban la capacidad de los mercados para autogobernarse. La consecuencia obvia fue la desregulación.

Esta última condujo a la innovación financiera y a la expansión incesante de la industria de gestión de fondos a partir de los años 80. Las barreras de entrada se debilitaron significativamente, lo que llevó a un auge de la gestión de activos institucionales, independientemente de los principios establecidos por la EMH, lo que implicaba la imposibilidad de generar rendimientos superiores a los de los mercados durante un período prolongado de tiempo. De hecho, la teoría sugiere que ningún inversor puede esperar producir consistentemente mejores rendimientos que el mercado de manera consistente. Por lo tanto, es difícil explicar como, en este contexto, la industria de la gestión de activos ha podido crecer exponencialmente en las últimas tres décadas.

A primera vista, la teoría de mercado eficiente y la gestión activa del capital son antitéticas – si los mercados son eficientes, los gestores de fondos no deberían poder ganarse la vida con el descubrimiento activo de precios. Se espera que la inversión pasiva represente la mayoría de los volúmenes de negociación, con un espacio limitado para el arbitraje de precios. En cambio, los fondos pasivos gestionan solo una quinta parte de las carteras de inversión agregadas a nivel mundial.

Los expertos del mercado creían que la relación entre la información, las decisiones de inversión y el rendimiento del mercado podía modelarse con una precisión casi quirúrgica. Este idealismo puede resultar entrañable, incluso cautivador para algunos, pero es mejor no darle mucha importancia. Dada la historia del capitalismo, que está bien surtida de fluctuaciones del mercado causadas por reacciones emocionales a eventos aleatorios, era obvio que las hipótesis de la EMH se parecían poco a lo que se podía observar en el mundo real. Pero este tipo de contradicción nunca ha impedido que economistas y funcionarios gubernamentales respalden políticas de gran alcance. Es sorprendente que no fuera hasta los años 2000 que se aceptaran nuevas teorías económicas.

## La ineficiencia del mercado exige más regulación

Poco a poco, dos conjuntos de evidencias sacudieron a la EMH. En primer lugar, la larga lista de burbujas y crisis ha respaldado el argumento de que los mercados son algo ineficientes o, al menos, no reflejan 'plenamente' toda la información disponible para todos los participantes. Es importante señalar que la eficiencia del mercado y las expectativas racionales de los inversores fueron refutadas por el matemático Benoît Mandelbrot, quien explicó que las variaciones de precios en los mercados financieros no siguen una distribución normal, sino que muestran una variación prácticamente infinita. Hoy en día, solo los ideólogos y académicos libertarios más ardientes objetarían esta opinión.

En segundo lugar, un número muy reducido de gestores de activos lograron ofrecer una rentabilidad de alto nivel de forma constante. Curiosamente, pero no sorprende, dado el punto que mencionamos anteriormente sobre la heurística del exceso de confianza humana, esto llevó a muchos inversores a creer que también pueden hacerlo mejor que el mercado. De ahí las masivas entradas de dinero asignadas a los gestores de activos alternativos, en particular los hedge funds y el private equity. Como se anunció en el Prólogo, casi todos los gestores de hedge funds creen que pueden generar alfa de forma persistente, incluso frente a datos contradictorios. La mayoría de los profesionales de capital privado creen que pueden producir consistentemente rendimientos en el cuartil superior. Pero este libro, junto con una creciente lista de artículos de investigadores académicos, ofrece suficiente evidencia de que este no es así en absoluto.

La frecuencia de las fluctuaciones del mercado, el aumento de la volatilidad y el catálogo de esquemas y fraudes que han plagado los mercados en las últimas tres décadas – desde el uso de información privilegiada de Michael Milken en los años 80 hasta el fraude contable de Enron en los años 2000 y el escándalo más reciente de Bernard Madoff – han puesto fin al dogma de Rand y a la noción sagrada de que la autorregulación es la metodología adecuada para monitorear los mercados financieros.

Si bien admitimos que el supuesto de racionalidad de los defensores del laissez-faire es inverosímil, otros factores juegan un papel en el mal desempeño del sector financiero observado en los últimos años. ¿Es necesario mencionar que un enfoque disciplinado y responsable de la inversión siempre ha sido fundamental para obtener una rentabilidad fiable y superior? Permítanme señalarlo de todos modos.

En una economía de mercado, como en un sistema democrático, los comportamientos y los resultados dependen de que los participantes rindan cuentas cuando sus proyectos tropiezan de manera predecible. Muchas de las peores prácticas descritas en este libro surgen directamente del abuso de la responsabilidad limitada, un concepto que ha permitido que florezca el capitalismo, pero que puede tener consecuencias de gran alcance cuando se usa en exceso. Lo que aprendimos de los casos de BHS y TIM Hellas es que, en un sistema capitalista, el fracaso siempre es culpa de otro. Llevando el argumento a su legítimo extremo, la filosofía por defecto de la economía de mercado postula que el éxito tiene muchos padres, mientras que el fracaso es huérfano.

Administrar el dinero de otras personas sin ninguna responsabilidad o de manera limitada si las cosas van mal no puede producir resultados satisfactorios. Como dijo Joseph Stiglitz, ganador del Premio Nobel de Economía, la autorregulación es un oxímoron. Si bien es sinónimo del éxito descomunal de la industria del capital privado y su extracción de rentas, no es la solución adecuada para supervisar un sector financiero cada vez más complejo. La autogestión ha demostrado sus deficiencias en muchas actividades humanas fuera del mundo endogámico de la gestión de activos. A continuación, se presentan algunos ejemplos familiares.

## Falta

El fútbol (soccer en Estados Unidos) es sin duda el deporte más popular del planeta. Cada semana, millones de aficionados siguen las actuaciones de los equipos locales y extranjeros. Los derechos televisivos de la Premier League inglesa para las tres temporadas de 2013-2014 a 2015-2016 ascendieron a 3.000 millones de libras esterlinas.[7] Las pasiones están a flor de piel entre los aficionados, y los equipos que ganan su liga nacional o un campeonato europeo pueden amasar una fortuna.

Pero el torneo más esperado y prestigioso del fútbol es, sin lugar a dudas, el Mundial. Celebrada cada cuatro años, su final entre Francia y Croacia el 15 de julio de 2018 atrajo a una audiencia televisiva de más de mil millones de personas y millones de espectadores en línea y en dispositivos móviles. Cada vez, el torneo es organizado por un país diferente. Es una oportunidad para que el país anfitrión se venda al mundo. Los países compiten intensamente para ganar el proceso de selección. Sin embargo, el coste de organizar el torneo puede ser astronómico. En preparación para la edición de 2014, Brasil gastó 12.000 millones de dólares para renovar y construir estadios, mejorar el transporte público y promover el evento, lo que equivale al 61% del presupuesto nacional de educación del país.[8] Para un país tan pobre como Brasil, esto parece una extravagancia. Pero para la organización encargada de coordinar este concurso de belleza, es una bendición.

La Fédération Internationale de Football Association (FIFA), un organismo autorregulado con sede en Zurich, Suiza (con conocidas ventajas fiscales), es responsable del proceso de nominación de los países. Dado el fenómeno global que es el fútbol, la FIFA es una organización importante. Sus beneficios acumulados superaron los 1.500 millones de dólares en 2014. La Copa Mundial de ese año generó 4.800 millones de dólares, incluidos 2.400 millones de dólares en derechos de televisión (un punto discutido brevemente durante el estudio de caso de Univision). Esto se compara con el escaso coste total de los 358 millones de dólares en premios, por lo que el torneo siempre es una propuesta ganadora para la organización, independientemente de qué equipo termine triunfando.[9]

Como órgano autorregulado, la FIFA goza de cierta autonomía jurídica. Esto implica que cualquier disputa no se remite a los tribunales civiles, sino que se resuelve a través de los mecanismos propios de la organización. La FIFA se maneja como cualquier otro país independiente. Funciona de acuerdo con sus leyes específicas y elige a su presidente según sus propios estatutos. Al igual que muchos dictadores de las repúblicas bananeras, en el pasado los presidentes de la FIFA han sido tan difíciles de derrocar que a menudo eran reemplazados solo si morían en el cargo o renunciaban por agotamiento – el francés Jules Rimet ocupó el cargo durante treinta y tres años hasta su retiro en 1954 a la edad de 81 años, y el brasileño João Havelange permaneció en el cargo durante veinticuatro años antes de retirarse un mes después de cumplir 82 años. Entre 1904 y octubre de 2015, la FIFA tuvo solo ocho presidentes. De hecho, tres de ellos murieron en el ejercicio de sus funciones. Así que cuando en mayo de 2015 el suizo Sepp Blatter ganó un quinto mandato para comenzar su decimoctavo año al mando, no había nada anormal en términos del modus operandi de la FIFA.

El presidente de la Asociación es todopoderoso. No es raro que el presidente saliente, que se presenta a la reelección (curiosamente, solo los hombres parecen ser candidatos), se encuentre mágicamente sin oposición. Con la regularidad de un reloj suizo, otros candidatos potenciales tienden a retirarse antes de las elecciones o después de la primera vuelta. A diferencia de las elecciones presidenciales que se celebran en muchos países, las votaciones de la FIFA no son supervisadas por observadores externos. La elección del país anfitrión de la Copa del Mundo es realizada por el Comité Ejecutivo. Como cualquiera podría predecir, este tipo de gobierno fomenta acuerdos encubiertos y alianzas secretas. Naturalmente, dados los intereses comerciales en juego, a lo largo de los años la FIFA había tenido una buena cantidad de mala prensa. Sin embargo, ningún caso había alcanzado el nivel de indignación que suscitó la decisión de 2010 de otorgar la Copa del Mundo de 2022 a Qatar, un estado-nación de Oriente Medio de menos de 2 millones de habitantes cuya selección nacional de fútbol nunca había logrado clasificarse para participar en un torneo de la Copa del Mundo.

Poco después, la estupefacción dio paso a acusaciones de corrupción. Durante 2012, surgió una controversia por acusaciones de compra de votos. Después de orquestar una investigación interna de dos años, en noviembre de 2014 la FIFA publicó las conclusiones de un informe que la exoneraba por completo. El informe fue inmediatamente desacreditado cuando su autor dimitió y reveló que la versión pública contenía "numerosas representaciones materialmente incompletas y erróneas".[10] Varias investigaciones independientes expusieron sobornos pagados por varias selecciones de países anfitriones de la Copa del Mundo en el pasado. Todos los procesos de candidatura desde Italia 1990 estuvieron involucrados en algún tipo de irregularidad financiera. En cuanto a la decisión de otorgar la edición de 2022 a Qatar, resulta que el plebiscito del comité ejecutivo estuvo influenciado por la intervención del entonces presidente de la República Francesa, Nicolas Sarkozy, tras una reunión con el príncipe heredero de Qatar.[11] Bajo presión, Blatter se vio obligado a dimitir un mes después de su reelección y fue condenado a seis años de prohibición de participar en cualquier actividad de la FIFA.

Por supuesto, la FIFA no debería ser el único blanco de críticas. Sería erróneo suponer que es la única federación deportiva que se gestiona de una manera tan medieval y dañina. El Comité Olímpico Internacional (con sede en Lausana, Suiza) y la Asociación Internacional de Federaciones de Atletismo (IAAF), con sede en Mónaco (otro paraíso fiscal), operan bajo un modelo de autorregulación que deja mucho que desear. En 2015, la World Anti-Doping Agency publicó un informe que revelaba que la policía estaba investigando al expresidente de la IAAF, Lamine Diack, por acusaciones de que había aceptado sobornos para encubrir delitos de dopaje generalizados cometidos por atletas rusos.[12] Que unos atletas fueran acusados de dopaje no era nada nuevo. Varios casos memorables de dopaje incluyen a Ben Johnson (un canadiense que fue despojado de su medalla de oro poco después de los Juegos Olímpicos de verano de 1988), los atletas estadounidenses Marion Jones y Justin Gatlin, y una larga lista de corredores jamaicanos, desde Sherone Simpson hasta Yohan Blake.

Ninguna organización deportiva se ha visto tan afectada por escándalos como la Union Cycliste Internationale (UCI), que también tiene su sede en Suiza por razones fiscales. La UCI, que se ve sacudida regularmente por acusaciones de dopaje cada vez que, en eventos importantes como el Tour de France, los ciclistas generan actuaciones sobrehumanas (incluidas las del siete veces ganador del Tour, Lance Armstrong), ha sido acusada de intentar proactivamente ocultar pruebas. Armstrong era parte de un sistema. Muchos ganadores recientes del Tour habían sido declarados culpables de delitos de dopaje. Armstrong había llevado el sistema a su conclusión lógica: si todo el mundo engaña, hay que engañar mejor y más que el resto del pelotón.

## ¡Vaya por Dios!

Para muchos aficionados, el fútbol es una religión. Asisten a todos los partidos del fin de semana. Al igual que los peregrinos, viajan fielmente a otras ciudades para los partidos fuera de casa. Veneran a los jugadores estrella como si fuera ídolos. Por lo tanto, no es exagerado establecer un paralelismo entre la FIFA y la Iglesia católica.

Esta última es una de las instituciones más poderosas y ambiciosas: cuenta con más de mil millones de seguidores en todo el mundo. Opera según sus propias leyes, ya que tiene su sede en el Vaticano, un estado independiente, con todas las ventajas asociadas a tal estatus. Con el Papa, la Iglesia tiene uno de los jefes de Estado más influyentes del mundo – su 'elección' es tan opaca y antidemocrática como la del presidente de la FIFA. Los candidatos también son exclusivamente hombres.

La Iglesia católica tiene su propio ejército y nunca ha dudado en usar la fuerza para ampliar su base de seguidores, como lo atestigua incluso un estudio superficial de su historia, desde las Cruzadas hasta la Inquisición. Hoy en día, tiende a favorecer una forma más dócil. En las últimas décadas, a medida que perdió gradualmente parte de su prestigio y audiencia en Occidente y los medios de comunicación se volvieron menos reverentes, la Iglesia católica se enfrentó a la deshonra pública, en parte debido al comportamiento sexual abusivo de los miembros del clero. Un número sorprendentemente alto de sus representantes han traicionado la confianza de los fieles.

Otro tipo de ofensa que es mucho más relevante, dado el tema de este libro, se refiere a las pruebas y los fracasos de las actividades financieras del Vaticano, especialmente las que rodean al Instituto para las Obras de Religión, más comúnmente conocido como el Banco del Vaticano. El blanqueo de dinero, los vínculos con familias mafiosas como los Gambino en Estados Unidos y los Spatola en Sicilia, así como el fraude y la corrupción – incluida la caída del Banco Ambrosiano y el asesinato del presidente de ese banco, Roberto Calvi, en 1982 – acapararon los titulares de la prensa. A pesar de las órdenes de arresto solicitadas por los Ministerios de Justicia de varios países, en varias ocasiones los directores del banco fueron bendecidos con inmunidad diplomática o protección del Papa.[13]

Los problemas del Banco del Vaticano en los últimos cuarenta años son una prueba más de que permitir que una institución autorregulada administre un banco sin la supervisión adecuada puede ser fatal. Si bien los reguladores no tienen control sobre el funcionamiento del Banco del Vaticano, este aún puede afectar negativamente al sistema financiero global y violar las leyes internacionales al lavar dinero, financiar a traficantes de armas, ordenar golpes militares o subsidiar al crimen organizado, como relata Eric Frattini en su libro *The Entity*.

## REMEDIAR LAS DEFICIENCIAS NORMATIVAS Y LA FALTA DE RESPONSABILIZACIÓN

Si la autorregulación había mostrado serias carencias en tantas áreas de la vida pública, ¿por qué los gobiernos pensaron que sería prudente aplicar un modelo similar al mundo económicamente estratégico de las finanzas? Los casos cubiertos en el capítulo 9 deberían preocuparnos a todos. Los problemas experimentados por 3i y muchos de sus pares también demuestran que los mercados son ineficientes y que los inversores, incluso los institucionales, están lejos de ser racionales. Este tipo de entorno requiere una regulación adecuada. De lo contrario, corremos el riesgo de dejar a los especuladores a cargo.

### Supervisión y transparencia

No es posible hacer recomendaciones sobre regulación y legislación sin entender primero las razones detrás de la decisión de permitir que el capital privado se autorregule. La razón principal es que los gestores de fondos atienden a un conjunto de clientes financieros que se consideran 'sofisticados', lo que implica que estos clientes tienen suficiente experiencia y conocimientos para sopesar los riesgos y méritos de una oportunidad de inversión. Una de las principales implicaciones es que limita las posibilidades disponibles para que estos sofisticados inversores pidan reparación por parte del regulador financiero.

Ignoraremos las consecuencias que una renuncia tan radical puede tener en el comportamiento de los intermediarios a los que se confía el dinero de otros. Una vez más, los estudios de caso de las Segunda y Tercera Partes proporcionan ejemplos claros de como el sistema de regulación financiera fragmentado de los años 1990 y 2000 permitió a los gestores de fondos hacer fortunas, no a través de ganancias de capital y un rendimiento superior, ya que a menudo eran temporales o ilusorias, sino mediante un catálogo de comisiones y varios cargos.

Más bien, el problema más preocupante es que, al certificar que los fondos de pensiones, los bancos y las aseguradoras son sofisticados, los gobiernos y los reguladores ignoraron un hecho importante. El cliente final de las gestoras de fondos es el jubilado, el titular de una cuenta bancaria y el asegurado, y no las instituciones donde estas personas han elegido colocar sus ahorros. Solo por esta razón, la autorregulación parece completamente inapropiada. Si un inversor LP se equivoca en la elección de las gestoras de fondos de capital privado, la parte perjudicada no es el inversor institucional, sino el jubilado o el ahorrador individual.

Es necesario establecer la transparencia de las actividades de private equity para fomentar un mejor comportamiento. También ayudaría al mundo exterior a supervisar este creciente segmento de negocio. Los defensores de la gobernanza corporativa a menudo citan al juez de la Corte Suprema de los Estados Unidos Louis Brandeis, quien dijo las siguientes palabras en 1933, durante la Gran Depresión causada por la caída del mercado de valores de finales de los años 20:

> *"Se dice que la luz del sol es el mejor desinfectante; la luz eléctrica, el policía más eficaz".*[14]

## Regulación

Resulta que la hipótesis del mercado eficiente y la presunción sobre las expectativas racionales de los inversores fueron falaces. Hemos visto que estas teorías defectuosas convencieron a economistas, políticos y empresarios de que la regulación solo puede dañar la economía. Pero esto tuvo otro efecto secundario, que resultó crucial en el desarrollo del capital privado.

La eficiencia del mercado a largo plazo evoca previsibilidad. Como hemos visto, este último es uno de los parámetros clave que fomenta el flujo de crédito en una economía, ya que proporciona más certidumbre sobre la solvencia de los prestatarios y el coste de la deuda. Las operaciones apalancadas se hicieron más frecuentes porque, si bien los mercados eran eficientes, la economía podía verse como más predecible de lo que realmente es. La crisis financiera de 2008 mostró las fallas de ese razonamiento.

Sin embargo, la regulación no solo es necesaria para tener en cuenta la naturaleza impredecible de los mercados. También sirve como instrumento para castigar el mal comportamiento. Si un número significativo de participantes en el mercado acuerdan manipular los precios de las transacciones, sobornar a funcionarios del gobierno para obtener una ventaja injusta o abusar de la confianza de los inversores mediante el cobro de comisiones ocultas, los mercados difícilmente pueden caracterizarse como eficientes, ¿verdad?

Los gestores de fondos mostraron muy poco deseo de aprender de sus errores pasados. Esta actitud no solo proviene de profundas inseguridades o de una incapacidad intrínseca para aprender. También proviene del hecho de que tienen muy poco que perder cuando son atrapados. No se les castiga más que con multas insignificantes e intrascendentes. Y casi nunca pierden el acceso total al capital: por cada fondo de pensiones o de dotación universitaria que se niega a apoyar la próxima cosecha ('vintage'), las firmas de capital privado obtienen acceso a nuevos inversores de la plétora de family offices y fondos soberanos.

Uno de los problemas de la autorregulación es que asume que el 'nudging' es una panacea; que es adecuado para todas las situaciones. Si bien las técnicas de empujón son indudablemente beneficiosas para influir en la toma de decisiones irracionales, son inútiles para abordar el mal comportamiento, donde la falta de reformas atrapa a millones de personas en planes de jubilación que cobran comisiones exorbitantes.

## Legislación

Los miembros de la legislatura también deben actuar. Algunos afirman que la razón por la que los funcionarios del gobierno o los legisladores no intervienen es porque están en connivencia con las altas finanzas, incluidos los gestores de fondos adinerados – lo que se denomina 'captura del regulador'. Si es así, es de esperar que los casos de corrupción sean raros. Porque para poner fin al tipo de prácticas analizadas en el capítulo 9, es necesario legislar. A diferencia de los balances sobrecargados de deuda, la colusión y los conflictos de interés no son errores accidentales y desafortunados. Se trata de defectos estructurales.

El dilema para los políticos es lograr un equilibrio entre lo que se tolera o fomenta con razón y lo que se condena o incluso se prohíbe. Un año después de criticar a Philip Green en abril de 2016 por ser "el tipo de capitalista que da mala fama al capitalismo", el representante del gobierno David Davis enarboló la bandera a favor de la economía de mercado desenfrenada durante sus negociaciones del Brexit con la Unión Europea. Es fácil olvidar que Philip Green simplemente había adoptado técnicas universalmente aplicadas por las firmas de capital privado. Como observó imperiosamente un periodista, la caída de BHS fue "una historia de fracaso político, así como producto de una mala gestión corporativa."[15] Castigar e intimidar a los empresarios – a menudo con más indignación que convicción – mientras se ignora a los gestores de fondos para preservar el poder de los círculos financieros de Londres, es poco probable que produzca resultados significativos. Ningún político británico criticó a Bain Capital o KKR cuando, a principios de 2018, la división británica del minorista Toys "R" Us se declaró en quiebra con un déficit del fondo de pensiones de 25 millones de libras. Sin reformas estructurales y una legislación sólida, el comportamiento no cambiará.

Hay mucha frustración entre los reguladores, el público (como lo demuestra el ascenso del populismo) y los expertos (los economistas Joseph Stiglitz y Thomas Piketty, entre otros) porque se ha hecho poco para cambiar la mentalidad y la cultura corporativa en las altas finanzas. Pero las mentalidades tardan mucho tiempo en adaptarse. Piensa que no fue hasta los años 80, un siglo después de la invención del automóvil, que los cinturones de seguridad se volvieron obligatorios en casi todos los países occidentales. El principal obstáculo para la introducción de leyes sobre el cinturón de seguridad fue la sugerencia de los defensores de la libertad de que infringiría las libertades individuales. Las personas deberían poder elegir si usan o no cinturones de seguridad, independientemente de los costes para la sociedad.

Nuestra obsesión muy moderna con los mercados libres es un obstáculo para la aplicación de restricciones y protección contra el uso irresponsable del apalancamiento y las comisiones excesivas. Los fundamentalistas del mercado argumentan que las economías deberían dejarse en paz, que funcionan mejor sin la interferencia del gobierno. Lo que demuestran los escándalos que rodean a varias federaciones deportivas es que las instituciones solo deberían tener derecho a autorregularse si se adhieren a estrictas normas de gobernanza. Contrariamente a lo que los libertarios quieren convencernos, el socialismo no es la única alternativa al libre mercado desenfrenado. Una mejor opción es una economía mixta, una mezcla saludable de libre empresa y supervisión.

Si, como sugieren los diversos estudios de caso, las personas están en el centro de una mala toma de decisiones y su corolario – el bajo rendimiento – entonces las personas deben ser eliminadas de la ecuación de inversión (utilizando inteligencia artificial) o supervisadas de cerca. El statu quo ya no es sostenible. Corresponde a los legisladores e inversores exigir a los ejecutivos de capital privado un comportamiento más responsable desde el punto de vista social y económico.

## Guardián público sin garras

Para aprender de los errores del pasado, las personas necesitan entender dos cosas. Primero, que sus errores son realmente errores. En segundo lugar, que tienen consecuencias negativas, lo que implica que los perpetradores deben cambiar su actitud. Debido a que los reguladores se han negado repetidamente a intervenir para castigar o corregir los errores cometidos, accidental o intencionalmente, por las gestoras de fondos, han llegado a la conclusión errónea de que su comportamiento dañino puede continuar.

Esta reacción no es tan irracional como parece. Si no se les castiga por acciones que conducen a una fuerte destrucción de valor – y en cambio se les dice que todo esto es parte de los mecanismos deseables e indispensables de destrucción creativa y reinvención constante del capitalismo – se deduce que las gestoras de fondos no tienen ninguna razón para ejercer autocontrol o introducir medidas correctoras.

Si se regula adecuadamente, el capitalismo tiene el potencial de convertirse en una cosechadora, recogiendo los frutos de la prosperidad económica para la mayoría de la gente. Sin restricciones, los mercados libres son como una apisonadora que aplasta todos los obstáculos en su camino, recompensando principalmente a los que están sentados detrás del volante. La autorregulación es una palanca maravillosa para aquellos que buscan nutrir y promover su riqueza individual. Sin embargo, vale la pena repetir que la autorregulación es contradictoria. Hay poca evidencia de que sea beneficiosa para muchos participantes del mercado, ya sean trabajadores, jubilados, inversores o gobiernos.

Con demasiada frecuencia, cuando se tolera, la regulación se considera un mal necesario. Por el contrario, debe tratarse como un baluarte contra los posibles excesos de la innovación financiera. Si bien la supervisión regulatoria a veces puede parecer arbitraria, su ausencia conduce a abusos y externalidades rampantes. Como explican los economistas Akerlof y Shiller: "Los mercados abiertos a la competencia, por su propia naturaleza, engendran engaño y truco".[16] Los estudios de caso de la Tercera Parte demuestran que tienen razón.

Por último, y quizás desde un punto de vista más emocional, lo intrigante del funcionamiento del capital privado es que, a diferencia de otros casos de adicción a las drogas, no es la gestora de fondos la que muere por sobredosis de deuda o cae en un estado de letargo. Es la empresa de cartera que se vio obligada a endeudarse. Es aquí donde la ausencia de responsabilidad adquiere una dimensión ética. Por necesidad, nuestras políticas económicas no deberían conducir a una falta de moralidad ni obstaculizar la conciencia social. Si nuestras economías de mercado siguen dando rienda suelta a los inversores para estructurar el balance de una empresa de forma agresiva sin responsabilizarlos por los efectos a largo plazo de su modelo de inversión, el verdadero rendimiento del private equity seguirá siendo desconocido.

Hay demasiados factores conductuales e institucionales detrás de los fracasos de la industria para que los participantes – inversores, reguladores y legisladores – encuentren una solución fácil. Aun así, renunciar no es una opción. Como dijo una vez el abolicionista estadounidense Wendell Phillips: "La vigilancia eterna es el precio de la libertad; el poder consiste siempre en robar a muchos en beneficio de unos pocos". Lo que se aplica a la sociedad también es cierto en los negocios. La autorregulación y la psicología humana han mostrado muy bien sus deficiencias. Ya es hora de introducir una gobernanza y una vigilancia adecuadas en el mundo de las finanzas.

# AGRADECIMIENTOS

Se suponía que este libro iba a formar parte de *The Debt Trap*. Temiendo que el libro se convirtiera en un volumen enciclopédico de más de 700 páginas, se tomó la decisión de desarrollar los temas tratados en este volumen por separado. Pero la realización de todo el proyecto no habría sido posible sin el extraordinario apoyo de un número de personas.

Además de las aportaciones de especialistas de la industria, muchos de mis estudiantes en varias business schools brindaron valiosos consejos, a veces sin saberlo, para mejorar el formato y el contenido de los estudios de caso.

Gracias a quienes leyeron y comentaron los primeros borradores del manuscrito, entre ellos Frédéric Chiappini, Marc Denjean, Ariane Hofmann-Maniyar, Dharmesh Maniyar, Stephen Perrin y Nathalie Romang. Se tomaron el tiempo para revisar varias secciones y versiones y me proporcionaron recomendaciones y correcciones útiles. Otros colaboradores han optado por permanecer en el anonimato debido a su participación en las finanzas. Agradezco a todas estas personas por contribuir a la calidad y entrega del producto final.

Por último, un gran agradecimiento a todos los que contribuyeron a la traducción al español de esta obra, incluidos Lidia Vico, Alex Alvarado, Seb Cleirens, Alberto Criado, Néstor Delgado y Sandro Trosso.

# ACERCA DEL AUTOR

Sébastien Canderlé se educó en Francia y los Estados Unidos. Cuenta con más de 25 años de experiencia profesional en los sectores de consultoría y finanzas en Nueva York y Londres, incluso como inversor de varias firmas de capital privado. Es autor de varios libros sobre el tema, entre ellos *The Debt Trap*, y ha sido profesor en escuelas de negocios durante muchos años. Sus artículos han aparecido en Economia, Financial Times, Hedge, La Tribune, Les Echos, MoneyWeek, Naked Capitalism, Real Deals y otras publicaciones. Es miembro del Institute of Chartered Accountants in England and Wales y tiene un MBA de la Wharton School.

# ÍNDICE

3i, 10, 89, 133, 136, 137, 139-60, 162-70, 172-4, 325, 328, 329, 331, 351
   FCI, 134, 135

   FFI, 135

   ICFC, 134, 135, 139, 141, 150, 166, 169

   Investors in Industry, 136

ABC, 104, 116, 117
ABN AMRO, 75
Akerlof, George, 293, 312, 317, 357
Allders, 229
Alliance Boots, 194
Allianz Capital Partners, 88
Alphabet, 303
Altegrity, 131
Amazon, 113, 120, 121, 185, 187, 195, 203, 205, 206, 210
Amber Day, 217, 218, 220, 224
Anchorage Capital, 279
Angelo Gordon, 279
Anselmo, René, 97
Apax, 10, 259, 263-72, 282, 284, 286-9, 292, 293

Esprit Telecom, 264

Inmarsat, 264

Intelsat, 264

Rue21, 259

Apollo Global Management, 22, 81, 88, 179, 180, 240, 297, 311, 315
Apple, 76, 77, 207, 303
Arcadia, 218, 220-5, 227-30, 233, 236, 238, 239, 241, 245, 246, 253, 255, 256
Asda, 222
Atlee, Clement, 133
Azcárraga Milmo, Emilio, 128
Azcárraga Vidaurreta, Emilio, 97, 128
Bain Capital, 10, 88, 99, 179, 181-3, 192, 194, 198, 208, 209, 259, 305, 307, 308, 354
Bally Entertainment, 14
Banco Ambrosiano, 350
Banco del Vaticano, 350, 351
Bank of Scotland, 221, 225, 226, 238
Baratta, Joseph, 305, 306

Barclay, David y Frederick, **218**
Barclays Bank, **171, 318**
Baugur, **220, 230**
BC Partners, **58-62, 66, 67**
Bear Stearns, **23, 32**
Bertelsmann, **80**
Best Buy, **207**
Bhs, **191, 216-24, 227-31, 233-57, 259, 286, 326**
    Duff & Phelps, **251**

    fondo de pensiones, **249**

    Grant Thornton, **251**

    PricewaterhouseCoopers, **254**

Blackstone, **10, 13, 16-28, 32-6, 38-43, 45, 46, 88, 92, 99, 124, 147, 164, 188, 297, 304, 305, 307, 312-6, 319, 320**
    OPI, **17, 20**

Blatter, Sepp, **348**
Blitzer, David, **297, 300**
*Bloomberg*, **26, 45, 52, 59, 117**
Bloomberg, Michael, **53**
BMG Rights, **80**
Bollenbach, Stephen, **14, 15**
Borrows, Simon, **160, 166**
Brandeis, Louis, **352**
Brandon, David, **198, 203**
Brexit, **354**
British Growth Fund (BGF), **172-4**
British Telecom, **264**
British Venture Capital Association (BVCA), **141**

Broadcasting Media Partners, **99, 110, 300**
Brown, Gordon, **171**
Buenrostro, Fred, **311**
Buffett, Warren, **158**
Bureau van Dijk (BvD), **48, 49**
Burger King, **182**
Burton, **221, 233, 247**
Caesars Entertainment, **15, 130, 304**
CalPERS, **10, 130, 131, 311, 316**
CalSTRS, **10, 130, 131, 316**
Cameron, David, **171, 249**
Candover, **48, 49, 155**
Carlyle, **68, 90, 91, 99, 164, 301, 307, 309**
Carnegie, Andrew, **298**
Cascade, **99**
CBS, **99, 104, 112, 117, 125**
Cerberus Capital, **179-81**
Chappell, Dominic, **240, 242, 244, 249, 251-4**
    Retail Acquisitions, **235, 239, 242, 244, 249, 251, 254, 255, 257**

Citi, **318**
Clayton Dubilier, **301**
Clear Channel, **101, 130**
Colao, Vittorio, **285**
Cook, Tim, **297**
Cosmote, **262, 270, 271, 283, 284, 285**
Costco, **205**
Creasey, Clay, **196**
credit crunch (contracción de crédito), **18, 22, 32, 152, 153, 163, 188**
Credit Suisse, **180, 318**

## Índice

crisis financiera, 7, 22, 25, 32, 57, 63, 77, 88, 89, 92, 95, 128, 131, 153, 154, 158, 160, 170, 171, 193, 208, 211, 229, 234, 243, 272, 280, 284, 289, 296, 299, 309, 313, 321, 325-7, 338, 353
Crow, Bob, 249
Cuomo, Andrew, 309-11
CVC, 68
*Daily Mail*, 250
Dalio, Ray, 340
Davis, David, 250, 354
Debenhams, 219, 229, 230, 237
Deep Knowledge Ventures, 341
Dell, 1
Denizen, 24, 35
Deutsche Bank, 114, 318
Deutsche Telekom, 285, 290
Diageo, 149, 154
Dodd-Frank Act, 309, 311
Dollarama, 182
Domino's Pizza, 182, 198
Dorothy Perkins, 221, 233, 247
Dreams, 234
Eagle, Angela, 250
EMH (efficient market hypothesis), 342
EMI Music, 80
Enron, 79, 345
Equity Office Properties, 20
Ericsson, 264
Etilasat, 268
Eton Park, 279
Euronext, 262
Evans and Wallis, 233
Eyler, John, 181, 186, 207
Facebook, 77, 80, 303
Falco, Randy, 111

FAO Schwarz, 178, 182, 189, 198, 207, 209
Federal Communications Commission (FCC), 105
Fédération Internationale de Football Association (FIFA), 113, 347-50
*Financial Times*, 57, 240
Financial Times Group, 54, 56
FINRA, 318, 319
First Chicago Corporation, 128, 129
*Fortune*, 305
Four Seasons, 24
Fox, 99, 104, 117, 120, 125
France Telecom, 285
Francisco Partners, 301, 302
Frattini, Eric, 351
Freescale Semiconductors, 301, 305
Fuller, Richard, 250
Galavision, 98
Game Group, 207
Gamestop, 207
Gates, Bill, 99, 297
Gateway, 139
General Electric, 77, 99, 107
general partner (GP), 10
GIC (Government of Singapore Investment Corporation), 10, 66-8
Gillette, 77
Glass-Steagall Act, 321
GMT Communications, 48-51, 54, 60, 66, 68, 336
Goldman Sachs, 114, 179, 181, 226, 227, 251, 304, 306, 307, 318
Google, 59, 77, 80, 298
Gordon Brothers, 243

Gould, Jay, 298
Gray, Jonathan, 25, 38, 320
Green, Cristina, 230
Green, Philip, 217-56, 258
    Alan Sugar, 250

    Etam, 229

    Harrods, 222, 245

    Kate Moss, 245

    Lord Grabiner, 221

    Mark One, 222

    Olympus, 218, 243

    Outfit, 247

    Owen Owen, 218

    Revival Acquisitions, 226

    Shoe Express, 218

    Taveta, 230

    Tony Blair, 252, 254

    Warehouse, 218, 222

    Xceptions, 218

Green, Terry, 219, 220, 242
groupthink, 330, 331, 339
Guinness, 149
Gymboree, 259
Habitat, 216
Hallmark Cards, 128
Hamleys, 230
Harrah's, 15, 304
Harris, Joshua, 297, 300
Hasbro, 184, 201, 205
HCA, 194, 305, 306
Heinz, 1
Hertz, 1
Hill, James, 298
Hilton, 7, 13-46, 66, 77, 79, 93, 304, 312, 319, 320
    Waldorf Astoria, 14, 24, 35

Hilton Grand Vacations (HGV), 25, 37, 38, 41
Hilton, Barron, 14-7
Hilton, Conrad, 13, 14
Hilton, Paris, 13, 17
Hispanic Broadcasting, 98
HNA, 42
House of Fraser, 230
HSBC, 171
Hunter, Tom, 218, 219
Iceland, 230
Interamerican, 262
InterContinental, 21, 45
Inversores LP (limited partners), 67, 313, 332, 337, 338, 341, 352
Investcorp, 147
J.Crew, 245
James, Hamilton, 305
Jobs, Steve, 297
JP Morgan, 23, 318, 319
Kahneman, Daniel, 327-30, 332, 334, 339
Kaplan, Steven, 23, 27, 28
Karen Millen, 230
Kay, Christopher, 182
KB Toys, 178, 182, 208, 209
Kimco Realty, 179, 181

## Índice

KKR, 10, 22, 80, 81, 88, 92, 99, 124, 147, 179-84, 188, 191, 192, 194, 208, 222, 299, 301, 304-8, 314, 354
Kmart, 178
Kodak, 308
Kravis, Henry, 305
La Forgia, Robert, 26
La Quinta, 17
Larcombe, Brian, 147, 158
Lazarus, Charles, 177
LEGO, 184, 207
Lehman Brothers, 21, 32, 153, 188, 268, 271
Leighton, Allan, 219, 242
Leonard Green & Partners, 245
Leuschen, David, 310
Littlewoods, 229
Lloyds Bank, 171
LXR Luxury Resorts, 17
Macmillan Gap, 133
Macy's, 205
Madison Dearborn, 99, 101, 130, 271, 300, 328
Madoff, Bernard, 345
*Mail on Sunday*, 220
Mandarin Oriental, 24
Mandelbrot, Benoît, 344
Marks & Spencer (M&S), 218, 221, 224-9, 231, 232, 234, 237, 240, 241
Marriott International, 21, 34, 42, 44
Matalan, 229
Mattel, 184, 201, 205
May, Theresa, 257
Mergermarket, 7, 47-66, 68, 77, 78, 93, 122, 320, 336
Mergermarket Group, 47, 54, 68, 85

Metro-Goldwyn-Mayer, 130
Microsoft, 297, 303
Midland Bank, 137
Milken, Michael, 345
Miss Selfridge, 218, 221, 230, 247
Mizuho, 159, 164
Moody's, 61, 67, 106, 111, 113, 115, 181, 189, 319, 320
Morgan Stanley, 114, 268, 318
Morrisons, 222
Mothercare, 216, 217
Mount Kellett, 279
Nasdaq, 144, 262
Nassetta, Christopher, 17, 28, 32, 45
NBC, 99, 104, 117
Nelson, Jonathan, 101
Netflix, 112, 113, 120, 121
New Look, 218, 229, 237
New York Common Retirement Fund, 310
*New York Post*, 306
*New York Times*, 27, 300, 305
Nordstrom, 245
Oferta Pública Inicial (OPI), 17, 20-2, 25-7, 29-31, 34-6, 38-40, 43, 45, 46, 68, 111, 113, 115, 125, 127, 137, 141, 143, 153, 156, 157, 166, 170, 188, 191-5, 198, 271, 318
Omnicom, 104
Orascom Telecom, 271, 280, 281
OTE, 262, 289
Panafon (Vodafone), 262, 270, 271, 282-5
Park Hotels & Resorts, 39, 41
Patricof, Alan, 264
Peacocks, 229
Pearson, 54-8, 61, 63, 65, 68

Perenchio, Andrew Jerrold, 98, 100, 104, 128, 129
Permira, 179
Piketty, Thomas, 355
Primark, 228, 241
Promus, 15
ProSiebenSat, 100
Providence Equity, 10, 99, 101, 124, 130, 131, 268, 279, 328, 329
Quadrangle, 310
Queen, Michael, 158, 159
Rajaratnam, Raj, 319, 320
Rand, Ayn, 342
Rattner, Steve, 310
Reagan, Ronald, 343
Reuter, Paul Julius, 53
revolver (línea de crédito), 8
Riverstone, 91, 310
RJR Nabisco, 84, 299
Roberts, George, 305
Rockefeller, John D., 298
Rodríguez, Ray, 104, 109
Rose, Stuart, 225
Ross, Wilbur, 315
Rothschild, Nathan, 52
Rowlands, chris, 170
Royal Bank of Scotland, 75, 171
Russell, George, 145
Saban Capital, 99-101, 105, 131, 278
Safeway, 222
Sarkozy, Nicolas, 349
Saunders, Robin, 219
Sawiris, Naguib, 266, 269, 278, 285
Schwarzman, Stephen, 17, 18, 25, 27
Sears, 178, 218, 221, 227, 243

SEC (Securities and Exchange Commission), 124, 313, 314, 321
Selecta, 88
Shah, Deep, 320
Sheraton, 35
Sherman Act, 298, 306
Shiller, Robert, 293, 312, 317, 357
Silver Lake, 307
Simpkins, Neil, 305
Slim Domit, Carlos, 99
Slim, Carlos, 98, 99, 120
Smith, Keith, 240
Standard & Poor's, 67, 102, 106, 107, 181, 272
Standard Chartered, 171
Standard Life, 341
Starwood, 24, 34, 35, 36
Stevenson, Lord, 225
Stiglitz, Joseph, 346, 355
Storch, Gerald, 186, 187, 195, 196, 205
Storehouse, 216, 217, 219, 236, 243, 245, 255
*Sunday Telegraph*, 246
*Sunday Times*, 250
Sunstein, Cass, 335, 337
TA Associates, 271
Taconic, 279
Target, 178, 184, 187, 204, 205
Technologieholding, 144
Telecom Italia Mobile (TIM), 262-4
TeleFutura, 98
Telemundo, 103, 107, 109, 117, 119, 122
Televisa, 98, 99, 105-11, 115, 119, 122, 124-6, 128, 129, 304
Tesco, 222

# Índice

Thaler, Richard, 335
Thatcher, Margaret, 138, 166, 170, 343
Thomas H. Lee, 99, 101, 130
TIM/WIND Hellas, 32, 87, 261-85, 287, 289-93, 326, 329, 334, 346
    Ernst & Young, 292

    Q-Telecom, 265-7, 270, 278, 283, 284, 287

    STET Hellas, 262

    TCS Capital, 265, 270

    Troy GAC, 265

Time Warner, 112
Topman, 221, 230, 233, 245-7
Topshop, 221, 228, 230, 233, 234, 241, 245-7, 256
Towerbrook, 259
Toys "R" Us, 1, 81, 82, 87, 177-83, 185-90, 192, 194-211, 301, 304, 308, 317-9, 325, 334, 337, 355
    Babics "R" Us, 178-80, 184-6, 188, 190, 191, 203, 207

    Global Toys Acquisition, 183

    Imaginarium, 179, 184

    Kids "R" Us, 178, 179

TPG (Texas Pacific Group), 10, 99-101, 108, 110, 114, 124, 130, 222, 263, 265-70, 282, 284, 286-9, 292, 293, 300, 304, 306, 307, 315, 329
Trans World Corp, 14
TRI (tasa de rentabilidad interna), 81, 114, 130, 173, 289, 334, 337
Trump Organization, 14, 115, 191
Trump, Donald, 114, 120, 127, 191, 256, 258, 315
Turkcell, 268, 269
Union Cycliste Internationale (UCI), 349
UNITE HERE, 126
Univision, 78, 81, 87, 97-131, 300, 304, 326, 328, 347
Uva, Joe, 104, 111
Vanderbilt, Cornelius, 298
*Vanity Fair*, 256
Vector Capital, 301
Villalobos, Alfred, 311
Vodafone, 262, 275, 282, 285
Vornado Realty Trust, 179, 181, 183, 188, 192, 208
Walker, Simon, 250
*Wall Street Journal*, 300
Wallis, 218, 247
Wal-Mart, 178, 179, 184, 187, 204, 205, 210, 219
Wasserstein, Bruce, 139
WatchGuard, 301-3
Weather Investments, 269, 271, 273-5, 280, 284, 289, 293
Welch, Jack, 77
Westin, 35
WestLB, 219
WIND Telecomunicazioni, 266, 271
Wood Mackenzie, 48, 49, 64
Woolworth, 216, 220, 243

Yea, Philip, **147**-50, **152**, **154**, **155**, **157**-9, **170**, **331**
Zara, **225**, **241**

zombi (empresa), **97**, **126**, **131**, **203**
Zuckerberg, Mark, **297**

# NOTAS

## Prólogo

[1] Casey Research, 2012; Institute of International Finance, 2017
[2] Polaris Wealth Advisers, Polaris Educational Series, 2015 Market Commentary, marzo 2015
[3] Axios, 21 de noviembre de 2017, citando una investigación de la profesora de la MIT Sloan School of Management Antoinette Schoar

## Capítulo 1 – Hilton

[1] Hiltonfoundation.org, history page
[2] Hilton Hotels Corporation, informe anual de 1948
[3] Hilton Hotels Corporation, informe anual de 1978 - 'a pioneer in the highest sense of the word'
[4] Hilton Hotels Corporation, informe anual de 1999
[5] Hilton Hotels Corporation, Formularios 10-K correspondientes a los ejercicios finalizados el 31 de diciembre de 2005 y el 31 de diciembre de 2006
[6] DealBook, New York Times, 3 de julio de 2007
[7] Reuters, 26 de diciembre de 2007
[8] Financial Times, 3 de julio de 2007
[9] Scotland on Sunday, 8 de julio de 2007
[10] United Press International, 3 de julio de 2007
[11] DealBook New York Times, 21 de junio de 2007; CNNMoney.com, 22 de junio de 2007
[12] Independent, 5 de julio de 2007
[13] New York Times, 9 de agosto de 2007
[14] Daily Telegraph, 14 de agosto de 2007
[15] Financial Times, 3 de julio de 2007
[16] Hilton informe anual de 2006
[17] Financial Times, 13 de noviembre de 2007
[18] GlobalCapital, 25 de enero de 2008

[19] Financial Times, 4 de febrero de 2008
[20] Times, 11 de marzo de 2008
[21] Times, 7 de noviembre de 2008
[22] Daily Telegraph, 22 de noviembre de 2008
[23] Ibid
[24] GlobalCapital, 11 de agosto de 2009
[25] DealBook New York Times, 12 de diciembre de 2013
[26] GlobalCapital, 28 de octubre de 2009; Wall Street Journal, 29 de octubre de 2009
[27] Wall Street Journal, 20 de febrero de 2010; Financial Times, 7 de octubre de 2010
[28] DealBook New York Times, 12 de diciembre de 2013 - "It was like refinancing your mortgage when interest rates were low. They basically paid off their debt when it was very cheap to do so, because everybody was frightened and the price of their debt went very low."
[29] Wall Street Journal, 23 de abril de 2009; Reuters, 15 de enero de 2010; New York Times, 24 de diciembre de 2010
[30] Independent on Sunday, 20 de marzo de 2011
[31] Financial Times, 25 de febrero de 2012
[32] International Financing Review, 5-11 de enero de 2013; Financial Times, 1 de abril de 2013
[33] International Financing Review, 3-9 de agosto de 2013
[34] GlobalCapital, 11 de septiembre & 14 de noviembre de 2013; International Financing Review, 21-27 de septiembre de 2013 & 14 de noviembre de 2013
[35] Reuters, 11 de diciembre de 2013
[36] New York Times, 12 de diciembre de 2013 - "They almost lost the company, and might have without the debt restructuring."
[37] Hilton informe annual de 2016
[38] Hilton Worldwide Holdings Inc. Prospecto de la OPI del 11 de diciembre de 2013
[39] Ibid
[40] International Financing Review, 12 de septiembre de 2013 - "When you can have that kind of growth in EBITDA with the kind of leveraged capital structure that is on, equity accretion is tremendous. You kind of want to let your winners run a little bit because you're accreting a lot of value for our shareholders every quarter"
[41] New York Times, 12 de diciembre de 2013 - "This is a good deal if you're measuring it relative to the public market. But it's not a home run." y "In dollars, a $10 billion profit is a lot of money, even to them."
[42] Irish Independent, 14 de May de 2015
[43] Hilton Hotels Corporation, Formulario 10-K correspondiente al ejercicio finalizado el 31 de diciembre de 2006; Hilton informes anuales de 2008 y 2010

[44] Hilton Worldwide Holdings Inc. Prospecto de la OPI del 11 de diciembre de 2013
[45] Ibid
[46] International Financing Review, 7-13 de diciembre de 2013
[47] Financial Times, 19 de agosto de 2013
[48] Ibid
[49] Travel Weekly, 30 de junio de 2014; International Financing Review, 14-20 de junio de 2014
[50] International Financing Review, 4 de noviembre de 2014; PERE News, 6 de noviembre de 2014
[51] Dow Jones Institutional News, 11 de May de 2015; International Financing Review, 11 de May de 2015 y 12-18 de agosto de 2017
[52] The Deal, 11 de marzo de 2016
[53] The Blackstone Group L.P., Formulario 10-K correspondiente al ejercicio finalizado el 31 de diciembre de 2015
[54] CreditSights, 2 y 8 de agosto de 2016; International Financing Review, 20-26 de agosto de 2016
[55] Wall Street Journal, 24 de octubre de 2016
[56] Financial Times, 21 de abril de 2016
[57] International Financing Review, 12-18 de noviembre de 2016
[58] CreditSights, 14 de noviembre de 2016
[59] Times, 27 de febrero de 2016; Park Hotels & Resorts website
[60] Hilton Worldwide Holdings Inc., Formulario 10-K correspondiente al ejercicio finalizado el 31 de diciembre de 2016
[61] International Financing Review, 4-10 de marzo de 2017
[62] Law360, 2 de junio de 2017
[63] International Financing Review, 10-16 de junio de 2017
[64] Law360, 15 junio 2017; International Financing Review, 17-23 de junio de 2017
[65] seekingalpha.com, 20 de septiembre de 2017
[66] International Financing Review, 30 de septiembre hasta 6 de octubre de 2017
[67] BusinessWire, 6 de noviembre de 2017
[68] Hilton informe annual de 2016
[69] The Economist, 11 de febrero de 2017

## Capítulo 2 – Mergermarket

[1] Informed Options Trading prior to M&A Announcements: Insider Trading? - P. Agostoin, M. Brenner, M. Subrahmanyam (2014); Equities.com, 19 de junio de 2014; Times, artículo sobre información privilegiada, 19 de enero de 2018
[2] Financial Times, 15 de julio de 2017 – FTMoney supplement - Comentario de Stuart Veale, Managing Partner de Beringea, que gestiona ProVen VCT funds
[3] Dealbook, New York Times, 8 de agosto de 2006

[4] https://exithub.com/bc-partners-portfolio-company-mergermarket-reported-to-sell-infinata-for-under-20m/
[5] GlobalCapital, 16 de enero de 2014; International Financing Review, 18-24 de enero de 2014; Financial Times Group Limited informes para el ejercicio finalizado el 31 de diciembre de 2013; Múltiplo basado en la información de los estados financieros consolidados de Mergermarket Topco Limited para las 54 semanas desde el 16 de diciembre de 2013 hasta el 31 de diciembre de 2014
[6] Moody's Investors Service, 15 de enero de 2014
[7] Private Equity Wire, 30 de junio de 2014; AVCJ, 22 de septiembre de 2015; Unquote, 12 de noviembre de 2015; Private Equity Wire, 6 de enero de 2016; Sunday Times, 23 de abril de 2017; Unquote, 24 de May de 2017
[8] Mergermarket Limited – informes anuales y estados financieros para los ejercicios finalizados en 2005, 2008 y 2014
[9] International Financing Review, desde el 29 de julio hasta el 4 de agosto de 2017
[10] El EBITDA operativo y el EBITDA en efectivo difirieron debido a los ajustes por tipo de cambio y utilidad diferida. Los múltiplos también dependían de los datos de los últimos o futuros doce meses. Financial Times, 30 de junio de 2017; estados financieros consolidados de Mergermarket Topco Limited para el ejercicio finalizado el 31 de diciembre de 2016
[11] Moody's, 5 de julio de 2017; GlobalCapital, 20 de julio de 2017
[12] PEHub, 11 de abril de 2017

## Capítulo 3 – Esquema pragmático

[1] Benjamin Franklin, *Poor Richard's Almanack*, 1736 - "diligence is the mother of good luck"
[2] Merrill Corporation, 19 de enero de 2018
[3] Guardian, 7 de julio de 2010; Private Equity News, 8 de julio de 2010; http://carlylecapitallawsuit.com/
[4] Financial Times, 30 de noviembre de 2009
[5] Financial Times, 28 de agosto de 2016 y 8 de febrero de 2017

## Capítulo 4 – Univision

[1] Los Angeles Times, 28 de abril de 2006; Univision Communications Inc. formulario 10-K correspondiente al ejercicio finalizado el 31 de diciembre de 2006
[2] Página de Wikipedia de Univision
[3] Univision Communications Inc. formulario 10-K correspondiente al ejercicio finalizado el 31 de diciembre de 2006
[4] Thomas H. Lee, comunicado de prensa, 27 de junio de 2006

# Notas

[5] Univision Communications Inc. Formulario 10-K correspondiente al ejercicio finalizado el 31 de diciembre de 2006
[6] MarketWatch, 27 de junio de 2006
[7] New York Times, 21 de junio de 2006
[8] Financial Times, 22 de junio de 2006
[9] U.S. Equity News, 28 de junio de 2006; International Financing Review, 1-7 de julio de 2006
[10] Univision, comunicado de prensa, 29 de marzo de 2007
[11] New York Times, 15 de diciembre de 2006
[12] Los Angeles Times, 30 de marzo de 2007
[13] Financial Times, 27 de diciembre de 2006
[14] 2008 Preqin Global Private Equity Review
[15] GlobalCapital, 16 de febrero de 2007
[16] International Financing Review, 17-23 de febrero de 2007 y 3-9 de marzo de 2007
[17] GlobalCapital, 2 de febrero de 2007
[18] Reuters, 15 de febrero de 2007
[19] Financial Times, 28 de febrero de 2007
[20] MarketWatch, 27 de junio de 2006
[21] New York Times, 9 de febrero de 2006
[22] Univision Communications Inc. formulario 10-K correspondiente al ejercicio finalizado el 31 de diciembre de 2006
[23] U.S. Census Bureau
[24] Financial Times, 15 de abril de 2012
[25] U.S. Equity News, 5 de marzo de 2007
[26] Financial Times, 28 de febrero de 2007
[27] New York Times, 6 de julio de 2006; Wall Street Journal, 7 de julio de 2006; U.S. Equity News, 21 de julio de 2006
[28] U.S. Equity News, 9 de abril de 2007
[29] CreditSights, 30 de diciembre de 2007
[30] GlobalCapital, 27 de julio de 2007 y 25 de enero de 2008
[31] International Financing Review, 1-7 de marzo de 2008
[32] International Financing Review, desde el 27 de septiembre hasta el 3 de octubre de 2008
[33] International Financing Review, 12-18 de abril de 2008
[34] GlobalCapital, 23 de mayo y 15 de agosto de 2008
[35] GlobalCapital, 21 de noviembre de 2008
[36] GlobalCapital, 30 de octubre de 2008
[37] Fox News, 23 de enero de 2009; San Diego Union Tribune, 23 de enero de 2009; GlobalCapital, 23 de enero de 2009
[38] CreditSights, 25 de May de 2009
[39] Financial Times, 6 de enero y 5 de mayo de 2009

[40] Los Angeles Times, 9 de julio de 2009
[41] GlobalCapital, 3 de abril de 2009
[42] International Financing Review, 2-8 de junio de 2007
[43] International Financing Review, desde el 27 de junio hasta el 3 de julio de 2009
[44] GlobalCapital, 11 de junio de 2009; International Financing Review, desde el 27 de junio hasta el 3 de julio de 2009; CreditSights, 28 de junio de 2009
[45] https://www.c21media.net/univision-axes-300-jobs/
[46] Variety, 31 de julio de 2009
[47] Dealbook, New York Times, 14 de junio de 2010
[48] New York Times, 5 de octubre de 2010; International Financing Review, 9-15 de octubre de 2010
[49] Moody's, 6 de octubre de 2010; International Financing Review, 23-29 de octubre de 2010
[50] International Financing Review, 13-19 de noviembre 2010 y 10 de enero de 2011
[51] Financial Times, 15 de marzo de 2011
[52] Financial Times, 30 de junio de 2011
[53] International Financing Review, 25 de abril de 2011
[54] CreditSights, 3 de mayo y 15 de agosto de 2012; International Financing Review, 4-10 de febrero de 2012 y 15 de agosto de 2012
[55] International Financing Review, 9-15 de febrero de 2013 y 16 de mayo de 2013; CreditSights, 16 de mayo de 2013
[56] International Financing Review, 11-17 de enero de 2014
[57] Wall Street Journal, 12 de junio de 2014
[58] Univision Holdings, Inc. Enmienda n.º 6 al formulario S-1, presentado ante la Securities and Exchange Commission el 20 de octubre de 2016
[59] Moody's, 29 de diciembre de 2014; Los Angeles Times, 31 de diciembre de 2014
[60] Financial Times, 11 de marzo de 2015; International Financing Review, 14-20 de marzo de 2015; Univision Holdings, Inc. Formulario S-1, presentado ante la Securities and Exchange Commission el 2 de julio de 2015
[61] Financial Times, 11 de marzo de 2015
[62] CreditSights, 13 de abril de 2015; International Financing Review, 2 de julio de 2015
[63] Financial Times, 30 de junio de 2015; New York Times, 3 de julio de 2015
[64] PrivCo, 29 de octubre de 2015
[65] International Financing Review, 2 de julio de 2015
[66] Moody's, 7 de julio de 2015
[67] MarketWatch, 7 de julio de 2015; UNITE HERE informe, abril de 2016
[68] Seeking Alpha, 15 de julio de 2015
[69] CreditSights, 28 de octubre de 2015
[70] CreditSights, 23 de febrero de 2016

[71] Wall Street Journal, 4 de diciembre de 2015
[72] Univision Holdings, Inc. Formulario S-1, presentado ante la Securities and Exchange Commission el 2 de julio de 2015
[73] Guardian, 19 de enero de 2016; Los Angeles Times, 21 de abril de 2016; Adweek, 18 de agosto de 2016
[74] CreditSights, 10 de noviembre de 2016; Forbes, 16 de noviembre de 2016; Los Angeles Times, 2 de enero de 2017
[75] Los Angeles Times, 2 de enero de 2017
[76] ZeroHedge, 18 de enero de 2017
[77] Nielsen data, The Economist, 3 de septiembre de 2015
[78] Univision Communications Inc. formulario 10-K correspondiente al ejercicio finalizado el 31 de diciembre de 2006; Univision Holdings, Inc. Enmienda n.º 6 al formulario S-1, presentado ante la Securities and Exchange Commission el 20 de octubre de 2016
[79] Los Angeles Times, 28 de febrero de 2009 y 3 de abril de 2014; money.cnn.com, 16 de noviembre de 2016; Washington Post, 16 de noviembre de 2016; Media Moves, 8 de marzo de 2017; Latin Times, 4 de abril de 2017
[80] New York Times, 22 de junio de 2006
[81] United Press International, 23 de junio de 2006; CreditSights, 27 de junio de 2006
[82] www.portada-online.com, 4 de enero de 2017
[83] International Financing Review, 2 de julio de 2015
[84] CreditSights, 27 de junio de 2006
[85] medialifemagazine.com, 27 de diciembre de 2016
[86] UNITE HERE informe, abril de 2016
[87] UNITE HERE informe, abril de 2016; Fees, Fees and More Fees: How Private Equity Abuses Its Limited Partners and U.S. Taxpayers, CEPR, mayo de 2016
[88] New York Times, 21 de noviembre de 1987; Chicago Tribune, 31 de marzo de 1990
[89] Chicago Tribune, 26 de abril de 1990
[90] New York Times, 9 de abril de 1992
[91] medialifemagazine.com, 27 de diciembre de 2016
[92] Financial Times, 13 de junio de 2010; CalPERS, Private Equity Program Fund Performance Review, al 31 de diciembre de 2016; California State Teachers' Retirement System, Private Equity Portfolio Performance, al 30 de septiembre de 2017; 2017 Preqin Global Private Equity & Venture Capital informe
[93] CalPERS, Private Equity Program Fund Performance Review, al 31 de diciembre de 2016
[94] New York Times, 24 de abril de 2015

## Capítulo 5 – 3i

[1] Times, 14 de julio de 1931
[2] Times, 24 de enero de 1945
[3] Times, 1 de febrero de 1945; Times, 20 de marzo de 1948; Times, 21 de octubre de 1963; Times, 10 de febrero de 1975
[4] International Private Equity, de Eli Talmor y Florin Vasvari
[5] Times, 29 de octubre de 1974; Times, 10 de febrero de 1975
[6] International Private Equity, de Eli Talmor y Florin Vasvari
[7] Times, 13 de octubre de 1983
[8] Times, 5 de julio de 1983
[9] Times, 19 de mayo de 1987
[10] Times, 3 de abril de 1986; Times, 7 de julio de 1987
[11] Times, 14 de marzo de 1988
[12] Ibid
[13] Times, 19 de mayo de 1988
[14] Times, 9 de abril de 1992
[15] Times, 5 de octubre de 1992
[16] International Private Equity, de Eli Talmor y Florin Vasvari
[17] Times, 9 de febrero de 1994
[18] Times, 6 y 19 de julio de 1994
[19] Times, 8 de septiembre de 1994
[20] Times, 18 de febrero de 1995
[21] 3i Group plc - Informe y cuentas correspondientes al ejercicio finalizado el 31 de marzo de 1998
[22] Guardian, 26 de enero de 1999
[23] 3i Group plc - Declaración preliminar de los resultados anuales correspondientes al ejercicio finalizado el 31 de marzo de 2000
[24] 3i Group plc - Informes y cuentas correspondientes a los ejercicios finalizados el 31 de marzo de 1995 y el 31 de marzo de 2000
[25] 3i Group plc – Comunicado de prensa de la declaración preliminar de resultados anuales correspondientes al ejercicio finalizado el 31 de marzo de 2002
[26] Ibid
[27] Ibid
[28] 3i Group plc - Informe y cuentas correspondientes al ejercicio finalizado el 31 de marzo de 2003
[29] Evening Standard, 25 de marzo de 2004
[30] 3i Group plc - Informe y cuentas correspondientes al ejercicio finalizado el 31 de marzo de 2005
[31] 3i Group plc – Presentación de resultados anuales para inversores correspondientes al ejercicio finalizado el 31 de marzo de 2005

# Notas

[32] 3i Group plc – Información complementaria sobre los resultados anuales correspondientes al ejercicio finalizado el 31 de marzo de 2006

[33] 3i Group plc – Presentación de resultados anuales para inversores correspondientes al ejercicio finalizado el 31 de marzo de 2007

[34] Ibid

[35] 3i Group plc – Presentación de resultados anuales para inversores correspondientes al ejercicio finalizado el 31 de marzo de 2008

[36] Ibid

[37] 3i Group plc - Informe y cuentas correspondientes al ejercicio finalizado el 31 de marzo de 2009

[38] 3i Group plc – Informe y cuentas correspondientes al ejercicio finalizado el 31 de marzo de 2011

[39] 3i Group plc – Informe y cuentas correspondientes al ejercicio finalizado el 31 de marzo de 2009

[40] thisismoney.co.uk, 8 de mayo de 2009

[41] 3i Group plc – Informe y cuentas correspondientes al ejercicio finalizado el 31 de marzo de 2009

[42] 3i Group plc – Presentación de resultados anuales para inversores correspondientes al ejercicio finalizado el 31 de marzo de 2009

[43] 3i Group plc – Informe y cuentas correspondientes al ejercicio finalizado el 31 de marzo de 2011

[44] 3i Group plc – Presentación de resultados anuales para inversores correspondientes al ejercicio finalizado el 31 de marzo de 2010

[45] 3i Group plc – Informe y cuentas correspondientes al ejercicio finalizado el 31 de marzo de 2010

[46] 3i Group plc – Presentación de resultados anuales para inversores correspondientes al ejercicio finalizado el 31 de marzo de 2011

[47] 3i Group plc – Presentación de resultados anuales para inversores correspondientes al ejercicio finalizado el 31 de marzo de 2013

[48] Ibid

[49] 3i Group plc – Informe y cuentas correspondientes al ejercicio finalizado el 31 de marzo de 2013

[50] Ibid

[51] Reuters, 2 de junio de 2014

[52] 3i Group plc – Informe y cuentas correspondientes al ejercicio finalizado el 31 de marzo de 2015

[53] 3i Group plc – Informe y cuentas correspondientes al ejercicio finalizado el 31 de marzo de 2017

[54] Times, 9 de abril de 1993

[55] Times, 19 de febrero, 29 de abril y 20 de octubre de 1986

[56] Psychology Today, How We Make the Same Mistakes Over and Over, 31 de octubre de 2014

[57] Cita atribuida a Benjamin Franklin, Mark Twain y Albert Einstein entre otros

## Capítulo 6 – Toys "R" Us

[1] Guardian, 12 de agosto de 2004
[2] New York Times, 13 de agosto de 2004, 14 de septiembre de 2004 y 18 de marzo de 2005
[3] New York Times, 13 de agosto de 2004
[4] Financial Times, 12 de agosto de 2004; Guardian, 12 y 24 de agosto de 2004; International Financing Review, 5-11 de marzo de 2005
[5] Independent, 2 de marzo de 2005; Financial Times, 4 y 6 de marzo de 2005
[6] Times, 10 de marzo de 2005; Financial Times, 11 de marzo de 2005
[7] Toys "R" Us, Inc. Formulario 10-K correspondiente al ejercicio finalizado el 28 de enero de 2006; GlobalCapital, 11 de marzo de 2005; Financial Times, 18 de marzo de 2005; New York Times, 18 de marzo de 2005
[8] International Financing Review, desde el 26 de marzo hasta el 1 de abril de 2005; KKR & Co. L.P., Formylario S-1, 3 de julio de 2007
[9] CreditSights, 17 de marzo y 31 de mayo de 2005; Toys "R" Us, Inc. Formulario 10-Q correspondiente al trimestre finalizado el 30 de junio de 2005
[10] CreditSights, 22 de junio de 2005
[11] International Financing Review, desde el 25 de junio hasta el 1 de julio de 2005
[12] CreditSights, 1 de julio de 2005
[13] New York times, 25 de mayo de 2004; Financial Times, 29 de junio de 2004; Wall Street Journal, 29 de junio de 2004; Toys "R" Us, Inc. Formulario 10-K correspondiente al ejercicio finalizado el 28 de enero de 2006; Quartz Media, 18 de septiembre de 2017
[14] CreditSights, 27 de marzo de 2006
[15] New York Times, 8 de febrero de 2006
[16] GlobalCapital, 13 de enero de 2006; International Financing Review, 14-20 de enero de 2006
[17] GlobalCapital, 23 de junio de 2006; International Financing Review, 24-30 de junio de 2006
[18] New York Times, 18 de julio de 2006
[19] Financial Times, 26 de julio de 2006
[20] Wall Street Journal, 2 de mayo de 2006
[21] Toys "R" Us, Inc. Formularios 10-K correspondientes a los ejercicios finalizados el 31 de enero de 2004 y el 2 de febrero de 2008
[22] GlobalCapital, 27 de marzo de 2009
[23] International Financing Review, 4-10 de julio de 2009
[24] GlobalCapital, 25 de junio de 2009; International Financing Review, 4-10 de julio de 2009
[25] GlobalCapital, 19 de octubre de 2009; International Financing Review, 14-20 de noviembre de 2009
[26] Les Echos, 31 de mayo de 2010

# Notas

[27] Toys "R" Us, Inc. Formulario S-1 presentado ante la Securities and Exchange Commission el 27 de mayo de 2010; Financial Times, 29 de mayo de 2010
[28] Daily Telegraph, 4 de julio de 2010; New York Times, 15 de julio de 2010
[29] International Financing Review, 11-17 de agosto de 2010
[30] CreditSights, 26 de enero de 2011
[31] Toys "R" Us, Inc. Formulario 10-K correspondiente al ejercicio finalizado el 29 de enero de 2011; CreditSights, 16 de febrero y 7 de marzo de 2011
[32] International Financing Review, 19-25 de marzo de 2011; CreditSights, 14 de junio de 2011
[33] Toys "R" Us, Inc. Formulario 10-K correspondiente al ejercicio finalizado el 28 de enero de 2012
[34] International Financing Review, 24-30 de marzo de 2012
[35] Sunday Times, 29 de abril de 2012
[36] International Financing Review, 26 de julio de 2012
[37] Wall Street Journal, 9 de marzo de 2011
[38] GlobalCapital, 21 de febrero de 2013; CreditSights, 3 de abril de 2013
[39] Toys "R" Us, Inc. Aviso de desistimiento presentado a la Securities and Exchange Commission el 29 de marzo de 2013
[40] International Financing Review, 3-9 de agosto de 2013
[41] Toys "R" Us press release, 21 de agosto de 2013
[42] Les Echos, 4 de diciembre de 2013
[43] Wall Street Journal, 23 de octubre de 2013; FierceRetail, 23 de octubre de 2013
[44] Toys "R" Us, Inc. Formulario 10-K correspondiente al ejercicio finalizado el 1 de febrero de 2014; Les Echos, 4 de diciembre de 2013
[45] CreditSights, 11 de enero de 2015
[46] International Financing Review, desde el 27 de septiembre hasta el 3 de octubre de 2014 y 11-17 de octubre de 2014
[47] Forbes, 2 de junio de 2015
[48] Financial Times, 15 de junio de 2016
[49] Toys "R" Us, Inc. Formulario 10-K correspondiente al ejercicio finalizado el 28 de enero de 2017; CreditSights, 12 de abril de 2017
[50] Toys "R" Us, Inc. Formularios 10-K correspondientes a los ejercicios finalizados el 31 de enero de 2004, el 20 de enero de 2005, el 28 de enero de 2006, el 31 de enero de 2015, el 30 de enero de 2016, y el 28 de enero de 2017
[51] International Financing Review, 19 de septiembre de 2017
[52] GlobalCapital, 21 de septiembre de 2017
[53] New York Times, 19 de septiembre de 2017; Telegraph, 19 de septiembre de 2017
[54] Toys "R" Us, Inc. Formulario 10-K correspondiente al ejercicio finalizado el 28 de enero de 2006
[55] CreditSights, 26 de enero de 2011
[56] Market Realist, 19 de enero de 2016

[57] CreditSights, 17 de marzo de 2005
[58] CreditSights, 26 de enero de 2011
[59] Oneclickretail.com, The Amazon Effect U.S. Toys Market, 26 de enero de 2017
[60] CreditSights, 8 de marzo de 2011
[61] Toys "R" Us, Inc. Formulario 10-K correspondiente al ejercicio finalizado el 28 de enero de 2006
[62] CreditSights, 16 de junio de 2017
[63] Daily Telegraph, 21 de enero de 2014

## Capítulo 7 – Bhs

[1] Herald Scotland, 25 de abril de 2016
[2] Daily Telegraph, 25 de enero de 2015; Herald Scotland, 25 de abril de 2016
[3] Herald Scotland, 25 de abril de 2016
[4] Daily Telegraph, 4 de abril de 2009
[5] Daily Telegraph, 17 de marzo de 2002
[6] Times, 25 de septiembre de 1992
[7] Daily Mail, 9 de julio de 1999
[8] Times, 28 de marzo de 2000
[9] Storehouse plc - Informe y cuentas anuales del ejercicio de 2000
[10] Scotland on Sunday, 20 de enero de 2002
[11] Storehouse plc - Informe y cuentas anuales del ejercicio de 1999
[12] Independent, 16 de julio de 2000
[13] Daily Mail, 16 de septiembre de 2000; Guardian, 7 de noviembre de 2000
[14] Evening Standard, 22 de mayo de 2002
[15] Sunday Times, 26 de mayo de 2002
[16] Sunday Telegraph, 3 de noviembre de 2002
[17] Evening Standard, 21 de enero de 2002; Mail on Sunday, 24 de febrero de 2002
[18] Sunday Times, 19 de mayo de 2002
[19] New Statesman, 16 de septiembre de 2002
[20] Evening Standard, 14 de junio de 2002
[21] Financial Times, 7 de septiembre de 2002; Taveta Investments Limited – Informe correspondiente al período terminado el 30 de agosto de 2003
[22] Evening Standard, 19 de marzo de 2002; Sunday Times, 7 de abril de 2002; Times, 30 de agosto de 2002
[23] Sunday Times, 8 de septiembre de 2002
[24] Times, 1 de noviembre de 2002; Financial Times, 1 de noviembre de 2002
[25] Daily Telegraph, 14 de diciembre de 2002; Evening Standard, 13 de julio de 2003; Independent, 15 de noviembre de 2004
[26] Sunday Times, 8 de diciembre de 2002
[27] Daily Mail, 20 de enero de 2003

# Notas

[28] Taveta Investments Limited – Informe correspondiente al período terminado el 30 de agosto de 2003
[29] Times, 24 de octubre de 2003
[30] Sunday Telegraph, 26 de octubre de 2003
[31] Ibid
[32] Evening Standard, 6 de noviembre de 2003
[33] Bhs Group Limited – Estados financieros, informes de directores y auditores independientes correspondientes a las 52 semanas finalizadas el 27 de marzo de 2004
[34] Independent, 23 de diciembre de 2003; Herald, 30 de marzo de 2004
[35] Daily Telegraph, 29 de mayo de 2004; Sunday Telegraph, 30 de mayo de 2004; Sunday Times, 30 de mayo de 2004
[36] Independent, 2 de junio de 2004
[37] Evening News, 3 de junio de 2004; Western Mail, 4 de junio de 2004
[38] Daily Mail, 18 de junio de 2004; Daily Telegraph, 18 de junio de 2004
[39] Daily Telegraph, 9 de julio de 2004; Financial Times, 4 de octubre de 2004; Marks and Spencer Informe anual y estados financieros de 2004
[40] Breakingviews.ie, 30 de mayo de 2004; Evening Standard, 8 de junio de 2004
[41] Daily Mail, 16 de julio de 2004
[42] Daily Telegraph, 6 de septiembre de 2004; Daily Mail, 14 de octubre de 2004
[43] Arcadia Group Limited – Informes anuales correspondientes a los ejercicios terminados el 30 de agosto de 2003 y el 28 de agosto de 2004; Daily Telegraph, 22 de octubre de 2004
[44] Daily Telegraph, 4 de noviembre de 2004
[45] Financial Times, 7 de enero de 2005
[46] Independent, 13 de octubre de 2005
[47] Taveta Investments Limited – Informe anual correspondiente al ejercicio terminado el 27 de agosto de 2005
[48] Independent, 15 febrero 2005; Bhs Group Limited – Estados Financieros, Informes de Directores y Auditores Independientes correspondientes a las 52 semanas finalizadas el 1 de abril de 2006
[49] Daily Mail, 19 de febrero de 2005; Sunday Times, 27 de febrero de 2005
[50] Daily Mail, 14 de julio de 2005
[51] Bhs Group Limited, Arcadia Group Limited, y Taveta Investments Limited - Estados financieros e informes anuales correspondientes a los ejercicios 2004, 2005 y 2008
[52] Financial Times, 8 de octubre de 2008
[53] Herald, 22 de octubre de 2008
[54] Financial Times, 4 de febrero de 2009; Evening Standard, 5 de febrero de 2009
[55] Sunday Times, 8 de marzo de 2009
[56] Independent, 27 de mayo de 2009
[57] Daily Mail, 16 de julio de 2009

[58] Bhs Group Limited – Estados Financieros, Informes de Directores y Auditores Independientes correspondientes a las 74 semanas finalizadas el 29 de agosto de 2009
[59] Taveta Investments Limited – Informe Anual correspondiente al ejercicio finalizado el 29 de agosto de 2009
[60] Marks & Spencer – Informes anuales de 2006, 2008, 2009 y 2010
[61] Independent, 13 de marzo de 2010
[62] Evening Standard, 18 de noviembre de 2010
[63] Taveta Investments Limited – Informe anual correspondiente al ejercicio finalizado el 28 de agosto de 2010
[64] Times, 30 de mayo de 2011; Independent, 11 de septiembre de 2011
[65] Bhs Limited – Informe y estados financieros correspondientes al ejercicio terminado el 27 de agosto de 2011; Financial Times, 24 de noviembre de 2011
[66] CityAM, 22 de noviembre de 2012
[67] Sunday Times, 10 de noviembre de 2013
[68] Bhs Limited – Informes y estados financieros correspondientes al ejercicio terminado el 30 de agosto de 2014
[69] Sunday Times, 25 de enero de 2015
[70] Taveta Investments Limited – Informe Anual correspondiente al ejercicio finalizado el 29 de agosto de 2015
[71] Times, 26 de mayo de 2000; Daily Mail, 10 de julio de 2002
[72] Storehouse plc - Informes y cuentas anuales de 1999 y de 2000
[73] Times, 14 de julio y 25 de septiembre de 2006
[74] Bhs Group Limited – Estados Financieros, Informes de Directores y Auditores Independientes correspondientes a las 52 semanas finalizadas el 30 de marzo de 2002
[75] Guardian, 3 de noviembre de 2004
[76] Herald, 30 de marzo de 2004
[77] Taveta Investments Limited – Informe anual correspondiente al ejercicio finalizado el 28 de agosto de 2004; Daily Telegraph, 18 de octubre de 2004; Taveta Investments Limited – Informe anual correspondiente al ejercicio finalizado el 27 de agosto de 2005
[78] Sunday Times, 11 de noviembre de 2012
[79] Financial Times, 13 de marzo de 2015
[80] Ibid
[81] Daily Telegraph, 12 de marzo de 2015
[82] Ibid
[83] Associated British Foods plc - Informe y Cuentas Anuales 2009
[84] Mintel.com, 15 de septiembre de 2017; Statista
[85] Daily Mail, 3 de diciembre de 2007
[86] Daily Mail, 13 de marzo de 2015
[87] Sunday Times, 24 de abril de 2016

# Notas

[88] Daily Telegraph, 7 de marzo de 2016
[89] Observer, 30 de mayo de 2004
[90] Bhs Limited – Estados Financieros, Informes de Directores y Auditores Independientes correspondientes a las 52 semanas finalizadas el 1 de abril de 2006; Bhs Limited – Informe anual y estados financieros correspondientes al ejercicio terminado el 30 de agosto de 2014
[91] Sunday Times, 19 de abril de 2015; BBC News, 7 de marzo de 2016
[92] Chappell se declaró en bancarrota por primera vez en 2005 cuando no pagó las tarifas de la venta de una propiedad, y nuevamente en 2009 por el fallido desarrollo de Island Harbour Marina en Isle of Wight (Daily Mail, 26 de abril de 2016)
[93] Sunday Times, 6 de marzo de 2016; Times, 7 de marzo de 2016; Financial Times, 8 de marzo de 2016
[94] Independent, 1 de mayo de 2007; sitio web de Arcadia Group, agosto de 2017
[95] Financial Times, 6 de diciembre de 2012
[96] Times, 28 de octubre de 2002
[97] Financial Times, 16 de noviembre de 2005
[98] Sunday Telegraph, 20 de enero de 2002
[99] Daily Post, 12 de abril de 2008; Evening Standard, 5 de septiembre de 2008
[100] Daily Mail, 3 de marzo de 2006; Sunday Telegraph, 15 de julio de 2007; Daily Post, 14 de abril de 2008
[101] Daily Mail, 29 de septiembre de 2006
[102] Taveta Investments Limited – Informe Anual correspondiente al ejercicio finalizado el 30 de agosto de 2014
[103] Taveta Investments Limited – Informe Anual correspondiente al ejercicio finalizado el 29 de agosto de 2015
[104] Sunday Times, 15 de noviembre de 2015
[105] Daily Mail, 18 de septiembre de 2015
[106] Daily Telegraph, 25 de abril de 2015
[107] Sunday Times, 12 de abril de 2015
[108] Daily Mail, 14 de agosto de 2010
[109] Daily Mirror, 14 de agosto de 2010
[110] Financial Times, 27 de abril de 2016
[111] Daily Telegraph, 25 de abril de 2016
[112] Independent, 3 de junio de 2016
[113] Evening Standard, 13 de junio de 2002
[114] Financial Times, 25 de abril de 2016
[115] Evening Standard, 15 de junio de 2016; Independent, 15 de junio de 2016
[116] Evening Standard, 25 de abril de 2016
[117] Taveta Investments Limited – Informe anual de los ejercicios 2006 a 2016
[118] Independent, 8 de junio de 2016
[119] Times, 5 de enero de 2006

[120] Guardian, 25 de mayo de 2016
[121] Financial Times, 28 de febrero de 2017
[122] Taveta Investments Limited – Informe Anual correspondiente al ejercicio finalizado el 27 de agosto de 2016; Guardian, 27 de junio de 2017
[123] A lo largo de los años, Green y su familia obtuvieron ganancias significativas de Bhs a través de acuerdos inmobiliarios y pagos de intereses. Una vez que se suman, Bhs generó casi 590 millones de libras esterlinas (Financial Times, 27 abril de 2016). Sobre esa base, Green obtuvo una pérdida neta de 260 millones de libras esterlinas durante un período de tenencia de 15 años
[124] Independent, 13 de noviembre de 2010
[125] Evening Standard, 6 de diciembre de 2010
[126] Daily Mirror, 4 de junio de 2016; Daily Mail, 9 de junio de 2016
[127] BreakingNews.ie, 5 de diciembre de 2012; Daily Mail, 10 de junio de 2016
[128] Newsweek, 16 de marzo de 2018
[129] Telegraph, 19 de mayo de 2017
[130] USA Today, 16 de mayo de 2017; cnbc.com, 12 de julio de 2017; wolfstreet.com, 12 de octubre de 2017

## Capítulo 8 – TIM/WIND Hellas

[1] TIM Hellas, informe annual de 2004; New York Times, 19 de marzo de 2005
[2] GlobalCapital, 21 de junio de 2005
[3] Financial Times, 29 de septiembre de 2005; Wall Street Journal, 24 de noviembre de 2005
[4] GlobalCapital, 22 de julio, 26 de agosto y 23 de septiembre 2005; International Financing Review, 17-23 de septiembre de 2005; TIM Hellas, informe annual de 2005
[5] International Financing Review, 1-7 de octubre de 2005
[6] http://www.ekathimerini.com/35442/article/ekathimerini/business/tims-merger-with-troy-gac-hits-an-obstacle
[7] TIM Hellas, informe annual de 2004
[8] TIM Hellas Telecommunications S.A. memorándum de Oferta de Deuda, 28 de noviembre de 2005
[9] TIM Hellas, informe annual de 2005
[10] New York Times, 7 de diciembre de 2005
[11] TIM Hellas, informe annual de 2005
[12] Apax Partners, comunicado de prensa, 7 de febrero de 2007
[13] International Financing Review, desde el 28 de enero hasta el 3 de febrero de 2006
[14] District Court of Luxembourg, Resolución mercantil nº 1648/15 de la 15ª División, dictada el 23 de diciembre de 2015

# Notas

[15] Financial Times, 5 de abril de 2006; GlobalCapital, 7 de abril de 2006; International Financing Review, 8-14 de abril de 2006

[16] Daily Telegraph, 13 de julio de 2006; District Court of Luxembourg, Resolución mercantil nº 1648/15 de la 15ª División, dictada el 23 de diciembre de 2015; Times, 25 de septiembre de 2006

[17] ekathimerini.com, 18 de octubre de 2006; Gulf News, 26 de noviembre de 2006; PE News, 4 de diciembre de 2006

[18] District Court of Luxembourg, Resolución mercantil nº 1648/15 de la 15ª División, dictada el 23 de diciembre de 2015

[19] Times, 7 de diciembre de 2006; GlobalCapital, 8 de diciembre de 2006 y 5 de enero de 2007

[20] International Financing Review, desde el 16 de diciembre de 2006 hasta el 5 de enero de 2007

[21] International Financing Review, 6-12 de enero de 2007, 10-16 de febrero de 2007 y 25 de febrero - 2 de marzo de 2012; New York Times, 15 de marzo de 2010

[22] Apax Partners, comunicado de prensa, 7 de febrero de 2007

[23] Ibid

[24] TIM Hellas, informe annual de 2004

[25] US Bankruptcy Court, Southern District of New York, Memorándum de opinión y orden concediendo en parte y denegando en parte las mociones de desestimación de los demandados, Caso No. 12-10631 (MG), 29 de enero de 2015

[26] GlobalCapital, 20 de julio de 2007

[27] Sunday Telegraph, 10 de febrero de 2008

[28] International Financing Review, 7-13 de junio de 2008

[29] Weather Finance III S.A.R.L., Informe Anual correspondiente al ejercicio finalizado el 31 de diciembre de 2009

[30] GlobalCapital, 28 de agosto, 18 y 25 de septiembre de 2009

[31] International Financing Review, 9 y 17-23 de octubre de 2009

[32] International Financing Review, 21-27 de noviembre de 2009

[33] Daily Telegraph, 13 de noviembre de 2009

[34] Thisismoney.co.uk, 6 de marzo de 2010

[35] International Financing Review, 21-27 de noviembre de 2009

[36] Thisismoney.co.uk, 6 de marzo de 2010

[37] International Financing Review, desde el 28 de noviembre hasta el 4 de diciembre de 2009

[38] International Financing Review, 11 de mayo de 2010

[39] International Financing Review, 12-18 de diciembre de 2009

[40] International Financing Review, 6-12 de marzo de 2010 y 20-26 de marzo de 2010

[41] Daily Telegraph, 19 de febrero de 2010

[42] International Financing Review, 11 de mayo de 2010
[43] International Financing Review, 15-21 de mayo de 2010 y 29 de mayo hasta 4 de junio de 2010
[44] Independent, 26 de junio de 2010; International Financing Review, 19-25 de junio de 2010
[45] International Financing Review, 15-21 de mayo de 2010
[46] Mail on Sunday, 18 de julio de 2010
[47] International Financing Review, 3-9 de julio de 2010
[48] International Financing Review, 25 de septiembre hasta 1 de octubre de 2010
[49] International Financing Review, 25 de septiembre hasta 1 de octubre de 2010; Weather Finance III S.A.R.L., Informe Anual correspondiente al ejercicio finalizado el 31 de diciembre de 2009
[50] Financial Times, 18 de octubre de 2010
[51] International Financing Review, 23-29 de octubre de 2010
[52] International Financing Review, desde el 18 de diciembre de 2010 hasta el 7 de enero de 2011
[53] Apax Partners, informe annual de 2011
[54] Cellular News, 4 de octubre de 2010
[55] Financial Times, 30 de agosto de 2011
[56] Financial Times, 8 de noviembre de 2011 y 6 de febrero de 2012; Daily Telegraph, 7 de febrero de 2012
[57] Wall Street Journal, 24 de diciembre de 2015
[58] Wall Street Journal, 13 de marzo de 2014; Financial Times, 14 de marzo de 2014; The Economist, 20 de junio de 2015
[59] Wall Street Journal, 24 de noviembre de 2005
[60] Wall Street Journal, 12 de diciembre de 2016
[61] M2 Presswire, Research and Markets, 22 de octubre de 2008
[62] New York Times, 15 de marzo de 2010
[63] Ibid
[64] New York Times, 7 de septiembre de 2015
[65] https://www.thepressproject.gr/article/69714/Wind-Telecom-and-the-largest-capital-drain-in-Greek-financial-history; The Economist, 20 de junio de 2015
[66] Independent, 28 de octubre de 2015
[67] Ibid
[68] Observer, 31 de octubre de 2015
[69] Wall Street Journal, 24 de diciembre de 2015
[70] Law360, 16 de septiembre de 2016
[71] California State Teachers' Retirement System, Private Equity Portfolio Performance, al 30 de septiembre de 2017
[72] GlobalCapital, 15 de diciembre de 2009
[73] International Financing Review, 25 de octubre de 2016; GlobalCapital, 28 de octubre de 2016

[74] New York Times, 15 de marzo de 2010
[75] Financial Times, 16 de junio de 2015
[76] Daily Telegraph, 2 de diciembre de 2011
[77] *Animal Spirits: How human psychology drives the economy, and why it matters for global capitalism*, George A. Akerlof and Robert J. Shiller (2009)

## Capítulo 9 – Vulgaridad del private equity

[1] Ron Chernow, The Warburgs (1993)
[2] https://www.american-rails.com/railroad-tycoons.html
[3] Bear Stearns, 8 de diciembre de 2006 presentación de Dan Katsikas
[4] S&P Capital IQ
[5] New York Law Journal, 29 de junio de 2006
[6] Wall Street Journal, 10 y 11 de octubre de 2006; New York Times, 12 de octubre de 2006
[7] StayCurrent, A client alert from Paul Hastings, abril de 2007
[8] New York Times, 12 de octubre de 2006
[9] Dechert, OnPoint, marzo de 2008
[10] New York Times, 10 de septiembre de 2011
[11] New York Times, 12 de octubre de 2012
[12] Pomerantz Monitor, mayo/junio de 2013
[13] Fortune, 12 de marzo de 2011
[14] New York Times, 12 de octubre de 2012
[15] Pomerantz Monitor, mayo/junio de 2013
[16] Ibid
[17] New York Times, 15 de marzo de 2013
[18] Financial Times, 7 de agosto de 2014; Cartelcapers.com, 5 de septiembre de 2014
[19] International Financing Review, 19-25 de marzo de 2005
[20] dodd-frank.com
[21] New York Times, 12 de mayo de 2015
[22] Wall Street Journal, 4 de diciembre de 2012; New York Times, 19 de junio de 2013
[23] Abcnews.com, 14 de mayo de 2009
[24] Fortune, 7 de octubre de 2010
[25] ag.ny.gov, 15 de diciembre de 2010
[26] sfgate.com, 12 de julio de 2014
[27] LA Times, 14 de enero de 2015
[28] cnbc.com, 7 de septiembre de 2017
[29] Do Private Equity Funds Manipulate Reported Returns?, G.W. Brown, O. Gredil, S.N. Kaplan, 2013

[30] Blackstone, Formularios 10-K correspondientes a los ejercicios finalizados el 31 de diciembre 2007 hasta 2016
[31] Financial Times, 29 de junio de 2015
[32] Bloomberg, 7de octubre de 2015
[33] Reuters, 25 de agosto de 2016
[34] New York Post, 24 de agosto de 2016
[35] Pensions & Investments, 22 de diciembre de 2017
[36] *Phishing for Phools: The Economics of Manipulation and Deception*, George A. Akerlof and Robert J. Shiller (2015)
[37] International Financing Review, 11 de diciembre de 2014
[38] International Financing Review, 21-27 de febrero de 2015
[39] FINRA news release, 11 de diciembre de 2014; Dealbook, New York Times, 11 de diciembre de 2014; Bloomberg, 11 de diciembre de 2014
[40] CNNMoney, 3 de julio de 2007
[41] Financial Times, 9 de julio de 2007
[42] Guardian, 17 de octubre de 2009
[43] DealBook, New York Times, 24 de agosto de 2011; Washington Post, 13 de octubre de 2011
[44] The Agricola, Tacitus

## Epílogo

[1] Daniel Kahneman, *Thinking, Fast and Slow* (2011)
[2] Ibid
[3] https://en.wikipedia.org/wiki/File:The_Cognitive_Bias_Codex_-_180%2B_biases,_designed_by_John_Manoogian_III_(jm3).png
[4] Bloomberg, 27 de febrero de 2015
[5] The Daily Telegraph, 11 de septiembre de 2013
[6] Observer.com, 13 de mayo de 2014; Wired UK Edition, enero de 2015
[7] Evening Standard, 2 de julio de 2014
[8] Forbes, 11 de junio de 2014
[9] Business Insider, 20 de marzo de 2015
[10] Times, 12 de junio y 18 de diciembre de 2014; bbc.co.uk, 13 de noviembre de 2014; Guardian, 18 de diciembre de 2014; Independent, 18 de diciembre de 2014; Wall Street Journal, 18 de diciembre de 2014
[11] Spiegel, 16 de julio de 2012; Evening Standard, 27 de mayo de 2015; Financial Times, 31 de octubre/1 de noviembre de 2015; Sunday Times, 1 de noviembre de 2015
[12] Times, 13 de noviembre de 2015; Observer, 15 de noviembre de 2015; Time, 23 de noviembre de 2015
[13] Eric Frattini, *The Entity*, JR Books

[14] *Other People's Money and How the Bankers Use It*, Louis D. Brandeis (1914)
[15] Guardian, 1 de mayo de 2016
[16] *Phishing for Phools: The Economics of Manipulation and Deception*, George A. Akerlof and Robert J. Shiller (2015)

www.ingramcontent.com/pod-product-compliance
Lightning Source LLC
Chambersburg PA
CBHW052236220526
45471CB00001B/72